本著作出版得到中华女子学院纵向课题配套经费支持

光明社科文库
GUANGMING DAILY PRESS:
A SOCIAL SCIENCE SERIES

·经济与管理书系·

增长与减碳的相容

马建平 | 著

光明日报出版社

图书在版编目（CIP）数据

增长与减碳的相容 ／ 马建平著 . －－北京：光明日报出版社，2021.4

ISBN 978－7－5194－5909－3

Ⅰ.①增… Ⅱ.①马… Ⅲ.①工业经济—低碳经济—经济增长—研究—中国 Ⅳ.①F424

中国版本图书馆 CIP 数据核字（2021）第 060841 号

增长与减碳的相容
ZENGZHANG YU JIANTAN DE XIANGRONG

著　　者：马建平

责任编辑：郭思齐　　　　　　　　　　责任校对：刘文文
封面设计：中联华文　　　　　　　　　　责任印制：曹　净

出版发行：光明日报出版社

地　　址：北京市西城区永安路 106 号，100050

电　　话：010－63169890（咨询），63131930（邮购）

传　　真：010－63131930

网　　址：http：//book. gmw. cn

E－mail：guosiqi@ gmw. cn

法律顾问：北京德恒律师事务所龚柳方律师

印　　刷：三河市华东印刷有限公司

装　　订：三河市华东印刷有限公司

本书如有破损、缺页、装订错误，请与本社联系调换，电话：010－63131930

开　　本：170mm×240mm

字　　数：342 千字　　　　　　　　　　印　　张：17.5

版　　次：2021 年 4 月第 1 版　　　　　　印　　次：2021 年 4 月第 1 次印刷

书　　号：ISBN 978－7－5194－5909－3

定　　价：95.00 元

目　录
CONTENTS

导　论

自 2010 年底哥本哈根气候变化大会召开前夕,中国政府郑重承诺到 2020 年单位 GDP 的二氧化碳排放降低 40%～45% 以来,中国开启了倒逼经济社会全面低碳转型的进程。"十二五"以来,中国屡次做出国际气候应对承诺,编制系列低碳绿色发展规划,确定低碳绿色中期量化目标,遴选低碳试点省市园区社区,强力淘汰化解低端过剩产能,着力推进工业企业节能减排,探索构建碳排放权交易体系,改革整合环境气候组织制度机制,推动强度总量增量三维约束,已然成为国际应对气候变化的重要贡献者和引领者。自此,中国能耗强度和碳排放强度持续下降,能源消费总量和碳排放总量增速趋缓、规模趋稳,非化石能源比重加速提升。"十二五"期间,由低碳技术引致的技术气候效应、由调整产业结构引致的产业结构气候效应以及由优化能源结构引致的能源结构气候效应共计减少了 279178.9 万吨 CO_2 排放,抵消了 75% 的规模气候效应。无疑,"十二五"以来中国低碳转型政策的节能减排成效是显著的,对国际社会共同应对气候变化的贡献举世瞩目。然而,在倒逼推进低碳转型进程中,经济增速大幅下滑,工业增速和比重深幅下降,下滑趋势和形势令人担忧。虽然经济、工业增速下滑原因众多,但与改革开放以来 20 多年高速增长时期遇到的诸多困难因素相比,倒逼调整产业结构,去工业化规划的政策倾向,或为主因。控排放、调结构与促增长之间似乎陷入矛盾三角困境中。在资源环境气候矛盾日趋严峻的背景下,碳排放随 GDP 增长而增加的传统发展模式显然不可持续;在残酷的国际经济政治竞争环境下,不顾经济社会承受力任由经济、工业增速大幅下滑、断崖式下滑甚至失速、倒退的倒逼模式也必不可持续。因此,控排放、调结构及促增长三者之间需要探寻进退平衡、节奏和谐、目标相容的平衡发展路径。

为探寻中国经济增长与碳排放达峰目标协同实现的低碳相容发展路径,本书将在经济学理论分析基础上,创新构建促增长、调结构及控排放矛盾三角目标相容的数理模型并分析其相容条件及调谐机制;然后,结合发展规划、政策导向及现实基础合理进行情景预设,利用现实数据模拟推演经济(工业)增长、结构调整及碳排放达峰目标协同实现的低碳相容发展路径;再在上述理论和实证研究基础上,选择东西部低碳试点城市中山市和兰州市进行城市案例研究,分析其经济(工业)增长与碳排放达峰协同实现的相容发展路径,以及选择发展与环境矛盾比较突出的石化工业进行行业案例研究;接着,对世界主要经济体的经济、能源及碳排放水平进行国际比较;最后,综合上述研究发现合理提出平衡增长与减排的政策选择。

本书总共九章,逻辑结构图如下:

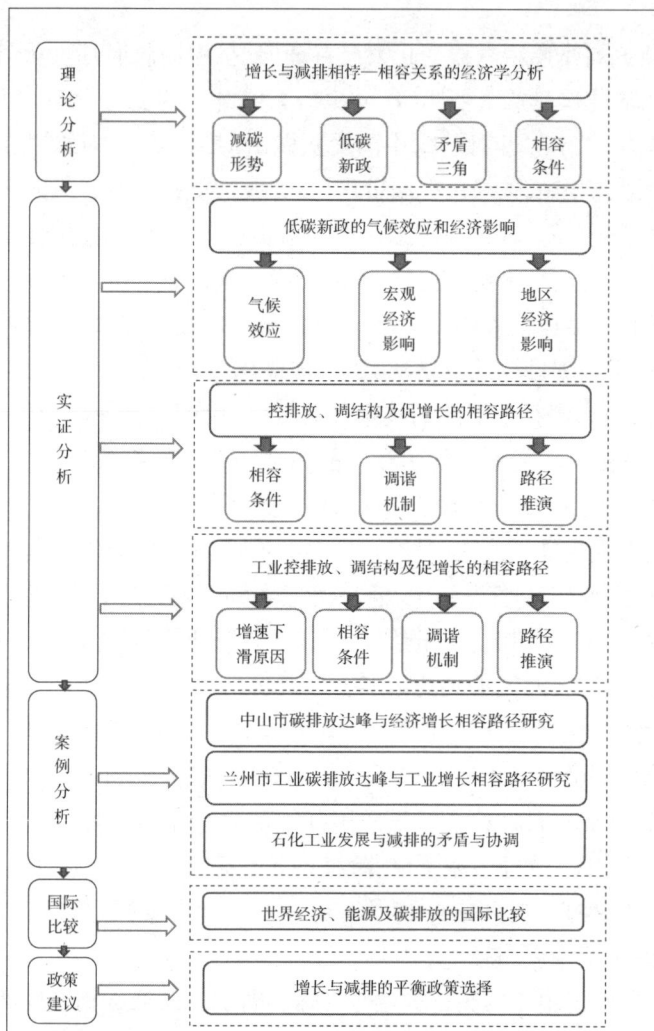

图1　逻辑结构图

本书各章主要内容如下：

第一章理性审视了国内外减碳形势,回顾梳理了"十二五"以来的低碳转型政策,统计分析了近年来的经济走势,对比分析传统发展模式和低碳发展模式,对经济增长、结构调整与碳排放控制之间的矛盾三角关系、矛盾现实表现及其相容途径进行经济学解析,最后通过构建数学公式,数理分析碳排放总量控制与经济增长、能源结构调整、产业结构调整之间的多元目标相容条件。

第二章主要对"十二五"以来的低碳转型政策产生的气候效应进行评估,对低碳转型政策的经济影响从宏观层面和地区层面分别进行实证研究。气候效应评估显示,"十二五"时期低碳技术减排、产业结构减排、能源结构减排分别减少14.2、8.66、5.06 亿吨 CO_2 排放,气候效应显著。宏观经济影响分析发现,煤炭生产与工业生产互为 Granger 原因,整体低碳转型政策是两者负向 Granger 原因,控煤措施年均约抑制工业增速 2.26 个百分点。地区经济影响分析发现,能耗强度加速下降对经济增速先抑制后促进;低碳转型政策对能耗强度影响较弱,其抑制增速效应的区域分布比较均衡。

第三章在回顾经济、能源消费和碳排放控制现状及目标基础上,数理分析经济增速、碳排放强度降幅及碳排放总量达峰之间的相容条件,讨论碳排放强度、能耗强度及优化能源结构之间的内在数理联系,以及讨论产业结构调整与能耗强度下降之间的内在数理联系;再在数理模型分析和合理情景预设基础上,利用实际数据模拟推演经济增长、结构调整与碳排放控制之间的各相关变量在数量上目标相容的路径集,并从推演的36种理论相容路径中选出6条可实现预设高经济增速目标的相容路径,8条可实现预设中经济增速目标的相容路径以及12条可实现预设低经济增速目标的相容路径,其中路径16(L16)可作为相容低碳发展规划参考的标杆指标,实际各项指标力争超过标杆指标以取得更高质量发展。

第四章在数理分析工业控排放、调结构及促增长三者相容条件基础上,推算期望 GDP 增速约束下的工业增速下滑底线速度、能源消费(碳排放)总量—强度控制目标约束下的工业增速上限速度、碳排放强度目标倒逼下的非化石能源比重升速要求、能耗强度目标倒逼下的原材料、电热气水生产供应业能耗强度降速要求。进而提出审视去工业化规划倾向,放松能源消费总量控制指标,在碳排放强度降速、能耗强度降速、能源结构优化进度之间建立起调谐机制,在子行业结构调整与子行业能耗强度降速之间建立起调谐机制,以及政府施加正向作用力呵护工业增速在底线速度上方运行等政策建议。

第五章以国家发改委遴选的第三批低碳试点城市——广东省中山市为例,借鉴第三章和第四章建立的数理分析模型及基本思路进行案例研究。首先对中山市经济、能源、碳排放及其低碳发展目标进行摸底,再模拟推演中山市经济增长、结构调整及碳排放达峰目标之间的相容路径及调谐机制,最后相应提出政策建议。

第六章是以甘肃省兰州市为例进行案例研究,实证分析兰州市工业增长与工业碳排放达峰目标相容的低碳发展路径。实证分析表明,兰州市如果按照目前人口年均增长0.5%、工业劳动生产率年均增长11%、工业能源消费结构保持不变、工业企业规模保持稳定、工业能耗强度年均下降7%、工业专利授权数年均增长26.5%的基准情景发展,到2030年工业碳排放仍将持续上升;如果兰州市采取组合低碳转型政策,力争工业能耗强度年均下降7.5%、工业能源消费结构中煤炭比重年均下降0.75个百分点以及工业专利授权数年均增长30%,可促成兰州市工业碳排放在2024年达峰。

第七章选择石化工业进行行业案例研究,分析石化行业发展过程中的环境气候负荷,并提出协调化解发展与环境气候矛盾的政策建议。建议针对石化工业统筹施策,尤其化学原料及制品业是重中之重。化学原料及制品业需协同解决好水污染、大气污染、固废综合利用、节能降碳等环境气候问题;石油加工工业重点抓废水、废气减排及节能降碳问题;石油天然气开采业重点解决大气污染问题。

第八章主要从世界主要经济体的经济规模、增速、碳排放的能源结构和行业结构、一次能源供应、碳排放强度、人均碳排放等指标进行低碳发展水平的国际比较,发现中美两国碳排放最多,法国、俄罗斯、波兰等国较早迈过碳排放峰值拐点,美日英法德能源消费结构相对均衡,中印以煤炭为主低碳转型挑战最大,中国和俄罗斯碳排放强度最高,整体而言中国碳排放强度较发达国家仍有明显差距,下降潜力和任务仍然较大。

最后,综合第一章至第八章理论、实证及案例研究的基本发现,归纳提炼促进控排放、调结构及促增长目标相容、节奏和谐、受力平衡的政策建议。

首先,在宏观政策方面,一是在思想上明确处理增长与环境气候矛盾是世界性难题,国际上没有成功经验借鉴,需要依靠本国理论创新和实践探索加以破解;二是审视调整国民经济和社会发展规划去工业化倾向,守住工业增速、比重及子行业比重底线;三是审视调整能源消费总量规划目标,谨防中国GDP规模被盖帽风险;四是与非OECD国家、发展中国家联合推进改变当前不利的以西方国家货币为主导的国际汇率制度和市场体系,扭转财富长期被隐性掠夺的不利局面;五是考虑在金融安全可控基础上,全球战略推进构建中国主导的移动支付结算体系,可优先在主要发展中经济体、"一带一路"沿线国家推广,带动中国智(制)造走向全球;六是国家经济增速、工业增速、能耗强度降速、碳排放强度降速、非化石能源比重提速、产业结构调整节奏等发展规划可参考第三章附表3-7和第四章结论推进。

其次,在工业产业政策方面,对节能减排整改升级困难的企业提供必要财税金融优惠政策,政企共渡转型难关;将黑色金属、化学原料、非金属矿物、石油加工、有色金属等原材料工业、电热生产供应业及化学纤维制造业列为未来节能减排攻坚行业;坚定推进《中国制造2025》战略实施,向全球中高端产业链挺进,构建高端绿色低碳制造业体系是实现相容的重要途径;鼓励传统消费品行业与互联网、物联网、人工智能、信息技术、绿色低碳技术、清洁能源技术融合,提质增效节能减排降污降耗;考虑建立"智力扶贫"机制,可由工信部牵头建立"国家工科人才数据库",为企业提供人才支持;实施制造业技术引领战略,新兴和传统产业均可引导其在制造质量方面力争做到全球最精致、最精美、最优良;地方政府可选出综合评分优于服务业的工业行业给予服务业同等待遇,避免地方经济过度脱实向虚。

第三,其他方面政策:一是今后低碳转型政策需要更多依靠技术手段,对环境压力承载较大的欠发达地区提供资金技术支持及共享治理经验;二是不断优化顶层设计,释放创新活力,抓住时机广泛吸引国际人才,增强高端低碳绿色循环技术供给能力;三是加速非化石能源和清洁化石能源发展,着力降低工业对煤炭的依赖,推进工业低碳能源布局,扩大能源结构气候效应;四是东北、中部及西部地区低端落后污染产能历史存量相对较多,应给予合理升级整改过渡期,对增量部分严把准入关,尽量减少环境整治风暴,避免经济大起大落等。

总之,本书综合运用了理论分析、数理分析、统计分析、计量分析、案例分析、比较分析、定性分析等多种研究方法。本书的创新点体现在:一是构建数学模型数理分析经济(工业)增长、结构调整与碳排放控制的相容条件及调谐机制,然后在合理预设情景基础上利用实际数据模拟推演多元目标协同实现的低碳相容发展路径集,并推荐参考标杆路径;二是构建数学模型评估"十二五"以来低碳转型政策的气候效应和经济效应;三是案例分析了东部地区城市中山市和西部地区城市兰州市的相容达峰路径。这些创新同时也是本书的主要贡献和价值所在。本书的主要特色体现在:较多地让数据说话,较综合运用研究方法,较立体呈现研究内容,逻辑层次递进深化。本书的不足点是,有些指标情景预设不可避免带有一定主观性,经济、结构、能源及碳排放实际运行状态难免与预设情景发生偏差,行业案例分析和国际比较分析亦显深度不足;另外,本书仅侧重增长与减碳的平衡分析,而增长与环境其他污染物减排的平衡涉及较少,需期待未来研究续篇解答。

　　最后,本书出版得到中华女子学院国家社会科学基金一般项目(16BJY056)纵向课题配套经费支持!在此向中华女子学院、全国哲学社会科学规划办公室致以最衷心的感谢!对本书中的浅陋和不足向未来读者致以最诚恳的歉意!

第一章　增长与减排相悖—相容关系
的经济学分析

一、引言

近年来,中国低碳转型的速度、广度、深度及改革力度举世瞩目,已成为全球应对气候变化的重要贡献者和引领者。2009 年承诺到 2020 年碳强度降低 40% ~ 45%;2010 年选定首批低碳试点省市;2011 年确定到 2015 年碳强度下降 17%;2012 年遴选第二批低碳试点省市;2013 年碳交易平台启动;2014 年发布《中美气候变化联合声明》并确定到 2030 年或提前达峰;2015 年提交中国国家自主贡献目标并推动达成《巴黎协定》;2016 年"十三五"规划要求树立创新、协调、绿色、开放、共享发展理念,并将控制碳排放总量列为重要目标;2017 年遴选第三批试点城市,普遍明确碳排放峰值年份;2018 年将应对气候变化职能划入生态环境部以增强应对气候变化与环境污染防治的协同性和整体性。低碳新政层出不穷,覆盖范围不断扩大,碳强度指标层层分解,倒逼地方政府强力推进低碳转型,企业、工业、经济承受巨大倒逼压力。再与人口红利消退、要素成本上升、资源环境约束、技术创新滞缓、市场需求疲软、发达国家遏制与发展中国家低成本竞争等因素叠加,导致工业、经济增速下滑,市场预期悲观,股市汇市动荡,外储和国际竞争力下降,甚至引发经济危机担忧。在此形势下,落实碳排放总量控制,探索碳排放达峰路径,推行碳排放总量倒逼,必须谨防把经济尤其工业严重逼退、逼停乃至逼死,必须统筹碳排放总量控制、产业结构调整及稳定经济和工业增长三者关系,使多重目标相容,推进步骤、节奏和谐,降低低碳转型的经济成本,确保经济运行平稳,保护国际竞争力。因此,探索碳排放总量控制、产业结构调整与稳定经济增长三者间的相容模式和调谐机制,就具有重要的理论和现实意义。

二、文献综述

经济增长、产业结构与碳排放三者之间的关系是近年来国内外的学术研究热点。从切入视角归类,大致包括:第一类是侧重经济增长与碳排放的关系研究。其中,研究经济增长的碳排放影响最多。国外早期研究有 Kaya(1990)构建了反映碳排放与 GDP 之间数量关系的恒等式,①该恒等式成为其后国内外学者分解分析碳排放影响因素的重要理论基础,如庄贵阳(2007)利用 Kaya 恒等式解释工业化阶段国家碳排放快速增加原因。② Grossman 和 Krueger(1991)提出倒 U 型环境库兹涅茨曲线(EKC)假说及规模效应、结构效应、技术效应分解思想。③ 随后学界围绕经济与碳排放的 EKC 曲线形态、存在与否及三大效应分解进行了大量的实证研究,因样本国家、地区及时期差异而异同,主要有倒 U 型、N 型、线型、不存在等观点。国外代表性研究有 Shafik 等(1994)实证发现人均碳排放与人均收入单调递增,拐点不存在;④Selden(1995)⑤、Panayotou 和 Sachs 等(1999)等发现存在倒 U 型关系。⑥ 国内代表性研究有林伯强、蒋竺均(2009)测算了中国二氧化碳 EKC 曲线理论拐点对应人均 GDP37170 元,但实证预测拐点到 2040 年也未出现。⑦ 讨论增长的碳排放影响的另一种思路是利用时序数据,运用 Granger 因果检验、协整分析、VAR 模型、方差分解、脉冲响应等计量方法进行实证分析。如赵爱文、李东(2013)研发发现,碳排放与经济增长之间存在长期均衡关系,短期内两者存在着动态调整机制,碳排放与经济增长之间互为双向 Granger 因果关系。⑧第一大类另一侧研究是讨论碳减排对经济增长的影响。Manne 等(1991)利用

① KAYA Y. Impacts of Carbon Dioxide Emission Control on GDP Growth:Interpretation of Proposed Scenarios[R]. Paris:Paper presented at IPCC Energy and Industry Subgroup, Response Strategies Working Group,1990.

② 庄贵阳. 低碳经济:气候变化背景下中国的发展之路[M]. 北京:气象出版社,2007:24 - 34.

③ GROSSMAN G M, KRUEGER A B. Environment Impact of a North American Free Trade Agreement[R]. Cambridge,MA:NBER Working Paper,1991.

④ SHAFIK N, BANDYOPADHYAY S. Economic Growth and Environmental Quality:Time Series and Cross - country Evidence[R]. Washington D. C. :World Bank Policy Research Working Paper,1992.

⑤ SELDEN T M, SONG D. Environmental Quality and Development:Is There a Kuznets Curve for Air Pollution Emissions? [J]. Journal of Environmental Economics and Management, 1994, 27(2):147 - 162.

⑥ PANAYOTOU T, SACHS J, PETERSON A. Developing Countries and the Control of Climate Change:A Theoretical Perspective and Policy Implications[Z]. Cambridge,MA:CAER Ⅱ Discussion Paper,1999.

⑦ 林伯强,蒋竺均. 中国二氧化碳的环境库兹涅茨曲线预测及影响因素分析[J]. 管理世界,2009(4):27 - 36.

⑧ 赵爱文,李东. 中国碳排放与经济增长间脱钩关系的实证分析[J]. 技术经济,2013,32(1):106 - 111.

Global 2100 模型,研究发现美国碳减排的年 GDP 损失将从 2000 年低于 2% 迅速升至 2020 年高于 4% 水平。[1] Chen(2001)利用多目标规划方法,研究发现台湾地区若将 2000 年排放量维持在 1990 年排放量 128% 的水平时,年均增速将只有5.37%。[2] 2006 年英国发布《斯特恩报告》,指出到 22 世纪初全球可能因为气候变暖而损失 5% ~20% 的 GDP,呼吁国际社会减缓行动越早减碳成本越少。[3] 国内学者潘家华(2003)较早指出,减缓气候变化对发展中国家的负面影响不仅表现为近期的经济代价,还表现为对长远经济发展规模和水平的制约。[4] 陈文颖等(2004)设计了 6 种减排情景,利用 MARKAL – MACRO 模型预估了中国减排对未来 GDP 增长的影响。[5] 范英等(2010)也利用多目标规划方法,研究发现中国2010 年碳减排宏观经济成本为 3100 ~4024 元/t CO$_2$,减排力度越大单位减排宏观经济成本越高。[6] 谷雨等(2015)利用相似方法估计了内蒙古的碳减排成本和经济影响。[7] 王勇等(2017)通过构建包含气候保护函数的七部门 CGE 模型,模拟评估中国在 2025 年、2030 年和 2035 年实现碳排放达峰的经济影响,发现碳排放达峰时间越早经济影响则越大,2030 年是中国碳排放达峰最佳时点。[8]

第二类侧重产业结构与碳排放的关系研究。帅通、袁雯(2009)认为上海市应降低煤类能源比重,促进产业结构升级,尤其促进第三产业发展。[9] 谭飞燕、刘辉

① MANNE A S, RICHELS R G. Global CO$_2$ Emissions Reduction: the Impact of Rising Energy Costs [J]. The Energy Journal, 1991, 12 (1): 87 – 107.

② CHEN T Y. The Impact of Mitigating CO$_2$ Emissions on Taiwan's economy[J]. Energy Economics, 2001(23):141 – 151。

③ STERN N. Stern Review: The Economics of Climate Change[M]. Cambridge: Cambridge University Press, 2007.

④ 潘家华. 减缓气候变化的经济与政治影响及其地区差异[J]. 世界经济与政治, 2003(6): 66 – 71.

⑤ 陈文颖,高鹏飞,何建坤. 二氧化碳减排对中国未来 GDP 增长的影响[J]. 清华大学学报:自然科学版, 2004, 44(6): 744 – 747.

⑥ 范英等. 基于多目标规划的中国二氧化碳减排的宏观经济成本估计[J]. 气候变化研究进展,2010(2):130 – 135.

⑦ 谷雨,卢士庆,闫宾. 内蒙古二氧化碳减排的宏观经济成本估计研究[J]. 北方环境,2012(6):81 – 84.

⑧ 王勇,王恩东,毕莹. 不同情景下碳排放达峰对中国经济的影响——基于 CGE 模型的分析[J]. 资源科学,2017,39(10):1896 – 1908.

⑨ 帅通,袁雯. 上海市产业结构和能源结构的变动对碳排放的影响及应对策略[J]. 长江流域资源与环境,2009,18(10):885 – 889.

煌(2012)引入产业结构、对外直接投资、FDI、贸易等变量,实证分析其碳排放影响。[1] 王薇(2014)发现碳排放与第二产业之间存在单向因果关系,碳排放量增加是第二产业增长的格兰杰原因,第二产业对碳排放的影响具有滞后效应,长期影响显著。[2] 苏方林、黎文勇(2015)引入泰尔熵指数和经济服务指数,发现西南地区产业结构合理化和高级化可有效抑制碳排放量增加和降低碳强度水平,且产业结构高级化更能促进节能减排。[3] 仲伟周等(2015)研究发现,第二产业占比较高或煤炭消费占比较重省区其碳排放强度就较高,通过调整和优化产业结构和能源消费结构可有效降低碳排放强度。[4] 顾阿伦等(2016)[5]、王慧(2017)实证分析了经济结构对碳排放量的影响以及产业结构调整对中国实现 2020 年碳排放强度目标的贡献水平。[6] 徐常丽(2018)实证分析了京津冀地区技术进步、产业结构与碳排放强度之间的关系,发现京津冀三地技术进步和结构调整的碳减排效应存在地区差异和时变差异且地域之间存在碳转移。[7] 任海军等(2018)基于碳排放分组的 PVAR 实证分析表明,技术创新引领的产业结构调整对能源消费具有抑制作用,但存在空间异质性,低碳地区结构调整对能源消费的影响大,高碳地区技术创新对能源消费的作用更明显。[8]

第三类侧重探讨碳排放达峰的路径。这类研究主要是在中国确定到 2030 年达峰目标后启动的。如马丁等(2016)以能源系统优化模型(China TIMES)为基础构建了碳排放达峰路径模型,研究发现在参考情景下中国的能源消费与碳排放将持续增长,在达峰情景下通过发展新能源与可再生能源以及推广高耗能工业的节能减排技术,2030 年碳排放峰值预测为 100 亿—108 亿吨。[9] 邵帅等(2017)对

① 谭飞燕,刘辉煌. 基于中国产业结构与对外直接投资的碳排放实证研究[J]. 统计与决策,2012(12):93 – 95.
② 王薇. 城市化、产业结构与碳排放的动态关系研究——基于 VAR 模型的实证分析[J]. 生态经济,2014(11):28 – 35.
③ 苏方林,黎文勇. 产业结构合理化、高级化对碳排放影响的实证研究——基于西南地区面板数据[J]. 西南民族大学学报,2015(11):114 – 119.
④ 仲伟周,姜锋,万晓丽. 中国产业结构变动对碳排放强度影响的实证研究[J]. 审计与经济研究,2015(6):88 – 96.
⑤ 顾阿伦,吕志强. 经济结构变动对中国碳排放影响——基于 IO – SDA 方法的分析[J]. 中国人口·资源与环境,2016,26(3):37 – 45.
⑥ 王慧. 产业结构调整对中国碳排放强度目标实现的影响研究[D]. 兰州:兰州大学,2017.
⑦ 徐常丽. 产业结构调整、技术进步与碳排放[D]. 上海:华东政法大学,2018.
⑧ 任海军,赵景碧. 技术创新、结构调整对能源消费的影响——基于碳排放分组的 PVAR 实证分析[J]. 软科学,2018,32(7):30 – 34.
⑨ 马丁,陈文颖. 中国 2030 年碳排放峰值水平及达峰路径研究[J]. 中国人口·资源与环境,2016,26(S1):1 – 4.

2015—2030年制造业碳排放的潜在演化趋势及相关贡献因素进行了动态情景分析,结果发现投资规模是导致制造业碳排放增加的首要因素,投资碳强度和产出碳强度是引致碳排放减少的关键因素,在技术突破情景下碳排放将有较大可能在2024年提早达峰。[1] 马宇恒(2018)研究分析了东北地区的碳排放达峰路径,[2]卢昕实证分析了高耗能行业的碳排放达峰路径,[3]段福梅(2018)基于粒子群优化算法的BP神经网络分析了中国的碳排放峰值情景及达峰路径,[4]钟良等(2019)讨论分析了北京市的碳排放达峰规律问题等。[5]

第四类是经济增长、产业结构与碳排放的综合实证分析。吴振信等(2014)建立面板数据模型,发现环渤海经济圈7省份间碳排放存在明显空间依赖性和空间溢出效应,碳排放与经济增长存在N型关系,产业结构对碳排放有显著正向影响。[6] 余凡等(2014)实证分析了经济增长、产业结构升级及技术进步影响碳排放的规模效应、结构效应、技术效应及其互补替代关系。[7] 沈永昌等(2015)运用非线性检验和协整检验方法,建立平稳转换模型,研究发现安徽省产业结构对碳排放影响显著,转换能力较强,经济增长与碳排放关系处于EKC曲线上升段。[8] 周文兴等(2015)运用静态和动态面板模型,发现碳排放量与经济增长及城镇化存在倒U型关系,第二产业与碳排放显著正相关。[9] 乔真紫(2016)运用误差修正模型、格兰杰因果检验实证分析了中国碳排放量与经济增长、产业结构、城市化水平之间的长短期动态增减排影响关系。[10] 江心英等(2018)实证分析发现江苏省经济增长、产业结构与碳排放之间存在协整关系,产业结构与碳排放、产业结构与经济增长均构成双向格兰杰因果关系,但经济增长与碳排放之间因果关系不显著,

① 邵帅,张曦,赵兴荣. 中国制造业碳排放的经验分解与达峰路径——广义迪氏指数分解和动态情景分析[J]. 中国工业经济,2017(3):44-63.
② 马宇恒. 东北地区2030年碳排放达峰路径研究[D]. 长春:吉林大学,2018.
③ 卢昕. 中国高耗能行业碳排放因素分解与达峰路径研究[D]. 武汉:武汉大学,2018.
④ 段福梅. 中国二氧化碳排放峰值的情景预测及达峰特征——基于粒子群优化算法的BP神经网络分析[J]. 东北财经大学学报,2018(5):19-27.
⑤ 钟良,王红梅. 北京市碳排放达峰规律研究[J]. 中国能源,2019(4):38-42.
⑥ 吴振信,闫洪举. 经济增长、产业结构对环渤海经济圈碳排放的影响分析——基于空间面板数据模型[J]. 中国管理科学,2014(11):724-730.
⑦ 余凡等. 经济增长、结构升级和技术进步影响碳排放的程度及其相互关系[J]. 皖西学院学报,2014(6):45-50.
⑧ 沈永昌,余华银. 安徽省经济增长与碳排放的非线性关系——基于产业结构的门槛模型[J]. 沈阳大学学报(社会科学版),2015(5):597-601.
⑨ 周文兴,毛爱林,朱孝平. 经济增长、城镇化及产业结构与碳排放——基于省际面板数据的经验分析[J]. 管理现代化,2015(1):76-78.
⑩ 乔真紫. 经济增长、结构变化与碳排放关系分析[J]. 新经济,2016(27):17-18.

表明经济增长并不一定导致高碳排放。[1] Chandrima 和 Kakali(2019)运用多元协整回归法实证分析了印度经济结构、能源消费、经济增长与碳排放之间的 Granger 因果联系。[2]

总之,上述研究多围绕 EKC 曲线、三大效应、Kaya 恒等式、Granger 因果联系等展开理论实证研究,方法工具丰富多样,对深化认识经济增长、产业结构及碳排放三者关系具有重要理论、实践和方法指导意义。不过,在以下方面仍显薄弱或不足:一是碳减排对经济增长的影响的理论和实证研究还相对薄弱,政府碳排放强度(总量)承诺及其目标倒逼下经济持续稳定增长的条件、机制及路径尚未得到理论回答,对"十二五"规划以来完成约束性碳强度目标任务引致的经济影响的评估研究还较少;二是产业结构影响碳排放的相关研究,大多停留在三次产业结构表层问题上,主要观点多是第二产业占比与碳排放正相关,应提高第三产业比重,而未深入分析第二产业内部结构,忽视"降二增三"产业空心化的潜在风险;三是 EKC 曲线分析、拐点分析、面板数据的回归分析、时间序列数据的 Granger 因果检验等实证研究,大多只能得到静态分析结果,而很少绘制及早到达拐点迈过峰值的时序路径,且计量分析结果大多因分析对象的样本、时段及区域选择差异而异;四是讨论碳排放达峰问题的相关研究大多考虑控制碳排放一元目标,较少在经济增长目标与碳排放达峰目标协同实现的框架下探寻实现达峰路径。本报告将定量评估"十二五"以来低碳转型政策实际取得的气候效应及其产生的经济影响,在对经济增长、结构调整及控制碳排放进行经济学分析基础上,构建三者目标相容的数理模型,利用实际数据模拟推演三者目标相容的低碳发展路径空间,最后在理论实证研究发现基础上提出政策建议。

三、减碳形势与低碳新政

(一)减碳形势分析

气候科学一般认为,近些年来全球气候变暖的主要原因是源自工业革命以来

---

[1] 江心英,赵爽. 江苏省经济增长、产业结构与碳排放关系的实证研究——基于 VAR 模型和脉冲响应分析[J]. 南京财经大学学报,2018(2):16 – 24.

[2] CHANDRIMA S, KAKALI M. The Nexus between Carbon Emission, Eenergy Consumpion, Economic Growth and Changing Economic Structure in India: a Multivarlate Cointegration Approach[J]. The Journal of Developing Areas,2018,52(4):99.

人类活动引致的以二氧化碳为代表的温室气体排放的大幅增长所致,①大气中二氧化碳浓度由工业革命时期的 288ppm 升至目前的 400ppm 以上。减少温室气体排放,应对气候变化,避免气候危机,需要全球各国共同应对。2015 年 12 月,《联合国气候变化框架公约》缔约方第 21 次大会在法国通过了《巴黎协定》。该协定的目标是要把全球平均气温较工业化前水平升幅控制在 2 摄氏度之内,并为把升温控制在 1.5 摄氏度之内努力。为实现 2 度温控目标,需要全球碳排放在 2050 年较 2010 年减排 40%～70%,到 2100 年基本实现零排放,因而需要全球碳排放总量尽早拐过碳排放峰值掉头下行。②

1850—2014 年,全球总的人为碳排放量达到 14384 亿吨。虽然迄今为止,美国和欧盟累计排放量最多,分别达到 3770 亿吨和 3261 亿吨,占比分别为 26.2% 和 22.7%,③但是中国碳排放量近年来增长较快,已成为全球年碳排放量最多的国家。表 1-1 和图 1-1 显示,中国碳排放量在 1960—2001 年增长相对平缓,但 2002 年以后增幅明显扩大,中国加入 WTO 是重要的时间拐点。1960 年,中国碳排放量仅为 7.81 亿吨。到 2001 年,达到 34.88 亿吨,41 年间大约增加了 27 亿吨,年均增加 0.66 亿吨。2002 年为 36.94 亿吨,到 2012 年首次突破 100 亿吨,为 100.21 亿吨,2014 年最高为 105.67 亿吨,2015 年略降为 104 亿吨,是全球唯一一个超百亿吨的国家。当然,中国加入 WTO 之后碳排放量快速上升,在一定程度上是国际贸易分工体系中相当比重的污染密集型产业从发达国家向中国转移的结果,因而在一定程度上是国际间碳排放转移的结果。

如果气候科学认为气候变暖主要由于人为温室气体排放所致的科学认知属真,那么为保障全球气候安全所剩的碳排放容量就十分有限。据 2016 年 11 月 14 日全球碳项目(Global Carbon Project,GCP)发布的《2016 年全球碳预算报告》测算,2 度目标下的全球碳预算只有 8000 亿吨,全球减碳形势十分严峻、紧迫。④ 欧

---

① 目前,对气候变暖现象及事实争议较少,但对气候变暖的科学原因存在不同声音。当前低碳转型战略与政策制定基本基于欧洲科学界推定的气候变暖主要因人类人为碳排放大幅增加引致的气候科学认知。只要气候变暖原因及影响科学认知在科学上属真,那么应对气候变暖的所有政策及投入都是必要的、正确的、无悔的。至于气候变暖科学认知的确认、验证与深化则需要我国气候科学界深入自主研究,为国家气候战略和政策制定及国际气候谈判提供科学可靠依据,而不仅仅是"听说""拿来"而已。

② 何继江.2016 全球碳预算报告:中国碳排放超过美欧之和,人均碳排放超过欧盟[J/OL].中国碳交易网,2017-02-04.

③ 蔡斌.全球碳排放,你要知道的数字[J].能源评论,2016(4):56-59.

④ Global Carbon Project, Global Carbon Budget[J]. Earth System Science Date,2016(2):605-649.

盟实施碳排放总量控制走在世界前列,计划到 2030 年较 1990 年减排 40%,到 2050 年减排 80%。中国作为《巴黎协定》缔约国,2016 年 9 月全国人大常委会批准加入《巴黎协定》,这意味着中国为履行应对气候变化义务将需要更大力度推进低碳转型,促进节能减排,优化能源结构,将需要更快地推进碳排放强度控制向碳排放总量控制过渡,争取及早实现碳排放达峰,这对中国经济还处于中高速发展阶段构成巨大的挑战和压力。

表 1-1　1960—2015 年中国碳排放量情况表

年份	CO_2E(亿吨)	年份	CO_2E(亿吨)
1960	7.81	1988	23.70
1961	5.52	1989	24.09
1962	4.40	1990	24.61
1963	4.37	1991	25.85
1964	4.37	1992	26.96
1965	4.76	1993	28.79
1966	5.23	1994	30.58
1967	4.33	1995	33.20
1968	4.69	1996	34.63
1969	5.77	1997	34.70
1970	7.72	1998	33.24
1971	8.77	1999	33.18
1972	9.32	2000	34.05
1973	9.69	2001	34.88
1974	9.88	2002	36.94
1975	11.46	2003	45.25
1976	11.96	2004	52.88
1977	13.10	2005	57.90
1978	14.62	2006	64.14
1979	14.95	2007	67.92
1980	14.67	2008	71.76
1981	14.52	2009	76.19
1982	15.80	2010	87.68

续表

年份	CO_2E(亿吨)	年份	CO_2E(亿吨)
1983	16.67	2011	97.25
1984	18.15	2012	100.21
1985	19.67	2013	102.49
1986	20.69	2014	105.67
1987	22.10	2015	104

数据来源:世界银行公开数据.1960—2015年中国碳排放情况表[DS/OL].世界银行, 2017 - 02 - 04.

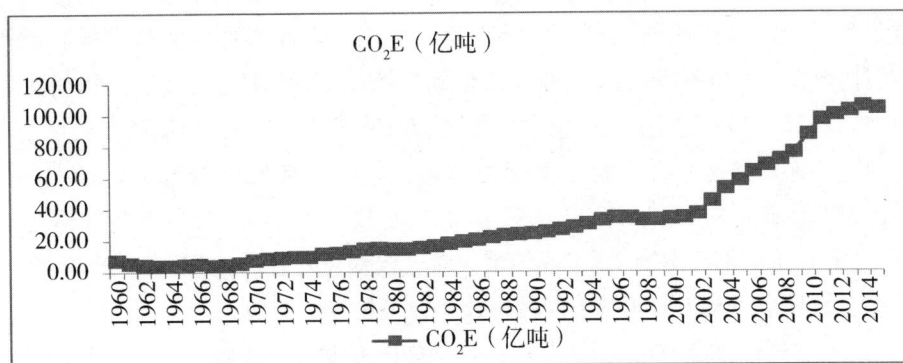

图1-1　1960—2015年中国碳排放量演变趋势图

(二)低碳新政回顾

2009年底哥本哈根气候变化大会召开前夕作出到2020年单位GDP二氧化碳排放下降40%～45%的承诺是中国强力推进低碳转型的转折点。2010年以来,全国自上而下,各地方、各部门、各领域、各行业逐步、有序、快速、深入践行低碳转型,低碳新政接踵推出,几年来成效显著,到2017年碳排放强度比2005年下降约46%,已超过2020年降幅目标。[①] 归纳起来,中国低碳新政举措大体包括(包括但不限于)(见附表1-1):

1. 不断制定和完善低碳发展法律法规。如先后制(修、拟)定了《可再生能源法》《节约能源法》《国务院关于加快发展节能环保产业的意见》《节能低碳技术推广管理暂行办法》《碳排放权交易管理暂行办法》《碳排放权交易管理条例》《应对

---

① 生态环境部.中国应对气候变化的政策与行动[R].北京:国务院新闻办公室新闻发布会,2018 - 11 - 26.

气候变化法》(拟定中)等,促进节能减排及碳排放权交易等法制化规范化发展。

2. 郑重向世界作出低碳发展目标承诺。如2009年哥本哈根气候变化大会前夕承诺到2020年碳排放强度下降40%~45%;2011年发布《中美气候变化联合声明》明确碳排放到2030年或提前达峰;2015年向联合国气候变化框架公约秘书处提交《强化应对气候变化行动——中国国家自主贡献》文件,提出到2030年中国碳排放强度比2005年下降60%~65%,非化石能源占一次能源消费比重达到20%左右,森林蓄积量比2005年增加45亿立方米左右等。中国是履诺重信的发展中大国,这些国际承诺倒逼国内全方位低碳转型。

3. 编制专项低碳规划或纳入低碳指标。如《国民经济和社会发展"十二五"("十三五")规划纲要》纳入约束性能耗强度和碳排放强度降幅指标,还编制了《能源发展"十三五"规划》《可再生能源发展"十三五"规划》《能源技术革命创新行动计划(2016—2030年)》《能源技术创新"十三五"规划》《能源生产和消费革命战略(2016—2030)》《工业绿色发展规划(2016—2020)》等专项低碳发展规划。

4. 编制综合或专项节能控排行动方案。如国务院先后编制了《"十二五"("十三五")节能减排综合工作方案》《"十二五"("十三五")控制温室气体排放工作方案》,工信部还编制了《工业领域应对气候变化行动方案(2012—2020年)》等,综合指导全国及工业领域节能减排及应对气候变化行动。

5. 遴选低碳试点省市、园区及社区等。如国家发改委先后于2010、2012、2017年三批次遴选低碳试点省市,从探索应对气候变化、降低碳排放强度、推进绿色发展经验,到探寻不同类型地区控制温室气体排放路径,再到控制碳排放总量、实现碳排放峰值的率先达峰实践,试点经验积累不断向纵深推进。

6. 指导重点推广节能低碳与绿色技术。如国家发改委于2014—2017年先后四批次推出国家重点推广的节能低碳技术,涉及煤炭、电力、钢铁、有色、石油石化、化工、建材、机械、轻工、纺织、建筑、交通、通信等众多工业行业,积极推动技术减排。虽然推出几批低碳绿色技术推广目录,但仍难以满足经济社会全面低碳转型的实际需求。

7. 着力淘汰落后产能与化解过剩产能。近年来,采取有力措施坚决淘汰电力、煤炭、钢铁、水泥、有色金属、焦炭、造纸、制革、印染等行业的落后产能,大力化解钢铁、煤炭、煤电、水泥、电解铝、平板玻璃、船舶等行业的过剩产能,落后过剩产能出清成效明显。

8. 引入市场机制并推动碳排放权交易。积极探索引入市场机制,以控制温室气体排放、实现低碳发展为导向,充分发挥市场机制在温室气体排放资源配置中的决定性作用,国家、地方、企业上下联动,协同推进全国碳排放权交易市场建设,①使能源消费和碳排放企业或单位外有排放成本压力内有减排增收激励,促进气候外部效应内部化。

9. 改革体制机制整合环境与气候治理。2018 年,按照中国政府机构改革的安排部署,应对气候变化和减排职能由国家发改委划转到生态环境部,这将进一步增强应对气候变化与污染防治工作和投入的协同性和整体性,提高节能减排降碳降污的协同效应。②

总体来看,上述中国低碳新政呈现如下特征:

第一,低碳发展目标量化、细化、深化、连续,且逐级向下分解分配。"十二五"规划确定目标是单位 GDP 能耗下降 16%,单位 GDP 二氧化碳排放降低 17%,非化石能源占一次能源消费比重提升至 11.4%;"十三五"规划确定目标是单位 GDP 能耗降低 15%,单位 GDP 二氧化碳排放降低 18%,非化石能源占一次能源消费比重提升至 15%;到 2020 年,能源消费总量控制在 50 亿吨标准煤以内,煤炭消费总量控制在 41 吨标准煤以内;各种约束性指标目标均逐级向各地方、各部门、各行业分解分配,乃至分配到基层微观主体单位;这种逐层逐级分解分配机制有力地保证了低碳转型压力传导的高效及效果。

第二,逐渐从侧重强度目标控制向强度、总量、增量三维目标控制过渡。《"十三五"控制温室气体排放工作方案》要求,碳排放总量得到有效控制,支持优化开发区域碳排放率先达峰,力争部分重化工业 2020 年左右实现率先达峰,实施能源消费总量与强度双控;《"十三五"节能减排综合工作方案》要求,实施工业能效赶超行动,分解分配能耗总量、强度及增量控制目标,这种三维目标控制机制有力强化了能源消费和碳排放的控制力和约束力。

第三,能源和工业低碳发展是低碳转型政策的着力重点。从附表 1 - 1 可以看出,低碳转型政策密集落点在能源和工业领域。如编制能源技术、生产、消费以及非化石能源等方面的专项发展规划,确定能源消费总量和强度的预期或约束性目标指标,编制工业绿色发展的专项规划,重点推广工业生产领域的低碳技术,密集持续推出淘汰落后产能化解过剩产能政策实施供给侧结构性革命,自改革开放以来将多年积累的落后低端过剩产能强力挤出,工业结构调整力度前所未有,除

---

① 国家发展改革委办公厅关于切实做好全国碳排放权交易市场启动重点工作的通知[EB/OL]. 中华人民共和国国家发展和改革委员会,2016 - 01 - 11.

② 生态环境部. 中国应对气候变化的政策与行动[R]. 北京:国务院新闻办公室新闻发布会,2018 - 11 - 26.

旧立新为低碳增长新动能腾出市场空间。

第四，政策深度、广度、力度、进度逐渐引领世界。从前面低碳新政归纳可知，2010 年以来中国编制了一系列控制温室气体排放、节能减排、能源发展、可再生能源发展、能源技术革命创新、能源消费、工业绿色发展等工作方案、发展规划或行动计划，先后三批次遴选近百个低碳试点省市，屡次公布重点低碳节能技术推广目录，持续强力淘汰落后和化解过剩产能，稳步推进构建全国性碳排放权交易市场，与美国不负责任地退出《巴黎协定》不同，中国一如既往地坚定履行低碳发展承诺推进低碳化转型，水电、风电及光电装机规模及核电在建规模均居世界前列，全方位推动产业结构与能源结构、经济与社会系统性低碳转型，能耗强度和碳排放强度也持续大幅下降，在应对气候变化方面的行动及成效逐渐引领世界潮头。

（三）问题与思考

气候变暖趋势需要遏制，碳排放容量剩余有限，中国切实履行发展中大国义务，通过淘汰落后过剩产能等措施调整优化产业结构，通过大力发展非化石能源、降低煤炭依赖等措施优化能源结构，通过创新推广应用低碳技术等措施降低能耗强度，通过建立健全低碳法规和管理制度体系适应低碳生产生活方式需要，所有这些举措都旨在最大限度最快速度降低碳排放强度，控制抑制碳排放总量增速，尽早迎来碳排放峰值拐点。然而，强力碳减排的倒逼模式会如何影响中国经济发展？实施能源消费和碳排放总量控制，设定碳排放峰值，会否制约中国经济发展规模，为中国 GDP 也盖上一顶帽子（cap）而导致经济规模也存在峰值而非持续稳定增长？在碳排放总量峰值设定情形下，中国经济持续稳定中高速增长的必要条件是什么？相应机制是什么？这些难题都是摆在面前有待解答的现实考题。

四、经济形势与发展模式

（一）经济走势分析

2016 年，中国 GDP 达到 744127 亿元，其中第一产业占 8.6%，第二产业占 39.8%，第三产业占 51.6%；三产占比自 2015 年起就超过半数。回顾中国经济发展历程，表 1-3 和图 1-2 显示，第一产业占比持续萎缩，从 1993 年占 19.3% 持续降至 2016 年的 8.6%；第二产业占比 2006 年以前微幅波动，2006 年达到最高值为 47.6%，但 2007 年后份额逐渐减少，2012 年后加速单边下降，到 2016 年已首次降至 40% 以下；第三产业占比基本持续稳定上升，到 2012 年首次与第二产业占比持平，到 2015 年后已超出第一产业和第二产业占比总和，服务业开始成为中国经济的主体。

表1-3 1993—2016年中国经济结构比例对比表

年份	第一产业占比	第二产业占比	第三产业占比
1993	19.3%	46.2%	34.5%
1994	19.5%	46.2%	34.4%
1995	19.6%	46.8%	33.7%
1996	19.3%	47.1%	33.6%
1997	17.9%	47.1%	35.0%
1998	17.2%	45.8%	37.0%
1999	16.1%	45.4%	38.6%
2000	14.7%	45.5%	39.8%
2001	14.0%	44.8%	41.2%
2002	13.3%	44.5%	42.2%
2003	12.3%	45.6%	42.0%
2004	12.9%	45.9%	41.2%
2005	11.6%	47.0%	41.3%
2006	10.6%	47.6%	41.8%
2007	10.3%	46.9%	42.9%
2008	10.3%	46.9%	42.8%
2009	9.8%	45.9%	44.3%
2010	9.5%	46.4%	44.1%
2011	9.4%	46.4%	44.2%
2012	9.4%	45.3%	45.3%
2013	9.3%	44.0%	46.7%
2014	9.1%	43.1%	47.8%
2015	8.9%	40.9%	50.2%
2016	8.6%	39.8%	51.6%

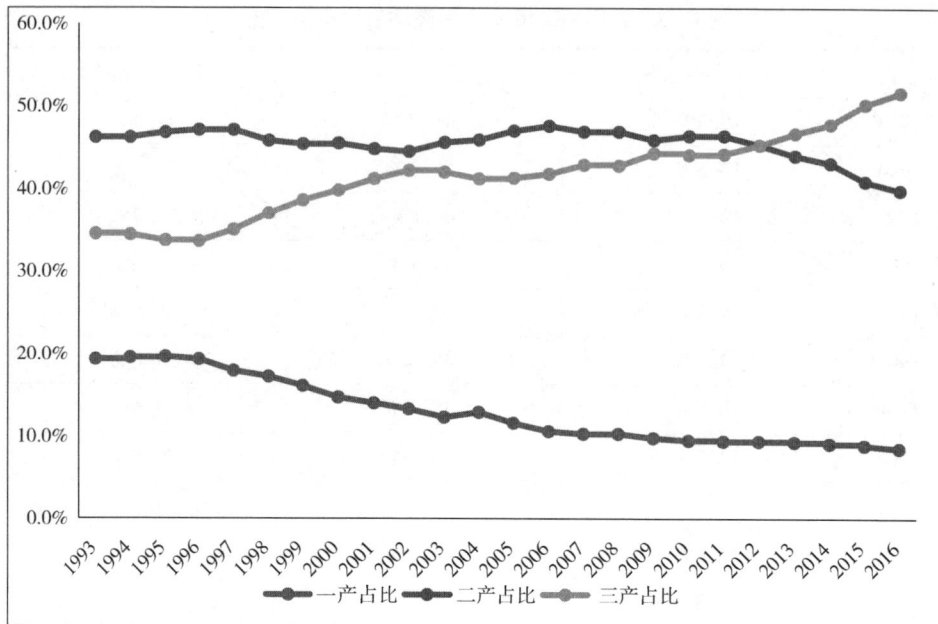

图 1 - 2 1993—2016 年中国三大产业占比变化趋势图

再进行动态分析。附表 1 - 2 和图 1 - 3、图 1 - 4、图 1 - 5、图 1 - 6 是利用国家统计公布的年度和季度数据(2010 = 100)整理得到的。① 其中,图 1 - 3 显示,1995—2007 年中国 GDP 年度、一季度、二季度、三季度、四季度增速总体上稳步提升,经济上升势头十分强劲;2008—2009 年受全球金融危机影响,经济增速放缓,但 2010 年经济增速迅速恢复到增长 14.5%。然而,此后尤其 2012 年后 GDP 年度和季度增速均快速下滑,到 2016 年才有企稳迹象。

图 1 - 4 显示,1993—2016 年,中国一产波动频繁,波幅较大,1997—2003 年增长较慢;2010 年增速较快,达到 11.2%,此后呈增速下滑态势。图 1 - 5 显示,1993—2016 年,中国二产增速与 GDP 增速步调相对一致,1998—2007 十年间经历了不断加速发展的阶段,2008 年受金融危机影响增速下坠,2009—2010 年增势获得一定程度的恢复,但 2011 年后增速掉头下滑,尚未出现企稳迹象。图 1 - 6 显示,总体上中国三产增速相对平稳,发展速度一直较快,虽然 2010 年后也受宏观经济增速下滑拖累,速度有所下降,但最低速度也达到 8.7%。

---

① 由于数据基准年不同,所以有些数据测算结果并不完全与国家统计局公布的数据一致。

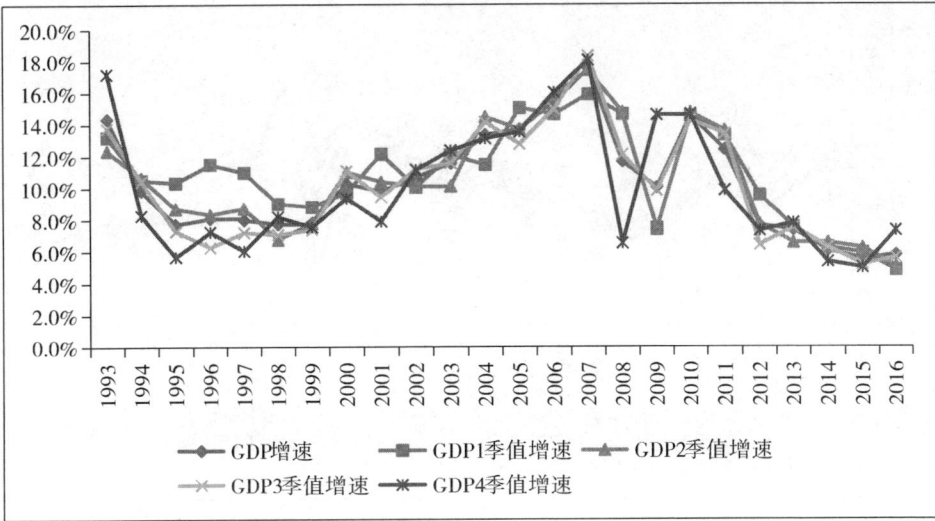

图 1 - 3 1993—2016 年中国 GDP 增速对比图

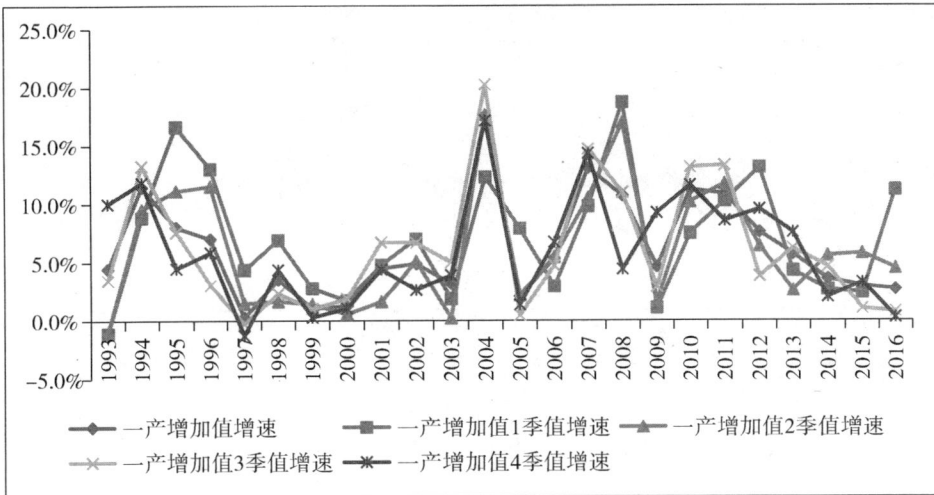

图 1 - 4 1993—2016 年中国一产年度及季度增速对比图

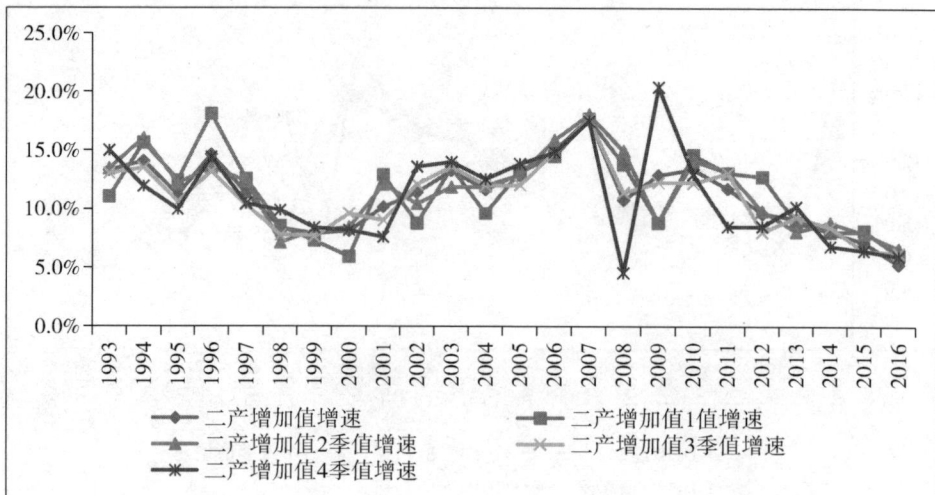

图 1 – 5　1993—2016 年中国二产年度及季度增速对比图

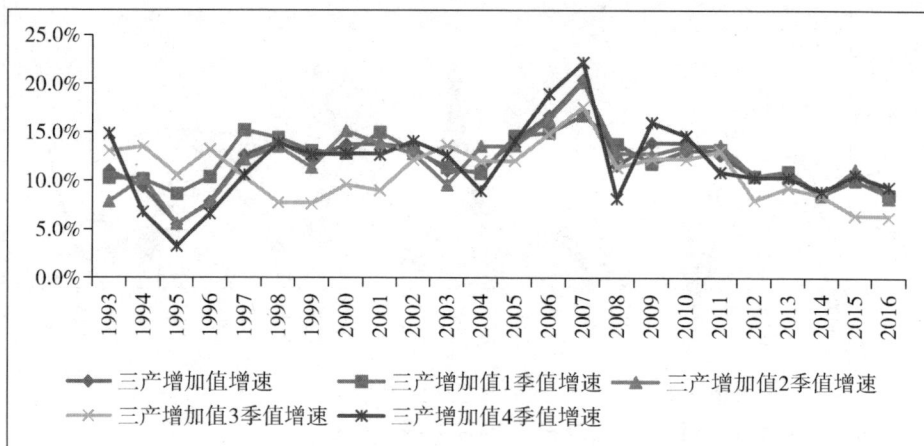

图 1 – 6　1993—2016 年中国三产年度及季度增速对比图

图 1 - 7　1993—2016 年 GDP 分季度增速趋势图

总之,整体而言,中国经济大致在 1998—2007 年期间获得 10 年左右的加速发展,2008 年受金融危机拖累致使 GDP、第一产业、第二产业、第三产业增速下坠,2009—2010 年增长活力获得一定程度的恢复,然而 2011 年后经济增速持续下滑,到 2016 年 GDP 下滑势头有所企稳,二产下滑势头企稳迹象尚不明显,三产虽然增势较好,但也难独善其身而不受影响。

（二）发展模式分析

1. 传统发展模式

传统发展模式,主要是指片面强调追求经济发展速度,充分利用廉价劳动力、矿产资源、土地等生产要素比较优势,技术水平相对落后,生态环境约束相对宽松,产业结构呈现高能耗、高消耗、高排放、低效率的特征,是经济社会发展不可持续的一种发展模式。改革开放以来,大体可将 1978—2010 年列为传统发展模式阶段。在这个阶段,广大廉价城乡剩余劳动力得到最大限度利用,在国际分工格局中承接发展了大量劳动资源密集型产业,黑色金属、有色金属、化工原料、非金属矿物产品等高能耗高消耗高排放产业得到快速发展,技术水平相对落后,生产效率较低,能耗强度、污染物排放强度和碳排放强度较高。[1] 伴随经济快速增长的同时,能源资源日趋枯竭,生态环境严重退化,碳排放总量快速上升,经济社会发展不可持续,经济发展与能源资源、生态环境、气候变化矛盾日益凸显,转变发展模式势在必行。

---

[1]　马建平,蔡宏波,王雪坤. 要素密集度、环境属性与中国工业制品出口结构[J]. 经济经纬,2012(4):41 - 45.

2. 低碳发展模式

低碳发展模式是指以协调经济增长和气候变化矛盾为新发展导向,以低消耗、低能耗、低污染、低排放为新特征,以市场机制配置资源为基础,以先进生产技术、低碳技术和低碳能源为支撑,以高新产业和低碳产业为载体,以低碳政策和制度为保障,以低碳消费为根基,覆盖发达地区与落后地区、企业与政府、生产与消费、商务与政务等全范围、全领域,在促进经济社会持续发展的同时减轻对化石能源的依赖,减少温室气体排放,在应对气候变化的同时兼顾其他资源环境问题的协同解决,使经济发展与控制碳排放相互适配、调谐及至目标相容的发展新模式。①

"十二五"以来,中国全面由传统发展模式向低碳发展模式转型,在控制能耗、碳排放及污染排放方面设定强度或总量目标进行倒逼,通过在国家经济社会发展规划和专项发展规划中确定约束性或指导性量化指标,调动行政、法律、技术、经济、标准等各种手段,引导各地区各行业各部门各领域节能减排降耗降污,倒逼经济社会低碳化绿色化生态化循环化转型,努力实现在完成既定量化低碳绿色生态指标目标的同时,构建低碳绿色生态友好型经济社会体系,遏制生态环境退化趋势,减缓和适应气候变化,实现经济社会可持续发展。

总体而言,低碳发展模式相较传统发展模式,经济增长动能主要由要素驱动转向主要由创新驱动,资源环境气候指标技术标准提升,产业结构重心向高端低碳绿色循环智能型产业偏移,非化石能源比重逐步提升,能耗强度和碳排放强度持续下降,能源消费和碳排放总量增速趋缓、规模趋稳进而迈过峰值拐头下行,经济增长与资源环境气候矛盾缓解直至相容。

五、控排放、调结构与促增长矛盾—相容关系的经济学分析

通过文献综述可以发现,目前国内外经济增长、结构调整与碳排放控制的经济学分析大致包括气候效应分解分析、EKC 曲线形态实证及 Granger 因果关系或影响程度实证等三类分析框架,其中后两者往往因分析样本、时段、变量选择或增减差异而相异,缺乏逻辑缜密性。本报告认为气候效应分解分析框架相对而言逻辑更缜密,结论更稳定、更可靠。下面以该分析框架为基础讨论经济增长、结构调整与碳排放控制之间的矛盾—相容关系。

---

① 马建平. 低碳经济的内涵、核心要素及其作用机制分析[J]. 中华女子学院学报,2011,23 (4):121 - 124.

（一）气候效应分解分析框架

本报告借鉴 Kaya(1990) 人均碳排放的计算公式，构建一个相对完整的碳排放总量及其变化率的数理模型，从中将不难看出低碳发展模式的核心要素。碳排放总量的计算模型如下：

$$C = \text{GDP} * \frac{P}{\text{GDP}} * \frac{E}{P} * \frac{F}{E} * \frac{C}{F} \tag{1}$$

（1）式是碳排放总量计算公式。其中，C 表示碳排放量，P 表示碳排放密集型产业的总产值，E 表示碳排放密集型产业的能源消费总量，F 表示化石能源消费总量。$\frac{P}{\text{GDP}}$ 表示经济体系中碳排放密集型产业所占比重，是反映产业结构的指标；$\frac{E}{P}$ 表示碳排放密排放集型产业的能耗强度，是反映能源利用效率的指标；$\frac{F}{E}$ 表示能源消费总量中化石能源占比，是反映能源结构的指标；$\frac{C}{F}$ 表示单位化石能源消费所产生的碳排放，称为加权碳排放因子。分别用 s、e、r、a 代替 $\frac{P}{\text{GDP}}$、$\frac{E}{P}$、$\frac{F}{E}$、$\frac{C}{F}$ 可得：

$$C = \text{GDP} * s * e * r * a \tag{2}$$

（2）式表明，碳排放总量由经济规模、产业结构、能源利用效率、能源结构、加权碳排放因子等因素共同决定。再对（2）式先求自然对数后求导，可得：

$$\hat{C} = \hat{\text{GDP}} + \hat{s} + \hat{e} + \hat{r} + \hat{a} \tag{3}$$

其中，$\hat{C} = dC/C$，$\hat{\text{GDP}} = d\text{GDP}/\text{GDP}$，$\hat{s} = ds/s$，$\hat{e} = de/e$，$\hat{r} = dr/r$，$\hat{a} = da/a$。如果要实现绝对减排，则要求 $\hat{C} < 0$；如果要实现相对减排，则要求 $\hat{C} - \hat{\text{GDP}} < 0$，即碳排放增速低于经济增速。经济正增长是发展低碳经济的前提，所以 $\hat{\text{GDP}} > 0$。无论是实现相对还是绝对减排，都有 $\hat{C} - \hat{\text{GDP}} < 0$，因此就要求 $\hat{C} - \hat{\text{GDP}} = \hat{s} + \hat{e} + \hat{r} + \hat{a} < 0$。为此，有以下途径可达此目的。第一，在其他因素不变情况下，降低碳排放密集型产业在经济总量中的比重，相应提高低碳产业的比重，即 $\hat{s} < 0$；第二，在其他因素不变情况下，提高碳排放密集型产业的能效，降低碳排放密集型产业的能耗强度，即 $\hat{e} < 0$；第三，在其他因素不变情况下，降低化石能源在能源结构中的比重，相应增加非化石能源比重，即 $\hat{r} < 0$；第四，在其他因素不变情况下，降低单位化石能源消费的碳排放因子，如降低煤炭在化石能源消费中的

比重以及利用清洁煤技术降低煤炭消耗的碳排放量,即 $\hat{a} < 0$;第五,上述途径的部分或全部的组合。[①] 总之,低碳发展可通过发展低碳产业、提高能效、发展非化石能源、化石能源的清洁利用等途径得以实现。

(二)经济增长、结构调整与控制碳排放的矛盾三角关系

第一,从 GDP—碳排放量关系对看,根据(3)式可知,在产业结构、能耗强度、能源结构、碳排放因子等变量不变情况下,碳排放总量将随 GDP 增长而增长,这意味着要发展经济就得放任碳排放增长,要控制碳排放增长就必须抑制经济增长,这是经济发展与气候环境矛盾冲突的直接体现(见图 1 - 8 中①)。

第二,从 GDP—产业结构关系对看,调整产业结构,通过淘汰落后过剩低端产能及提高低碳环保标准等行政手段,相对降低高排放产业比重,提高低排放产业比重,是不难做到的,短期可以奏效。不过,通过发展高新低碳绿色环保产业来相对提升低排放产业比重,降低高排放产业比重就难度较大,因为高新低碳绿色环保产业发展速度不由政府而主要由市场决定,培育发展周期较长,在高排放产业快速去产能的同时低排放产业又不能相应地快速增长,增长新旧动能就难以及时无缝对接转换,则难免影响 GDP 增速(见图 1 - 8 中②)。

第三,从产业结构—碳排放量关系对看,(3)式可以看出,在其他变量不变情况下碳排放量的增减随高碳产业占比的增减而增减。高新低碳环保等低排放产业技术含量高,是国际主要经济体竞争角逐的焦点阵地,依靠发展高新低碳环保产业提高低排放产业比重难度大,周期长。中国自改革开放以来在国际贸易分工体系中长期大面积处于产业链的中低端,"三高"产业比重高,转型升级成本高、时间长。产业结构的现实状况与降低碳排放的结构调整需求相距甚远(见图 1 - 8 中③)。

第四,GDP、产业结构与碳排放控制困境三角实现破局的关键是优化能源结构。(3)式显示,在产业结构和产业能耗强度不变情况下,当 $\hat{GDP} > 0$ 时,实现 $\hat{C} = \hat{GDP} + \hat{r} + \hat{a} \leq 0$ 的条件就是 $\hat{r} + \hat{a} \leq - \hat{GDP}$,即必须依靠降低非化石能源比重以及化石能源内部结构清洁化来对冲经济增长的规模效应(见图 1 - 8 中④—⑤)。(3)式还显示,当产业结构调整和技术进步不足以对冲经济增长的规模效应时,即 $\hat{C} = \hat{GDP} + \hat{s} + \hat{e} > 0$,则仍需进一步依靠降低非化石能源比重以及化石能源内部结构清洁化来对冲规模效应,实现 $\hat{s} + \hat{e} + \hat{r} + \hat{a} \leq - \hat{GDP}$(见图 1 - 8 中⑥—

① 马建平. 低碳经济的内涵、核心要素及其作用机制分析[J]. 中华女子学院学报,2011,23(4):121 - 124.

⑦）。最后,由(2)式可知,未来如果化石能源完全由非化石能源替代,即 $r=0$,则经济社会发展实现零碳排放。

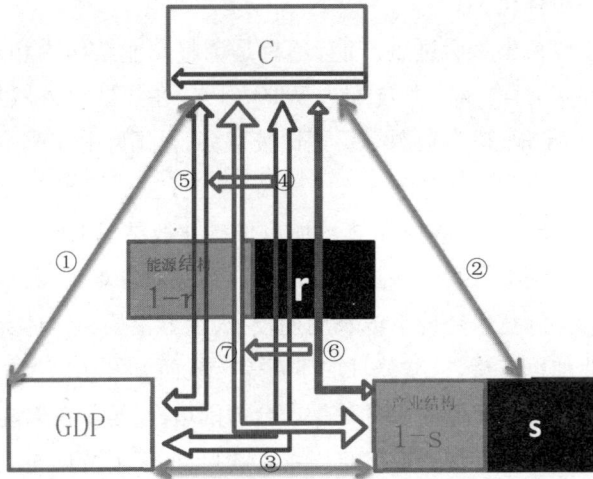

图 1 - 8　GDP、产业结构及碳排放矛盾三角示意图

（三）控排放、调结构与促增长矛盾关系的现实表现

低碳发展模式,重点是倒逼第二产业尤其是工业低碳绿色生态循环化转型,因而低碳发展模式对经济的主要影响制约领域是第二产业尤其是工业领域,对第一产业和第三产业影响较小。从时间看,大体可以认为,2009 年年底确定到 2020 年单位 GDP 下降 40% ~ 45% 强度目标后的 2010 年被列为低碳转型倒逼的元年。综观中国 2010 年以来制定和实施的低碳绿色生态循环化倒逼政策措施实践,低碳发展模式影响经济增长的机制和途径大体如下：

1. 调整产业结构的经济影响。在调整产业结构过程中,采取措施抑制高能耗高排放产业过快增长,强力快速推进淘汰全国各地落后过剩产能,这些行政措施不仅短期内将有产能挤出,直接影响当地当期经济增长,而且造成相当部分经营主体的前期投入资源浪费,以及增加地方政府财政补偿负担。且高新低碳环保技术及人才在国家层面就已稀缺,在地方层面供给就更加不足,从而短期内高新低碳环保产能增量便难以及时填补被行政措施强力挤出的落后过剩产能。例如,仅 2010 年 8 月 8 日工信部公布的 18 个工业行业淘汰落后过剩产能名单就涉及企业

2087 家,且要求这些过剩产能必须在当年 9 月底前关闭。[①] 再在乘数效应作用下,被淘汰挤出的落后过剩产能所造成的 GDP 损失必然进一步放大,对当期 GDP 增速影响也进一步强化。

通过行政手段挤出落后过剩产能,还只是调整产业结构中相对容易的方面,更困难的是另外两方面。第一,自加入 WTO 以来,在长期对外贸易过程中,通过利用廉价劳动力、土地、矿产资源等要素比较优势,在国际分工格局中主动或被动承接了大量的由西方发达国家转移的"三高"产业,"三高"产业在产业结构中占相当比重,如果不能通过低碳环保技术加以低碳化改造,则淘汰化解的行政任务就相当繁重;第二,高新低碳环保技术的创新与突破非常艰缓,相应的高新低碳环保产业在激烈的国际竞争环境下成长周期较长,世界主要经济体无不将这类产业作为战略性产业加以支持,且欧美日加澳新等传统西方发达国家组团对中国脱颖而出的优势战略的新兴产业借由各种手段合力围堵,以至于在遏制"三高"产业快速增长的同时高新低碳环保产业又难以填补缺口,增速下滑局面就难以避免。

目前,中国调整产业结构的基本策略是降低第二产业比重,提高第三产业比重,以更顺利地完成既定节能减排降耗降污任务。例如,"十二五"规划服务业比重提升目标是到 2015 年达到 47%,实际达到 50.5%,五年提高了 6.1 个百分点,而第二产业比重下降了 5.5 个百分点,到 2016 年已降至不足 40%。"十三五"规划进一步计划到 2020 年将第三产业比重提升至 56%,届时第二产业比重势必进一步下滑。欧美发达国家以第三产业为主的经济结构普遍未能拉动经济快速增长,国民经济发展规划脱实向虚的规划倾向势必将削弱实体经济,削弱第二产业拉动经济快速增长的主引擎作用,而依靠第三产业推动 GDP 快速增长目前尚无成功国际范例,压"二"扶"三"的产业结构调整国策与经济增长的矛盾不容忽视。

2. 发展低碳技术、低碳能源、低碳制度及碳排放权交易的经济影响。第一,企业研发低碳技术、购置低碳环保设备,对现有高碳生产流程进行低碳化改造,都将增加企业生产成本;第二,发展太阳能、风能、地热能、生物质能、核能等低碳能源,除企业需要承担相关成本外,政府也需拨付大量财政资金用于能源基础设施建设和低碳能源消费补贴;第三,全面重构低碳制度组织体系,创建碳排放统计报告、核算核查、评估评审体系,需要占用大量社会人财物资源;四是引入市场机制推进碳排放权交易,将气候影响外部性内部化,直接增加了排放企业经营成本;五是建筑与交通、政务与商务、社区与乡村等领域为节能减排需要添置大量节能设备也

---

① 工业和信息化部. 工业和信息化部向社会公告 18 个工业行业淘汰落后产能企业名单 [EB/OL]. 工业和信息化部官网,2017 - 02 - 20.

占用不少社会资源。总之,上述这些因素都直接或间接地增加经济社会成本从而影响经济发展。

3. 自上而下分解分配节能减排目标任务机制的经济影响。"十二五"规划确定了碳排放强度和能耗强度分别下降17%和16%的目标任务,再自上而下将任务分解分配到各省、市乃至县、镇、村及微观企业和社区。"十三五"实施强度和总量双控,部分行业还引入增量控制,对经济增长约束将进一步趋紧。由于许多地方实施节能减排目标任务考核制度,地方政府有内在压力确保优先完成上级分配的减排任务,当高新低碳环保产业发展受阻,低碳技术升级受到技术、资金、人才等因素制约,低碳能源应用受到资源、技术、市场、资金、基础设施等因素限制时,地方政府便可能倾向采取限产限电、关停淘汰现有产能等行政手段,以牺牲经济增速完成减排目标,从而影响经济发展。在实施总量控制后,会加大以牺牲经济增长空间来换取碳排放总量控制空间的可能性。另外,社会资本可能会由于达不到升级版低碳环保标准要求,或者为满足低碳环保新要求将大幅增加成本,从而选择离开转而寻找成本更低的国家或地区,引起当地投资不足而制约经济增长。

(四)经济下滑走势与低碳转型倒逼的联系

在传统发展模式下,经济增速是核心考核指标,全国自上而下都在思谋发展,劳动力、土地、矿产资源等各种要素迸发了活力,尤其在加入 WTO 之后,充分利用国际国内市场,由于资源环境气候约束较软,各省市各行业各领域都取得长足发展,经济增速较快,与此同时伴随而来的是污染物排放和碳排放增加,致使国内生态环境日益退化,国际上要求中国减碳的呼声上升。

2010 年之后,确定了碳排放强度、能耗强度、污染物排放总量等约束性指标目标,倒逼经济社会低碳绿色生态循环化转型。中国政府主动调低发展速度,希望以降低发展速度来换取发展质量。始料未及的是,倒逼压力再与税费居高难下、人口红利减退、政府刺激政策收紧、劳动土地要素成本上升、国际国内需求疲软、技术创新滞缓、政府债券周期以及国际上长期存在的唱衰做空遏制等恶意势力因素叠加,致使中国经济尤其工业实体经济持续下滑,以致形成下滑趋势惯性。在下滑趋势惯性作用下,进一步加大了保增长的难度。协调经济增长与控制碳排放的矛盾,把握好减排措施的步骤、节奏及保减排与保增长的平衡区间,才能确保既有序促进节能减排实现碳排放控制目标,又确保经济在安全区域内平稳运行。需要警惕的是,如果经济继续下滑,增速继续下降,可能会引爆各种早已形成的、并在高速增长下掩盖起来的潜在风险,进而引发更严重的经济衰退,甚至经济危机。① 毕竟,以牺牲经济增速来实现控碳目标并非初心,经济增长和减排降污协同实现才是最终目的,经济高质量发展就是谋求技术先进、低碳绿色及合理增速的有机统一。

(五)控排放、调结构与促增长的相容途径

控排放、调结构与促增长三者相容,就要求在控排放过程中经济保持平稳增长,避免断崖式下滑以大幅牺牲经济增速来换取低碳目标任务完成;调结构与促增长的关系把握主要是掌握好调结构推进的力度、节奏及时机,平衡好调结构与稳增长的关系,尽量在维持经济增速平稳的情势下推进产业结构供给侧改革,避免"新鞋未得,旧履尽弃"局面出现,防止经济增速深度下滑。控排放、调结构与促增长实现相容的途径大致包括:一是着力发展先进生产技术和低碳环保技术,持续降低产业能耗强度和碳排放强度;二是适当降低能耗强度和碳排放强度相对较高的产业比重,增加能耗强度和碳排放强度相对较低的高新低碳环保产业比重,优化产业结构;三是在能源资源禀赋允许的条件下,适当降低煤炭比重,以及推进煤炭等化石能源的清洁化利用,从而降低加权碳排放因子;四是最关键方面,即大力发展非化石能源,最大限度地提升非化石能源占能源消费总量比重,是实现经济增长与碳排放脱钩、经济增长与碳排放控制目标相容的决定性因素。

六、控排放、调结构与促增长相容条件的数理分析

假定 C_t 是第 t 年的碳排放量,$\overline{C_t}$ 是第 t 年的目标碳排放量上限;m_t 是第 t 年的碳排放强度降幅,$\overline{m_t}$ 是第 t 年的碳排放强度降幅目标;g_t 是第 t 年的经济增速,$\overline{g_t}$ 是第 t 年的经济增速目标;z_t 是第 t 年的能耗强度降幅,$\overline{z_t}$ 是第 t 年的能耗强度降幅目标;γ_t 是第 t 年的非化石能源占能源消费总量比重,$\overline{\gamma_t}$ 是第 t 年的非化石能源比重目标。

(一)碳排放总量控制与经济增速二元目标相容的必要条件

先考虑碳排放总量控制与经济增长二元目标相容的简单情形。由于碳排放总量 $C = \text{GDP} * CEI$(碳排放强度,即单位 GDP 的二氧化碳排放量),则两个时期(基期和期末)的关系如下:

$$C_0 = \text{GDP}_0 * CEI_0 , \tag{4}$$

$$C_t = \text{GDP}_t * CEI_t \tag{5}$$

---

① 魏加宁,杨坤. 有关当前经济下行成因的综合分析[J]. 经济学家,2016(9):5-14.

期末 GDP 较基期增长了 g_t,期末 CEI 较基期下降了 m_t,则有

$$C_t = GDP_0 * (1 + g_t) * CEI_0 * (1 - m_t)$$
$$= C_0 * (1 + g_t) * (1 - m_t) \tag{6}$$

如果要求期末达到峰值,则必须有:

$$(1 + g_t) * (1 - m_t) \leqslant 1 \text{,或} 1 - m_t \leqslant \frac{1}{1 + g_t} \tag{7}$$

即有:

$$m_t \geqslant \frac{g_t}{1 + g_t} \text{,或} g_t \leqslant \frac{m_t}{1 - m_t} \tag{8}$$

也就是说,只有满足碳排放强度降幅达到甚至超过 $g/(1 + g)$ 的条件,碳排放总量才能达到峰值,这是碳排放总量控制目标与经济增长目标相容的必要条件。如果此时,期末经济增速和碳排放强度降幅均不低于预定目标值,即 $g_t \geqslant \overline{g_t}, m_t \geqslant \overline{m_t}$,则碳排放总量调控目标与经济增速目标处于相容状态。

(二)碳排放控制、能源结构调整及经济增长三者相容的必要条件

碳排放强度目标的实现是通过优化能源结构、提高能源效率等途径间接实现的,碳排放量与 GDP 之间的恒等式(4)式和(5)式可以改写为:

$$C_0 = GDP_0 * \frac{E_0}{GDP_0} * \frac{F_0}{E_0} * \frac{C_0}{F_0}$$
$$= GDP_0 * e_0 * r_0 * a_0 , \tag{9}$$
$$C_t = GDP_t * \frac{E_t}{GDP_t} * \frac{F_t}{E_t} * \frac{C_t}{F_t}$$
$$= GDP_t * e_t * r_t * a_t \tag{10}$$

其中各字母含义同(1)式。假定期末较基期 GDP 增长了 g_t,能耗强度下降了 z_t;化石能源消费占能源消费总量比重下降了 Δr ,令 $\Delta r/r_0 = \theta$;由于增加天然气比重降低煤炭比重等努力使得单位化石能源消耗的碳排放量 a 下降了 Δa ,令 $\Delta a/a_0 = \sigma$ 。则(10)式变为:

$$C_t = GDP_0 * (1 + g_t) * e_0 * (1 - z_t) * r_0 * (1 - \theta_t) * a_0 * (1 - \sigma_t)$$
$$= GDP_0 * e_0 * r_0 * a_0 * (1 + g_t) * (1 - z_t) * (1 - \theta_t) * (1 - \sigma_t)$$
$$= C_0 * (1 + g_t) * (1 - z_t) * (1 - \theta_t) * (1 - \sigma_t) \tag{11}$$

要实现达峰目标,则要求 $C_t/C_0 \leqslant 1$,即需满足如下条件:

$$(1 + g_t) * (1 - z_t) * (1 - \theta_t) * (1 - \sigma_t) \leqslant 1 \quad \text{或}$$
$$(1 - z_t) * (1 - \theta_t) * (1 - \sigma_t) \leqslant \frac{1}{1 + g_t} \tag{12}$$

或者 $z_t + \theta_t + \sigma_t - z_t * \theta_t - z_t * \sigma_t - \theta_t * \sigma_t + z_t * \theta_t * \sigma_t \geqslant \dfrac{g_t}{1 + g_t}$ (13)

也就是说,提高能源效率、降低化石能源比重提高非化石能源比重、增加天然气比重降低煤炭比重等优化能源结构、提升能源效率产生的综合减碳效应足以抵消经济增长产生的增碳效应,这就是碳排放总量调控、能源结构调整及经济增速三者之间相容的必要条件。

如果此时经济增速、能耗强度降幅、非化石能源占能源消费总量比重均不低于既定目标,即满足 $g_t \geqslant \overline{g_t}, z_t \geqslant \overline{z_t}, \gamma_t \geqslant \overline{\gamma_t}$ 条件,则可认为碳排放总量调控、能源结构调整与经济增速三元目标处于相容状态。

（三）碳排放控制、产业和能源结构调整及经济增长四者相容的必要条件

再进一步考虑产业结构因素。碳排放总量是由各个部门碳排放量累积得到。因此有,

$$
\begin{aligned}
C &= \sum_{i=1}^{n} C_i \\
&= \sum_{i=1}^{n} G_i * e_i * r_i * a_i \\
&= \sum_{i=1}^{n} GDP * s_i * e_i * r_i * a_i \qquad i = 1, 2, \ldots, n
\end{aligned}
$$
(14)

其中,i 表示产业部门,G_i 表示第 i 产业增加值;s_i 表示第 i 产业增加值占 GDP 的比重,是反映产业结构的变量;其他字母含义同上。(9)式和(10)式就可变为:

$$
C_0 = \sum_{i=1}^{n} GDP_0 * s_{0i} * e_{0i} * r_{0i} * a_{0i} ,
$$
(15)

$$
C_t = \sum_{i=1}^{n} GDP_t * s_{ti} * e_{ti} * r_{ti} * a_{ti}
$$
(16)

令期末各产业部门占比较基期变化了 Δs ,且 $\Delta s / s = h$,显然 $\sum_{i=1}^{n} \Delta s = 0$ 。那么,类似地可以得到:

$$
\begin{aligned}
\dfrac{C_t}{C_0} &= \dfrac{\sum_{i=1}^{n} GDP_0 * (1 + g_t) * s_{0i} * (1 + h_{ti}) * e_{0i} * (1 - z_{ti}) * r_{0i} * (1 - \theta_{ti}) * a_{0i} * (1 - \sigma_{ti})}{\sum_{i=1}^{n} GDP_0 * s_{0i} * e_{0i} * r_{0i} * a_{0i}} \\[2mm]
&= \dfrac{\sum_{i=1}^{n} GDP_0 * s_{0i} * e_{0i} * r_{0i} * a_{0i} * (1 + g_t) * (1 + h_{ti}) * (1 - z_{ti}) * (1 - \theta_{ti}) * (1 - \sigma_{ti})}{\sum_{i=1}^{n} GDP_0 * s_{0i} * e_{0i} * r_{0i} * a_{0i}}
\end{aligned}
$$

(17)

令基期各产业部门碳排放量占碳排放总量的比重为 β ,则有:

$$\beta_{0i} = \frac{C_{0i}}{C_0} = \frac{GDP_0 * s_{0i} * e_{0i} * r_{0i} * a_{0i}}{\sum_{i=1}^{n} GDP_0 * s_{0i} * e_{0i} * r_{0i} * a_{0i}} \qquad (18)$$

因此,(17)式变为:

$$\frac{C_t}{C_0} = \sum_{i=1}^{n} \beta_{0i} * (1 + g_t) * (1 + h_{ti}) * (1 - z_{ti}) * (1 - \theta_{ti}) * (1 - \sigma_{ti})$$

$$= (1 + g_t) * \sum_{i=1}^{n} \beta_{0i} * (1 + h_{ti}) * (1 - z_{ti}) * (1 - \theta_{ti}) * (1 - \sigma_{ti}) \qquad (19)$$

那么,类似地,达峰的必要条件就是:

$$(1 + g_t) * \sum_{i=1}^{n} \beta_{0i} * (1 + h_{ti}) * (1 - z_{ti}) * (1 - \theta_{ti}) * (1 - \sigma_{ti}) \leqslant 1 \qquad (20)$$

$$\sum_{i=1}^{n} \beta_{0i} * (1 + h_{ti}) * (1 - z_{ti}) * (1 - \theta_{ti}) * (1 - \sigma_{ti}) \leqslant \frac{1}{1 + g_t} \qquad (21)$$

如果忽略能源效率等低碳环保技术进步在行业间的差异性、非化石能源和化石能源在行业间消费的差异性,则(20)式可以改写成:

$$\left[\sum_{i=1}^{n} \beta_{0i} * (1 + h_{ti}) \right] * (1 - z_t) * (1 - \theta_t) * (1 - \sigma_t) \leqslant \frac{1}{1 + g_t} \qquad (22)$$

(20)~(22)式表明,产业结构调整、能源结构调整以及低碳能效技术进步作用产生的产业结构减排、能源结构减排、低碳技术减排的综合减碳效应足以抵消经济增长产生的增碳效应是碳排放总量控制目标和经济增长目标相容的必要条件。

类似地,如果此时经济增速、能耗强度降幅、非化石能源占能源消费总量比重均不低于既定的目标值,即满足 $g_t \geqslant \overline{g_t}, z_{ti} \geqslant \overline{z_{ti}}, \gamma_{ti} \geqslant \overline{\gamma_{ti}}$ 条件,同时产业结构调整达到预期调整目标区间,则可认为碳排放总量调控、产业和能源结构调整与经济增速多元目标实现相容。

七、总结

如果气候变化科学属真,《巴黎协定》确立的温控目标、减排目标及全球碳预算科学合理,则意味着对全球、对中国而言节能减排形势均紧迫,制定及早达峰目标无疑正确无悔,这是中国控制碳排放政策适当与否的气候科学前提,本书以国家既定的减碳政策目标为基础展开研究。

自 2010 年哥本哈根气候变化大会前夕作出到 2020 年碳强度下降 40% ~ 45% 承诺以来,中国低碳转型的新政层出不穷,不断制定和完善低碳法律法规,屡次明确向世界作出低碳目标承诺,编制各种专项低碳发展规划或纳入低碳约束指标,编制综合或节能控排行动方案,遴选低碳试点省市、园区及社区等,筛选重点推广低碳绿色技术,淘汰落后产能化解过剩产能优化产业结构,构建碳排放权交易市场体系,改革整合气候治理与环境治理行政管理体制及资源等。贯彻落实各项低碳转型新政过程中,表现出如下特征:第一,低碳发展目标量化、细化、深化、连续,且逐级向下分解分配,低碳转型压力自上而下逐级传导;第二,逐渐从侧重强度目标控制向强度、总量、增量三维目标控制过渡,低碳转型倒逼力度趋严趋紧;第三,能源和工业低碳发展是低碳转型政策的着力重点,尤其工业领域在低碳转型倒逼过程中冲击明显。

自开启低碳转型倒逼以来,经济增速持续下滑,政府对经济增速期望不断下调。显然,碳排放控制、结构调整与经济增长之间出现了矛盾,三者之间陷入"三角矛盾"困境中。如果不实施低碳转型,碳排放量将随经济增长而增加,显然为全球应对气候变暖目标所不容;实施低碳转型,优化产业结构,淘汰挤出落后低端过剩产能易,培育扶持先进高端低碳绿色产能难,周期较长,新旧增长动能难以及时转换,经济增速放缓在所难免。不控排放的经济发展不可持续,也为气候环境所不容;不稳增长的低碳转型在残酷激烈的国际竞争环境下经济社会难以承受,势必也不可持续。碳排放控制、结构调整及经济增长三者之间如何平衡、协调共同实现目标,需要探寻三者的相容解。

本章最后,在碳排放总量计算恒等式基础上构建数理模型,数理分析了碳排放总量控制与经济增速二元目标相容的必要条件,碳排放控制、能源结构调整及经济增长三元目标相容的必要条件,碳排放控制、产业结构调整、能源结构调整及经济增长四元目标相容的必要条件,为本书后面章节的实证分析提供铺垫。①

---

① 后面章节的实证研究根据分析需要和思路调整相应作些变化和调整(主要是第三、第四、第五章)。

第二章　低碳新政的气候效应和经济影响

一、引言

自哥本哈根世界气候变化大会以来,我国自上而下全面、深入、持续推进低碳转型,低碳转型目标相继制定,政策不断推出,行动力度持续加强。在低碳目标方面,我国宣布到 2020 年单位 GDP 二氧化碳排放量较 2005 年下降 40% ~45% ;到 2030 年,单位 GDP 二氧化碳排放量较 2005 年下降 60% ~65% ;继"十二五"下降 21.5% 后,"十三五"争取再下降 18% ,碳排放总量争取到 2030 年达峰或提前达峰。在低碳规划方面,我国将碳排放强度(总量)控制目标作为约束性指标,纳入国民经济和社会发展规划,并制订了相应的战略规划,如《可再生能源发展"十三五"规划》《能源技术创新"十三五"规划》《工业绿色发展规划(2016—2020 年)》《能源生产和消费革命战略(2016—2030)》等。在行动方案方面,我国先后编制了《"十二五"节能减排综合性工作方案》《"十三五"节能减排综合工作方案》《"十三五"控制温室气体排放工作方案》《能源技术革命创新行动计划(2016—2030 年)》等。在低碳法规方面,我国已经颁布了《可再生能源法》《节约能源法》《节能低碳技术推广管理暂行办法》《碳排放权交易管理暂行办法》《全国碳排放权管理暂行条例》等。在产业政策方面,国务院先后下发多项文件,要求淘汰落后产能,化解产能严重过剩矛盾,加快发展节能环保产业,工信部已在工业领域开展了重点行业淘汰落后产能等行动。在低碳试点和低碳技术推广方面,国家发展改革委已先后遴选多批次低碳试点省市、低碳工业园区、低碳社区,发布重点低碳技术推广目录。在碳交易市场建设方面,我国正从区域性碳交易市场过渡到统筹构建全国统一的碳交易市场,引导碳排放单位气候外部成本内部化。低碳政策密集推出落地有声,低碳目标量化、细化、连续化,逐级向下分解分配直达基层单位,从强度控制逐步向强度、总量、增量三维控制过渡,政策的深度、广度和力度逐步走在世界前列。

然而,低碳转型政策在促进节能减排的同时也会对经济增长产生影响。影响机制包括但不限于以下五个方面。第一,粗放型增长模式下多年积累的低端落后过剩产能将被强力挤出,高端、低碳产业培育周期较长;第二,国家发展规划引导提升第三产业比重,压低能耗强度和碳排放强度相对较高的第二产业比重,势必限制第二产业增速,使之低于 GDP 增速,改革开放以来第二产业的强劲增速是驱动 GDP 快速增长的主要因素,第二产业增速下滑势必拉低 GDP 增速;第三,提高低碳环保标准将迫使生产企业将环境气候外部效应内部化,势必推升企业生产成本,从而削弱其市场竞争力;第四,全方位的经济社会低碳转型将占用大量的资本和资源,制造行业研发低碳技术、添置或升级低碳设备,交通、建筑等领域的低碳化改造,各部门建设低碳新政制度体系等,无不程度不同地占用社会成本和经济成本;第五,积极影响方面就是,低碳转型政策将倒逼企业升级技术,降低能耗,提高生产效率,从而降低生产成本,提高经济效益和市场竞争力,促进经济高质量发展。总之,低碳转型政策最终影响将是负向影响和正向影响叠加交错的综合结果。

迄今,我国实施低碳转型政策已有数年,低碳转型政策究竟取得多大的气候效应? 对经济增长产生了多大程度的影响? 本章将通过实证分析一一解答,对今后统筹经济政策与气候政策以及把握减排节奏、协调曾长与减排矛盾提供借鉴。

二、低碳转型政策的气候效应

(一)气候效应分解模型

经济活动的气候效应是指经济活动产生的温室气体排放效应,包括经济增长引致的规模气候效应,应用低碳技术降低能耗强度引致的技术气候效应,调整产业结构引致的产业结构气候效应,优化能源结构引致的能源结构气候效应。规模气候效应是指在能耗强度、产业结构和能源结构保持不变的条件下由经济规模扩大引致的碳排放量的增加。技术气候效应是指经济规模、产业结构和能源结构保持不变的条件下由应用低碳技术降低能耗强度引致的碳排放量的减少。产业结构气候效应是指经济规模、能耗强度、能源结构保持不变的条件下由产业结构转型升级引致的碳排放量的减少。能源结构气候效应是指经济规模、产业结构、能耗强度保持不变的条件下由不断优化能源结构引致的碳排放量的减少,包括提升非化石能源比重,降低煤炭比重,降低加权碳排放因子所引致的碳排放量的减少。

下面借鉴 Grossman 等提出的环境效应分解模型构建气候效应分解模型:①

---

① GROSSMAN G M, KRUEGER A B. Environment Impact of a North American Free Trade Agreement[R]. Cambridge, MA: NBER Working Paper, 1991.

$$\begin{cases} C_0 = \sum_{i=1}^{n} GDP_0 * s_{0i} * e_{0i} * r_{0i} * a_{0i} \\[2mm] C_t = \sum_{i=1}^{n} GDP_t * s_{ti} * e_{ti} * r_{ti} * a_{ti} \\[2mm] C_{scale} = \sum_{i=1}^{n} GDP_t * s_{0i} * e_{0i} * r_{0i} * a_{0i} - \sum_{i=1}^{n} GDP_0 * s_{0i} * e_{0i} * r_{0i} * a_{0i} \\[2mm] C_{tech} = \sum_{i=1}^{n} GDP_t * s_{0i} * e_{ti} * r_{0i} * a_{0i} - \sum_{i=1}^{n} GDP_t * s_{0i} * e_{0i} * r_{0i} * a_{0i} \\[2mm] C_{struc} = \sum_{i=1}^{n} GDP_t * s_{ti} * e_{0i} * r_{0i} * a_{0i} - \sum_{i=1}^{n} GDP_t * s_{0i} * e_{0i} * r_{0i} * a_{0i} \\[2mm] C_{energy} = \sum_{i=1}^{n} GDP_t * s_{0i} * e_{0i} * r_{ti} * a_{ti} - \sum_{i=1}^{n} GDP_t * s_{0i} * e_{0i} * r_{0i} * a_{0i} \end{cases} \tag{1}$$

其中,C表示碳排放量,s表示某产业增加值占 GDP 的比重,e表示能耗强度,r表示化石能源占能源消费总量的比重,a表示加权碳排放因子,C_{scale}表示经济增长的规模气候效应,C_{tech}表示应用低碳技术的技术气候效应,C_{struc}表示调整产业结构的产业结构气候效应,C_{energy}表示优化能源结构的能源结构气候效应,i表示产业,0 和 t 分别表示基期和考察期。

(二)气候效应分类估算

下表是利用我国 2010 年和 2015 年的经济、能源及各类化石能源碳排放因子数据计算得到的各类指标值(见表 1)。

表 1　2010 年、2015 年的中国 GDP、产业结构、能耗
强度、能源结构及加权碳排放因子情况

年份	实际GDP(亿元)	第一产业占比(%)	第二产业占比(%)	第三产业占比(%)	能耗强度(吨标准煤/万元)			化石能源占比(%)	加权碳排放因子(kg-CO₂/kgce)
					第一产业	第二产业	第三产业		
2010	357481.92	9.53	46.40	44.07	0.292	1.737	0.398	90.60	2.51
2015	519701.12	8.83	40.93	50.24	0.276	1.507	0.371	87.90	2.48

其中,实际 GDP 是利用消费价格指数(2005 年 = 100)整理计算得到;利用各产业增加值除以各自能源消费量,计算得到各产业能耗强度;以煤炭、石油、天然气占化石能源消费总量的比重为权重,乘以各自碳排放因子,计算得到加权碳排放因子,忽略能源消费的产业分布差异。根据(1)式可估算各类气候效应。

经济增长的规模气候效应为：

$$C_{scale} = (519701.12 - 357481.92) * 90.60\% * 2.51 * (9.53\% * 0.292 + \tag{2}$$

$$46.40\% * 1.737 + 44.07\% * 0.398) = 372287.90(万吨二氧化碳)$$

应用低碳技术的技术气候效应为：

$$C_{tech} = 519701.12 * 90.60\% * 2.51 * [9.53\% * (0.276 - 0.292) + 46.40\% *$$

$$(1.507 - 1.737) + 44.07\% * (0.371 - 0.398)] = -141989.61(万吨二氧化碳)$$

$$\tag{3}$$

调整产业结构的产业结构气候效应为：

$$C_{struc} = 519701.12 * 90.60\% * 2.51 * [(8.83\% - 9.53\%) * 0.292 +$$

$$(40.93\% - 46.40\%) * 1.737 + (50.24\% - 44.07\%) * 0.398] = -85684.32(万$$

吨二氧化碳) $$\tag{4}$$

优化能源结构的能源结构气候效应为：

$$C_{energy} = 519701.12 * (9.53\% * 0.292 + 46.40\% * 1.737 + 44.07\% * 0.398) *$$

$$(87.90\% * 2.48 - 90.60\% * 2.51)$$

$$= -49374.49(万吨二氧化碳) \tag{5}$$

可见，中国在"十二五"期间，由经济增长引致的规模气候效应是增加了372287.90万吨二氧化碳排放，由应用低碳技术引致的技术气候效应是减少了141989.61万吨二氧化碳排放，由调整产业结构引致的产业结构气候效应是减少了85684.32万吨二氧化碳排放，由优化能源结构引致的能源结构气候效应是减少了49374.49万吨二氧化碳排放。技术气候效应超过了产业结构气候效应与能源结构气候效应之和。上述三类气候效应共计减少了277048.42万吨二氧化碳排放，抵消了74.42%的规模气候效应，我国碳排放总量继续上升。"十二五"期间，我国在发展低碳技术、调整产业结构、优化能源结构等方面均取得显著的减排气候效应，三者的减排贡献度依次为51.25%、30.93%和17.82%，优化能源结构的减排气候效应略低。今后仍需大力创新，开发创新应用低碳技术，优化产业结构，发展低碳能源，扩大这三类减排气候效应，更好地抵消规模增排气候效应，减少碳排放增量，争取碳排放总量及早达峰。

三、低碳转型政策的宏观经济影响

低碳转型政策的经济效应是指低碳转型政策实施以后对经济变量产生的影响。本文首先从宏观层面进行实证分析，以便对低碳转型政策的经济效应有更全面的认识。

（一）数据选取

工业经济受节能减排政策的影响最明显,故选取工业增加值月度同比增速指标(*Vindus*)作为反映经济增长受影响的变量。考虑到控制煤炭消费是推进节能减排的重要举措,故选取原煤产量月度同比变化率指标(*Vcoal*)作为反映节能减排政策力度的变量。"十二五"规划首次设置单位 GDP 二氧化碳排放量降幅目标,故引入反映整体低碳转型政策的虚拟变量(*Policy*):2010 年 12 月以前取值为 0,2011 年 1 月以后取值为 1。选取 2009 年 5 月—2017 年 4 月的月份数据,其间工业增加值月度同比增速整体趋降:2012 年 2 月增速最快,达 21.3%;2015 年 10 月增速最慢,仅为 5.6%。原煤产量月度变化率整体趋降且波动幅度大:2010 年 1 月增幅最大,达 51.5%;2016 年 6 月降幅最大,为 16.6%;有 50 个月同比下降,21 个月在[0,10%]区间,25 个月超过 10%,而且多数发生在 2011 年 9 月份之前。

（二）单位根检验

时序数据单位根检验是回归计量分析的前提。若时序数据平稳,可直接进行回归分析;若非平稳,可考虑协整分析;若非平稳且无协整关系,可先进行差分,或去除趋势转化成平稳序列。结合变量自身特征,对 *Vindus*、*Vcoal* 两个变量进行ADF 单位根检验,检验包含截距项和时间趋势项。（见表 2）

表 2　*Vindus* 和 *Vcoal* 变量的 ADF 检验结果

变量	T 值	检验类型(c,t,l)	1%临界值	5%临界值	10%临界值	平稳性
Vindus	−5.119	(c、t,0)	−4.051	−3.455	−3.153	*
Vcoal	−6.032	(c、t,0)	−4.051	−3.455	−3.153	*

注:检验类型中的 c、t 和 l 分别表示检验方程中的常数项、趋势项及滞后期,* 表示变量在 1% 的水平上检验显著(下同),临界值采用 Mackinnon 临界值

根据表 2,两个变量 ADF 检验的 T 统计值分别是 −5.119 和 −6.032,均在 1% 显著性水平上平稳。

（三）相关性分析

建立 *Vindus*、*Vcoal*、*Policy* 变量的相关系数矩阵,如表 3 所示。

表 3　*Vindus*、*Vcoal*、*Policy* 变量的相关系数矩阵

相关系数	*Vindus*	*Vcoal*	*Policy*
Vindus	1.0000	—	—
Vcoal	0.7410	1.0000	—
Policy	−0.5552	−0.6287	1.0000

表3显示，*Vindus* – *Vcoal* 之间相关系数为 0.7410，呈正相关关系；*Vindus* –
Policy 之间相关系数为 – 0.5552，呈负相关关系；*Vcoal* – *Policy* 之间相关系数为 –
0.6287，呈负相关关系。上述相关系数初步说明：工业增加值增速与原煤产量变
化率整体存在同向变化关系，一方下降会引致另一方下降；低碳政策变量与工业
增加值增速、原煤产量变化率之间整体呈负向关系，强化低碳政策会抑制工业增
加值增速和原煤产量增速。

（四）OLS 回归分析

Vindus、*Vcoal* 均属平稳序列，可进行 OLS 回归，回归方程为：

$$Vindus = 10.5468 + 0.2159 Vcoal_t - 1.3432 Policy_t + \varepsilon_t \tag{6}$$

Vindus、*Vcoal*、*Policy* 变量的 OLS 回归结果见表4。

表4　工业增加值、原煤产量月度增速及低碳转型政策虚拟变量的 OLS 回归结果

自变量	系数	标准误	t 统计值	p 统计值	95% 置信区间
Vcoal	0.2159	0.0294	7.35	0.000	[0.1575,0.2742]
Policy	– 1.3432	0.8026	– 1.76	0.098	[– 2.9370,0.2506]
常数项	10.5468	0.7390	14.27	0.000	[9.0792,12.0144]

Vcoal 和 *Policy* 系数的 T 统计值为 7.35 和 – 1.76，分别在 1% 和 10% 的水平
下显著。F 统计值为 59.74，Prob > F 的概率为 0.0000，表明回归方程估计可靠。
R^2 值为 0.5623，相对较低，可能是工业增加值增速受其他未被观测到的因素影响。
Vcoal 的系数为 0.2159，意味着原煤产量月度同比降幅扩大 1 个百分点，将使工业
增加值增幅下降 0.2159 个百分点。2009 年 11 月，国务院确定了 2020 年碳排放
强度下降40%～45%的目标。以该月原煤产量同比增速为基准，则考察期间原煤
产量月度同比变化率年均下降约 10.45 个百分点，再乘以系数，粗略估算发现，控
煤举措导致工业增加值增速年均下降约 2.26 个百分点。可见，控煤举措对工业
增速产生明显抑制作用。另外，*Policy* 变量的系数为 – 1.3432，表明低碳转型政策
整体对工业增速产生了抑制效应。

（五）Granger 因果关系检验

上述变量的 Granger 因果关系检验结果如表5所示。

表5　Granger 因果关系检验结果

原假设	F 检验值	P 值	滞后阶	结论
Vcoal 不是 *Vindus* 的 Granger 原因	11.38	0.0000	2	拒绝 *
Vindus 不是 *Vcoal* 的 Granger 原因	12.91	0.0000	2	拒绝 *
Policy 不是 *Vindus* 的 Granger 原因	7.23	0.0085	1	拒绝 *
Vindus 不是 *Policy* 的 Granger 原因	0.05	0.9816	3	接受
Policy 不是 *Vcoal* 的 Granger 原因	9.55	0.0026	1	拒绝 *
Vcoal 不是 *Policy* 的 Granger 原因	0.80	0.3729	1	接受

在表5中，*Vcoal* 和 *Vindus* 互为 Granger 原因，表明工业生产与煤炭生产相互影响，原因可能是煤炭生产下降影响其他工业行业生产，工业行业生产下行又会影响煤炭需求。*Policy* 是 *Vindus* 和 *Vcoal* 的 Granger 原因，但 *Vindus* 和 *Vcoal* 均非 *Policy* 的 Granger 原因，这表明低碳转型政策整体上同时影响工业增加值增速和原煤产量变化率，且不存在逆向关系，这个结果与现实情况一致。

（六）VAR 回归分析

继续进行向量自回归（VAR）分析，结果如表6所示。由于 *Vindus* 和 *Vcoal* 互为 Granger 原因，*Policy* 是两者单向 Granger 原因，故设 *Vindus* 和 *Vcoal* 为内生变量，设 *Policy* 为外生变量。按 ACI 准则，滞后期选四期。

表6　向量自回归分析结果

	Vindus	系数	标准误	z 统计值	p 统计值	95% 置信区间
Vindus	滞后一期	0.9905	0.1023	9.68	0.000	[0.7901, 1.1902]
	滞后二期	−0.5007	0.1461	−3.43	0.001	[−0.7870, −0.2144]
	滞后三期	0.3177	0.1463	2.17	0.030	[0.0311, 0.6044]
	滞后四期	−0.0548	0.1053	−0.52	0.603	[−0.2613, 0.1516]
	Vcoal	—	—	—	—	—
	滞后一期	−0.0485	0.0233	−2.08	0.037	[−0.0942, −0.0029]
	滞后二期	0.0554	0.0244	2.28	0.023	[0.0077, 0.1032]
	滞后三期	0.0106	0.0253	0.42	0.675	[−0.0390, 0.0603]
	滞后四期	0.0498	0.0242	2.05	0.040	[0.0023, 0.0973]
	Policy	−0.3360	0.5169	−0.65	0.516	[−1.3492, 0.6771]
	常数项	2.5208	0.8865	2.84	0.004	[0.7833, 4.2582]

续表

	Vindus	系数	标准误	z 统计值	p 统计值	95% 置信区间
Vcoal	滞后一期	2.0245	0.4601	4.40	0.000	[1.1228,2.9262]
	滞后二期	-0.5186	0.6570	-0.79	0.430	[-1.8064,0.7691]
	滞后三期	-0.4674	0.6579	-0.71	0.477	[-1.7567,0.8220]
	滞后四期	0.2831	0.4738	0.60	0.550	[-0.6457,1.2118]
	Vcoal	—	—	—	—	—
	滞后一期	0.2023	0.1048	1.93	0.053	[-0.0030,0.4076]
	滞后二期	0.3534	0.1096	3.22	0.001	[0.1386,0.5682]
	滞后三期	-0.0151	0.1140	-0.13	0.895	[-0.2385,0.2084]
	滞后四期	-0.2129	0.1090	-1.95	0.051	[-0.4266,0.0007]
	Policy	-4.1205	2.3251	-1.77	0.076	[-8.6776,0.4367]
	常数项	-8.2761	3.9872	-2.08	0.038	[-16.0910,-0.4612]

从 *Vindus* 的回归结果看,滞后一期和三期产生正向冲击,系数分别为 0.9905 和 0.3177;滞后二期和四期产生负向冲击,系数分别为 -0.5007 和 -0.0548。先正向冲击后负向冲击反映了工业产出对市场自适应的微调过程。*Vcoal* 滞后一期对 *Vindus* 产生负向冲击,系数为 -0.0485;滞后二期到四期均产生正向影响,系数分别为 0.0554、0.0106 和 0.0498,说明 *Vcoal* 对 *Vindus* 的冲击有 1 个月时滞并具持续性。*Policy* 对 *Vindus* 产生负向冲击,系数为 -0.3360,显著性偏低,可能是低碳转型政策中淘汰落后过剩产能的直接抑制作用与培育扶持先进产能的潜在促进作用并存,整体形成了弱抑制作用。

从 *Vcoal* 的回归结果看,滞后一期和二期产生正向冲击,系数分别为 0.2023 和 0.3534;滞后三期和四期产生负向影响,系数分别为 -0.0151 和 -0.2129。先正向冲击后负向影响是原煤生产惯性及市场自适应性综合作用的结果。*Vindus* 滞后一期对 *Vcoal* 产生明显的同向影响,系数为 2.0245,滞后二期到四期系数不显著。这表明工业增加值当月增幅扩大将刺激原煤生产增速在次月提高,若工业增加值当月增幅下降,原煤生产增速次月将下降。*Policy* 对 *Vcoal* 产生明显负向冲击,系数为 -4.1205,表明整体低碳转型政策显著抑制原煤生产。

五、低碳转型政策的地区经济影响

在我国推进低碳转型的过程中,重要的政策工作抓手是在国家、省(直辖市)及下辖市县(区)镇(乡)等各级政府的经济社会发展规划中确定约束性能耗强度降幅指标。① 在理论上,降低各产业尤其是工业的能耗强度将对经济增长产生双重影响。一方面,政府要求经营者节能减排提高能效,企业需要升级生产技术设备和能效技术设备,优化能源消费管理,导致经营成本增加,影响经济增长。另一方面,经营者升级技术、提高能效、优化能源消费管理之后,将提高生产效率,节约能源开支,从而降低经营成本,提升市场竞争力,促进经济增长。在实践中,降低能耗强度促进或抑制经济增长最终取决于上述两方面影响的综合结果,具体影响程度需要根据实际数据加以验算。

（一）数据选取

选取中国大陆除西藏以外的 30 个省(自治区、直辖市)2005—2016 年的 GDP 增速(*VGDP*)指标数据和单位 GDP 能耗降幅(*VGDPENCONS*)指标数据。② 其中, GDP 增速是反映经济受影响的变量,利用 CPI 价格指数(2005 年 = 100)调整计算得到;单位 GDP 能耗降幅是反映节能减排力度的变量,各省(自治区、直辖市)历年综合能源消费量除以调整后的 GDP 数据,计算单位 GDP 能耗之后,再测算得到单位 GDP 能耗降幅。引入虚拟政策变量 *P*,③2010 年以前取值为 0,2011 年以后取值为 1。其中,GDP、价格指数数据源自历年国家统计年鉴,地区能源消费量数据源自同花顺数据库、各省(自治区、直辖市)历年统计公报及地方统计年鉴等。

（二）计量模型

构建如下面板数据计量模型:

$$VGDP_{it} = a_t + \beta_1 * VGDPENCONS_{it} + \beta_2 * P_{it} + \mu_i + \varepsilon_{it} \tag{7}$$

其中, $i = 1, 2, \ldots, 30$; $t = 2005, 2006, \ldots, 2016$ 。 α_t 是截距项, β_1 、 β_2 是待估系数, μ_i 是个体效应, ε_{it} 是特质误差项。根据对 μ_i 的不同假定,可将面板数据模型分为随机效应估计(RE)和固定效应估计(FE)。若将 μ_i 视为与 *VGDPENCONS* 和 *P* 不相关的不可观测变量,就是 RE 估计,反之则是 FE 估计。

---

① 在实际中,除了能耗强度降幅指标还有碳排放强度降幅指标。考虑到目前我国地区碳排放量统计数据不足的现实,且碳排放强度降幅与能耗强度降幅之间高度相关,故此处侧重分析能耗强度降幅指标对经济增速的影响。

② 本章在开展宏观经济影响和地区经济影响两部分实证分析时,数据选取起讫时段存在差异。由于占有数据资源所限及考虑样本数量的充足性,前者选用月度时间序列数据,部分指标最早只搜集到 2009 年 5 月,后者选用年度面板数据,为增加样本量及数据获取的许可,故而前移到 2005 年。

③ "十二五"以来,我国低碳转型政策是全方位的、综合性的,制定约束性能耗强度指标仅是其中之一,因此有必要引入反映整体低碳转型政策的虚拟变量。

(三)单位根检验

面板数据单位根检验方法主要包括:Levin – Lin – Chu(LLC)检验、Breitung 检验、Im – Pesaran – Shin(IPS)检验、Fisher – type 检验等。前两种适用相同根情形,后两种适用不同根情形。VGDP 和 VGPDENCONS 的单位根检验果如表7 所示。

表7　面板数据单位根检验结果

检验方法	VGDP		VGDPENCONS	
	统计量	p 值	统计量	p 值
LLC 检验	– 9. 2792	0. 0000	– 16. 5104	0. 0000
Breitung 检验	– 3. 1299	0. 0009	– 7. 1856	0. 0000
IPS 检验	– 1. 9243	0. 0272	– 7. 7850	0. 0000
Fisher – type 检验	89. 7371	0. 0077	248. 1645	0. 0000

其中,VGDP 在 5% 或 1% 的水平上显著拒绝含有单位根原假设,VGDPEN-CONS 的 4 种检验结果均在 1% 水平上显著拒绝含有单位根原假设,故推定 VGDP 和 VGDPENCONS 均属平稳序列。

(四)Granger 因果关系检验

面板数据 Granger 因果关系检验结果如表8 所示。

表8　面板数据 Granger 因果关系检验结果

原假设	F 值	P 值	滞后	结论	ϕ_1	ϕ_2
VGDPENCONS 不是 VGDP 的 Granger 原因	67. 54	0. 000	2	拒绝	0. 0492	– 0. 1076
				*	(0. 288)	(0. 017)
VGDP 不是 VGDPENCONS 的 Granger 原因	2. 26	0. 063	2	拒绝	– 0. 1115	0. 0728
				* * *	(0. 144)	(0. 381)
P 不是 VGDP 的 Granger 原因	271. 48	0. 000	1	拒绝	– 0. 0562	无
				*	(0. 000)	
VGDP 不是 P 的 Granger 原因	391. 47	0. 000	1	拒绝	1. 1913	—
				*	(0. 000)	
P 不是 VGDPENCONS 的 Granger 原因	6. 88	0. 001	1	拒绝	0. 0101	无
				*	(0. 078)	
VGDPENCONS 不是 P 的 Granger 原因	372. 11	0. 000	1	拒绝	0. 1585	—
				*	(0. 573)	

注:* * * 表示在 10% 的水平上显著。

根据表8,$VGDPENCONS$ 在 1% 的水平上是 $VGDP$ 的 Granger 原因,$VGDP$ 在 10% 的水平上是 $VGDPENCONS$ 的 Granger 原因;$VGDP$ 与 P 互为 1% 显著性水平上的 Granger 原因;$VGDPENCONS$ 与 P 虽互为 Granger 原因,但估计系数显著性偏低,故认为 $VGDPENCONS$ 与 P 之间 Granger 因果关系相对较弱。从 $VGDP$ – $VGDPENCONS$ 关系对来看,$VGDPENCONS$ 滞后一期系数为 0.0492,对 $VGDP$ 产生同向冲击;滞后二期系数为 –0.1076,对 $VGDP$ 产生反向冲击。这表明能耗强度加速下降会先抑制经济增速,但边际抑制效应较弱,之后促进经济增长且边际促进效应相对较强。可能是低碳技术进步短期导致成本增加抑制经济增长,中长期则能够提高生产力促进经济增长。从 $VGDP$ – P 关系来对看,P 滞后一期系数为 –0.0562,说明强化低碳政策会抑制经济增长,$VGDP$ 滞后一期系数为 1.1913,说明 GDP 增速强劲能够推动低碳政策升级。再从 $VGDPENCONS$ – P 关系对来看,P 滞后一期系数为 0.0101,显著性略低,两者因果关系偏弱,可能是因为考察期间低碳转型政策更多依靠行政手段较少依靠技术手段。

(五)随机效应和固定效应估计

全国、东部地区、中部和东北地区、西部地区的 FE 和 RE 估计及豪斯曼检验结果如表9 所示。[1]

表9　面板数据固定效应和随机效应估计结果

估计类型		FE				RE			
	指标	系数	标准误	t 值	p 值	系数	标准误	z 值	p 值
全国	$VGDPENCONS$	–0.0827	0.0469	–1.76	0.079	–0.0994	0.0460	–2.16	0.031
	P	–0.0699	0.0047	–14.78	0.000	–0.0697	0.0047	–14.71	0.000
	F 值/卡方值	114.22				228.85			
	p 值	0.0000				0.0000			
	卡方值	3.19							
	卡方值的 p 值	0.2025							

---

[1] 综合考虑地理位置、经济发展水平及样本数量均衡,本书中的东部地区包括北京、天津、上海、山东、江苏、浙江、福建、广东、海南这 9 省市,中部和东北地区包括河北、山西、安徽、江西、河南、湖北、湖南、黑龙江、吉林、辽宁这 10 省,其余 11 省归入西部地区。

估计类型		FE				RE			
	指标	系数	标准误	t 值	p 值	系数	标准误	z 值	p 值
东部地区	VGDPENCONS	-0.2378	0.0920	-2.59	0.011	-0.2190	0.0894	-2.45	0.014
	P	-0.0615	0.0058	-10.59	0.000	-0.0615	0.0058	-10.60	0.000
	F 值/卡方值	59.65				118.85			
	p 值	0.0000				0.0000			
	卡方值	0.76							
	卡方值的 p 值	0.6836							
中部和东北地区	指标	系数	标准误	t 值	p 值	系数	标准误	z 值	p 值
	VGDPENCONS	-0.7304	0.1936	-3.77	0.000	-0.7748	0.1859	-4.17	0.000
	P	-0.0740	0.0089	-8.31	0.000	-0.0736	0.0089	-8.28	0.000
	F 值/卡方值	50.27				103.91			
	p 值	0.0000				0.0000			
	卡方值	0.67							
	卡方值的 p 值	0.7139							
西部地区	指标	系数	标准误	t 值	p 值	系数	标准误	z 值	p 值
	VGDPENCONS	-0.0044	0.0568	-0.08	0.938	-0.0342	0.0552	-0.62	0.536
	P	-0.0686	0.0085	-8.05	0.000	-0.0681	0.0085	-7.99	0.000
	F 值/卡方值	32.84				66.07			
	p 值	0.0000				0.0000			
	卡方值	5.04							
	卡方值的 p 值	0.0803							

根据表 9 的数据,豪斯曼检验显示,四类区域估计的卡方值的 p 值分别为 0.2025、0.6836、0.7139、0.0803,均在 5% 的水平上接受原假设,故全部选择 RE 估计结果。其中,全国、东部地区、中部和东北地区、西部地区的 VGDPENCONS 系数 (p 值)分别为 -0.0994(0.031)、-0.2190(0.014)、-0.7748(0.000)、-0.0342 (0.536),全部为负。这说明能耗强度加速下降反而促进了经济增长提速,其中,中部和东北地区 VGDPENCONS 的系数绝对值最大且最显著。边际效应为:中部和东北地区能耗强度降速加快 1 个百分点,GDP 增速提速 0.7748 个百分点;东部地区能耗强度降速加快 1 个百分点,GDP 增速提高 0.2190 个百分点;西部地区能耗强度降速加快 1 个百分点,GDP 增速仅提高 0.0342 个百分点,且 p 值不显著;全国平均而言,能耗强度降速加快 1 个百分点,GDP 增速提高 0.0994 个百分点。上述结果与 Granger 因果检验的发现一致,即 VGDPENCONS 滞后一期抑制增长,滞

后二期促进增长,总体边际促进作用强于边际抑制作用。然而,实际能耗强度持续加速下降较难,降速趋缓的情况经常出现,这与低碳绿色环保技术持续创新升级边际难度较大有关。能耗强度降速难以维持加速下降势头,经济加速增长势头也就无法得到有效支撑,能耗强度降速下滑与经济增速下滑相对应。另外,全国、东部地区、中部和东北地区、西部地区的政策虚拟变量系数分别为 −0.0697、−0.0615、−0.0736、−0.0681,全部为负且 p 值全部为 0.0000,这表明在全国范围内,低碳转型政策对经济增速普遍产生抑制作用,抑制程度比较均衡。从抑制效应来看,中部地区略重,西部地区居中,东部和东北地区最轻。粗略估算,整体低碳转型政策对经济增速的抑制影响大致为 6~7 个百分点。

六、结语

评估"十二五"以来中国低碳转型政策的气候效应和经济影响对优化气候政策具有重要的现实意义。通过气候效应分解模型分类评估气候效应,运用时间序列数据实证分析低碳转型政策的宏观经济影响,运用面板数据分析低碳转型政策的地区经济影响,立体地剖析了低碳转型政策的实施效果及影响。

(一)主要发现

低碳转型政策的气候效应评估发现,"十二五"期间由运用低碳技术引致的技术气候效应、由升级产业结构引致的产业结构气候效应、由优化能源结构引致的能源结构气候效应分别减排了 14.20 亿、8.57 亿、4.94 亿吨二氧化碳,总计抵消了 74.42% 的规模气候效应。三者的减排贡献度依次为 51.25%、30.93% 和 17.82%,技术气候效应贡献过半,能源结构气候效应贡献略低,碳排放总量仍趋升。

低碳转型政策对宏观经济产生影响。煤炭生产与工业生产均存在市场自适应力,两者相互影响,互为 Granger 原因。受控煤举措影响,工业增加值增速年均下降约 2.26 个百分点。可能的原因是工业生产对煤炭依赖较深,两者形成动态的循环促降机制:煤炭产量下降→工业生产下降→煤炭产量进一步下降,从而强化了煤炭生产的降势。整体低碳转型政策是煤炭生产和工业生产的单向 Granger 原因,对煤炭生产负向冲击明显,对工业增速产生弱抑制效应。

低碳转型政策对地区经济产生影响。经济增速、能耗强度降速、整体低碳转型政策两两互为 Granger 原因。能耗强度加速下降对经济增速产生先弱抑制后强促进效应,原因可能是能效技术短期增加成本抑制经济增长,中长期提高生产力促经济增长。低碳转型政策整体上抑制经济增速,经济增速强劲强化低碳转型政策。低碳转型政策对能耗强度降速影响相对较弱,原因可能是较多依靠行政手段,较少使用技术手段。FE 估计发现,能耗强度加速下降可促进经济增速加快,与 Granger 因果分析结论一致。对中部和东北地区、东部地区、西部地区、全国的边际效应体现为:能耗强度降速加快 1 个百分点,经济增速分别提升 0.7748、0.2190、0.0342、0.0994 个百分点;能耗强度加速下降较难维持,经济加速增长得不到持续支撑。低碳转型政策对经济增速抑制作用明显,抑制程度在全国范围内比较均衡,大致为 6 ~ 7 个百分点。

(二)政策建议

第一,统筹平衡经济增长目标与碳排放控制目标。"十二五"以来,我国低碳转型政策对经济增速影响明显,因此必须更好地统筹平衡经济增长目标与碳排放控制目标,保持增长与减排节奏,防止经济失速,防范经济风险。严守 GDP 增速和工业增速的底线,在经济增长与碳排放的矛盾运动中相机平衡主要矛盾,处理好矛盾的主要方面,在经济和工业增速面临失速风险时适当减缓减排节奏,降低减排力度,兼顾经济的现实承受能力。

第二,持续加强先进技术和低碳技术的研发应用。从中长期看,要坚定不移地引导和推进工业企业开展创新,研发生产技术,提高能效,推动产业结构升级。政府部门需多措并举,实质性降低企业制度性成本,协助企业渡过目前的阵痛期。在低碳转型的过程中,全社会应当全力投入并耐心等候,收获中长期经济效益和环境气候效应,推动经济高质量发展。

第三,加速可再生能源和清洁化石能源发展。大力推动能源结构转型,扩大三类减排气候效应尤其是能源结构气候效应,争取完全抵消乃至超过规模气候效应。控制煤炭消费是减少温室气体排放的必由之路,但目前我国工业能源需求对煤炭依赖度过高,2015 年工业煤炭消费占工业能源消费总量的 88.65%,同年全国经济对煤炭依赖度为 63.70%,未来我国需着力降低工业对煤炭的依赖,扩大工业领域的低碳能源布局。

第四,加大低碳转型政策在降低能耗强度方面的影响。目前,我国低碳转型政策对降低能耗强度的直接作用略低,未来需更多依靠低碳环保技术手段,引导企业主动升级低碳环保技术装备,努力形成能耗强度加速下降局面,为经济提质增速持续注入新动能。目前,我国低碳转型政策主要依赖行政手段,高排放产业从一二线城市向三四线城市转移,由东部地区向中西部地区转移,由城市向乡村转移。这种做法其实只是碳排放和污染物排放的空间腾挪,实质性的技术减排手段积累较少。将污染产业从发达地区向相对落后地区转移,发达地区尚且不能妥善解决碳排放和污染物排放问题,落后地区仅靠自身力量更不可能顺利解决难题。因此,在产业转移的同时,发达地区应配合提供资金补偿和技术支持,无偿转移前期环境治理经验,行政手段、市场手段及技术手段共同发挥作用。只有在全国范围内不断积累、共享技术减排手段直至达到低(零)排放,才能既治标又治本。

第五,提高低碳政策消化能力,储备抵消消极影响政策工具。能耗强度波动冲击影响在区域间分布不均,中部和东北地区受冲击影响相对较大,西部地区的经济风险抵抗力相对较弱。因此,在低碳转型政策实施前,应前瞻性地预估经济社会影响,制定合理的应对预案。当低碳转型政策的深入推进导致经济、工业增速大幅下滑以致影响地方经济社会稳定发展局面时,应适当减缓减排节奏,为节能减排整改升级遇到技术、资金、人才等困难的企业提供必要帮助,整合地区内部和外部的各种资源,提供必要的财税金融优惠政策,政府、企业共渡转型难关。尤其是中部和东北地区及西部地区经济发展相对落后,在完成约束性能耗强度和碳排放强度降幅指标等任务的过程中,低端落后污染产能和设备相对较多。对存量部分,应给予合理的自我升级整改过渡期;对增量部分,应对市场准入适度从严把关。同时,政府部门及社会组织应主动为相关经营管理人员、技术人员及投资者提供必要培训,宣传节能减排降污相关法律法规,提高技术技能,尽量减少"一刀切""运动式"的环境整治及去产能风暴。这样,既能切实降低能耗、减少排放、减轻污染,又可尽量避免经济、工业增速大幅下滑导致的一系列困难局面。

第三章 控排放、调结构及促增长的相容路径

2010年以来,随着经济发展与能源、资源、环境、气候矛盾的日益凸显,中国经济社会发展目标从改革开放前期以经济建设为中心逐步转换到经济、环境、气候多元目标并立的轨道,经济发展目标增添了环境、气候目标等约束条件,目标之间相互影响、相互牵制,如何兼顾平衡好多元目标并使其协同实现需要找出合理可行的实现路径。本章旨在探寻中国经济增长与碳排放总量控制目标相容的低碳发展路径,具有重要的理论和现实意义。

一、经济、能源与气候多元目标的确立回顾

(一)经济发展目标

1. 总体规模目标

强国富民,让人们生活富裕幸福是中国几代人的梦想,是党和政府领导全国人民为之努力奋斗的目标。为实现此目标,新中国成立以来,中国政府已制定和实施了十三个五年发展规划。由于发展社会主义经济规律的复杂性,其探索和认知过程经历了曲折。"一五"计划比较成功,在需要为抗美援朝战争提供后勤保障的艰难条件下,仍然集中力量建立了社会主义工业化基础,国民收入年均增长8.9%,工业总产值年均增长18%;"二五"到"五五"计划在规律摸索中曲折前行;"六五"计划之后目标逐渐清晰,发展步伐渐趋稳定。[1]扭转局面、稳定态势源于邓小平同志提出的现代化"三步走"战略。即:第一步,从1981年到1990年,国民生产总值翻一番,实现温饱;第二步,从1991年到20世纪末,再翻一番,达到小康;第三步,到21世纪中叶,再翻两番,达到中等发达国家水平。根据邓小平同志对第三步的大致构想,党的"十五大"报告及随后的发展规划将第三步进一步具体化,提出了建党一百年和建国一百年两个"一百年"奋斗目标,制定了新时期"三步

---

[1] 人民网. 历次回顾[A/OL]. 中国共产党新闻网,2017 – 07 – 14.

走"发展战略。即:第一步,到 2010 年实现国民生产总值比 2000 年翻一番;第二步,到 2020 年实现国民生产总值比 2000 色翻两番;第三步,从 2021 年到 2050 年,再奋斗 30 年,基本实现现代化。党的十九大报告又适时地部署了 2020—2050 年的奋斗目标进程安排:第一个阶段,从 2020 年到 2035 年,在全面建成小康社会的基础上,再奋斗十五年,基本实现社会主义现代化;第二个阶段,从 2035 年到 21 世纪中叶,在基本实现现代化的基础上,再奋斗十五年,把中国建成富强民主文明和谐美丽的社会主义现代化强国,中国物质文明、政治文明、精神文明、社会文明、生态文明将全面提升。

2. 速度结构目标

具体到五年规划中,"十二五"规划预期 GDP 年均增长 7%,实际年均增长 7.8%,到 2015 年 GDP 达到 67.7 万亿元;预期到 2015 年服务业增加值比重达到 47%,实际达到了 50.5%。"十三五"时期,预期 GDP 年均增长 6.5%,到 2020 年达到 92.7 万亿元,服务业增加值比重到 2020 年达到 56%,在 2015 年基础上再增加 5.5 个百分点。

(二)能源消费和碳排放控制目标

1. 能源消费控制目标

为应对气候变化,顺应全球低碳绿色转型大势,降低化石能源消费比重,优化能源结构,加快推进清洁低碳能源替代化石能源,在新时期新形势下,2016 年 12 月国家发改委、国家能源局分别印发了《能源生产和消费革命战略(2016—2030)》和《能源发展"十三五"规划》,对中国能源发展中长期目标作出部署。为落实能源发展规划,国家发改委和国家能源局还先后编制了《能源技术革命创新行动计划(2016—2030)》《能源技术创新"十三五"规划》及《可再生能源发展"十三五"规划》。

根据上述规划安排,中国能源发展中长期目标及阶段性目标如下:第一,在能源消费总量方面,到 2020 年能源消费总量控制在 50 亿吨标准煤以内,煤炭消费总量控制在 41 亿吨以内;到 2030 年能源消费总量控制在 60 亿吨标准煤以内。第二,在能源结构方面,到 2020 年非化石能源占能源消费总量比重达到 15%,天然气消费比重达到 10%,煤炭消费比重降到 58% 以下;到 2030 年非化石能源占能源消费总量比重达到 20% 左右,天然气比重达到 15% 左右,新增能源需求主要依靠清洁能源满足。第三,在能源系统效率方面,到 2020 年单位 GDP 能耗比 2015 年下降 15%;2021—2030 年单位 GDP 能耗降幅目标暂未具体确定。第四,展望 2050 年,能源消费总量基本稳定,非化石能源占比超过一半,建成能源文明消费型社会

（见表3-1）。

2. 碳排放控制目标

中国气候变化应对目标是在全球共同应对气候变化的背景下,结合国内遏止生态环境退化、建设美丽中国的内生需求,以及兼顾经济社会低碳转型现实承载能力基础上所确定和稳步推进的。从2009年底哥本哈根气候变化大会召开前夕的政府承诺,到2014年的《中美气候变化联合声明》,再到2015年呈交UNFCCC的《强化应对气候变化行动——中国国家自主贡献》文件,这些国际承诺明确确立了中国中长期的气候变化应对目标。中国是重诺守信的发展中大国,对外做出承诺之后,迅速转化为全国性、约束性、量化可考核的阶段性发展目标,先后制定了"十二五""十三五"《控制温室气体排放工作方案》,并将碳排放强度下降目标指标纳入同期国民经济和社会发展规划中。总的来说,当前中国确立的气候目标是,到2020年单位GDP的二氧化碳排放量较2005年下降40%～45%,到2030年单位GDP的二氧化碳排放量较2005年下降60%～65%;二氧化碳排放总量到2030年左右达峰并争取尽早达锋。阶段性目标是,"十二五"期间单位GDP的二氧化碳排放量预期下降17%,实际下降了20%以上,超额完成既定目标;"十三五"期间单位GDP的二氧化碳排放规划目标是下降18%,单位工业增加值的二氧化碳排放下降22%。

表3-1　主要中长期指标目标及属性

指标	2015	2020	2030	属性
碳排放总量	—	—	达峰	约束性
GDP（万亿元）	67.7	≥92.7	—	预期性
GDP年均增速	—	≥6.5%	—	预期性
服务业比重	50.5%	56%	—	预期性
非化石能源占一次能源消费比重	12%	15%	20%	约束性
单位GDP能源消耗降低	—	15%	—	约束性
单位GDP二氧化碳排放降低	—	"十三五"下降18%	较2005年下降60%～65%	约束性
单位工业增加值二氧化碳排放	—	22%	—	约束性
天然气消费比重	5.9%	10%	15%	预期性
煤炭消费比重	64%	≤58%		预期性
能源消费总量（亿吨标准煤）	43	≤50	≤60	预期性

二、控排放、调结构及促增长的相容条件与调谐机制

（一）经济增速、碳排放强度降幅与碳排放达峰之间的内在联系①

根据第一章第六（一）部分分析可知：

$$C_t = \text{GDP}_0 * (1 + g_t) * CEI_0 * (1 - m_t)$$
$$= C_0 * (1 + g_t) * (1 - m_t) \tag{1}$$

如果要求期末达峰，则必须有：

$$(1 + g_t) * (1 - m_t) \leqslant 1 \text{，或} 1 - m_t \leqslant \frac{1}{1 + g_t} \tag{2}$$

即有：

$$m_t \geqslant \frac{g_t}{1 + g_t} \text{，或} \quad g_t \leqslant \frac{m_t}{1 - m_t} \tag{3}$$

（3）式表明，只有满足碳排放强度降幅达到甚至超过 $g_t/(1 + g_t)$ 的条件，碳排放总量才能不再上升从而达到峰值，这是碳排放总量控制目标与经济增长目标相容的必要条件。

进一步地，如果 g_t 值为满意的期望目标经济增速，比如某个五年规划期内年均增速期望目标值为 6.5%，则在该五年规划期内对应的碳排放强度累积降幅的临界值需要达到 27%，才能确保碳排放总量不再增加；如果实际碳排放强度降幅超过 27%，则碳排放总量会下降；如果此后的实际碳排放强度降幅均对应不低于此后的满意经济增速目标推算得到的碳排放强度降幅临界值，则碳排放总量就成功拐过峰值拐点，且控碳目标与增长目标相容不悖。

再进一步地，如果坚定在目标年份（比如 2030 年）达峰目标不动摇，则由 2030 年对应的满意经济增速目标推算的碳排放强度降幅是 2030 年必须实现的碳排放强度降幅最低临界值，且此后年份满意经济增速推算得到的碳排放强度降幅要求都能达成，则碳排放总量成功在 2030 年达峰，且控碳目标与经济增长目标相容而不冲突。如果上述状态是在目标年份之前出现，则达峰时间提前，峰点提前拐过。如果实际碳排放强度降幅没有达到上述公式推算的幅度水平，且又必须确保在目标年份达峰，则只能降低期望经济增速和实际经济增速，通过牺牲速度实现碳排放达峰目标；反之，如果实际碳排放强度降幅超出了上述公式推算的幅度水平，则可相对放松期望经济增速和实际经济增速上限空间。

---

① 数理模型中的字母含义与第一章第六部分相同，为保持分析的连贯性及本章的相对独立性，本部分与第一章第六部分既有交叉也有变化。（下同）

（二）碳排放强度、能耗强度及优化能源结构之间的内在联系

由于 $C_0 = \text{GDP}_0 * \dfrac{E_0}{\text{GDP}_0} * \dfrac{F_0}{E_0} * \dfrac{C_0}{F_0} = \text{GDP}_0 * e_0 * r_0 * a_0$，则碳排放强度（$CEI$）的计算恒等式为：$CEI_0 = e_0 * r_0 * a_0$，类似地，第 t 期关系式为 $CEI_t = e_t * r_t * a_t$，因此有：

$$CEI_0 * (1 - m_t) = e_0 * (1 - z_t) * \frac{r_0}{r_0} * (1 - \gamma_t) * \frac{a_0}{a_0} * a_t \qquad (4)$$

其中，γ_t 表示考察期非化石能源占能源消费总量比重，αa_t 表示考察期加权碳排放因子。

（4）式可以变形为：

$$m_t = 1 - \frac{\alpha_t}{r_0 * \alpha_0}(1 - z_t) * (1 - \gamma_t) \qquad (5)$$

（5）式又可以变形为：

$$z_t = 1 - \frac{r_0 * a_0}{a_t} * \frac{1 - m_t}{1 - \gamma_t} \qquad (6)$$

（5）式表明，碳排放强度下降是能耗强度下降、非化石能源替代化石能源、化石能源中增加天然气比重压缩煤炭比重以降低加权碳排放因子等提高能效、优化能源结构的结果。（5）式表明，在确定碳排放强度降幅目标（m_t）情况下，在能耗强度降幅（z_t）、非化石能源占比（γ_t）及加权碳排放因子（α_t）之间可以统筹调谐，以达成既定碳排放强度降幅目标。即其中一个变量降幅的不足可通过另两个变量降幅扩大来补充，或者一个变量降幅的扩大可减轻另两个变量的降幅压力。如果三个变量降幅同向扩大，自然也可以使碳排放强度降幅同向扩大。

（6）式是（5）式的变形，其经济含义是，在既定碳排放强度降幅目标值以及化石能源占比下降、化石能源内部结构调整节奏情况下，可以倒推测算能耗强度需要与之相适应的降幅要求。如果既定碳排放强度降幅目标值越高，则相应要求能耗强度降幅越大；如果非化石能源占比提高越慢，煤炭占化石能源比重压缩速度越慢，则相应要求能耗强度降幅也越大，反之则能耗强度降幅压力相对较轻。

因此，可以在通过（3）式倒推测算临界碳排放强度目标值（m_t）之后，再通过（6）式倒推测算与之相适应的必要能耗强度降幅（z_t）值，通过调节非化石能源占比（γ_t）和加权碳排放因子（α_t）变量来调整能耗强度降幅（z_t）值。

（三）产业结构调整与能耗强度下降之间的内在联系

下面从宏观层面探讨国民经济的控排放、调结构及促增长的相容关系问题。在产业结构讨论中，仅讨论第一产业、第二产业、第三产业的三次产业结构调整问

题,而对第二产业等产业的内部子产业结构问题暂不涉及①。那么,期初和期末两个时期的能源消耗总量有如下等式关系:

$$E_0 = GDP_0 * s_{01} * e_{01} + GDP_0 * s_{02} * e_{02} + GDP_0 * s_{03} * e_{03}$$
$$E_t = GDP_t * s_{t1} * e_{t1} + GDP_t * s_{t2} * e_{t2} + GDP_t * s_{t3} * e_{t3} \tag{7}$$

其中,由(7)等式组可以得到:

$$\frac{E_0}{GDP_0} = e_0 = s_{01} * e_{01} + s_{02} * e_{02} + s_{03} * e_{03}$$

$$\frac{E_t}{GDP_t} = e_t = s_{t1} * e_{t1} + s_{t2} * e_{t2} + s_{t3} * e_{t3} \tag{8}$$

由(8)式可以得到:

$$e_0 * (1 - z_t) = s_{t1} * e_{01} * (1 - z_{t1}) + s_{t2} * e_{02} * (1 - z_{t2}) + s_{t3} * e_{03} * (1 - z_{t3}) \tag{9}$$

考虑到目前中国相关国民经济和社会发展规划、工业经济发展规划中将工业领域能耗强度下降作为重要重点工作,相应确立了量化能耗强度降幅目标,而对第一产业和第三产业规定相对模糊。为简化分析,忽略第一产业和第三产业能耗强度降幅差异,而视其同速下降,则(9)式可以变形得到:

$$z_{t1} = z_{t3} = \frac{(z_t - 1) * e_0 + s_{t2} * e_{02} * (1 - z_{t2})}{s_{t1} * e_{01} + s_{t3} * e_{03}} + 1 \tag{10}$$

由于通过(6)式可以推算得到 z_t 值,e_0、e_{01}、e_{02}、e_{03} 等值均可以通过基期(如2015年)已有数据计算得到,s_{t1}、s_{t2}、s_{t3} 等产业结构调整目标、第二产业的能耗强度降幅目标值(z_{t2})可以参照政府现有相关规划目标合理设定赋值,则根据(10)式,可以倒推测算第一产业和第三产业能耗强度降幅需要与之相适应的幅度要求。

以2015年为基准年,根据2015年相关数据计算,2015年第一产业、第二产业、第三产业的能耗强度依次为0.276吨标准煤/万元、1.507吨标准煤/万元、0.371吨标准煤/万元。根据(10)式,可知变量间的相互关系如下:如果第三产业比重(s_{t3})目标值下调,则第二产业比重值(s_{t2})势必上升,则相应地要求第一产业和第三产业的能耗强度降幅幅度扩大;如果第二产业能耗强度降幅目标值(z_{t2})下调,则相应地要求第一产业和第三产业的能耗强度降幅幅度扩大。

(四)模型变量间的双向反馈机制

上述分析是从目标年份(如2030年)满意的期望经济增速(g_t)开始,根据(3)式倒逼推算在目标年份同时实现达峰目标以及经济增速目标所需要的碳排放强

---

① 第二产业子产业结构与子产业能耗强度之间更深层次的结构分析将在第四章讨论。

度降幅要求临界值(m_t),再在合理预设能源结构优化进度基础上根据(6)式倒推必要的能耗强度降幅值(z_t),再在合理设定产业结构优化进度、第二产业能耗强度下降进度基础上根据(10)式倒推与之相适应的必要的第一和第三产业能耗强度降幅值(z_{t1}、z_{t3})[见图3-1(a)]。

如果实际第一产业和第三产业能耗强度降幅(z_{t1}、z_{t3})值没有达到上述倒推测算的数值,则势必影响拉低实际总能耗强度降幅值(z_t),从而拉低实际碳排放强度降幅值(m_t),为实现碳排放总量控制目标就必须降低经济增速目标值(g_t);如果第二产业能耗强度降速下调,则势必降低实际总能耗强度降幅值(z_t),从而拉低实际碳排放强度降幅值(m_t),为实现碳排放总量控制目标也必须降低经济增速目标值(g_t);如果第三产业比重增幅调低,势必相应调高第二产业比重,则又势必扩大总能耗强度降幅,类似地,又势必需要降低经济增速目标值;如果非化石能源替换化石能源速度放缓,则化石能源比重降速下降,根据(5)式可知,实际碳排放强度降幅值(m_t)下降,类似地,要求经济增速目标值下降[见图3-1(b)]。总的双向影响反馈关系如下图:

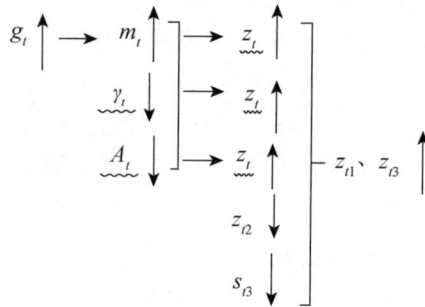

(a)

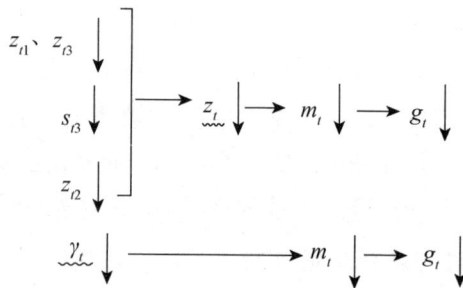

(b)

图3-1　变量双向反馈关系图

三、碳排放总量控制、结构调整与经济增长相容路径模拟推演

（一）相容的涵义及其相对性

相容,要求多元目标在既定时间点同步实现;相谐,要求多元目标在考察期间进度协调。碳排放总量控制、经济增长属于终极目标,结构调整、技术进步属于为实现两个终极目标服务的过程目标。碳排放总量控制是约束性目标,是倒逼经济社会低碳转型有力度、广度和深度的动力来源。经济增速目标是预期性目标,是推动国民经济持续增长、提高人们收入和生活水平的保障。两者不可偏废,不控制住碳排放则难缓解气候变化;经济失速也非低碳转型初衷。碳排放强度降幅和能耗强度降幅等节能减排目标,非化石能源比重、天然气比重、煤炭比重等能源结构优化目标,提高服务业增加值比重等产业结构调整目标均属于过程目标,是控制过程及自上而下传导低碳转型压力的重要手段和工作抓手,前三者属约束性目标,后三者属预期性目标。约束性目标压力更大,预期性目标弹性更大。

相容状态是相对的。由于预期性经济增长目标是动态调整的,目标水平是在充分考虑低碳转型压力对经济影响基础上确立的,如果实际经济增速超出满意的经济增速水平,则可认为碳排放总量控制目标与经济增长目标处于强相容状态;如果实际经济增速处于满意的经济增速与既定的经济增速水平之间,则可认为两者处于弱相容状态;如果实际经济增速较既定的基本经济增速水平低,则可认为两者处于不相容状态。如果为实现碳排放总量控制目标、能源消费总量控制目标、碳排放强度降幅目标、能耗强度降幅目标,致使与之相适应的经济增速不可能达到既定经济增速水平,则认为两大目标处于不可能相容状态;如果为实现碳排放总量控制目标、能源消费总量控制目标、碳排放强度降幅目标、能耗强度降幅目标,致使实际经济增速不得不负增长,那就意味着在给碳排放总量和能源消费总量盖帽(Cap)即设定峰值的同时,也给经济发展规模盖帽了,即给经济发展规模设定了空间上限。这种局面如果在中国经济未充分发展之前出现是不能容忍、不能接受的。如果这两种不乐观情形出现时,就需要反思并微调中国的气候变化应对政策。

（二）经济增长、能源消费及碳排放现状分析

附表3-1和附表3-2,图3-2至图3-11基本反映了当前中国经济、能源消费、碳排放、能源结构、产业结构等各方面的基本情况,下面分别加以说明。

在经济方面,2000—2016 年,名义 GDP 和实际 GDP[①] 均持续增长,分别由 2000 年的 100280.1 亿元和 97227.9 亿元增长到 2016 年的 744127 亿元和 519701.1 亿元,分别增长了 642% 和 435%。经济增速在 2007 年之前呈加速增长态势,名义 GDP 和实际 GDP 在 2007 年增速达到最高值,分别为年增长了 23.1% 和 17.5%。2008—2009 年由于受金融危机的影响,增速下探。2010 年增速得到恢复,分别为 18.3% 和 15.5%,而后经济增速持续快速下滑,直到 2016 年有所企稳。

在能源消费和碳排放方面,2000—2016 年,能源消费总量持续上升,从 2000 年的 14.7 亿吨标准煤增加到 2016 年的 43.6 亿吨标准煤,增长了 197%,期间增速总体呈下降态势,增速从 2004 年的增长 16.8% 降至 2016 年的 1.4%,近 5 年仅小幅增长,整体增幅远低于经济增幅。2000—2016 年,由化石燃料燃烧产生的碳排放量总体呈上升趋势,2014 年达到阶段性高值[②],期间碳排放总量增速整体呈降势,在金融危机爆发之前增速较快,2012 年后增速大幅放缓,2015 年和 2016 年略有下降,后续年份是否会反弹超过 2014 年排放量还有待观察。2016 年碳排放总量较 2000 年增长了 173.3%,整体增幅低于能源消费总量增幅,也远低于经济增幅。这些数据表明经济增长对能源消费依赖趋弱,碳生产力大幅提升。

在强度方面,2000—2016 年期间,能耗强度和碳排放强度均持续下降,分别从 2000 年的 1.371 吨标准煤/万元和 3.184 吨 CO_2/万元降至 2016 年的 0.792 吨标准煤/万元和 1.796 吨 CO_2/万元,分别下降了 42.2% 和 43.6%。2008 年以后,能耗强度和碳排放强度降幅呈现边际下降特征。

在结构方面,2000—2016 年,第一产业和第二产业占比持续下降,第三产业占比持续上升。其中,第一产业比重从 2000 年的 14.7% 降至 2016 年的 8.6%,第二产业比重从 2000 年的 45.5% 降至 2016 年的 39.8%,第三产业比重从 2000 年的 39.8% 升至 2016 年的 51.6%。产业结构的演变是市场自身力量和政府发展服务业偏好的产业政策导向力量的综合结果。

在能耗强度差异性方面,2000—2016 年产业,第一产业能耗强度总体最低,期间并非单边下降,而是时有反弹,但整体下降,从 2000 年的 0.404 吨标准煤/万元降至 2016 年的 0.276 吨标准煤/万元,下降了 31.7%;第三产业的能耗强度居中,期间降幅高低不均,从 2000 年的 0.626 吨标准煤/万元降至 2016 年的 0.371 吨标准煤/万元,下降了 40.7%;第二产业的能耗强度远高于第一和第三产业能耗强

---

① 实际 GDP 是名义 GDP 用 CPI(2005 年 = 100)数据进行调整计算得到。

② 与世界银行测算的碳排放在 2014 年达到阶段性高值结果一致。

度,从 2000 年的 2.333 吨标准煤/万元降至 2016 年的 1.507 吨标准煤/万元,下降 35.4%。因而,第二产业必然是节能减排的重点领域。

在能源结构方面,在一次能源结构中,煤炭占比在 2007 年达到最高,占 72.5%,之后持续下降,到 2016 年降至 62%;石油占比 2000—2009 年下降,2009 年最低时占 16.4%,之后逐步反弹,2016 年占比为 18.3%;天然气占比稳步上升,从 2000 年的 2.2% 提高到 2016 年的 6.4%;非化石能源占比 2007 年之后加速上升,从 2000 年的 7.3% 提高到 2016 年的 13.3%。整体上,化石能源占比持续下降,从 2000 年的 92.7% 降至 2016 年的 86.7%,共降了 6 个百分点,表明能源结构在不断低碳化。最后在碳排放因子方面,加权碳排放因子①总体上稳中有降,2005 年最高达 2.5277kg – CO_2/kgce,此后持续下降,到 2016 年降至 2.4685kg – co_2/kgce。

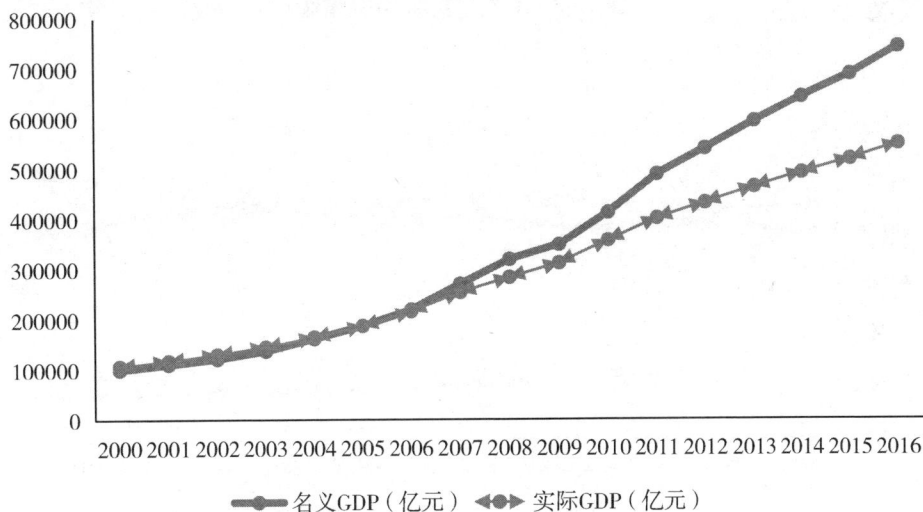

图 3 – 2 名义和实际 GDP 趋势图

---

① 加权碳排放因子是以煤炭、石油、天然气等化石能源按其各自占化石能源消费总量比重为权重,乘以各自的碳排放因子,加权平均计算得到化石能源总的碳排放因子。

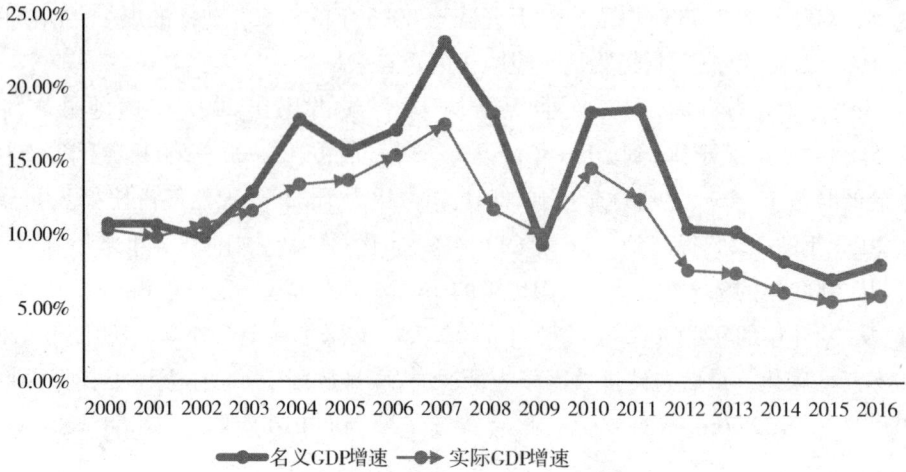

图 3-3　名义和实际 GDP 增速

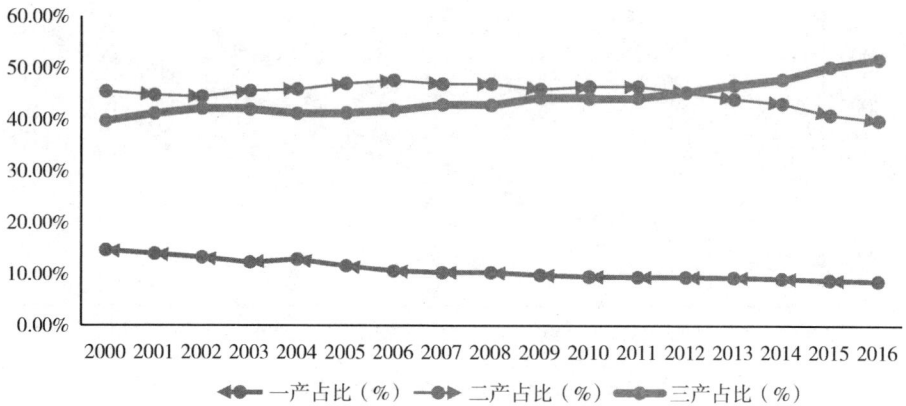

图 3-4　三次产业比重趋势图

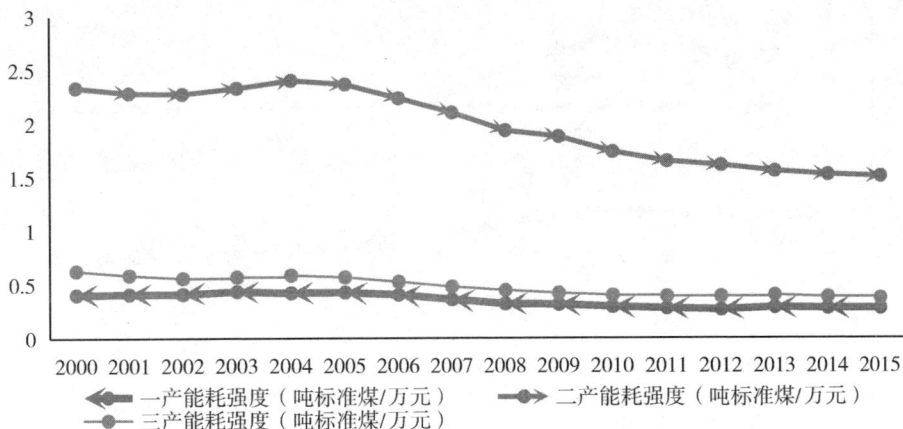

图 3 - 5 三次产业能耗强度趋势图

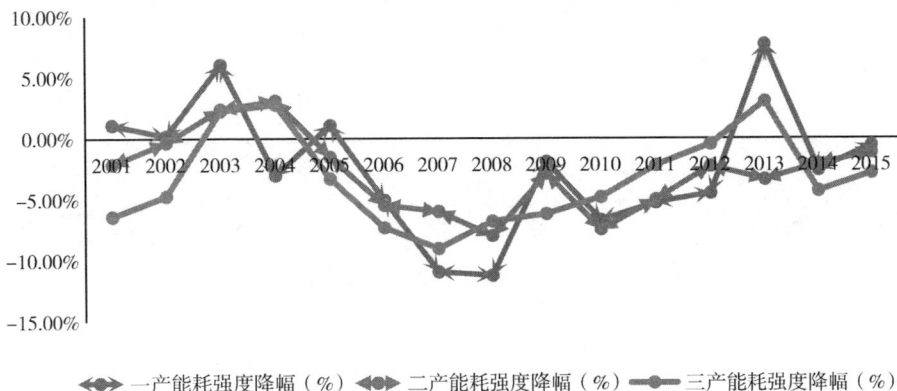

图 3 - 6 三次产业能耗强度降幅

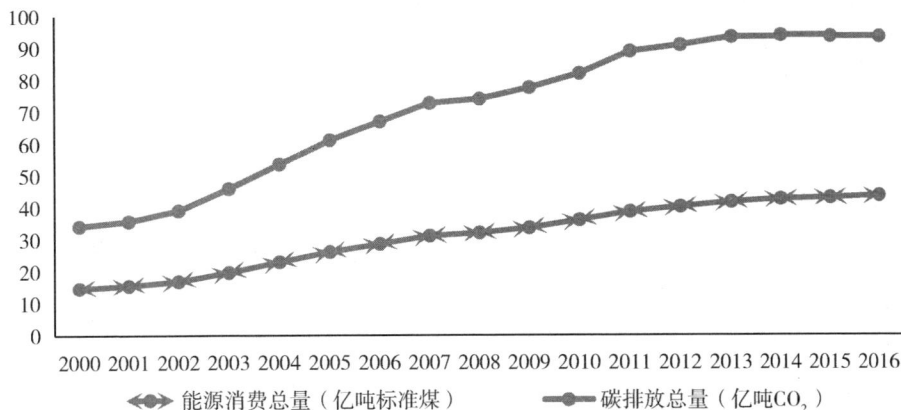

图 3 - 7 能源消费总量和碳排放总量

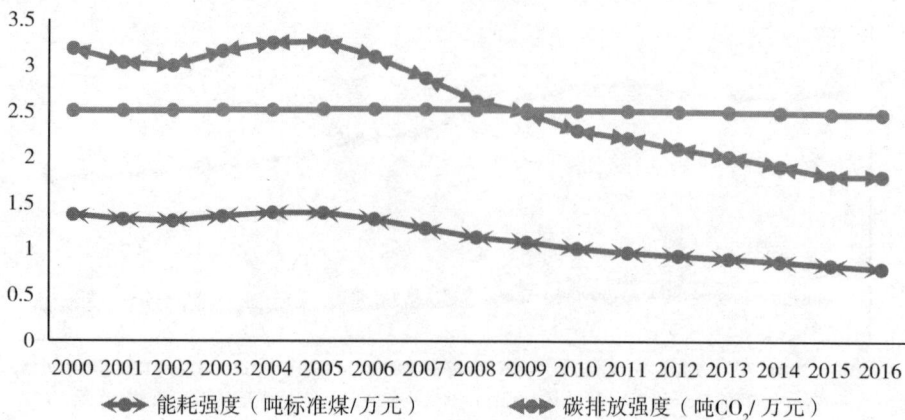

图 3 - 8　能耗强度、碳排放强度及加权碳排放因子

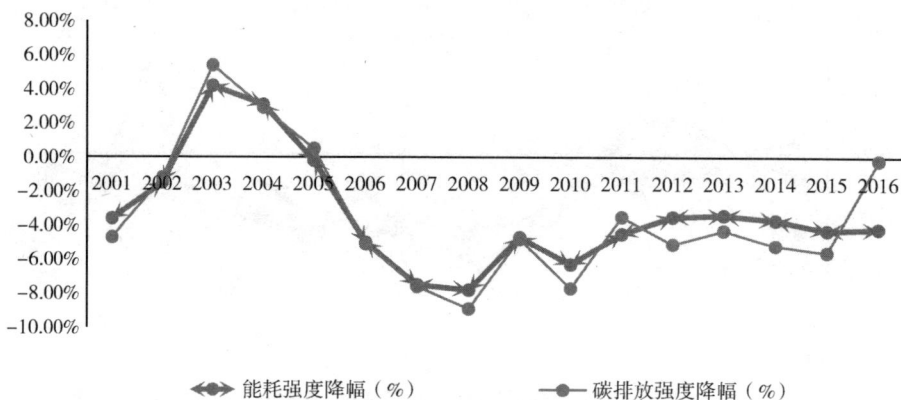

图 3 - 9　能耗强度降幅和碳排放强度降幅

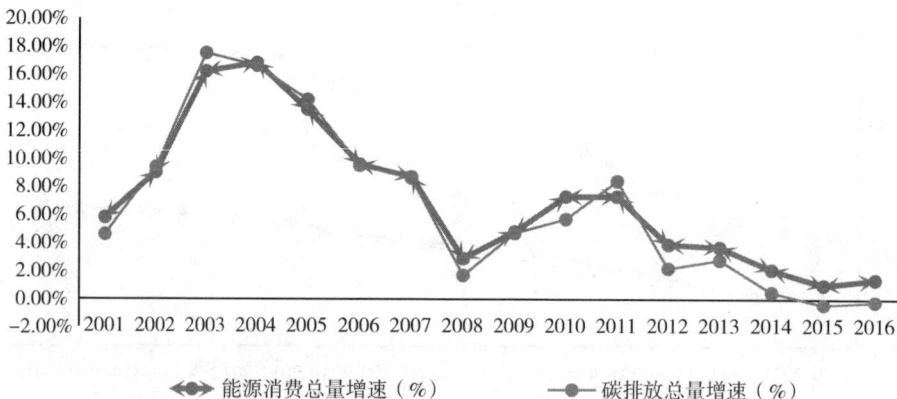

图 3 - 10　能源消费总量和碳排放总量增速

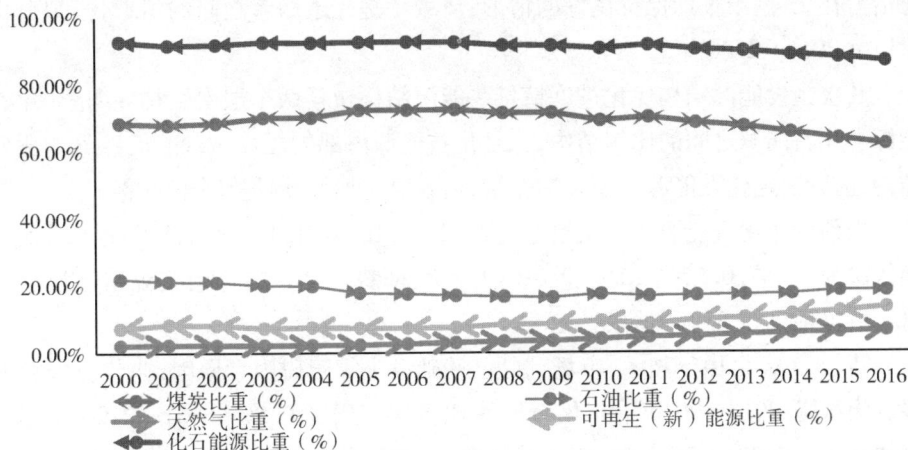

图 3 - 11 煤炭石油天然气及非化石能源占比

（三）经济增长、结构调整及能耗强度降速情景预设

首先预设经济增速目标。"十五""十一五""十二五"三个五年规划期间的平均经济增速依次是 11.8%、13.8%、7.8%，"十五""十一五""十二五""十三五"规划的预期经济增速目标依次是 7%、7.5%、7%、6.5%。前三个五年规划实际增速目标均在预期目标之上。后三个五年规划预期增速目标依次递减 0.5%，预期经济增速目标呈下降趋势。再考虑到随着中国经济规模逐渐增大，资源能源环境约束趋紧，人口红利消退，发达经济体增长缓慢等因素，预期未来中国经济增速趋缓，有必要相应下调预期经济增速目标值。根据预期经济增速放缓速度不同，预设三种情景。

情景 1（g1）：经济增速相对较快地下降，期望经济增速每五年下调 0.5%。2016—2020 年预期年均增长 6.5%，2021—2025 年预期年均增长 6%，2026—2030 年预期年均增长 5.5%，以后依次类推，直到 2061 年开始保持年均增长 2% 速度不变。

情景 2（g2）：经济增速较情景 1 下降更慢，预期年均经济增速每 10 年下调 0.5%。2016—2025 年预期年均增长 6.5%，2026—2035 年预期年均增速为 6%，以后依次类推。

情景 3（g3）：经济增速下滑速度在三种预设情景中最缓慢，预期年均经济增速每 15 年下调 0.5%。2016—2030 年年均增长 6.5%，2031—2045 年年均增长 6%，以后依次类推。

情景 1 是中国经济增速和增长活力下滑较快的情形,情景 3 是经济增速和增长活力在 21 世纪长期保持良好的情形,情景 2 是介于两者之间的情形,模拟分析时段为 2016—2100 年。

其次预设能源结构优化进度情景。能源结构包括两个层次结构:一是非化石能源与化石能源之间的比例结构,二是化石能源内部的煤炭、石油、天然气的比例结构,前者决定化石能源占比降幅变量,后者决定加权碳排放因子变量。

先预设非化石能源的比重情景。2012—2016 年期间非化石能源比重增加份额依次为 1.3%、0.5%、1.1%、0.8%、1.2%,增势强劲。结合相关规划已设定的目标值也预设如下三种情景:

情景 1(γ1):由于技术、市场、制度、基础设施等障碍因素原因,非化石能源发展较为缓慢,2016—2030 年非化石能源比重逐年增加 0.5%,2031—2100 年逐年增加 0.8%,2020、2025、2030 年非化石能源比重依次为 14.5%、17%、19.5%,到 21 世纪末非化石能源比重达到 75.5%。

情景 2(γ2):结合现有规划目标,与现有规划目标基本一致,预设 2016—2020 年非化石能源比重逐年增加 0.6%,到 2020 年达到 15%;2021—2030 年非化石能源比重逐年增加 0.5%,到 2030 年达到 20%;2031—2050 年非化石能源比重逐年增加 1.5%,到 2050 年达到 50%;2051—2100 年非化石能源比重逐年增加 1%,到 2100 年达到 100%,非化石能源完全替代化石能源。

情景 3(γ3):非化石能源比重增加速度较情景 2 更快,预设 2016—2020 年逐年增加 0.8%,到 2020 年达到 16%;2021—2025 年逐年增加 0.8%,到 2025 年达到 20%;2025—2030 年逐年增加 1%,到 2030 年达到 25%;2031—2080 年非化石能源比重逐年增加 1.5%,到 2080 年非化石能源就完全替代化石能源。

再预设煤炭、石油、天然气的比重情形。由于化石能源比重逐年压缩,因此煤炭、石油、天然气的比例调节空间弹性较小。为简化分析,在上述三种非化石能源比重情景设定基础上,相应计算出化石能源比重。然后结合相关规划已确定的目标值,按照相同的煤炭、石油、天然气的比例分配剩余的化石能源比重,总体上逐步压缩煤炭比重,前期逐步增加天然气比重,后期也相应降低天然气比重。在这种预设情形下,将保证在三种非化石能源比重情景下,获得一致的加权碳排放因子降幅数值(α)。

第三,预设产业结构调整情景。2000—2016 年期间第三产业比重逐年递增,从 2000 年的 39.8% 逐步增至 2016 年的 51.6%,“十三五”时期预期达到 56%。产业结构调整的弹性空间也相对较小,第三产业比重的增加份额必须由第一产业和第二产业分摊,由于第一产业比重已相对较低,实际上只能更多地由第二产业分摊。为避免出现产业空心化的潜在风险,以及保持农业基本安全的需要,第一和第二产业比重份额的下降也必须有底线。基于上述考虑,预设两种情景。

情景1(高 s_{i3}):到 2020、2025、2030、2035、2040 年,第三产业比重依次提高到 56%、58%、60%、62%、64%,第二产业比重依次降至 36%、34.5%、33%、31.5%、30%,此后维持第一产业、第二产业、第三产业间 6%:30%:64% 的结构稳定不变。

情景2(低 s_{i3}):到 2020、2025、2030 年,第三产业比重依次提高到 56%、58%、60%,第二产业比重依次降至 36%、34.5%、33%,此后维持第一产业、第二产业、第三产业间 7%:33%:60% 的结构稳定不变。情景2较情景1,在 2030 年之前提高第三产业比重的趋势和进度相同,之后维持更高一、二、三产比例,增强经济系统的安全性和均衡性。

第四,预设第二产业能耗强度降速情景。一般而言,第二产业尤其工业是节能减排的重点领域和重点工作所在,也是完成总的能耗强度目标和控制能源消费总量的关键领域,是节能减排力度最大的领域,因而其能耗强度降幅较总的能耗强度降幅略大。第二产业能耗强度在"十一五"和"十二五"期间累积分别下降了 26.5% 和 18.2%。"十三五"规划中总的能耗强度降幅目标是下降 15%,规模以上单位工业增加值能耗强度降幅是下降 22%。综合考虑上述因素,预设第二产业能耗强度降速两种情景:

情景1(快 z_{i2}):"十三五"期间第二产业能耗强度累积降幅预设为 22%,此后的五年规划目标累积降幅依次减少 2 个百分点,直到 2060 年之后依次减少 1 个百分点,以及到 2085 年之后保持五年累积下降 1% 的速度。

情景2(慢 z_{i2}):"十三五"期间第二产业能耗强度累积降幅预设为 18%,此后的五年规划目标累积降幅依次减少 2 个百分点,直到 2050 年之后依次减少 1 个百分点,以及到 2075 年之后保持五年累积下降 1% 的降速。

(四)碳排放总量控制、结构调整及经济增长相容路径分析

1. 路径推演逻辑图

按照上述情景预设,总共可以模拟推演出 36 条相容路径。推演逻辑图如图 3 - 12。

2. 经济增长与碳排放总量控制目标相容的状态分析

按照上述设定的三种经济增速情景,按照(3)式推算碳排放强度降幅的临界值(m_i),由于 2030 年之前并不要求达峰,则预设"十三五""十四五"时期的碳排放强度累积降幅时可以低于按照(3)式所推算的同期碳排放强度降幅临界值。与三种经济增速发展情景 g1、g2、g3 所对应,预设的碳排放强度降幅情景也相应地

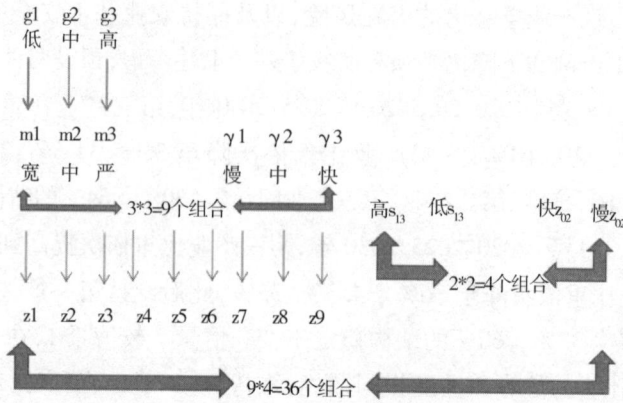

图 3 - 12　相容路径推演逻辑图

为要求相对较宽的情景(m1)、中间情景(m2)、相对较严的情景(m3)。"十二五"时期,碳排放强度累积下降21.5%。"十三五"时期碳排放强度的累积降幅目标是下降18%。

在宽情景m1下,从"十三五"目标降幅起步,在"十三五""十四五""十五五""十六五"时期的碳排放强度累积降幅依次设定为18%、21%、23.5%、22%,此后每隔一个五年规划的五年累积降幅按降低2%的速率递减;在中间情景m2下,从"十二五"时期的下降速度起步,在"十三五""十四五""十五五""十六五"时期的碳排放强度累积降幅依次设定为21.5%、23.5%、25.5%、25.5%,此后每隔两个五年规划的五年累积降幅按降低2%的速率递减;在严格情景m3下,从较前两种情景更快的降速起步,在"十三五""十四五""十五五""十六六五"时期的碳排放强度累积降幅依次设定为23.5%、25.5%、27.5%、25.5%,此后每隔三个五年规划的五年累积降幅按降低2%的速率递减(见表3-2)。

表 3 - 2　碳排放强度五年累积降幅临界值和预设值

年份	临界 m1	临界 m2	临界 m3	预设 m1	预设 m2	预设 m3
2020	27.0%	27.0%	27.0%	18.0%	21.5%	23.5%
2025	25.3%	27.0%	27.0%	21.0%	23.5%	25.5%
2030	23.5%	25.3%	27.0%	23.5%	25.5%	27.5%
2035	21.6%	25.3%	25.3%	22.0%	25.5%	25.5%
2040	19.8%	23.5%	25.3%	20.0%	25.5%	25.5%
2045	17.8%	23.5%	25.3%	18.0%	23.5%	25.5%

年份	临界 m1	临界 m2	临界 m3	预设 m1	预设 m2	预设 m3
2050	15.8%	21.6%	23.5%	16.0%	22.0%	23.5%
2055	13.7%	21.6%	23.5%	14.0%	22.0%	23.5%
2060	11.6%	19.8%	23.5%	12.0%	20.0%	23.5%
2065	9.4%	19.8%	21.6%	10.0%	20.0%	22.0%
2070	9.4%	17.8%	21.6%	10.0%	18.0%	22.0%
2075	9.4%	17.8%	21.6%	10.0%	18.0%	22.0%
2080	9.4%	15.8%	19.8%	10.0%	16.0%	20.0%
2085	9.4%	15.8%	19.8%	10.0%	16.0%	20.0%
2090	9.4%	13.7%	19.8%	10.0%	14.0%	20.0%
2095	9.4%	13.7%	17.8%	10.0%	14.0%	18.0%
2100	9.4%	11.6%	17.8%	10.0%	12.0%	18.0%

然后可以推算三种经济增速情景和三种碳排放强度降速情景下的预期 GDP 总量、碳排放强度(CEI)和碳排放总量(C)。计算公式如下：

$$GDP_t = GDP_0 * (1 + g_1) * (1 + g_2) * ... * (1 + g_t) \tag{11}$$

$$CEI_t = CEI_0 * (1 - m_1) * (1 - m_2) * ... * (1 - m_t) \tag{12}$$

$$C_t = GDP_t * CEI_t \tag{13}$$

根据上述预设数值和(11)式、(12)式、(13)式，可以计算得到相应的 GDP、碳排放强度、碳排放强度总降幅、碳排放总量(见附表 3 – 3)。图 3 – 13、图 3 – 14、图 3 – 15 显示，在三种经济增速预设情景下以及对应预设三种碳排放强度降速情景下，在 21 世纪中国 GDP 按照不同的速度持续增长，碳排放强度对应不同的速率持续降低，而碳排放总量在 2025 年将迎来拐点达到峰值，如果将 2026—2030 年实际经济增速可能高低不均，基本上可以确保碳排放峰值将在 2025—2030 年出现，与中国既定的争取在 2030 年或之前达峰目标相一致。

3. 控排放、调结构与保增长的相容路径推演

根据上述预设情景、相容路径推演逻辑，可以模拟推演出 36 种相容路径情景组合。先是由三种碳排放强度降速情景与三种能源结构优化进度情景组合得到 9 种能耗强度降速情景。再与 2 种三产结构优化情景和 2 种第二产业能耗强度降速情景组合，可推演得到 36 种第一产业、第三产业能耗强度降速要求情景。最后，可以从上述 36 种情景路径中筛选出相对合理可行的相容路径以供参考。为

阐述清楚上述36种组合和各种路径的表述便利,下面先说明清楚能源结构优化进度、产业结构优化进度、第二产业能耗强度下降进度等预设情景,再分析中间过程推算得到的9种能耗强度降速要求情景,接着分析36种推算所得的第一产业、第三产业能耗强度降速要求情景,最后评价筛选合理可行的相容路径。

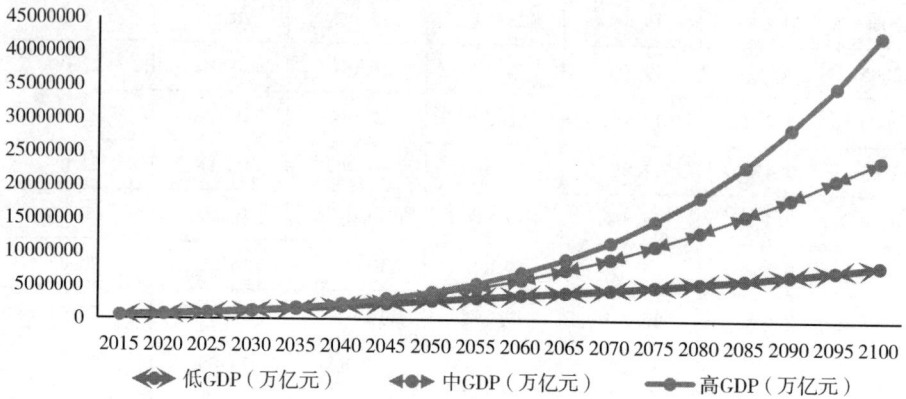

图3-13　三种经济增速情景下推算的GDP趋势图

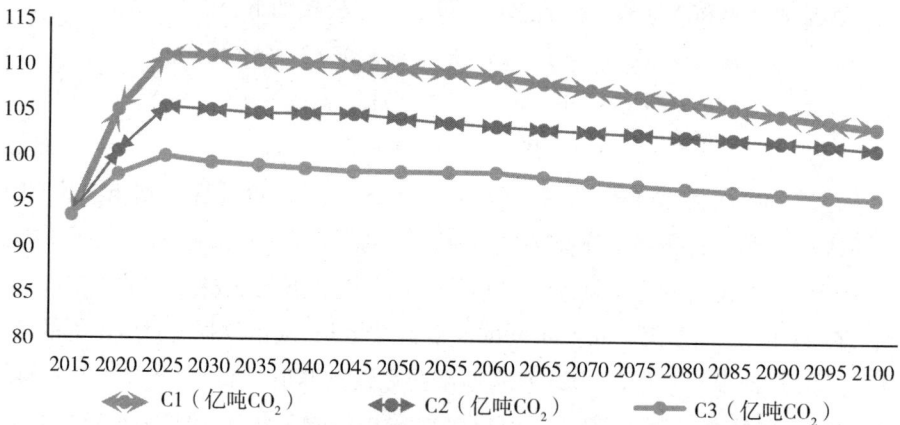

图3-14　三种碳排放强度降速情景下推算的碳排放总量趋势

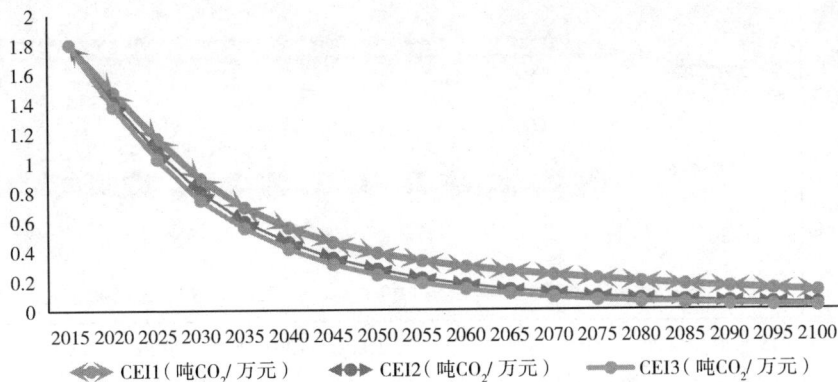

图 3 – 15　三种降速情景下的碳排放强度趋势图

（1）预设情景数值列表

附表 3 – 4 中第 2 – 4 列是非化石能源增长的慢（γ1）、中（γ2）、快速（γ3）三种预设情景数值，第 5 至第 10 列是高和低第三产业比重预设情景下的三次产业比重数值，第 11 – 14 列是快和慢第二产业能耗强度降速预设情景下的五年分段降幅和总的降幅数值。上述数值趋势图分别见图 3 – 16、图 3 – 17、图 3 – 18，分别绘出了预设情景下非化石能源增长轨迹、第三产业比重提升轨迹、第二产业能耗强度降幅轨迹，也就绘出了这些领域预设的发展路径。

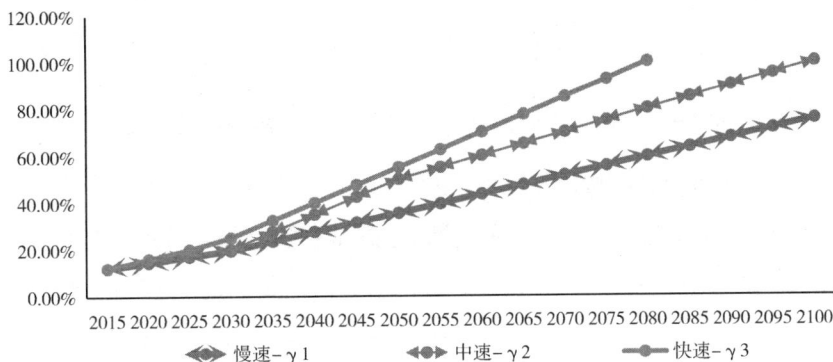

图 3 – 16　非化石能源慢—中—快增长的三种预设情景（γ1、γ2、γ3）

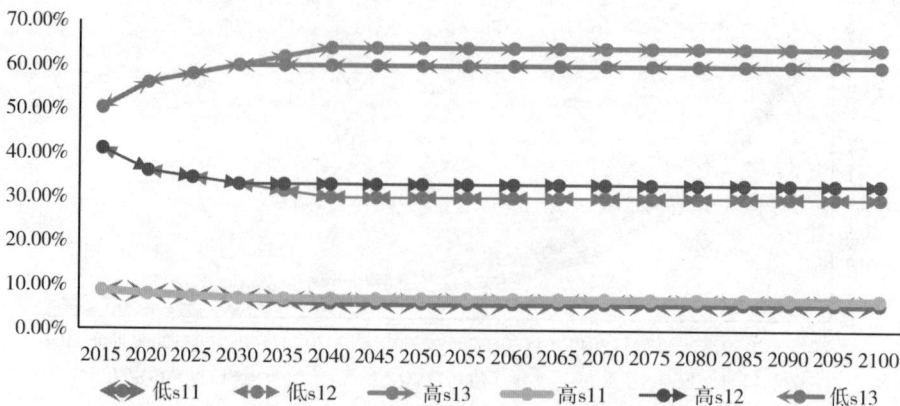

图 3 - 17　第三产业比重高和低两种预设情景

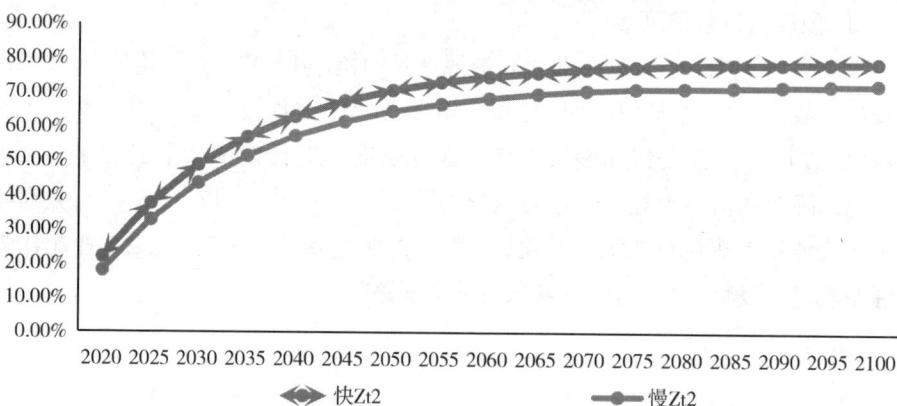

图 3 - 18　第二产业能耗强度累积降幅快和慢两种预设情景

（2）九种推算能耗强度降速情景分析

附表 3 - 5 是根据预设的经济增速情景、碳排放强度降速情景、非化石能源比重升速情景所推演计算得到的九种能耗强度降幅降速情景。其变动的逻辑关系是：预设的经济增速情景越高，所对应要求的碳排放强度降幅降速情景越快，所推算的能耗强度降幅降速就越大；预设的非化石能源比重提升速度越慢，在碳排放强度降速一定条件下，所推算的能耗强度降幅降速也越大。按此逻辑排序组合，$(g3，m3，\gamma1)$、$(g3，m3，\gamma2)$、$(g3，m3，\gamma3)$、$(g2，m2，\gamma1)$、$(g2，m2，\gamma2)$、$(g2，m2，\gamma3)$、$(g1，m1，\gamma1)$、$(g1，m1，\gamma2)$、$(g1，m1，\gamma3)$ 相应推算得到 $z1$、$z2$、$z3$、$z4$、$z5$、$z6$、$z7$、$z8$、$z9$ 这 9 种能耗强度降速降幅情景，数值大小依次下降。下面分别评析：

第一种（$z1$）：对应（$g3，m3，\gamma1$）组合，是降低能耗强度压力最大的情景。要求在"十三五""十四五""十五五"时期能耗强度累积降幅依次达到 19.7%、22.2%、

24.2%,在达峰目标实现过程中压力逐步增大。此后,随着碳排放强度降幅下降、非化石能源比重上升,能耗强度降幅要求也逐步下调,压力逐步减轻。如果中国节能低碳环保技术发展速度足以支撑和消化达峰进程中的能耗强度下降进度和下降压力,则为实现最佳经济增速情景创造了较好的低碳技术支撑条件,也相应减轻非化石能源发展压力,非化石能源发展压力较轻。"十一五""十二五"期间中国能耗强度降幅分别达到27.7%和18%,上述数值介于"十一五"和"十二五"实际降幅数值之间,表明通过努力发展节能低碳环保技术,是可能支撑实现2016—2030年能耗强度降幅目标的。

第二种($z2$):对应($g3$,$m3$,$\gamma2$)组合,是降低能耗强度压力次大的情景。要求在"十三五""十四五""十五五"时期能耗强度累积降幅依次达到19.2%、22.2%、24.2%,在达峰目标实现过程中压力逐步增大。此后,随着碳排放强度降幅下降、非化石能源比重上升,能耗强度降幅要求也快步下调,压力快步减轻。到2080年时,非化石能源比重达到80%时,能耗强度降幅压力减轻至0。随后即使反弹,即降幅为负值,也依然可以满足碳排放总量下降要求。在这种组合情景下,非化石能源在2031—2050年均增加1.5个百分点的要求,对非化石能源产业发展压力较大。

第三种($z3$):对应($g3$,$m3$,$\gamma3$)组合。"十三五""十四五""十五五"时期能耗强度累积降幅依次要求达到18.3%、20.7%、21.6%,此后能耗强度降幅压力快步减轻。由于非化石能源发展最快,到2080年就完全替代了化石能源,到2060年之后,能耗强度下降压力就基本降至0,随后有所反弹也不影响碳排放总量继续下降。

第四种($z4$):对应($g2$,$m2$,$\gamma1$)组合。"十三五""十四五""十五五"时期能耗强度累积降幅依次要求达到17.6%、20.2%、22.1%,此后能耗强度降幅压力快步减轻,到2095年压力减轻至0。这种组合情景下,非化石能源发展压力最小,只能实现中等速度经济增长目标。

第五种($z5$):对应($g2$,$m2$,$\gamma2$)组合。"十三五""十四五""十五五"时期能耗强度累积降幅依次要求达到17.1%、20.1%、22.1%,此后能耗强度降幅压力快步减轻,到2075年之后压力基本减轻至0。这种组合情景下,非化石能源发展压力中等,可以实现中等速度经济增长目标。

第六种($z6$):对应($g2$,$m2$,$\gamma3$)组合。"十三五""十四五""十五五"时期能耗强度累积降幅依次要求达到16.1%、18.6%、19.4%,此后能耗强度降幅压力快步减轻,到2060年之后压力减轻至0。这种组合情景下,非化石能源发展压力最大,可以实现中等速度经济增长目标。

第七种($z7$):对应($g1$,$m1$,$\gamma1$)组合。"十三五""十四五""十五五"时期能耗强度累积降幅依次要求达到13.9%、17.5%、20%,此后能耗强度降幅压力快步减轻,到2085年之后压力减轻至0。这种组合情景下,非化石能源发展压力最轻,"十三五""十四五"时期能耗强度降幅压力已经降至相关规划目标水平之下,该情景组合对应可以实现低速经济增长目标。

第八种($z8$):对应($g1$,$m1$,$\gamma2$)组合。"十三五""十四五""十五五"时期能耗强度累积降幅依次要求达到13.4%、17.5%、20%,此后能耗强度降幅压力快步减轻,到2060年之后压力减轻至0。这种组合情景下,非化石能源发展压力居中,"十三五""十四五"时期能耗强度降幅压力也较相关规划目标水平低,对应可以实现低速经济增长目标。

第九种($z9$):对应($g1$,$m1$,$\gamma3$)组合。"十三五""十四五""十五五"时期能耗强度累积降幅依次要求达到12.4%、16%、17.2%,此后能耗强度降幅压力快步减轻,到2045年之后压力减轻至0。这种组合情景下,非化石能源发展压力较大,"十三五""十四五"时期能耗强度降幅压力较相关规划目标水平低,对应可以实现低速经济增长目标。

总体来看,"十三五"时期,第7—9种情景下能耗强度降幅压力低于相关规划确定累积降幅达15%的目标,第1—6种情景下均在基本目标水平之上,但参照"十一五""十二五"实际实现情况看,也是在可努力实现合理范围内。2025—2030年处于攻坚阶段,目前需要积极储备节能低碳环保技术,相应做好推广应用工作。第1—3种情景能实现较高经济增速目标,第4—6种情景对应实现中速经济增长目标,第7—9种情景对应低速目标。

(3)36种推演第一产业和第三产业能耗强度降速情景分析

附表3-6是依照上述路径推演逻辑推算得到的36种第一产业和第三产业能耗强度降幅情景数值列表。情景组合排序按照第一产业和第三产业2030年能耗强度下降压力从高到低排列。现对该表反馈的问题综合分析如下:

①所有情景组合在"十三五"期间的数值均为负值,表明在"十三五"期间在所有组合情景下,第一和第三产业能耗强度降幅毫无压力,即便有所反弹也不影响同期预设目标实现。

②附表3-6中,数值为0时,其含义反映的是第一产业和第三产业能耗强度经过之前连续下降之后,几乎到了无可再降的程度,因而,将其后的能耗强度维持不变,其降幅也均为0值对待。

③附表3-6显示,第N1—N6情景组合下,第一和第三产业能耗强度降幅降速压力持续上升。其中,第N1($z1$,低s_{t3},慢z_{t2})组合情景下,到2055年前后第一

和第三产业能耗强度基本没有下降空间;第 N2($z1$,高 s_{t3},慢 z_{t2})组合情景到2060年前后能耗强度基本没有下降空间;第 N3($z2$,低 s_{t3},慢 z_{t2})到2065年前后能耗强度基本没有下降空间;第 N4($z2$,高 s_{t3},慢 z_{t2})到2075年前后能耗强度基本没有下降空间,第 N5($z1$,低 s_{t3},快 z_{t2})和第 N6($z1$,高 s_{t3},快 z_{t2})组合情景下,大概到2065年前后就没了下降空间。这6种组合情景下,第一和第三产业能耗强度降幅降速压力持续加大,都属于实现高速经济增长目标的候选组合,考虑到第一和第三产业能耗强度降速的实际潜在能力,因此初步认为,这6种组合现实可行性较差。

④类似地,第 N9($z4$,低 s_{t3},慢 z_{t2})、第 N10($z4$,高 s_{t3},慢 z_{t2})、第 N15($z4$,低 s_{t3},快 z_{t2})、第 N16($z4$,高 s_{t3},快 z_{t2})情景下,分别大约到2060、2065、2070、2075年前后,第一和第三产业能耗强度就基本没有下降空间,此前下降的速度和幅度要求压力持续上升。这四种情景是实现中速经济增长目标的候选路径,其现实可行性也相对较差。

⑤实现高速经济增长目标的比较可行路径。第 N7($z2$,低 s_{t3},快 z_{t2})和第 N8($z2$,高 s_{t3},快 z_{t2})两种组合情景下,第一和第三产业能耗强度下降幅度和速度在2021—2030年、2051—2075年压力较大,2076年之后基本没有下降压力;第 N13($z3$,低 s_{t3},慢 z_{t2})和第 N14($z3$,高 s_{t3},慢 z_{t2})两种组合情景下,在2021—2030年第一和第三产业能耗强度承受一定的降幅压力,2030年后压力逐步减轻,2060年后基本没有压力;第 N19($z3$,低 s_{t3},快 z_{t2})和第 N20($z3$,高 s_{t3},快 z_{t2})两种组合情景下,在2021—2030年第一和第三产业能耗强度承受较前两种情景组合更轻的降幅压力,2030年后压力逐步减轻,2060年后也基本没有压力。

⑥实现中速经济增长目标的可行路径。第 N11($z5$,低 s_{t3},慢 z_{t2})、第 N12($z5$,高 s_{t3},慢 z_{t2})、第 N17($z5$,低 s_{t3},快 z_{t2})、第 N18($z5$,高 s_{t3},快 z_{t2})、第 N25($z6$,低 s_{t3},慢 z_{t2})、第 N26($z6$,高 s_{t3},慢 z_{t2})、第 N31($z6$,低 s_{t3},快 z_{t2})、第 N32($z6$,高 s_{t3},快 z_{t2})这8种候选实现中速经济增长目标的情景组合路径选择中,第一和第三产业能耗强度下降压力依次减轻,前四种组合在2070年前后第一和第三产业能耗强度的下降压力基本消除,而后四种组合则在2060年前后压力就基本消除。

⑦实现低速经济增长目标的可行路径。第 N21($z7$,低 s_{t3},慢 z_{t2})、N21($z7$,高 s_{t3},慢 z_{t2})、N23($z8$,低 s_{t3},慢 z_{t2})、N24($z8$,高 s_{t3},慢 z_{t2})、第 N27($z7$,低 s_{t3},快 z_{t2})、第 N28($z7$,高 s_{t3},快 z_{t2})、第 N29($z8$,低 s_{t3},快 z_{t2})、第 N30($z8$,高 s_{t3},快 z_{t2})、第 N33($z9$,低 s_{t3},慢 z_{t2})、第 N34($z9$,高 s_{t3},慢 z_{t2})、第 N35($z9$,低 s_{t3},快 z_{t2})、第 N36($z9$,高 s_{t3},快 z_{t2})这12种情景组合路径下,第一和第三产业能耗强度降幅降速压力依次减轻。其中,$z7$ 结成的四种组合情景大约到2080年后,第一和第三产业能耗强度降幅降速压力消除;$z8$、$z9$ 结成的八种组合情景大约在2040年左右,第一

和第三产业能耗强度降幅降速压力就得到解除。尤其 $z9$ 结成的四种组合情景下,第一和第三产业能耗强度降幅降速压力较轻,完成难度较小。具体降幅数值要求见附表 3-6。

综上,要实现较高经济增速目标以及同时实现碳排放总量控制目标,其候选路径则越少,难度则越大;而实现相对较低经济增速目标的候选路径则相对较多,难度相对较小。上述分析表明,实现预设高速经济增长目标的候选相容路径有 6 条,实现预设中速经济增长目标的候选相容路径有 8 条,实现预设低速经济增长目标的候选相容路径有 12 条。另有 10 条候选路径现实可行性较差。

四、碳排放总量控制、结构调整与经济增长相容路径列示与选择

由于 N1-N36 是 $z1-z9$ 各自结成的 4 种组合的结果,而 $z1-z9$ 又是 $m1-m3$ 与 $\gamma1-\gamma3$ 组合的结果,因此最终相容发展路径由上述要素组合在一起所形成。由于 N1-N6、N9-N10、N15-N16 等 10 种情景组合推演的第一产业和第三产业能耗强度降幅持续提高,现实可行性较差而加以剔除,对剩余相对现实可行的相容发展组合下面分别加以列示和评析。

(一)实现低经济增速的相容发展路径

列示如下:

路径 1(L1):($m1$,$\gamma1$,$z7$,低 s_{13},慢 z_{t2},N21);

路径 2(L2):($m1$,$\gamma1$,$z7$,高 s_{13},慢 z_{t2},N22);

路径 3(L3):($m1$,$\gamma1$,$z7$,低 s_{13},快 z_{t2},N23);

路径 4(L4):($m1$,$\gamma1$,$z7$,高 s_{13},快 z_{t2},N24);

路径 5(L5):($m1$,$\gamma2$,$z8$,低 s_{13},慢 z_{t2},N27);

路径 6(L6):($m1$,$\gamma2$,$z8$,高 s_{13},慢 z_{t2},N28);

路径 7(L7):($m1$,$\gamma2$,$z8$,低 s_{13},快 z_{t2},N29);

路径 8(L8):($m1$,$\gamma2$,$z8$,高 s_{13},快 z_{t2},N30);

路径 9(L9):($m1$,$\gamma3$,$z9$,低 s_{13},慢 z_{t2},N33);

路径 10(L10):($m1$,$\gamma3$,$z9$,高 s_{13},慢 z_{t2},N34);

路径 11(L11):($m1$,$\gamma3$,$z9$,低 s_{13},快 z_{t2},N35);

路径 12(L12):($m1$,$\gamma3$,$z9$,高 s_{13},慢 z_{t2},N36)。

总体而言,L1-L3 能耗强度下降压力较大,L9-L12 非化石能源发展压力较大,其他路径压力和其他方面压力居中。

(二)实现中经济增速的相容发展路径

列示如下:

路径 13(L13):(m2,γ2,z5,低 s_{t3},慢 z_{t2},N13);

路径 14(L14):(m2,γ2,z5,高 s_{t3},慢 z_{t2},N14);

路径 15(L15):(m2,γ2,z5,低 s_{t3},快 z_{t2},N17);

路径 16(L16):(m2,γ2,z5,高 s_{t3},快 z_{t2},N18)(标杆路径);

路径 17(L17):(m2,γ3,z6,低 s_{t3},慢 z_{t2},N25);

路径 18(L18):(m2,γ3,z6,高 s_{t3},慢 z_{t2},N26);

路径 19(L19):(m2,γ3,z6,低 s_{t3},快 z_{t2},N31);

路径 20(L20):(m2,γ3,z6,高 s_{t3},快 z_{t2},N32)。

总体而言,八种路径中,L17 - L20 非化石能源发展压力相对较大,L13 - L16 第一产业和第三产业 2021—2030 年能耗强度降幅压力相对较大。

(三)实现高经济增速的相容发展路径

列示如下:

路径 21(L21):(m3,γ2,z2,低 s_{t3},快 z_{t2},N7);

路径 22(L22):(m3,γ2,z2,高 s_{t3},快 z_{t2},N8);

路径 23(L23):(m3,γ3,z3,低 s_{t3},慢 z_{t2},N13);

路径 24(L24):(m3,γ3,z3,高 s_{t3},慢 z_{t2},N14);

路径 25(L25):(m3,γ3,z3,低 s_{t3},快 z_{t2},N19);

路径 26(L26):(m3,γ3,z3,高 s_{t3},快 z_{t2},N20);

总体而言,L21 - L22 的能耗强度下降压力相对较大,L23 - L26 的非化石能源发展压力相对较大,较中低速经济增长的相容发展路径,其碳排放强度和能耗强度下降压力、可再生能源发展压力总体最高。其中,将争取 GDP 实现中等速度增长、非化石能源发展承受中等程度压力、二产能耗强度争取较快速度下降、一产和二产争取守住较低比重底线作为中国经济相容低碳发展路径系列的标杆路径,也就是将路径 16(L16)作为中国未来规划相容低碳发展路径的标杆指标,如果实际各项指标超过标杆指标,则取得更好的低碳发展成就;反之,则低于标杆水平。标杆路径指标汇总见附表 3 -7。

五、总结

平衡经济增长与控制碳排放总量的关系是世界性难题。法国、英国、俄罗斯等国家迈过碳排放峰值点是在其经济衰退增速缓慢时期实现的,而中国是要在经济中高速发展阶段争取实现,挑战难度更大,可以说没有国际先例可资借鉴,完全需要依靠自己探索两者相容的低碳发展路径,两者相容的低碳发展路径也将是高质量发展的可持续发展路径。2010年以来,传统高速发展模式不可持续,为应对气候变化和保护环境,引入了能源、环境及气候等约束变量,倒逼经济发展低碳转型,在一定程度上牺牲了经济增速,如何平衡经济增速与碳排放总量控制之间的关系是摆在面前的现实考题。

经济增长、结构调整与碳排放总量控制的数理模型分析表明,碳排放强度和经济增速满足 $m_t \geq \dfrac{g_t}{1 + g_t}$ 是经济增长目标与碳排放总量达峰目标相容的必要条件。碳排放强度下降是能耗强度下降、提升非化石能源比重以及化石能源内部结构优化的综合结果,能耗强度下降是三大产业结构调整及三大产业能耗强度下降的综合结果。按照预设情景推演,GDP将持续增长,碳排放强度将持续下降,碳排放总量将在2025—2030年出现,推演得到的9种能耗强度降速情景基本都在可争取实现的范围内,推演得到的36种理论相容发展路径中包含6条可实现预设高经济增速目标相容路径、8条可实现预设中经济增速目标相容路径以及12条可实现预设低经济增速目标相容路径。这表明,在21世纪保持较快经济增速和控制碳排放总量协同实现是现实可行的。总体上,经济增速目标越高,则对应碳排放强度降幅要求越高,进而要求能耗强度降幅越大,非化石能源比重提升速度和去煤进程越快,以及要求三产比重增幅越大。路径16(L16)可作为中国未来规划相容低碳发展路径的标杆指标,实际各项指标力争超过标杆指标以取得更优低碳发展成就。

控制碳排放总量的政策工具包括积极发展低碳环保技术降低能耗强度,大力发展非化石能源提升非化石能源比重,加快去煤炭进程降低加权碳排放因子以及调整产业结构相对降低二产比重等。鉴于碳排放强度、能耗强度、非化石能源比重、加权碳排放因子等变量之间的数理关系,可以在几种控碳政策工具之间建立起调谐机制。当碳排放强度降幅目标一定时,加快降低能耗强度可相对减轻发展非化石能源和去煤进程压力,加速提升非化石能源比重可相对减轻发展低碳技术和去煤压力,加快去煤进程可相对减轻发展低碳技术和非化石能源的压力。在整体能耗强度、三大产业能耗强度与三大产业结构调整之间也可建立起调谐机制,当三大产业能耗强度下降遇阻时,可相对提高能耗强度相对较低的产业比重;当产业结构调整遇阻时,可通过更大力度地降低子产业能耗强度以实现整体能耗强度降幅目标。当上述政策工具都充分用完也不足以完成节能减排任务时,最后就只能依靠下调经济增速来完成控碳目标。虽然近几年在创新驱动国策下中国技术进步较快,但核心关键技术仍然不足,可能导致低碳技术供应不足而使能耗强度下降遇阻;由于"富煤、贫油、少气"的能源资源禀赋,以及制度机制市场成本基础设施等障碍因素,去煤进程、非化石能源发展进程也常遇阻;三大产业比例结构还需要考虑产业安全和经济系统平衡因素,其调节空间也相对有限。基于上述现实约束条件考虑,政府可考虑在各方面发展进展评估基础上,统筹建立起调谐机制,以促进实现经济增长和控制碳排放总量协同实现,更科学地平衡两者关系。

当然,上述相容路径是建立在一系列情景合理设定基础上推演得到的,现实经济运行数据必定会与模拟推演数据存在或上或下的出入,但这并不影响标杆路径的参照价值。在政策实践中,可根据实际经济、能源、碳排放、产业结构等运行数据大小,在与标杆路径数值对照基础上,可相应做适当的或左或右的目标微调。未来,如果能利用大数据、智能计算等技术,完全可以将我国经济、能源、碳排放、产业结构等宏观运行状态加以锁定,当大幅偏移标杆路径指标值时,完全可以采取组合政策加以调谐,使经济、能源、碳排放、产业结构等监测指标落入良性运行区间范围。

第四章 工业控排放、调结构及 促增长的相容路径

工业是能源消费的主要部门,是碳排放的主要领域,是经济发展与气候变化应对矛盾的焦点所在,相较农林牧渔业和服务业,工业具有最高的能耗强度和碳排放强度,因而在碳排放总量控制与经济增长总矛盾统筹解决情势下,工业自然成为节能减排的重点阵地。如何把握工业领域的节能减排节奏与促进工业增长进而经济增长基本底线之间的平衡,在节能减排目标、工业结构调整、工业低碳绿色技术进步、工业增长目标构建适宜的调谐机制,探寻破解工业促增长与控排放两难问题的科学有效路径,就是目前迫切需要处理好的重要现实问题。

一、工业的发展与能源消费现状

(一)工业的发展规模与速度

在规模方面,1995—2017 年,中国名义和实际工业增加值总量持续增长,其中名义工业增加值从 1995 年的 25023.9 亿元增长到 2017 年的 278328.2 亿元,增长了 10.1 倍;实际工业增加值从 1995 年的 27150.6 亿元增长到 2017 年的 246515.0 亿元,增长了 9.1 倍。在比重方面,工业增加值占 GDP 的比重在 1995—2001 年有增有降,小幅波动;在 2002—2006 年持续增加,在 2006 年比重最高达到 42%,主要得益于中国加入 WTO 深度融入国际市场的红利;此后,除了 2009 年受西方金融危机影响的原因致使工业增加值占比大幅下沉外,整体上 2006—2016 年工业增加值比重呈单边下降态势,从 2006 年的 42% 降至 2016 年的 33.3%,10 年下降了 8.7 个百分点。在增速方面,1996—2011 年,除了 1998—1999 受亚洲金融危机影响和 2009 年受美国金融危机影响外,名义工业增加值保持了较快增长态势,2001—2002 年连续增长了 8.9%,其余年份均以两位数速度增长,尤其 2004—2008 年、2010—2011 年增速大多超过 18% 以上。但 2012 年之后,名义工业增加值增速急转直下,甚至在 2015 年仅增长了 1.1%,增势逆转,局势堪忧。剔除价格

因素后,实际工业增加值增速变动相对平缓,但在2012年之后,增速也从之前的两位数增长降至一位数增长,增速下滑态势明显。总之,工业发展的总体态势是总量增长,增速下滑,比重下降(见表4-1)。

表4-1　1995—2017年工业增加值、占比及其增速

年份	名义工业增加值(亿元)	实际工业增加值(亿元)	工业增加值占GDP比重	名义工业增加值增速	实际工业增加值增速
1995	25023.9	27150.6	40.8%	——	——
1996	29529.8	31137.1	41.1%	18.0%	14.7%
1997	33023.5	34931.5	41.4%	11.8%	12.2%
1998	34134.9	37649.0	40.1%	3.4%	7.8%
1999	36015.4	40706.7	39.8%	5.5%	8.1%
2000	40259.7	44257.8	40.1%	11.8%	8.7%
2001	43855.6	48839.2	39.6%	8.9%	10.4%
2002	47776.3	54405.5	39.3%	8.9%	11.4%
2003	55363.8	61634.5	40.3%	15.9%	13.3%
2004	65776.8	69007.7	40.6%	18.8%	12.0%
2005	77960.5	77960.5	41.6%	18.5%	13.0%
2006	92238.4	89550.8	42.0%	18.3%	14.9%
2007	111693.9	105190.5	41.3%	21.1%	17.5%
2008	131727.6	116054.0	41.2%	17.9%	10.3%
2009	138095.5	128601.0	39.6%	4.8%	10.8%
2010	165126.4	145748.7	40.0%	19.6%	13.3%
2011	195142.8	162472.7	39.9%	18.2%	11.5%
2012	208905.6	176937.8	38.7%	7.1%	8.9%
2013	222337.6	191974.3	37.4%	6.4%	8.5%
2014	233856.4	205813.4	36.3%	5.2%	7.2%
2015	236506.3	219570.6	34.3%	1.1%	6.7%
2016	247860.0	233378.6	33.3%	4.8%	6.3%
2017	278328.2	246515.0	33.9%	10.2%	5.6%

(二)工业分行业的增速变化及特征

附表4-1是工业分行业增速变化计算结果。

首先,从采掘业增速情况看,2008—2017年十年间,煤炭开采和洗选业增速从年增长19.3%一路下滑至2017年的-2.1%;黑色金属矿采选业增速由2009年

最高达25.3%滑落至2017年的-2.8%;有色金属矿采选业相应由2009年的19.8%降至2017年的-3.6%;非金属矿采选业由2010年的最快速度24.8%降至2017年的-0.4%;石油和天然气采选业期间增速由低速增长转为负增长;其他采矿业由2009年增长42.7%降至2016年的-11.3%,2017年反弹了14.3%。总体而言,采掘业由快速增长转为负增长。

其次,从原材料工业看,同期化学原料及化学制品业由中高速转为中低速增长,2010年增速最高达15.5%,到2017年降至3.8%;黑色金属2010年增速最快达到11.6%,有色金属2011年达到13.6%,石油加工炼焦核燃料加工业2010年增速为9.6%,到2017年时增速分别降至-1.7%,1.5%和4.8%,均由中高速增长转为低速增长,甚至负增长;非金属矿物制品业由2011年最高增速20.3%降至2017年的3.7%,废弃资源综合利用业由2009年的最高增速29.1%降至2017年的1.4%,均由高速增长转为低速增长。

第三,再从消费品工业看,除了医药行业由2011年的最高增速17.9%缓慢下滑,2015年最低也保持了9.9%的增速,是消费品工业中唯一仍然保持了较快增长的工业行业。其他消费品行业,包括食品饮料、木材家具、纺织化纤、橡胶塑料、服装服饰、皮革毛皮、造纸印刷、文教体育等行业均由高速或中高速增长转为中速或低速增长。

第四,从电热气水生产供应业看,燃气生产供应业由2008年增长26.8%最低降至2015年的11.1%,仍然保持了较快发展态势;水生产供应业由2015年的最快速度15.9%降至2016年的6%,增速放慢了,但总体上还比较稳定;电力和热力生产供应业先降后升,由2008年增长8.6%降至2015年的0.5%,再反弹到2017年的7.8%,变中有稳。

最后,再分析装备制造业,通用设备、专用设备、交通运输、电气机械、通信电子、仪器仪表等均在2010年增速达到峰值,依次增长了21.7%、20.6%、22.4%、18.7%、16.9%、19.6%,2010年均保持了强劲的增长态势。到2015年,共同陷入增长低谷,分别只增长了2.9%、3.4%、6.7%、7.3%、10.5%、5.4%。此后,增势有所反弹。到2017年,增速依次反弹到10.5%、11.8%、12.2%、10.6%、13.8%、12.5%,恢复到中速增长轨道。总体而言,装备制造业较上述其他门类工业行业增速更快、更稳,降速后反弹也迅速。

(三)工业的产业结构及演变

附表4-2是2000—2015年工业行业销售产值占工业销售总产值比重列表。表4-2显示,自中国入世以来,工业行业内部结构总体来说保持了相对稳定。

2015 年,工业行业销售产值比重≥5% 的行业包括通信设备计算机及其他电子设备、交通运输设备、化学原料及化学制品、电气机械及器材、农副食品加工、黑色金属冶炼及压延、非金属矿物、电力热力生产供应业,比重依次为 8.27%、8.17%、7.54%、6.3%、5.96%、5.55%、5.43%、5.2%,比重合计达到 52.43%,8 大行业销售产值比重占了工业销售总产值的一半以上。同期,工业行业销售产值≤1% 的行业包括烟草制品、仪器仪表及文化办公机械、石油和天然气开采、家具制造、印刷、化学纤维、黑色金属矿采选业、有色金属矿采选业、燃气生产供应、非金属矿采选业、其他制造业、废弃资源和废旧材料回收加工、水的生产供应等,比重依次是 0.87%、0.79%、0.73%、0.72%、0.68%、0.66%、0.65%、0.57%、0.53%、0.5%、0.48%、0.35%、0.17%,这 13 个行业的比重合计为 7.7%,占比较低。其余 16 个工业子行业比重合计达到 40% 左右。

　　动态地看,在 2000、2005、2010、2015 年,通信设备计算机及其他电子设备、交通运输设备、化学原料及化学制品、电气机械及器材、黑色金属冶炼及压延、电力热力生产供应业这六大工业行业比重均超过 5%,始终处于前八位之内;而家具制造、印刷、黑色金属矿采选业、有色金属矿采选业、燃气生产供应、非金属矿采选业、其他制造业、废弃资源和废旧材料回收加工、水的生产供应这 9 个工业行业比重均低于 1%,排位始终靠后。可见,2000 年以来,中国工业行业内部结构总体基本保持了稳定。

　　再分行业看,2015 年较 2000 年,销售产值比重提升幅度在 1% 以上的工业行业有交通运输设备、农副食品加工、非金属矿物、有色金属冶炼及压延等行业,比重依次提升了 1.8%、1.63%、1.18%、1.67%;同期,销售产值比重下降幅度在 1% 以上的工业行业有石油天然气开采业、纺织业、石油加工业,比重依次下降了 2.98%、2.41%、2.15%。2015 年较 2000 年,销售产值比重提升幅度在 (0.5,1] 范围的工业行业有化学原料及制品、通用设备、专用设备、电气机械及器材、文教体育用品等,比重依次提升了 0.87%、0.75%、0.75%、0.75%、0.71%;同期,销售产值比重下降幅度在 (0.5,1] 范围的工业行业有烟草、化学纤维、纺织服装鞋帽、造纸及纸制品、通信设备等工业行业,比重依次下降了 0.86%、0.79%、0.63%、0.55%、0.55%,其中通信设备比重在 2003 年达到 11.3% 的最高值,此后比重逐渐下降,其他行业比重呈单边下滑态势。2015 年较 2000 年,销售产值比重提升幅度在 (0,0.5] 范围的工业行业有金属制品、黑色金属矿采选业、木材加工、非金属矿采选业、医药、食品、废旧资源回收、燃气、家具、有色金属矿选、非金属矿选、其他制造业等工业行业,销售产值比重下降幅度在 (0,0.5] 范围的工业行业有饮料、电力热力、橡胶塑料、仪器仪表、文化办公、皮革皮毛、水生产供应、黑色金属冶炼、印刷等工业行业。

总体而言,2015 年较 2000 年,消费品工业比重从 32.45% 降至 29.08%,采掘业比重从 6.28% 降至 4.33%,电热气水生产供应业从 6.08% 降至 5.9%,而原材料工业从 24.38% 增至 26.19%,装备制造业从 30.81% 增至 34.5%。

(四)工业的能源消费及特征

1. 工业能源消费总量及能耗强度

表 4 - 2 显示,2000—2015 年,中国工业能源消费量由 2000 年的 10.38 亿吨标准煤增长到 2015 年的 29.23 亿吨标准煤,增长了 1.82 倍,同期工业增加值增长了 3.96 倍,表明相对较低的工业能耗增速支撑了相对较高的工业增加值增速。从增速看,2003—2007 年工业能源消费量增速较快,随后除了 2013 年大幅反弹外增速随之放缓,甚至 2015 年首次出现下降,下降了 1.2%。从比重看,工业能源消费量占能源消费总量比重先降后升,总体基本稳定,2000 年最高达到 70.6%,2012 年最低,为 62.8%,2015 年为 68%,较 2000 年仅下降了 2.6 个百分点。从强度看,除了 2003、2004、2013 年出现反弹外,总体上保持了持续下降趋势,"十五""十一五""十二五"期间工业能耗强度依次下降了 7.7%、26.4%、16.4%,2015 年较 2000 年累计下降了 43.2%,总体降幅较大,表明工业领域能源利用效率提升明显。虽然工业能耗强度大幅下降,但与农林牧渔业和服务业相比,工业能耗强度依然最高。2015 年工业的能耗强度为 1.331 吨标准煤/万元,而农林牧渔业和服务业的能耗强度分别为 0.276 吨标准煤/万元和 0.371 吨标准煤/万元,工业的能耗强度依然远超农林牧渔业和服务业,因而也依然是全国节能减排的重点领域。

表 4 - 2 2000—2015 年中国工业能源消费量、占比及能耗强度

年份	能源消费总量 (亿吨标准煤)	工业能源消费量 (亿吨标准煤)	工业能耗 增减率	工业能源消费量 占能源消费总量比重	工业能耗强度 (吨标准煤/万元)
2000	14.7	10.38	—	70.6%	2.345
2001	15.55	10.71	3.2%	68.9%	2.194
2002	16.96	11.36	6.0%	67.0%	2.088
2003	19.71	13.12	15.5%	66.5%	2.128
2004	23.03	15.25	16.3%	66.2%	2.210
2005	26.14	16.87	10.6%	64.5%	2.164
2006	28.65	18.49	9.6%	64.6%	2.065
2007	31.14	20.05	8.4%	64.4%	1.906

年份	能源消费总量（亿吨标准煤）	工业能源消费量（亿吨标准煤）	工业能耗增减率	工业能源消费量占能源消费总量比重	工业能耗强度（吨标准煤/万元）
2008	32.06	20.93	4.4%	65.3%	1.803
2009	33.61	21.92	4.7%	65.2%	1.704
2010	36.06	23.20	5.8%	64.3%	1.592
2011	38.7	24.64	6.2%	63.7%	1.517
2012	40.21	25.25	2.4%	62.8%	1.427
2013	41.69	29.11	15.3%	69.8%	1.517
2014	42.58	29.57	1.6%	69.4%	1.437
2015	42.99	29.23	−1.2%	68.0%	1.331

2. 工业能源消费的行业结构及演变

首先,分析重点能源消费行业。附表 4－3 显示,2015 年能源消费占比前六大行业中除了电力热力生产供应业外,其余均为原材料工业。其中,黑色金属、化学原料、非金属矿物、石油加工、有色金属等行业的能源消费比重依次为 21.88%、16.77%、11.8%、7.93%、7.08%,合计高达 65.46%,接近 2/3 的水平。列第 4 位的是电力热力生产供应业,占比为 8.94%,前六大行业能源消费占比合计达到74.1%,接近 3/4 的水平。附表 4－4 进一步显示,前五大能源消费行业排序长期保持未变。这表明,中国工业能源消费行业集中度较高。其他行业中,采掘业能源消费比重合计为 6.48%,主要是煤炭和石油采掘业,合计占 4.94%;装备制造业能源消费比重合计为 6.59%,其中金属制品、通用设备、交通运输、通信电子、电气机械、专用设备、仪器仪表等行业比重分别为 1.59%、1.21%、1.09%、1.08%、0.88%、0.63%、0.11%,整体占比相对较轻;燃气和水生产供应业占比合计为0.67%;消费品工业能源消费比重合计为 12.16%。

其次,分析动态变化。2000 年,原材料工业、采掘业、电热气水供应业、装备制造业、消费品工业能源消费比重依次为 56.24%、10.57%、11.59%、6.11%、15.49%,2015 年较 2000 年比重分别增加了 9.28、−4.09、−1.98、0.48、−3.33 个百分点,尤其黑色金属冶炼压延、化学原料、有色金属行业占比分别提高了 3.61、2.96、3.15 个百分点。

3. 工业分行业的能耗强度及演变

附表 4－5 显示,2015 年能耗强度在工业平均能耗强度之上的行业主要包括石油加工、黑色金属冶炼、化学原料及制品、非金属矿物、有色金属冶炼等原材料工业行业,能耗强度分别为 6.590、4.361、3.203、3.085、2.880 吨标准煤/万元,分

列第 1—4 位和第 6 位。"十二五"期间,它们能耗强度变化分别为 14.9%、
-18.6%、-2.5%、-20.5%、-4%,其中石油加工行业能耗强度不降反升,化学
原料及制品、有色金属冶炼业能耗强度降幅偏低,表明石油加工、化学原料及制品
业、有色金属冶炼等原材料工业节能减排力度有待进一步强化深化。

附表4-5 显示,电热气水生产供应业能耗强度居前。其中,水、电热力、燃气
生产供应业能耗强度分别为 2.890、2.243、0.884 吨标准煤/万元,分列第5、第7
位和第 13 位。"十二五"期间,能耗强度变化分别为 5.9%、-0.8%、-40.6%。
表明水、电、热生产供应业节能减排工作力度有待加强。

附表4-5 显示,2015 年采掘业能耗强度大概处于居中位置。其中,煤炭开采
洗选业、非金属矿采选业、有色金属矿采选业、石油天然气开采业、黑色金属矿采
选业的能耗强度依次为 1.277、0.997、0.748、0.706、0.636 吨标准煤/万元,分列第
9、第 12、第 16、第 17、第 19 位。"十二五"期间,它们的能耗强度降幅分别为
-26.8%、-18.8%、-22.2%、-6.9%、-39.7%,除了石油天然气开采业能耗强
度降幅偏少外,采掘业整体上节能减排成效显著。

附表4-5 显示,装备制造业能耗强度基本处于靠后偏低的位置。其中,金属
制品、通用设备、专用设备、电气机械、交通运输、通信电子、仪器仪表等行业的能
耗强度分别为 0.695、0.331、0.281、0.215、0.190、0.176、0.134 吨标准煤/万元,分
列第20、第29、第32、第35~38位。"十二五"期间,它们能耗强度降幅依次为
-22%、-25.1%、-30.8%、-19.5%、-44.9%、-24.8%、-41.2%。可见,这
些装备制造业能效较高,节能减排力度和成效也较好。

附表4-5 显示,在消费品工业中,化学纤维能耗强度最高为 1.364 吨标准煤/
万元,列第 8 位,高于工业平均能耗强度,其他消费品行业整体能耗强度偏低。其
中,造纸、纺织、橡胶塑料、木材加工、农副食品、食品制造相对居中,医药、饮料、文
教体育、印刷、家具、皮革皮毛、纺织服装、烟草等行业相对靠后。"十二五"期间,
橡胶塑料、造纸、食品、木材加工、印刷等行业能耗强度降幅较大,降幅分别为
-72.8%、-26.8%、-23.4%、-21.4%、-20.3%;皮革皮毛、文教体育、家具制
造、农副食品等行业能耗强度不降反升,分别升高了 19.9%、19.2%、17.9%、
4.6%,表明这些行业节能减排工作力度有待强化。

附表4-5 显示,从工业分门类情况看,2015 年原材料工业、电热气水生产供
应业、采掘业、消费品工业、装备制造业能耗强度依次为 3.653、2.184、0.970、
0.557、0.264 吨标准煤/万元,"十二五"期间能耗强度降幅分别为 -14.6%、
-4.9%、-24%、-14.3%、-30.4%。这表明,原材料工业、电热气水生产供应
业能耗强度下降空间还相对较大,电热气水生产供应业节能减排工作成效不明

显,装备制造业能效最高、节能效果最好。

（五）工业的碳排放及其特征

表 4-3、图 4-1 和图 4-2 反映了中国工业的碳排放量及其强度的变化趋势。其中,中国工业碳排放量整体呈上升趋势,2014 年排放最高达到 737511.4 万吨 CO_2,2015 年略降,下降了 1.7%,其后年份升降变化仍需观察;2002—2007 年,中国工业碳排放量增速较快,分别增长了 8.3%、17.5%、17.7%、14.5%、10.7%、8.6%,主要原因是加入 WTO 初期爆发出巨大的工业生产活力及能耗的大幅增长;2008—2009 年因受全球金融危机影响增速放缓,2010—2011 年增速反弹到 6.1%、6.5%;2011 年,随着中国低碳目标的确立及自上而下低碳指标任务层层分解分配机制的倒逼推进,以及工业增加值增速的下滑,碳排放总量增速也呈现单边下降态势,2015 年首次出现负增长。

其次,在工业碳排放强度方面,除了加入 WTO 初期的 2003—2005 年不降反升外,其他年份均程度不同地逐年下降,由 2000 年的 5.845 吨 CO_2/万元逐步降至 2015 年的 3.302 吨 CO_2/万元,累积下降了 43.5%,其中"十五""十一五""十二五"分别变化了 2.3%、-26.5%、-24.7%,"十一五""十二五"分别年均下降 6.0% 和 5.5%,表明"十一五"以来的节能减排工作对促降碳排放强度取得明显成效。

表 4-3　2000—2015 年中国工业碳排放量、碳排放强度及其变化率

年份	工业碳排放量① （万吨 CO_2）	变化率 （%）	工业碳排放强度 （吨 CO_2/万元）	变化率(%)
2000	258684.8	—	5.845	—
2001	270865.2	4.7%	5.546	-5.1%
2002	293436.9	8.3%	5.394	-2.8%
2003	344907.3	17.5%	5.596	3.8%
2004	406011.2	17.7%	5.884	5.1%
2005	464980.2	14.5%	5.964	1.4%
2006	514838.5	10.7%	5.749	-3.6%
2007	559014.7	8.6%	5.314	-7.6%
2008	576957.9	3.2%	4.971	-6.5%
2009	602039.8	4.3%	4.681	-5.8%
2010	638917.2	6.1%	4.384	-6.4%

---

① 本部分仅分析测算能源燃烧碳排放量部分。

续表

年份	工业碳排放量 （万吨 CO_2）	变化率 （%）	工业碳排放强度 （吨 CO_2/万元）	变化率（%）
2011	680671.7	6.5%	4.189	-4.4%
2012	694242.8	2.0%	3.924	-6.3%
2013	729212.1	5.0%	3.798	-3.2%
2014	737511.4	1.1%	3.583	-5.7%
2015	724952.4	-1.7%	3.302	-7.9%

数据说明：根据工业能源消费数据及其碳排放系数推算碳排放总量数据。

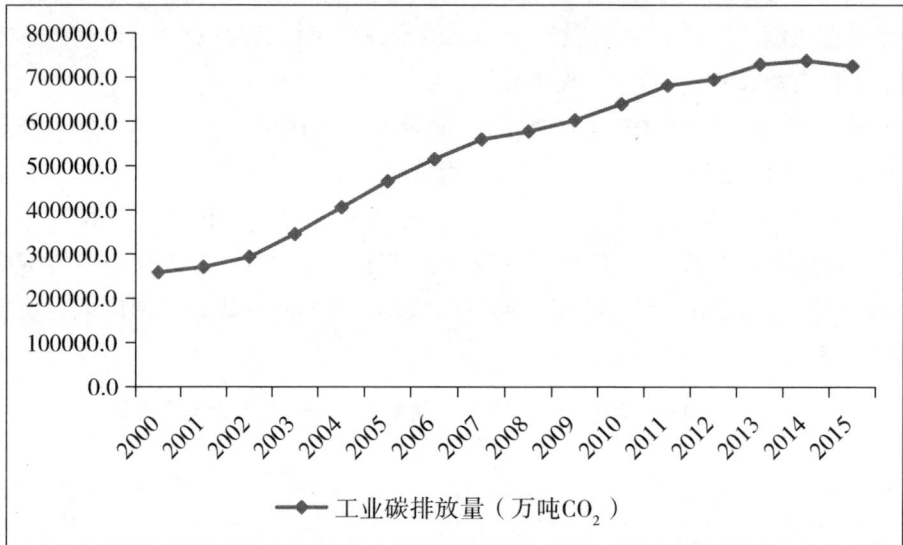

图4-1 中国工业碳排放量变化趋势图

二、工业增速下滑原因及转型升级重点方向

（一）工业增速下滑的原因

2010年以来，中国工业占比单边下滑由2006年的42%滑落至2016年的33%，工业增速急转直下，由高速增长转为中高速增长，乃至引发失速担忧。原因错综复杂，内外因叠加，短、中、长期及周期性影响并行，不利工业增长的政策、环境、市场、结构、要素、心理、国际博弈等各种因素相互交织，使中国工业就像一辆高速奔驰的列车在各种负向因素不同方向的牵制作用下被迫减速。影响因素归纳如下：

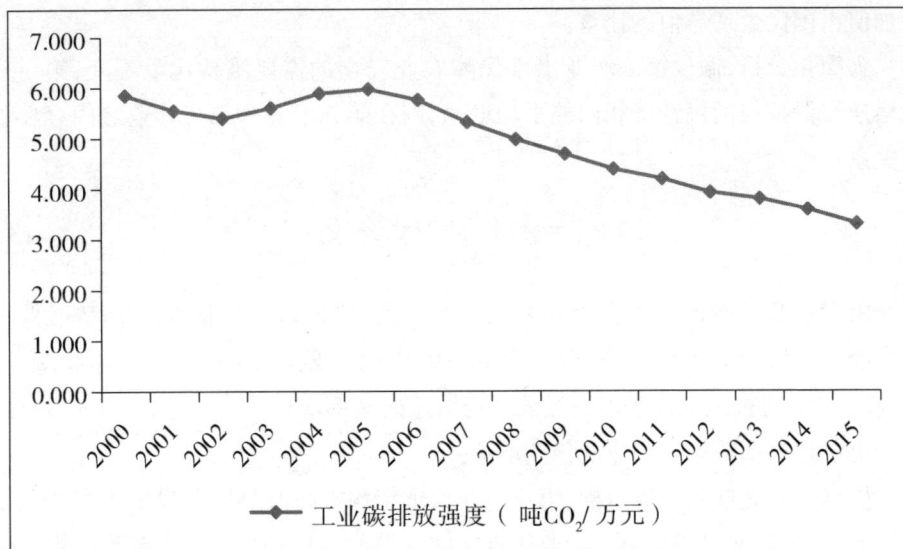

图 4 – 2 中国工业碳排放强度变化趋势图

1. 国民经济发展规划导向存在去工业化倾向

首先,国民经济发展规划总体导向就存在压缩第二产业比重倾向,势必引导地方推出抑制工业发展政策,进而减缓工业增速。《国民经济和社会发展第十三个五年规划纲要》计划到 2020 年,服务业增加值比重争取由 2015 年的 50.5% 提高到 56%,提升 5.5 个百分点,年均提升 1.1 个百分点。由于第一产业占比较低,如果出于保障农业安全需要保持第一产业比重不变,那么第二产业比重将被挤出 5.5 个百分点。下面做简略数理分析。

$$\text{GDP}_0 = P_{01} + P_{02} + P_{03} \tag{1}$$

其中,GDP_0、P_{01}、P_{02}、P_{03} 分别表示基期国民生产总值、第一产业增加值、第二产业增加值、第三产业增加值。那么,

$$1 = s_{01} + s_{02} + s_{03} \tag{2}$$

其中,s_{01}、s_{02}、s_{03} 分别表示第一产业增加值、第二产业增加值、第三产业增加值占国民生产总值的比重。$s_{01} = P_{01}/\text{GDP}_0$,$s_{02} = P_{02}/\text{GDP}_0$,$s_{03} = P_{03}/\text{GDP}_0$。

那么,在考察期,则存在如下关系式:

$$\text{GDP}_0(1 + g_t) = P_{01} * (1 + g_{t1}) + P_{02} * (1 + g_{t2}) + P_{03} * (1 + g_{t3}) \tag{3}$$

其中,g_t、g_{t1}、g_{t2}、g_{t3} 分别表示考察期国民生产总值、第一产业增加值、第二产业增加值、第三产业增加值的增速。

$$1 = s_{t1} + s_{t2} + s_{t3} \tag{4}$$

其中,s_{t1}、s_{t2}、s_{t3} 分别表示考察期第一产业增加值、第二产业增加值、第三产业

增加值占国民生产总值的比重。

为简化分析,假设第一产业出于保障农业安全的需要维持比重不变,第一产业增速需保持与国民经济相同的平均增速,则在第二产业和第三产业之间存在如下关系:

$$g_{t2} = g_t - \frac{s_{03}}{s_{02}} * (g_{t3} - g_t) \qquad (5)$$

由于在政策导向上着力提高第三产业比重,那么第三产业增速 g_{t3} 势必要比国民经济平均增速 g_t 要更快,即 $g_{t3} - g_t > 0$,因此势必有,$g_{t2} - g_t < 0$。也即 $g_{t2} < g_t$,第二产业将被迫以低于国民经济平均增速的速率增长。

可以粗略估算第二产业的预期增速:

根据十三五规划发展目标,第三产业比重年均提高 1.1%,假设第一产业比重维持不变,全部通过挤出第二产业比重空间来填补,以 2015 年基准年数据粗略估算如下:

$$s_{02} - s_{t2} = s_{t3} - s_{03} = s_{03} * \frac{g_{t3} - g_t}{1 + g_t} = h = 1.1\% \qquad (6)$$

其中 h 表示第三产业比重提升幅度(第二产业比重挤出幅度)。十三五规划目标经济增速是不低于 6.5%,此处估算取值 $g_t = 6.5\%$。2015 年第二产业比重为 40.9%。根据(5)和(6)式,不难估算出,第二产业的增速为

$$g_2 = g - \frac{h_3 * (1 + g)}{s_{02}} = 6.5\% - \frac{1.1\% * (1 + 6.5\%)}{40.9\%} = 3.64\%$$

可见,目前中国的国民经济发展规划客观上存在引导全国各地压缩第二产业比重空间,放慢第二产业增速的现实结果。

那么,为什么国民经济发展规划要提升第三产业比重呢?是参照美国等发达国家的状况,认为提升第三产业比重,就是优化产业结构么?若真如此,那么美国的产业结构就较中国更优,但情况并非如此,否则,美国就不会陷入目前的产业空心化困境中。或者,因为第三产业的污染排放和碳排放强度较第二产业低,提高第三产业比重可以降低污染排放和碳排放,从而更易于实现约束性环境目标和气候目标。若如此,可能是有利于化解环境风险和气候风险,那是否又面临着三大产业结构之间失衡的经济风险?照目前第三产业和第二产业规划方向进展及其实际比重演变进展,第二产业比重很快就会滑落至 30%,那么第二产业比重的下限边界在哪里?就照目前趋势持续下滑下去吗?第三产业比重的上限边界在哪里?

2. 国内市场和政策环境抑制牵制分流因素众多

改革开放以来,以经济建设为中心的政策导向,渴望摆脱贫困的城镇劳动力,渴望发展壮大的民族资本,廉价的劳动力、土地、资源、环境等要素市场,从党的总书记到村支部书记齐心聚力谋发展的冲天干劲,抓住机遇主动融入全球化的战略部署等因素为中国经济的快速发展尤其工业的快速增长提供了源源不竭的动力。

随着时间的推进,人口红利逐渐消失,土地变得相对稀缺,资源枯竭环境退化,再加上全球气候变暖需要共同应对,粗放式发展模式不可持续,传统增长动能日趋衰竭,快速发展时期形成的产业结构矛盾日渐凸显,随着经济体量越来越大,发展与资源环境、发展与气候变化、发展速度与发展质量等矛盾的主要方面发生了逆转。

为化解上述矛盾,倒逼树立科学发展观,刷新低碳绿色生态循环发展理念,各种改革调整政策接踵推出,约束性环境气候量化指标接续跟进,工业既是上述矛盾的焦点,也是化解矛盾的工作重心。

近几年来,中国深入推进供给侧结构性改革,去产能、去库存,主动淘汰落后低端过剩产能,主动挤出部分工业增长旧动能;加强生态文明建设和环境保护,治理大气污染、水污染、生态破坏等突出环境问题,部分大城市大江大河大山周边的工业企业通过行政手段引导搬迁停产减产,加之部分地方环境执法简单粗暴,多年积累的环境问题和宽松的环境标准"一刀"解决,没有提供合理过渡期限,既给部分经营主体造成经济损失,也削弱了地方工业经济增长动力。

除了需要化解环境风险,还需要防范金融风险。去杠杆,挤泡沫,压缩信贷规模,导致部分工业企业融资困难,资金链吃紧,尤其对部分高负债、高增长企业影响明显,致使出现经营困难局面,尤其加剧中小民企困难,这些都对实体经济中的经营主体造成短期冲击。

除了去产能、去库存、企业疏解、环境执法等短期影响因素外,还有结构、技术、成本、心理等中长期因素作用其中。从产业结构来看,长期以来房地产业作为支柱产业畸形发展,利润畸高,一个上市公司经营多年的收益还不如投资一两套房产的收益,挫伤资本进入其他行业的积极性,再随着房产供求矛盾逐渐逆转,调控政策趋严,在逐步摆脱对房地产业依赖的同时,其他可替代其地位的支柱产业尚未形成。

从所有制结构看,国有企业市场份额占比较高,但经营活力和市场表现欠佳,目前仅有航空航天、深海、超算、高铁等少数领域能够引领世界,引领领域总体偏少。在民营经济领域,涌现了华为、腾讯、阿里巴巴等引领世界潮流的民营企业,形成重要的性质补充,产生极好的世界影响。出口贡献中较大比重由外资所贡献,内资企业贡献中再剔除国企成分,民营占比相对偏低。因此有必要为民企释放更多发展空间,提供更多适宜政策培育民营民族资本发展。

从技术方面看,由于诸多科研创新体制机制原因,基础科学研究相对薄弱,制约了突破性技术研发应用,低碳环保技术研发及产业发展相对滞后,环境气候效应的取得在较大程度上依赖行政手段,如果低碳环保技术及产业能迅速跟进并解决好大气、水等环境污染问题,也就可以避免大范围工业企业强制搬迁的无奈举措,也就可以避免以牺牲经济增速来换取环境气候目标实现。除了低碳环保技术供应不足外,其他战略性新兴产业技术创新供应也相对不足。"大众创业,万众创新"的国策无疑是正确的,但其成效显现需要较长周期,目前已初见成效。

从生产成本方面看,近些年来,劳动力、土地、环境成本均快速上涨,各项税费成本居高难下,节能、节水、降碳、降污、低碳绿色化改造、购买污染排放权配额和碳排放权配额等气候环境外部成本内部化因素直接推高了生产成本,削弱了工业企业的市场竞争力,传统竞争优势难以为继,而培育新的技术竞争优势周期较长,迫使不少企业关、停、减、转。

从政策压力方面看,近些年来,节能标准、污染排放标准、碳排放标准、节水标准等不断提升,全国各省各市大多制定了明确约束性节能、节水、降污、降碳、降耗强度或总量控制任务指标,自上而下逐层逐级分解分配责任任务,在行政政绩考核机制下,倒逼不少地方政府对工业企业经营造成程度不同的行政干扰,使不少工业企业承受较大的转型升级压力和经济损失。

再在"走出去"战略导向下,相当规模的内外资本选择到成本更低廉的东南亚、南亚、非洲、中亚等地区国家发展,在一定程度上对中国工业发展造成分流压力。

再从财政资源方面看,近些年来,国家投入了巨量的财政资源支持全国经济社会制度低碳化转型,在碳排放达峰目标的倒逼机制下,倒逼生产体系、消费体系、制度体系等系统性的低碳转型,占用了巨量社会公共资源。

去产能、去库存、去杠杆、疏解疏散污染企业、低端产业向外转移等,无不冲击了既有产能,再通过产业链条传导及乘数规律作用,放大了经济降速势能,恶化了实体经济市场环境,挫伤了资本的投资热情和信心。

3. 国际市场环境恶化及国际博弈进一步激化

近些年来,美国、欧盟、日本等主要贸易伙伴国家自身经济增长缓慢,国际市场需求疲软,步入周期性经济衰退阶段,为中国出口导向企业经营造成困难。随着中国制造业国际竞争力的增强,美国等西方国家的贸易保护主义倾向强化,反全球化、逆全球化政策举措频出。自中国入世以来,美国等西方国家就利用贸易规则主导权,打着各种冠冕堂皇的借口,围绕中国的人民币汇率、劳工标准、环保标准、碳排放标准、技术标准、知识产权、非市场经济国家、补贴等方面问题频频施压,朝着他们期望的方向做出他们满意的改变。其实质无非是要削弱中国出口产品的国际竞争力,保护其国内产业不受竞争冲击。而随着美国特朗普担任美国总统以来,在美国优先的政策导向下,与包括中国在内的主要经济体大打贸易战,国际博弈进一步激化。随着国际竞争优势和格局的转化,美国由信奉比较优势理论主导推动全球范围内的自由贸易、建立了世界贸易组织、主宰了近一个世纪的国际金融贸易规则秩序、领导世界共同应对气候变化的国家,转变为任性退群、提高关税、贸易保护倾向明显的国家。美国表现的前后反差,表明经济理论是有国家立场的,有些理论是带欺骗性的。在中国经济发展过程中,有些优势产业或企业是遭受了国外的理论欺骗或舆论误导的,比如大飞机项目、动车项目等优势先进产业的发展是遭遇过挫折耽误了发展时间的。2018 年,美国动用国家力量对中国中兴、华为等优质企业实施精准打击,尤其对华为采取极端恶劣手段进行全球围剿,企图扼杀中国的优质优势企业,进而遏制中国工业经济增长。

从技术维度看,中国中高端产业面临着美国等发达国家的围剿打压,中低端产业面临着越南、印尼、印度等发展中国家的低成本竞争。在此形势下,国内发展与资源环境气候的矛盾倒逼产业结构转型升级,倒逼发展动能向创新驱动转变,而在创新、升级过程中又不得不面对与美国等西方发达国家更加尖锐的利益碰撞。在转型升级过程中,中低端产业面临资本向其他发展中国家分流的压力,面临其成本优势的竞争压力,还不得不面对国内的政策挤压。来自发达国家和发展中国家的竞争压力,全部由国内的工业企业承接。如果工业经济持续降速,转型升级未能成功,则面临着进无可进退无可退的发展困局,在自我倒逼的进程中无奈地被逼退、逼停乃至逼死,这是中国工业经济所不能承受的,也是必须极力加以避免的。唯一突破困局蜕变新生的路径便是改革消除一切不利于创新的体制机制制度障碍,最大限度地提升创新驱动力,克服一切困难突破美国等西方国家的遏制围剿打压,通过几个五年规划的努力使中国产业结构成功晋级。

综上所述,中国工业增速下滑是多种因素合力削弱的结果。其中,国际外部因素会强化影响,但非决定性的,因为改革开放前 30 年也同样遇到了类似问题,但依然保持了较快增速;去产能、去库存、去杠杆、环境执法等短期政策冲击会直接降低工业增速,实为中国主动降速提质的选择,其主要部分是必要可控的;劳动力、土地、环境成本上升,乃大势所趋难以逆转;在创新驱动转型升级过程中,与美国等发达国家的矛盾势必成为今后国际产业竞争的矛盾的主要方面。

不过,有些方面存在优化空间:在提高环境气候技术标准的过程中,给予企业主体合理的过渡期,避免"一刀切"操作;在优化产业结构实现环境气候目标的过程中,不能简单地压缩第二产业比重,不能过度依靠疏解疏散工业企业等行政手段,而应更多地依靠发展低碳环保技术及相关产业,形成良性的产业生态循环,否则,大城市简单的驱赶工业企业的做法在全国范围内是不可复制的;在转型升级过程中,对中低端产业不可以"赶尽杀绝",给予经营主体技术升级的过渡期,在适当压缩低端产业比重的同时保留一定数量的企业,让市场去寻求新的供求均衡解,以保持中国产业结构的完整性;在转型升级的政策导向下,需要处理好"升"与"稳"的关系,需要审视高端产业的产值规模体量是否足够大,是否足以形成国民经济的支柱产业,是否足够支撑就业吸纳需求,合理处理好高、中、低端产业的比例关系,防范"新鞋未得、旧履已弃"的产业空心化风险;供给侧结构性改革举措在长期市场失灵累积的突出供求矛盾得到缓解后,需要适时退出,待新的突出性供求矛盾呈现后,再周期性跟进,毕竟供求矛盾根本上说属于市场矛盾,主要还是交由市场自行寻求均衡解为宜;绿色发展、低碳发展是更硬的道理,当发展速度下降到可能引致经济风险的时候,保持一定速度的增长便成为环境气候与经济增长矛盾的主要方面,保发展保增速就有必要微调低碳发展、绿色发展的政策和节奏,在保障必要经济增速的基础上协同实现环境气候目标。工业领域承受着来自国内外不同方向的压力、阻力、分流等,改革开放前期迸发的巨大生产活力和发展积极性如果再不主动施以适当的支持力、推动力加以呵护,在民族资本实业投资积极性和信心挫伤后是否会出现不希望出现的局面? 如果工业乃至经济总体形成盘旋式甚至断崖式下降趋势,政府能否像有效控制其高速过快增长那样有效托住其不至过快过度速度下滑?

(二)工业转型升级的重点方向

工业转型升级需要处理好几个关系:一是"升"与"稳"的关系,在新动能未充分形成之前,旧动能勿完全抛弃,保持经济过渡相对平稳,不至于大起大落,乃至断崖式下跌;二是处理好"产业升级"与"产业安全"之间的关系,力求保持产业链的完整性,要考虑到国家间竞争极端情形下的产业安全需求,因而各类产业尽量不要全盘退出,保留最低比例供应,也就是勿突破下限底线;三是处理好"升级"与"差异"的关系,在各地区共同优化产业结构的过程中,避免严重的同质化竞争,保持区域间差异化协同式发展。

在处理好上述关系基础上,再明确转型升级的重点方向。在能源工业、原材料工业、消费品工业、装备制造业、电子信息产业等工业门类中,能源工业、装备制造业、电子信息产业等属于工业转型升级的重点方向。

具体而言,在能源工业中,着力发展和升级低碳、环保、清洁的新能源工业;在装备制造业中,着力升级航空航天、智能制造、船舶与海洋工程、国防科技、轨道交通、增材制造、智能联网汽车与新能源汽车、节能环保安全装备、电力冶金石油石化矿山起重装备、现代农业等装备制造业;在电子信息产业中,着力发展下一代互联网及新一代通信设备、工业互联网和物联网、人工智能、集成电路、新型显示和新型电子元器件、云计算和大数据、高智能计算、基础软件和应用软件、光电子和微电子、量子通信和微波通信、智能硬件和智能终端、信息安全等产业。整体而言,能源工业、装备制造业、电子信息产业是中国工业经济转型升级的着力重点,是破解发展与环境、发展与气候变化矛盾困局的关键所在,是中国必须冲破美国等守成西方发达国家封锁围堵遏制的焦点竞争领域,也是中国在新全球化时代迈向产业链高端的主要施展舞台。

另外,在原材料工业领域,也需要鼓励生产设备技术升级,节能环保设备技术升级,产品加工深度、精度、性能、功能升级等,大力发展高性能复合材料、特种功能材料、战略前沿材料等新材料产业以满足战略性新兴产业发展需要。对于资源储量较少、存量日趋枯竭以及战略价值资源(如稀土)等原材料产业,应相对控制压缩规模,尽量将矿产资源为子孙后代多储备多保留一些。美国尽量保存保留本土资源的做法值得借鉴。对美国而言,即便跌入衰退周期谷底,但只要其矿产资源还在,就仍有翻身可能;反之,则很难。因此,中国从现在起,制定资源保留保存储备战略,实为千年大计。尽量利用全球市场全球资源,发展国内原材料工业。在消费品领域,食品、轻工、纺织、医药、家电等日用消费品的生产,是满足国内居民日常生活的必要组成部分,消费品工业比重需要守住底线不致受制于人。

三、工业控排放、调结构及促增长的相容条件及调谐机制

(一)工业绿色发展目标

"十二五"时期,中国制定并实施了《工业转型升级规划(2011—2015)》。其中,转型就是要通过转变工业发展方式,加快实现由传统工业化向新型工业化道路转变;升级就是要通过全面优化技术结构、组织结构、布局结构和行业结构,促进工业结构整体优化提升。"十二五"时期,中国工业着力提升自主创新能力,推进信息化与工业化深度融合,改造提升传统产业,培育壮大战略性新兴产业,加快发展生产性服务业,坚持把提高质量和效益作为转型升级的中心任务,把加强自主创新和技术进步作为转型升级的关键环节,把发展资源节约型、环境友好型工业作为转型升级的重要着力点,把推进"两化"深度融合作为转型升级的重要支

撑，推动制造业向数字化、网络化、智能化、服务化、绿色化转变。合理控制能源消费总量，推进工业节能降耗。"十二五"时期，全部工业增加值年均增长8%，战略性新兴产业实现增加值占工业增加值的15%左右，规上企业单位工业增加值能耗累计下降28%，整体单位工业增加值能耗较"十一五"末降低21%左右，单位工业增加值二氧化碳排放量减少21%以上。

"十三五"时期，中国先后制定了《中国制造2025》和《工业绿色发展规划(2016—2020)》。其中，《中国制造2025》以促进制造业创新发展为主题，以提质增效为中心，以加快新一代信息技术与制造业深度融合为主线，以推进智能制造为主攻方向，强化工业基础能力，提高综合集成水平，实现制造业由大变强的历史跨越。实现制造强国战略目标分"三步走"：第一步力争用十年时间迈入制造强国行列，到2020年基本实现工业化，制造业信息化水平大幅提升，掌握一批重点领域关键核心技术，优势领域竞争力进一步增强，产品质量有较大提高，制造业数字化、网络化、智能化取得明显进展，重点行业单位工业增加值能耗、物耗及污染物排放明显下降；到2025年，制造业整体素质大幅提升，创新能力显著增强，全员劳动生产率明显提高，两化融合迈上新台阶，重点行业单位工业增加值能耗、物耗及污染物排放达到世界先进水平，在全球产业分工和价值链中的地位明显提升。第二步到2035年，中国制造业整体达到世界制造强国阵营中等水平。创新能力大幅提升，重点领域发展取得重大突破，整体竞争力明显增强，优势行业形成全球创新引领能力，全面实现工业化。第三步到中华人民共和国成立一百年时，制造业大国地位更加巩固，综合实力进入世界制造强国前列。制造业主要领域具有创新引领能力和明显竞争优势，建成全球领先的技术体系和产业体系。为实现第一步战略目标，还明确了到2020年和2025年的创新能力、质量效益、两化融合、绿色发展等四大类指标目标。其中，绿色发展目标是争取到2020年和2025年，规模以上单位工业增加值能耗较2015年分别累计下降18%和34%；单位工业增加值二氧化碳排放量较2015年分别累计下降22%和40%。《中国制造2025》部署的重点任务是，提高国家制造业创新能力；推动新一代信息技术与制造技术融合，着力发展智能装备和智能产品，全面提升企业研发、生产、管理和服务的智能化水平；强化工业基础能力，统筹推进"四基"(核心基础零部件元器件、先进基础工艺、关键基础材料和产业技术基础)发展；加强质量品牌建设，全面推行绿色制造；推动新一代信息技术、高端装备、新材料、生物医药等战略重点领域突破发展；推进制造业结构优化，推动传统产业向中高端迈进，逐步化解过剩产能；积极发展服务型制造和生产性服务业，提高制造业国际化发展水平。《工业绿色发展规划(2016—2020)》是对《中国制造2025》绿色发展目标的进一步具体落实方案。总体来看，中国工业发展规划目标淡化规模,淡化增速,重在优化结构,重在提质增效,旨在由大转强,由不可持续的增长模式向数字化、网络化、智能化、服务化、绿色化转变,探索化解工业发展与资源能源环境气候矛盾多元目标相容的发展路径。

（二）工业控排放、调结构与促增长之间的矛盾关系

工业生产过程中由于需要消耗能源,而目前中国的能源资源禀赋与能源供应结构决定了以化石能源消费为主的能源消费结构特征。伴随化石能源消费过程的就是温室气体的排放。而中国已明确争取到2030年或更早实现碳排放达峰,为此就势必要控制碳排放的规模、强度与增速。工业是国民经济中碳排放规模和强度最高的部门,因而自然成为控排的工作重点重心所在。实现工业部门的控排目标,目前主要途径不外乎是提升节能减排低碳环保技术降低能耗强度的技术减排、调整优化工业行业内部结构和工业能源消费结构的结构减排,在技术减排和结构减排不足以实现控排目标的情形下,再在倒逼机制作用下,就不得不通过降低工业增速来实现。工业增速适当降低是可接受的,甚至适当降低工业增加值占GDP的比重也是可接受和承受的。但问题是,工业增速与GDP增速之间存在连锁关系,工业增速持续下滑势必导致GDP增速持续下滑,那么降低工业增速是否需要严守底线？底线在哪里？另一方面,工业与服务业之间也是相互依存密切关联的,适当降低工业增加值占GDP比重或可承受,但问题是,保持三大产业之间合理的比例平衡是保障国民经济体系安全的必要要求,那么是否需要严守工业增加值占GDP比重的底线？该比重的底线在哪里？类似地,在工业行业内部结构调整过程中,提升装备制造与电子信息产业比重,适当降低消费品工业、原材料工业、采掘业比重、电热气水供应业等传统工业行业比重是可接受和承受的,但也存在这些工业行业比重底线的问题,否则美国产业空心化、俄罗斯必要生活物资供应不足的畸形产业结构带来的问题也会在中国上演,这些潜在问题都需要前瞻预防加以避免。因此,控排放势在必行,调结构是必然途径,促增长不可废弃,守底线以保安全,探索多元目标均衡相容的发展路径摆在面前无可回避。

（三）工业控排放、调结构与促增长之间相容关系内涵的界定

目前,在相关规划政策目标中,工业经济没有设定规模和增速目标,设定了一系列约束性的气候、环境及结构目标,彰显了国家保护环境和应对气候变化的行动决心和坚定意志。为此,在一定程度上牺牲了工业增速和GDP增速,出现了工业增速和GDP增速失速的风险。因此,倒逼型气候环境政策在确保气候环境目标实现的同时,也存在工业经济失速风险隐患,倒逼型气候环境政策与工业增长之间处于不相容的状态。本书认为,工业控排放、调结构与促增长之间相容的关

系是,在守住传统工业行业比重底线的前提下相对提高装备制造和电子信息产业比重,在能源资源禀赋与供应能力许可的条件下优化工业能源消费结构,在守住工业增速必要底线和工业增加值占 GDP 比重必要底线的前提下,再在提升节能减排低碳环保技术降低能耗强度的配合下,完成既定规划的能耗强度、碳排放强度、碳排放总量控制目标。如此状态可视为,在气候应对目标与工业经济增长目标之间达成调控均衡,实现目标相容。

(四)工业控排放、调结构及促增长目标相容的数理分析

1. 国民经济发展规划结构目标对工业增速的约束与反约束作用分析

根据(3)式,不难推算得到如下等式组合:

$$
\begin{cases}
g_t = s_{01} * g_{t1} + s_{02} * g_{t2} + s_{03} * g_{t3} \\[2mm]
g_{t2} = g_t + \dfrac{s_{01}}{s_{02}} * (g_t - g_{t1}) + \dfrac{s_{03}}{s_{02}} * (g_t - g_{t3}) \\[3mm]
s_{t3} = \dfrac{s_{03} * (1 + g_{t3})}{1 + g_t} \\[3mm]
s_{t1} = \dfrac{s_{01} * (1 + g_{t1})}{1 + g_t} \\[3mm]
s_{t2} = \dfrac{s_{02} * (1 + g_{t2})}{1 + g_t} \\[3mm]
g_t \geq \overline{g_t}
\end{cases}
\tag{7}
$$

其中,$\overline{g_t}$是期望经济增速。(7)式组合可以进一步推导出:

$$
\begin{cases}
g_{t2} = \dfrac{s_{02} - h_1 - h_3}{s_{02}} * g_t - \dfrac{h_1 + h_3}{s_{02}} \geq \dfrac{s_{02} - h_1 - h_3}{s_{02}} * \overline{g_t} - \dfrac{h_1 + h_3}{s_{02}} \\[3mm]
g_t = \dfrac{s_{02}}{s_{t2}} * g_{t2} - \dfrac{h_2}{s_{t2}} \\[3mm]
h_1 = s_{t1} - s_{01} \\[2mm]
h_2 = s_{t2} - s_{02} \\[2mm]
h_3 = s_{t3} - s_{03} \\[2mm]
s_{t1} \geq \overline{s_1} \\[2mm]
s_{t2} \geq \overline{s_2}
\end{cases}
\tag{8}
$$

其中,$\overline{s_1}$、$\overline{s_2}$是保障产业安全的第一产业和第二产业底线比重。(7)式组合显示,在规划既定提高第三产业占 GDP 比重目标的情况下,第三产业增速必须高于 GDP 增速;第二产业增速调节空间取决于 GDP 增速、第一产业增速、第三产业增速,如果第三产业增速高于 GDP 增速,第一产业增速不低于 GDP 增速,则势必压

低第二产业增速,或者继续挤压第一产业腾出部分空间分给第二产业,而第一产业占比已经很低了,腾退空间有限;GDP 期望增速能否保住,最终也取决于三大产业的增速,在第三产业增速有限的情形下,第二产业增速的大幅度下滑势必拉低GDP 增速,而使其期望增速落空。另外,根据(8)式可知,第三产业占比提升幅度越大,对第二产业增速压制力度也越大。可见,第三产业比重目标、第二产业增速、GDP 增速相互之间存在连锁牵制关系。第二产业增速的底线速度是能够完成保增长目标的速度,即第二产业增速需要守住 $\dfrac{s_{02}-h_1-h_3}{s_{02}}*\overline{g_t}-\dfrac{h_1+h_3}{s_{02}}$ 底线,才能守住 GDP 期望增速底线;如果第二产业增速下滑,势必拉低 GDP 增速下滑;第一产业和第二产业比重的底线是保障产业安全的比重底线 $\overline{s_1}$、$\overline{s_2}$。

2. 碳排放总量和强度控制目标对工业增速的约束分析

碳排放总量和强度控制与工业增速之间存在如下的约束关系:

$$
\begin{cases}
C_{t2} = P_{02}*(1+g_{t2})*CEI_{02}*(1-m_{t2}) \\
\quad\ = C_{02}*(1+g_{t2})*(1-m_{t2}) \\
\dfrac{C_{t2}}{C_{02}} = (1+g_{t2})*(1-m_{t2}) \leq 1 \\
1+g_{t2} \leq \dfrac{1}{1-m_{t2}} \\
g_{t2} \leq \dfrac{1}{1-m_{t2}}-1
\end{cases}
\tag{9}
$$

推导过程显示,第二产业要实现达峰目标,则其增速与碳排放强度降幅目标之间存在(9)式所显示的数理关系。在碳排放强度降幅规划既定目标约束下,也约束了第二产业增速的上限,以确保能够实现控排放目标。

3. 能源消费总量和能耗强度控制目标对工业增速的约束分析

与上面分析类似,能源消费总量和能耗强度控制与工业增速之间存在如下的约束关系:

$$\begin{cases} C_{02} = P_{02} * \dfrac{E_{02}}{P_{02}} * \dfrac{F_{02}}{E_{02}} * \dfrac{C_{02}}{F_{02}} \Rightarrow CEI_{02} = e_{02} * r_{02} * a_{02} \\[2mm] CEI_{02} * (1 - m_{t2}) = e_{02} * (1 - z_{t2}) * \dfrac{r_{02}}{r_{02}} * (1 - \gamma_{t2}) * \dfrac{a_{02}}{a_{02}} * a_{t2} \Rightarrow \\[2mm] m_{t2} = 1 - \dfrac{a_{t2}}{r_{02} * a_{02}} * (1 - z_{t2}) * (1 - \gamma_{t2}) \\[2mm] \gamma_{t2} = 1 - \dfrac{r_{02} * a_{02} * (1 - m_{t2})}{a_{t2} * (1 - z_{t2})} \end{cases} \tag{10}$$

其中,E 表示能源消费总量,e 表示能耗强度,z 表示能耗强度降幅。类似地,在能耗强度降幅规划目标约束下,也约束了第二产业增速上限。

4. 碳排放强度降幅、能耗强度降幅与优化能源结构之间的关联关系

在控碳排放、控能耗强度与优化能源结构之间存在如下的约束关系:

$$\begin{cases} C_{02} = P_{02} * \dfrac{E_{02}}{P_{02}} * \dfrac{F_{02}}{E_{02}} * \dfrac{C_{02}}{F_{02}} \Rightarrow CEI_{02} = e_{02} * r_{02} * a_{02} \\[2mm] CEI_{02} * (1 - m_{t2}) = e_{02} * (1 - z_{t2}) * \dfrac{r_{02}}{r_{02}} * (1 - \gamma_{t2}) * \dfrac{a_{02}}{a_{02}} * a_{t2} \Rightarrow \\[2mm] m_{t2} = 1 - \dfrac{a_{t2}}{r_{02} * a_{02}} * (1 - z_{t2}) * (1 - \gamma_{t2}) \\[2mm] \gamma_{t2} = 1 - \dfrac{r_{02} * a_{02} * (1 - m_{t2})}{a_{t2} * (1 - z_{t2})} \end{cases} \tag{10}$$

其中,F 表示化石能源消费量,e 表示能耗强度,r 表示化石能源消费占能源消费总量的比重,γ 表示清洁能源比重,a 表示碳排放因子。(10)等式组显示,碳排放强度持续下降目标的实现通过能耗强度持续下降与持续提升清洁能比重共同来实现;在既定碳排放强度和能耗强度目标下,清洁能源占比与碳排放强度降幅目标正相关,与能耗强度降幅目标负相关;实现既定的碳排放强度目标,可以在能耗强度下降幅度不足时通过更多提高清洁能源比重来完成目标,或者在清洁能源比重提升遇到瓶颈时通过扩大能耗强度降幅来确保目标达成。即可通过协步能耗强度降速节奏和清洁能源比重升速节奏来协力完成碳排放强度目标。

5. 子行业结构优化与子行业能耗强度降速之间的关联关系

第二产业的能耗强度降幅目标是通过优化第二产业子行业内部结构以及降低子行业能耗强度综合完成。三者之间存在如下的数理牵制关系:

$$\begin{cases} e_{t2} = \dfrac{E_{t2}}{P_{t2}} = \dfrac{\sum\limits_{i=1}^{n} E_{t2i}}{P_{t2}} = \dfrac{\sum\limits_{i=1}^{n} P_{t2i} * e_{t2i}}{P_{t2}} = \dfrac{\sum\limits_{i=1}^{n} P_{t2} * s_{t2i} * e_{t2i}}{P_{t2}} = \sum\limits_{i=1}^{n} s_{t2i} * e_{t2i} \\ e_{02} * (1 - z_{t2}) = \sum\limits_{i=1}^{n} s_{t2i} * e_{02i} * (1 - z_{02i}) \end{cases} \tag{11}$$

其中，s_{2i} 表示第二产业内部的 i 子行业比重。(11)式显示，第二产业内部子行业之间统筹调整优化行业结构及各子行业能耗强度下降的综合效应应等于 $e_{02} * (1 - z_{t2})$。在优化内部子行业结构时，就工业而言，政策导向是相对提高装备制造、电子信息以及生物医疗等战略性产业比重，相对压缩消费品工业、原材料工业、采掘业、电热气水供应业等传统工业行业比重。如《工业绿色发展规划(2016—2020 年)》中规划到 2020 年，六大高耗能行业占工业增加值比重降低 2.8 个百分点。不过，为保障产业结构安全，传统产业比重也应严守底线不被突破。

四、工业控排放、调结构及促增长目标相容路径推演

(一)工业增速下滑底线的边界推演

沿袭第三章期望经济增速三种情景假设，即期望经济增速每 5 年下降 0.5%(情景 1 - 低)、每 10 年下降 0.5%(情景 2 - 中)、每 15 年下降 0.5%(情景 3 - 高)。为进一步测算第二产业增速的安全边界底线，将第一产业占比的安全底线降至 5%，下降节奏安排是，到 2020、2025、2035、2045 年第一产业占比分别降至 8%、7%、6%、5%；将第二产业占比的安全底线设定为 30%；将第三产业占比的空间上限提高到 65%。提升节奏安排是，到 2020、2025、2030、2035、2040、2045 年第三产业占比分别达到 56%、58%、60%、62%、64%、65%；2045 年后，三大产业结构比例保持 5%:30%:65% 的稳定均衡关系。由此根据(8)式可以推算出第二产业增速下滑的底线边界。推算结果见附表 4 - 6 和图 4 - 3。

推算结果显示，在情景 1 - 低 GDP 增速下，"十三五""十四五""十五五""十六五""十七五"期间要求第二产业增速的下滑底线分别是达到 3.9%、5.48%、4.73%、4.23%、3.74%；在情景 2 - 中 GDP 增速下，"十三五""十四五""十五五""十六五""十七五"期间要求第二产业增速的下滑底线分别是达到 3.9%、5.98%、5.22%、5.22%、4.73%；在情景 3 - 高 GDP 增速下，"十三五""十四五""十五五""十六五""十七五"期间要求第二产业增速的下滑底线分别是达到 3.9%、5.98%、5.72%、5.22%、5.22%。

第二产业增速底线

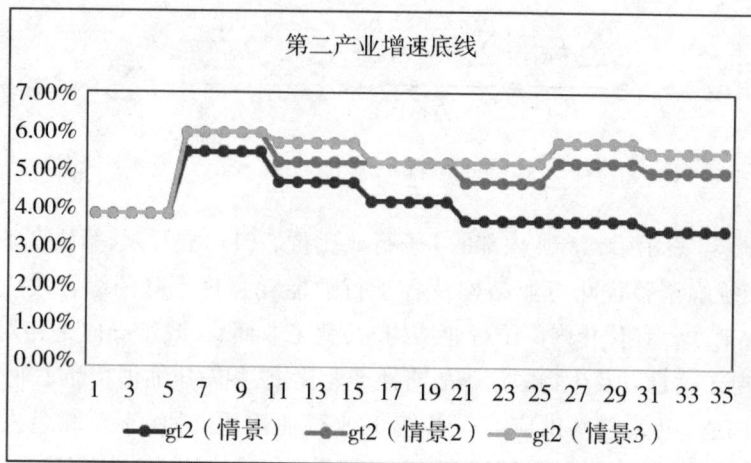

图 4-3　期望经济增速三种情景下第二产业增速的下滑底线边界

（二）碳排放总量和强度双控目标对第二产业增速的约束力推演

第二产业碳排放总量和碳排放强度规划目标对第二产业增加值增速的约束力分两个阶段分析：碳排放总量达峰之前，要求碳排放总量增速不增；碳排放总量达峰后，碳排放总量规模不增。第二产业碳排放总量达峰时间不晚于所有产业产生的碳排放总量达峰时间。第二产业碳排放强度降速不低于经济总体的碳排放强度降速安排。与经济总体第三章碳排放强度降速情景保持一致，相应地为要求相对较宽的情景（m_{t_2-1}）、中间情景（m_{t_2-2}）、相对较严的情景（m_{t_2-3}）。在宽情景 m_{t_2-1} 下，从"十三五"目标降幅起步，在"十三五""十四五""十五五""十六五"时期的碳排放强度累积降幅依次设定为 18%、21%、23.5%、22%，此后每隔一个五年规划的五年累积降幅按降低 2% 的速率递减；在中间情景 m_{t_2-2} 下，在"十三五""十四五""十五五""十六五"时期的碳排放强度累积降幅依次设定为 21.5%、23.5%、25.5%，此后每隔两个五年规划的五年累积降幅按降低 2% 的速率递减；在严格情景 m_{t_2-3} 下，从较前两种情景更快的降速起步，在"十三五""十四五""十五五""十六五"时期的碳排放强度累积降幅依次设定为 23.5%、25.5%、27.5%、25.5%，此后每隔三个五年规划的五年累积降幅按降低 2% 的速率递减。

那么，在第二产业碳排放总量达峰之前，就存在如下数理关系：

$$
\begin{cases}
\dfrac{C_{(t+1)2} - C_{t2}}{C_{t2}} \leq \dfrac{C_{t2} - C_{02}}{C_{02}} \\[3mm]
\dfrac{P_{t2} * (1 + g_{(t+1)2}) * CEI_{t2} * (1 - m_{(t+1)2})}{P_{t2} * CEI_{t2}} \leq \dfrac{P_{02} * (1 + g_{t2}) * CEI_{02} * (1 - m_{t2})}{P_{02} * CEI_{02}} \\[3mm]
(1 + g_{(t+1)2}) * (1 - m_{(t+1)2}) \leq (1 + g_{t2}) * (1 - m_{t2}) \\[3mm]
g_{(t+1)2} \leq \dfrac{1 - m_{t2}}{1 - m_{(t+1)2}} * g_{t2} + \dfrac{m_{(t+1)2} - m_{t2}}{1 - m_{(t+1)2}} \\[3mm]
t = 2015, 2016, \ldots 2030
\end{cases}
$$

（12）

根据（12）式，可以从 2015 年基准年第二产业增速开始，推算 2016—2030 年期间的第二产业增速上限。到 2030 年第二产业达峰之后，也即从 2031 年开始，就可以按照（9）式推算第二产业增速的上限值。2015 年第二产业增速为 6.2%。根据（9）和（12）式利用设定数据值，可推算到相应情景下的第二产业增速上限值。推算结果见附表 4 – 7。2015—2050 年的第二产业增速上限见图 4 – 4。

推演结果显示，在宽 m_{t_2-1} 情景下，"十三五""十四五""十五五""十六五""十七五"期间约束第二产业增速的上限边界分别是 6.2%、6.99%、7.68%、5.09%、4.56%；在中 m_{t_2-2} 情景下，"十三五""十四五""十五五""十六五""十七五"期间约束第二产业增速的上限边界分别是 6.2%、6.75%、7.31%、6.06%、5.5%；在严 m_{t_2-3} 情景下，"十三五""十四五""十五五""十六五""十七五"期间约束第二产业增速的上限边界分别是 6.2%、6.76%、7.34%、6.06%、6.06%。

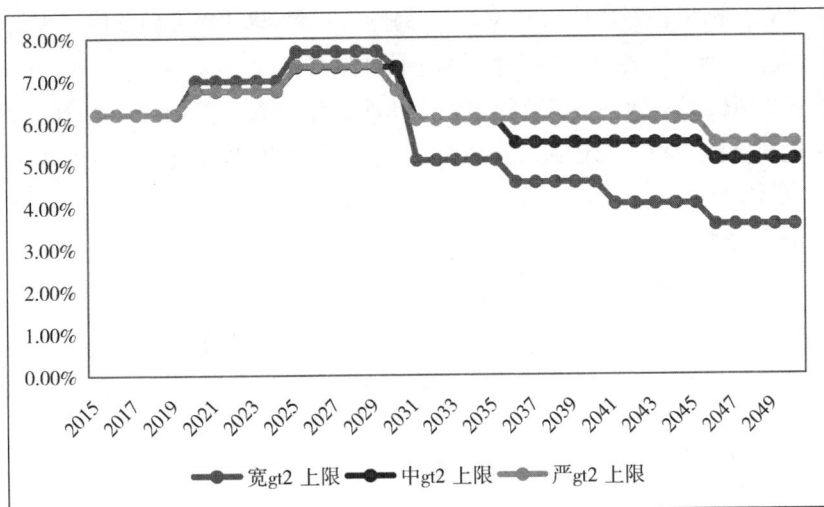

图 4 – 4 控碳排放目标约束下第二产业增速的上限边界

（三）能源消费总量和强度双控目标对第二产业增速的约束力推演

1. 目标界定与情境预设

首先，合理确定第二产业能源消费总量控制目标。2015年，第二产业中工业能源消费292275.96万吨标准煤，占能源消费总量（429905万吨标准煤）的68%；建筑业能源消费7696.41万吨标准煤，占能源消费总量的2%；第二产业合计消费能源299972.37万吨标准煤，占能源消费总量的70%。2000—2015年，第二产业能源消费占能源消费总量的比重平均为68%，总体上比较稳定。能源发展相关规划中制定的能源消费总量控制目标是，到2020年能源消费总量控制在50亿吨标准煤以内，到2030年能源消费总量控制在60亿吨标准煤以内，到2050年能源消费总量基本稳定。假设第二产业在增加值占GDP比重减少的过程中仍维持其2015年能源消费占比保持不变，那么第二产业的能源消费总量控制目标就相应为到2020年不超过35亿吨标准煤，到2030年不超过42亿吨标准煤，到2050年基本保持稳定。

其次，预设第二产业能耗强度降速情景。第二产业能耗强度在"十一五"和"十二五"期间分别累积下降了26.5%和18.2%。相关规划目标是，到2020年单位GDP的能耗强度下降15%；到2020年规模以上单位工业增加值能耗强度下降18%，到2025年较2015年累积下降34%。与第三章第二产业能耗强度降速情景预设保持一致，即：

情景1（快z_{t2}）："十三五"期间第二产业能耗强度累积降幅预设为22%，此后的五年规划目标累积降幅依次减少2个百分点，直到2060年之后依次减少1个百分点，以及到2085年之后保持五年累积下降1%的速度。

情景2（慢z_{t2}）："十三五"期间第二产业能耗强度累积降幅预设为18%，此后的五年规划目标累积降幅依次减少2个百分点，直到2050年之后依次减少1个百分点，以及到2075年之后保持五年累积下降1%的降速。

2. 数理模型分析

第二产业能源消费总量控制出现三个阶段：2015—2030年能源消费总量允许有限度的增加，但设定增量上限；2030—2050年能源消费总量允许上升，但未有明确的升幅界限；2050年后能源消费总量基本保持稳定，可视为达到能源消费总量峰值。

在第一个阶段情形下，存在如下的数理关系：

$$\begin{cases} E_{02} = e_{02} * P_{02} \\ E_{t2} = e_{t2} * P_{t2} \\ E_{02} * (1+\lambda_{t2}) = e_{02} * (1-z_{t2}) * P_{02} * (1+g_{t2}) \\ g_{t2} = \dfrac{\lambda_{t2} - z_{t2}}{1 - z_{t2}} \le \dfrac{\overline{\lambda}_{t2} - z_{t2}}{1 - z_{t2}} \end{cases} \tag{13}$$

其中,λ_{t2}是第二产业在考察期的能源消费增长率;$\overline{\lambda}_{t2}$是第二产业在考察期能源消费量增长率上限值。

在第二个阶段情形下,假定第二产业能源消费增速不增,则类似碳排放总量达峰之前的情形,那么存在如下数理关系:

$$\begin{cases} \dfrac{E_{(t+1)2} - E_{t2}}{E_{t2}} \le \dfrac{E_{t2} - E_{02}}{E_{02}} \\ \dfrac{P_{t2} * (1+g_{(t+1)2}) * e_{t2} * (1-z_{(t+1)2})}{P_{t2} * e_{t2}} \le \dfrac{P_{02} * (1+g_{t2}) * e_{02} * (1-z_{t2})}{P_{02} * e_{02}} \\ (1+g_{(t+1)2}) * (1-z_{(t+1)2}) \le (1+g_{t2}) * (1-z_{t2}) \\ g_{(t+1)2} \le \dfrac{1-z_{t2}}{1-z_{(t+1)2}} * g_{t2} + \dfrac{z_{(t+1)2} - z_{t2}}{1-z_{(t+1)2}} \\ t = 2031, 2032, \dots 2050 \end{cases} \tag{14}$$

在第三个阶段情形下,可以依据(10)式推算。

附表4-8是根据上述情景预设和数理模型模拟推演的计算结果。结果显示,在能源消费总量控制目标、第二产业能源消费量占能源消费总量比重不变、两种第二产业能耗强度降速节奏安排情形下,2016—2050年之间,第二产业只有通过负增长才能完成上述能源消费总量和强度控制目标。在第二产业能耗强度快速(慢速)下降情形下,在"十三五""十四五""十五五"期间,第二产业增速分别需负增长-1.8%(-0.79%)、-2.64%(-1.64%)、-2.13%(-1.17%)。而且,依据(8)式可知,整个国民经济GDP增速也将在第二产业增速下滑情势下顺势下落。根据(14)式和(8)式推演结果,"十三五"期间,GDP能保持不及2%的低速增长,但2020年后将转为负增长,"十四五""十五五"期间GDP将分别负增长-1.09%、-0.3%。这意味着,在能源消费总量和强度的双重目标控制下,中国经济规模很可能也被盖帽(CAP)了,这是中国政府需要警惕的规划误区。那反过来说,就意味着在确保期望GDP增速实现的情况下,现有的相关能源消费总量和能耗强度双控目标与经济增长目标不相容,没有给予确保期望GDP增速可能实现的增长路径。根据(13)式,第二产业能源消费总量控制目标越低,就会决定$\overline{\lambda}_{t2}$值越小,进而决定第二产业增速空间也越小。因此,适当调整现有的能源消费总量控制目标是必要的。

(四)碳排放强度、能耗强度控制与优化能源结构之间的协步关系

(10)式反映了碳排放强度、能耗强度与非化石能源比重之间的数理关系。加权碳排放因子是由化石能源内部结构以及各种化石能源的碳排放因子共同决定的。延续第三章化石能源内部结构演进节奏情景设定和初期能源消费分布均匀假设,结合上述第二产业碳排放强度、能耗强度降速情景设定,根据(10)式,可以演绎推算出六种情景组合对应下所要求的非化石能源消费占能源消费总量比重的提升节奏。附表 4-9 显示,比较 $\gamma_{12}-1$、$\gamma_{12}-3$、$\gamma_{12}-5$ 或者 $\gamma_{12}-2$、$\gamma_{12}-4$、$\gamma_{12}-6$ 可以看出,在确定第二产业能耗强度降速节奏的情景下,碳排放强度降速越快,则要求非化石能源消费比重提升速度越快;反之则反是。比较 $\gamma_{12}-1$、$\gamma_{12}-2$ 或 $\gamma_{12}-3$、$\gamma_{12}-4$ 或 $\gamma_{12}-5$、$\gamma_{12}-6$ 可以看出,在确定碳排放强度降速节奏的情境下,能耗强度降速越慢,则要求可再生(新)能源消费比重提升速度越快;反之则反是。进一步地,在既定碳排放强度降速目标情境下,更快地提升非化石能源比重,可以相对减轻能耗强度降速压力;如果更快地降低能耗强度,更快地提升非化石能源比重,则可更多地降低碳排放强度。

目前,中国非化石能源消费占比提升目标的相关规划是:《能源生产和消费革命战略(2016—2030)》规划到 2020 年非化石能源占能源消费总量比重达到 15%,到 2030 年非化石能源占能源消费总量比重达到 20% 左右,展望 2050 年非化石能源占比超过一半;《工业绿色发展规划(2016—2020 年)》计划到 2020 年,工业绿色低碳能源占工业能源消费量比重争取达到 15%。2015 年,中国非化石能源消费占比已达 12.1%。将附表 4-9 与相关规划目标和能源发展基础相对照,可以发现,2020 年前,$\gamma_{12}-1$(宽 m-快 z)、$\gamma_{12}-2$(宽 m-慢 z)、$\gamma_{12}-3$(中 m-快 z)、$\gamma_{12}-5$(快 m-快 z)对应的四种碳排放强度与能耗强度降速组合下,非化石能源发展毫无压力,现有的发展基础就能满足其要求;$\gamma_{12}-4$(中 m-慢 z)情景下,非化石能源发展压力较规划目标压力要小,到 2020 年达到 14.2% 即可满足碳排放强度中速下降与能耗强度慢速下降组合情景目标要求;$\gamma_{12}-6$(快 m-慢 z)情景下,非化石能源发展压力较规划目标压力要大,到 2020 年需达到 16.4% 才可满足碳排放强度快速下降与能耗强度慢速下降组合情景目标要求。如果非化石能源比重按照现有发展规划节奏提升,即到 2030 年提升到 20%,到 2050 年提升至 50%,可以满足 $\gamma_{12}-1$、$\gamma_{12}-2$、$\gamma_{12}-3$ 三种碳排放强度、能耗强度降速组合情景的要求,但满足不了 $\gamma_{12}-4$、$\gamma_{12}-5$、$\gamma_{12}-6$ 三种组合情景要求,后三种组合情景下要

求非化石能源占比较规划发展目标更快提升,到 2030 年分别要求提升至 27%、25.6% 及 32.6%,到 2050 年分别提升至 57.3%、55.7% 及 63.3%。

(五)子行业结构优化与子行业能耗强度降速压力的分解分析

(11)式揭示了第二产业能耗强度降速与子行业结构调整、子行业能耗强度降速之间的内在联系。根据工业能源消费的行业结构分析和工业分行业的能耗强度演变分析可以知道,原材料工业和电热气水生产供应业的能耗强度较高,能源消费占比也较高,因而是第二产业未来节能减排的重点领域。根据相关规划政策导向,装备制造、医药、废弃资源综合利用等产业属于战略支持产业,原材料工业、采掘业、消费品工业、电热气水生产供应业属于传统产业。综合考虑能耗强度排序、能源消费占比、政策导向,将装备制造、消费品工业中的医药产业、原材料工业中的废弃资源综合利用等产业归类为战略支持产业。为便于分析产业结构调整问题,将第二产业分为建筑业、战略支持产业、消费品工业(不含医药)、采掘业、电热气水生产供应业、原材料工业(不含废弃资源综合利用)。2015 年,上述六大类产业的能源消费量占第二产业能源消费总量的比重依次为 2.57%、7.22%、10.75%、6.31%、9.37%、63.8%;六大产业的增加值占第二产业增加值的比重依次为 13.8%、31.1%、22.1%、7.7%、5.1%、20.4%;六大产业的能耗强度依次为 0.219 吨标准煤/万元、0.274 吨标准煤/万元、0.574 吨标准煤/万元、0.970 吨标准煤/万元、2.184 吨标准煤/万元、3.690 吨标准煤/万元;六大产业的能耗强度 2015 年较 2010 年下降的幅度分别为 −2.8%、−28.6%、−14.4%、−24%、−4.85%、−14.4%。

(11)式可知,第二产业能耗强度降速由其子产业结构调整与子产业能耗强度下降综合形成,其中一个子产业的结构变化和能耗强度变化必然牵动其他子产业的结构和能耗强度变化。在理论上,存在非常多的演变组合。为简化分析,再考虑到原材料工业和电热气水生产供应业能耗强度高、能源消费占比高,是第二产业未来节能减排的工作重点,因而本章在设定第二产业子产业结构调整情景以及前四大类子产业能耗强度降速基础上,倒推原材料工业和电热气水生产供应业的能耗强度降速要求。

考虑到建筑业相关产业的限制导向,预设建筑业增加值占第二产业增加值比重每年压缩 0.1%,降至 9% 则保持稳定;考虑到消费品工业属于传统产业,以及满足消费者生活水平的需要,消费品工业增加值占第二产业增加值比重每年也压缩 0.1%,降至 19% 则保持稳定;考虑到保存保留资源能源的政策导向以及产业安全的需要,采掘业增加值占比每年也下降 0.1%,降至 3.5% 则保持稳定;考虑到基本生活需要,电热气水生产供应业占比每年下降 0.1%,降至 3.5% 则保持稳定;考虑到《工业绿色发展规划(2016—2020 年)》计划将六大高耗能行业(主要是原材料工业)占工业增加值比重在"十三五"期间减少 2.8 个百分点,预设原材料工业增加值比重"十三五"期间每年下降 0.4%,"十四五"期间每年下降 0.3%,"十五五"期间每年下降 0.2%,此后每年下降 0.1%,降至 15% 则保持稳定。上述产业腾出的结构空间由战略支持产业填补。

在能耗强度降速方面,第二产业能耗强度降速情景延续上述快和慢两种情景预设。考虑到战略支持产业"十二五"期间能耗强度下降了 28.6%,降速较快,因此预设战略支持产业能耗强度降速较第二产业能耗强度平均降速快,在快速下降情景下,战略支持产业能耗强度"十三五"期间下降 26%,此后每五年降幅降低 2 个百分点,2080 年后每五年下降 1%;在慢速下降情景下,战略支持产业能耗强度"十三五"期间下降 24%,此后每五年降幅降低 2 个百分点,2075 年后每五年下降 1%。综合考虑建筑业、采掘业、消费品工业的能耗强度、降速及能源消费比重,预设这三大产业的能耗强度降速与第二产业能耗强度平均降速保持一致。

考虑到原材料工业和电热气水生产供应业能耗强度高、能源消费比重高,节能减排空间大,预设这两大产业的能耗强度降速一致。那么在上述子产业结构调整和能耗强度最低四大门类产业的能耗强度降速情景预设下,依据(11)式可以推算出原材料工业和电热气水生产供应业的能耗强度降速要求。附表 4 - 10 是推算结果。

附表 4 - 10 显示,在第二产业能耗强度快速下降情景下,原材料工业和电热气水生产供应业能耗强度到 2020、2025、2030、2035、2040、2045、2050 年的累积降幅分别需达到 13.2%、23.7%、32.4%、40.9%、47.6%、53.3%、57.6%;在第二产业能耗强度慢速下降情景下,原材料工业和电热气水生产供应业能耗强度到 2020、2025、2030、2035、2040、2045、2050 年的累积降幅分别需达到 8.6%、17.6%、25.2%、33.1%、39.2%、44.7%、48.7%。可见,上述情景预设中,通过降低原材料工业和电热气水生产供应业增加值比重以及战略支持产业较平均降速更快的下降速度,减轻了两大类耗能产业的能耗强度下降压力。(11)式可以看出,当某个子产业能耗强度降速低于第二产业能耗强度平均降速时,需要依靠其他产业能耗强度的更快下降来补充;通过降低高能耗强度子产业比重增加低能耗强度子产业比重,可以减轻各产业能耗强度下降压力。

"十二五"期间,原材料工业能耗强度下降了 14.4%,电热气水能耗强度仅下降了 4.85%,与推算结果对比,原材料工业目前的能耗强度下降势头大体能满足推算结果的降速要求;而电热气水生产供应业能耗强度降速偏低,需要加强该产业的节能减排工作。

还可作进一步的一般性数理分析。将(11)式代入初始值,得到:

$$
\begin{cases}
1.178*(1-z_{t2}) = s_{t21}*0.219*(1-z_{t21}) + s_{t22}*0.274*(1-z_{t22}) + s_{t23}*0.574*(1-z_{t23}) \\
\quad + s_{t24}*0.970*(1-z_{t24}) + s_{t25}*2.184*(1-z_{t21}) + s_{t26}*3.690*(1-z_{t26}) \\
1 = s_{t21}*0.186*\dfrac{1-z_{t21}}{1-z_{t2}} + s_{t22}*0.233*\dfrac{1-z_{t22}}{1-z_{t2}} + s_{t23}*0.487*\dfrac{1-z_{t23}}{1-z_{t2}} + \\
\quad s_{t24}*0.823*\dfrac{1-z_{t24}}{1-z_{t2}} + s_{t25}*1.854*\dfrac{1-z_{t25}}{1-z_{t2}} + s_{t26}*3.132*\dfrac{1-z_{t26}}{1-z_{t2}}
\end{cases}
$$

$$(15)$$

作一般性讨论,假定其中第 k 产业属于政策支持产业,在结构调整优化过程中其比重将上调;其他 i 产业属于传统产业,在结构调整优化过程中其比重将下调。那么,第 i 产业占比下调 $\mathit{\Psi}$ 的份额,腾出空间由第 k 产业填补,其他产业占比不变,再假定除 i 产业外的其他产业能耗强度降速与第二产业能耗强度平均降速一致,则依据第(11)式和(15)式可推导出第 i 产业能耗强度降速的压力为:

$$
z_{t2i} = z_{t2} - \psi*(1-z_{t2})*\frac{e_{02i}-e_{02k}}{(s_{02i}-\psi)*e_{02i}} \quad k=2; i=1,3,4,5,6 \tag{16}
$$

如果第 i 产业初始能耗强度高于第 k 产业能耗强度,且第二产业能耗强度降幅一般都小于 1,则根据(16)式可知,第 i 产业能耗强度降速可以较第二产业能耗强度平均降速低,压力减轻幅度为 $\psi*(1-z_{t2})*\dfrac{e_{02i}-e_{02k}}{(s_{02i}-\psi)*e_{02i}}$。

本章中第 k 产业是战略支持产业,考虑将其他产业腾退空间由第 k 产业填补。现考虑 i 产业下调 1 个百分点,则将初始数据代入(16)式,可推算出:

$$
\begin{cases}
z_{t21} = 0.98*z_{t2} + 0.02 \\
z_{t23} = 1.0248*z_{t2} - 0.0248 \\
z_{t24} = 1.1077*z_{t2} - 0.1077 \\
z_{t25} = 1.2159*z_{t2} - 0.2159 \\
z_{t26} = 1.04782*z_{t2} - 0.04782
\end{cases}
$$

$$(17)$$

第二产业结构调整的降碳正效应的取得,是通过降低能耗强度相对较高产业增加值比重,提高能耗强度相对较低的子产业增加值比重。由于建筑业能耗强度相对较低,降低建筑业增加值比重并不能产生降碳正效应。(17)式揭示,当其他产业能耗强度降速与第二产业能耗强度平均降速一致时,其他产业增加值比重降低 1 个百分点,而提高战略支持产业增加值比重 1 个百分点时,被压缩产业能耗强度降速与第二产业能耗强度平均降速之间的关系。相比之下,消费品工业、采掘业、电热气水、原材料工业在腾出市场空间后,其能耗强度降速压力相对减缓。

类似地,假设除战略支持产业外的其他产业能耗强度以第二产业能耗强度平均降速下降,被压缩产业 i 的比重 $\varPsi$ 的份额,战略支持产业则提升 $\varPsi$ 的份额,其他产业占比保持不变,则 $\varPsi$ 与战略支持产业能耗强度降速之间的关系为:

$$\psi = \frac{s_{02i}}{\dfrac{(\dfrac{e_{02i}}{e_{02k}}-1)*(1-z_{t2})}{z_{t2}-z_{t2k}}-1}$$

(18)

(18)式揭示,如果战略支持产业能耗强度降速较快,则被压缩产业的份额下调幅度可以相对较少;反之,如果战略支持产业能耗强度降速较慢,则要求第二产业结构调整的力度更大,下调被压缩产业的市场份额更重。由于装备制造业能耗强度已经较低,如果其能耗强度下降边际难度越来越大,则只能更多地下调原材料、电热气水、采掘业等能耗强度相对偏高的产业比重来协同实现能耗控制目标。

五、主要研究发现与政策建议

(一)主要发现

工业发展的总体态势是总量增长,增速下滑,比重下降。其中,采掘业由快速增长转为负增长,原材料工业由中高速增长转为低速增长甚至负增长,消费品工业除了医药行业仍保持较快增速外其他均由高速或中高速增长转为中速或低速增长,电热气水生产供应业中燃气增速较快、电热水增速下降但变中有稳,装备制造业较上述门类增速更快、更稳,降速后反弹也迅速。工业行业内部结构总体稳定,其中装备制造业比重上升约 3 个百分点,原材料工业上升约 2 个百分点,电热气水生产供应业基本稳定,消费品工业比重下降约 3 个百分点,采掘业比重下降约 2 个百分点。

工业能源消费增速减缓,能耗强度持续下降,能源消费行业集中度高。相对较低的工业能源消费增速支撑了相对较高的工业增加值增速,工业能源消费量占能源消费总量比重先降后升总体稳定,大体在 62% ~70% 变动。工业能耗强度持续下降,但仍然远高于农林牧渔及服务业能耗强度,因而仍是节能减排工作重点。工业能源消费行业集中度较高,主要是黑色金属、化学原料、非金属矿物、石油加工、有色金属等原材料工业和电热生产供应业,能源消费量约占工业能源消费的

3/4。

工业分行业能耗强度方面，原材料工业、电热气水生产供应业、化学纤维制造业能耗强度偏高，下降空间相对较大；化学原料及制品、有色金属冶炼业、电热水生产供应业能耗强度降幅偏低，石油加工、皮革皮毛、文教体育、家具制造、农副食品等行业能耗强度不降反升，节能减排有待加强；采掘业、装备制造业能耗强度降幅明显，装备制造业能效最高。

工业碳排放持续增长，2011 年后增速放缓，2015 年首次负增长，随后年份增减变化尚待观察。工业碳排放强度 2005 年后持续下降，"十一五""十二五"分别年均下降 5.9%、5.4%，节能减排工作及碳强度控制机制成效显著。

工业增速下滑原因错综复杂。国民经济发展规划总体导向存在去工业化倾向，去产能、去库存、去杠杆、企业疏解、环境执法等短期环境和金融风险化解措施带来短期冲击、不合理的产业结构、不完善的所有制结构、技术创新体制机制障碍、劳动力土地环境税费推高生产成本、约束性气候环境政策、"走出去"导向下的资本分流、转型升级过程中面临美国等发达国家的围剿打压、中低端产业面临其他发展中国家的同质竞争等中长期影响因素，再与国际市场萎靡经济衰退等周期性因素叠加，对中国工业增长分别形成切、割、阻、分、拉、堵、围、扰等各种负向力，共同引致中国工业增速急转直下。

控排放势在必行，调结构是必然途径，促增长不可废弃，守底线确保安全，探索多元目标均衡相容的发展路径摆在面前无可回避。工业控排放、调结构与促增长之间相容的状态是，在守住传统工业行业比重底线的前提下相对提高装备制造等战略支持产业比重，在能源资源禀赋与供应能力许可的条件下优化工业能源消费结构，在守住工业增速必要底线和工业增加值占 GDP 比重必要底线的前提下，再在提升节能减排低碳环保技术降低能耗强度的配合下，完成既定能耗强度控制目标、碳排放强度控制目标及碳排放总量控制目标。

为确保期望 GDP 增速完成，第二产业增速需要守住底线。在情景 1 - 低 GDP 增速下，"十三五""十四五""十五五""十六五""十七五"期间要求第二产业增速的下滑底线分别是达到 3.9%、5.48%、4.73%、4.23%、3.74%；在情景 2 - 中 GDP 增速下，"十三五""十四五""十五五""十六五""十七五"期间要求第二产业增速的下滑底线分别是达到 3.9%、5.98%、5.22%、5.22%、4.73%；在情景 3 - 高 GDP 增速下，"十三五""十四五""十五五""十六五""十七五"期间要求第二产业增速的下滑底线分别是达到 3.9%、5.98%、5.72%、5.22%、5.22%。

为完成规划碳排放强度和总量控制目标，第二产业增速上限有边界。在宽m_{t_2-1}情景下，"十三五""十四五""十五五""十六五""十七五"期间约束第二产业增速的上限边界分别是 6.2%、6.99%、7.68%、5.09%、4.56%；在中 m_{t_2-1} 情景下，"十三五""十四五""十五五""十六五""十七五"期间约束第二产业增速的上限边界分别是 6.2%、6.75%、7.31%、6.06%、5.5%；在严 m_{t_2-1} 情景下，"十三五""十四五""十五五""十六五""十七五"期间约束第二产业增速的上限边界分别是 6.2%、6.76%、7.34%、6.06%、6.06%。与保增长的第二产业增速下滑底线相对照，经济增长目标与控碳排放目标协同实现的相容发展路径极窄，绿色低碳满意增长的难度极大。

为实现规划能源消费总量和能耗强度控制目标，需要牺牲第二产业增速来完成，GDP 可能存在盖帽风险。在第二产业能耗强度快速（慢速）下降情形下，"十三五""十四五""十五五"期间第二产业增速分别需负增长 −1.8%（−0.79%）、−2.64%（−1.64%）、−2.13%（−1.17%）。"十三五"期间 GDP 不及 2% 的低速增长，"十四五""十五五"将负增长 −1.09%、−0.3%，意味着能源消费总量和强度双重目标控制下中国经济存在盖帽（CAP）风险，是中国政府需要警惕的规划误区，也意味着在确保期望 GDP 增速实现的情况下能源消费总量和强度组合控制目标与经济增长目标不相容。

在碳排放强度、能耗强度、清洁能源比重之间存在协同关系。在确定第二产业能耗强度降速节奏的情景下，碳排放强度降速越快，则要求非化石能源消费比重提升速度越快，反之则反之；在确定碳排放强度降速节奏的情境下，能耗强度降速越慢，则要求可再生（新）能源消费比重提升速度越快，反之则反之；在既定碳排放强度降速目标情况下，更快地提升非化石能源比重，可以相对减轻能耗强度降速压力；如果更快地降低能耗强度更快地提升非化石能源比重，可以更多地降低碳排放强度。

与清洁能源发展相关规划和发展基础相对照，2020 年前 $\gamma_{t_2}-1$（宽 m−快 z）、$\gamma_{t_2}-2$（宽 n−慢 z）、$\gamma_{t_2}-3$（中 m−快 z）、$\gamma_{t_2}-5$（快 m−快 z）等四种碳排放强度与能耗强度降速组合下现有能源发展基础就能满足其需求；$\gamma_{t_2}-4$（中 m−慢 z）情景下非化石能源发展压力较规划目标压力要小，$\gamma_{t_2}-6$（快 m−慢 z）情景下非化石能源发展压力较规划目标压力略大。到 2030 年和 2050 年可以满足 $\gamma_{t_2}-1$、$\gamma_{t_2}-2$、$\gamma_{t_2}-3$ 三种碳排放强度、能耗强度降速组合情景的要求，但满足不了 $\gamma_{t_2}-4$、$\gamma_{t_2}-5$、$\gamma_{t_2}-6$ 三种组合情景要求，后三种组合情景下要求非化石能源占比较规划发展目标更快提升，到 2030 年分别要求提升至 27%、25.6% 及 32.6%，到 2050 年分别提升至 57.3%、55.7% 及 63.3%。

第二产业子行业结构调整和能耗强度下降存在协同关系。第二产业能耗强度降速降幅是其子行业比例结构及能耗强度下降综合形成，在既定节奏情形下,其中某个子行业的比重变化和能耗强度降速变化均引起其他子行业和能耗强度降速降幅变化。在设定子产业结构调整情景及前四大门类子产业能耗强度降速基础上,倒推原材料工业和电热气水生产供应业的能耗强度降速要求。推演结果显示,在第二产业能耗强度快速下降情景下,原材料工业和电热气水生产供应业能耗强度到 2020、2025、2030、2035、2040、2045、2050 年的累积降幅分别需要达到 13.2%、23.7%、32.4%、40.9%、47.6%、53.3%、57.6%;在第二产业能耗强度慢速下降情景下,原材料工业和电热气水生产供应业能耗强度到 2020、2025、2030、2035、2040、2045、2050 年的累积降幅分别需要达到 8.6%、17.6%、25.2%、33.1%、39.2%、44.7%、48.7%。与推算结果对比,原材料工业目前能耗强度下降势头大体能满足推算结果要求,电热气水生产供应业目前趋势难以满足要求,需要强化节能减排。与平均降速比较,消费品工业、采掘业、电热气水、原材料工业在腾出市场空间后其能耗强度降速压力相对减缓;战略支持产业能耗强度降速越快,则子产业结构调整压力越小,反之则子产业结构调整压力越大。

(二)政策建议

第一,刷新绿色发展、低碳发展的理念是必要的,但是,在工业增速急转直下存在失速甚至负增长的情形下,经济与环境、经济与气候矛盾的主要方面至少短期性聚焦在经济增长、工业增长方面。没有绿色、没有低碳的增长是不可持续的,而没有增长的绿色、低碳也是不可持续的,两方面是辩证统一的。保增速、守底线,是工业增速急转直下所面临的寻求新的均衡的现实需要。守底线包含几方面含义:一是守住工业增速底线,二是守住工业占比底线,三是守住工业子行业占比底线。

第二,黑色金属、化学原料、非金属矿物、石油加工、有色金属等原材料工业、电热生产供应业及化学纤维制造业能源消费比重和能耗强度较高,节能潜力空间较大,未来应列为工业节能减排工作攻坚领域。化学原料及制品、有色金属冶炼业、石油加工、皮革皮毛、文教体育、家具制造、农副食品等行业节能减排有待加强。

第三,审视调整能源消费总量控制目标规划,避免中国经济增长规模盖帽风险。推演结果显示,在预设经济能源情景下,目前的能源消费总量控制目标与期望经济增速目标之间没有相容发展路径选择,需要工业甚至 GDP 负增长来实现,是不可接受的。因此,在诸多环境气候约束性指标中,能源消费总量控制指标需要考虑放松或放弃。

第四，在碳排放强度、能耗强度及非化石能源比重之间建立起调谐机制。在年终计算碳排放强度降幅、能耗强度降幅及非化石能源占比基础上，审慎评估三方面推进进度。如果由于低碳环保技术研发应用跟不上致使能耗强度降速缓慢，则需要考虑加快发展非化石能源，通过提升非化石能源比重来完成控碳目标；如果由于非化石能源发展缓慢致使非化石能源比重提不上去，则需要考虑强化节能减排力度来完成控碳目标；如果两方面都存在较大障碍，则需要考虑适当下调控碳目标，否则只能牺牲经济正常增速来完成控碳目标。

第五，在第二产业子行业结构调整与能耗强度下降之间考虑建立调谐机制。在年终计算子行业能耗强度降速基础上，审慎评估行业结构调整和行业能耗强度下降态势。如果战略支持产业能耗强度降速较慢，则需要加大结构调整力度，更大幅度下调原材料、电热气水、采掘业等行业市场份额。

第六，工业增速与 GDP 增速之间存在连锁牵制关系。完成期望经济增长目标要求工业增速下滑严守底线。工业增速与控碳目标之间也存在相互制衡关系。完成控碳目标要求工业增速有上限边界。推演结果显示，工业增速上限边界和下限边界之间的通道极窄，这是经济、工业增长目标与控碳目标相容的发展路径。倒逼模式下的绿色低碳增长极其艰难。在此形势下，国内外、短中长期及周期性不利因素对工业增长产生切、割、阻、分、拉、堵、围、扰等各种负向力，致使工业增速急转直下。为此，需要中国政府调动各种财税金融行政手段，对工业增长形成降、减、疏、培、扶、助等各种正向力，呵护工业保持满意增速发展，保障在保增长下滑底线上方运行。

第七，审慎调整目前国民经济发展规划片面提升第三产业比重导向，客观上存在去工业化的倾向。当前，北京、上海、深圳等中心城市大批量将产生污染排放的工业企业向其他地区疏解疏散，地方省会城市向下级城市疏解疏散，城市向农村疏解疏散，短期内明显改善大气环境。不过需要反思的是，通过行政手段疏解疏散污染企业的做法是否只是将污染排放在全国范围内不同地域的空间腾挪？如果全国范围内污染企业均采取疏解疏散的做法，结果只能是走去工业化的道路，只能是将污染排放企业和产业逐步有意无意地向其他发展中国家转移，是不是会造成产业空心化的后果？因此，大力发展低碳环保技术和产业依靠低碳环保技术减碳降污才是治本之策。

第八，从能源消费侧看，以分行业能耗强度数据为依据，以三产能耗强度（0.371 吨标准煤/万元）为标准，2015 年能耗强度低于三产能耗强度的工业子行业包括通用设备、专用设备、电气机械及器材、交通运输设备、通信设备计算机、仪器仪表等装备制造业（0.264 吨标准煤/万元），酒饮料制茶、文教工美体育、印刷、家具、皮革毛皮羽毛、纺织服装服饰等消费品业,及废弃资源综合利用业。即使对那些为完成节能减排任务存在提高三产比重偏好的地区而言,支持上述产业发展的优先顺序不应置于三产之后,甚至可以将装备制造业发展优先顺序置于服务业之前。①

---

① 当然,各地区可以将本地区全部行业进行能耗强度排序,对本地区能耗强度低于第三产业(服务业)能耗强度的工业行业,给予与服务业同等程度的重视,而非简单在去工业化规划倾向下被迫疏解迁出。再考虑环境污染侧,则可以纳入大气、水、固体废弃物等环境污染物排放强度指标进行综合排序,选出各项指标均不低于服务业的工业子行业名单,给予服务业同等待遇,促进产业间均衡发展。

第五章　中山市碳排放达峰与经济增长相容路径案例研究

2017 年,广东省中山市入选国家发改委第三批国家低碳城市试点,确定到 2023—2025 年实现碳排放达峰。作为第三批国家低碳试点城市,肩负着实现碳排放峰值目标、控制碳排放总量、探索低碳发展模式、践行低碳发展路径的使命。那么,未来几年,中山市如何既保障在实现预期经济增速的同时实现碳排放峰值目标,又保障在实现碳排放峰值目标的同时实现预期经济增长,协同实现两元目标而避免低碳与发展目标两不相容的局面出现,努力探索增长与低碳目标相容路径就是中山市摆在面前的现实考题。

一、中山市经济、能耗、碳排放及绿色低碳发展政策概况[①]

广东省中山市,古称香山,人杰地灵,名人辈出,是一代伟人孙中山先生的故乡。位于珠江三角洲中南部,珠江口西岸,北连广州,毗邻港澳,总面积 1783.67 平方公里,常住人口 314.23 万,旅居世界各地海外华侨和港澳台同胞 80 多万人,连续多年保持广东省第五的经济总量。中山是一座社会和谐、经济兴旺、环境优美、民生幸福的现代化城市。[②]

（一）中山市经济发展规模、增速、结构及效益

附表 5 - 1、图 5 - 1、图 5 - 2、图 5 - 3、图 5 - 4 是 1983—2018 年 26 年间中山市

---

① 本章数据获得和政策信息综合参考了《广东省"十三五"控制温室气体排放工作实施方案》《广东省国民经济和社会发展第十三个五年规划纲要》《广东省能源发展"十三五"规划》《广东省应对气候变化"十三五"规划》《广东省生态文明建设"十三五"规划》《中山市国民经济和社会发展第十三个五年规划纲要》《中山市能源发展"十三五"规划》《中山市生态建设与环境保护"十三五"规划》《中山市生态文明建设规划（修编）（2018—2030）》《中山统计年鉴（2002—2018）》等资料。

② 中山市人民政府.中山市经济社会发展情况简介［EB/OL］.中山市政府办公室,2019 - 02 - 10.

名义地区生产总值、三大产业及工业增加值的演变趋势图。2018 年,中山市名义地区生产总值、第一产业、第二产业、第三产业及工业增加值分别达到 3632.7 亿元、61.59 亿元、1780.23 亿元、1790.88 亿元、1659.33 亿元;实际地区生产总值、第一产业、第二产业、第三产业及工业增加值(2010 年 = 100)分别达到 3067.92 亿元、52.01 亿元、1503.45 亿元、1512.45 亿元、1431.75 亿元,分别是 1983 年实际值的 56.2 倍、2.8 倍、73.7 倍、98.1 倍、19.0 倍。2018 年,第三产业名义和实际增加值首次超过第二产业名义和实际增加值。

从增速情况看,1990—2011 年,除了 1994—1996、2008 年等少数年份外,中山市实际地区生产总值保持了近 20 年的高速增长,年均增速达到了 15%。2012 年后,增速便急转直下,2012—2018 年地区生产总值增速分别只有 9.0%、6.8%、4.1%、5.7%、4.4%、3.9%、4.4%。1983—2018 年,第一产业增加值总体上中低速增长甚至负增长。1984—2010 年,除了 1987、1989、1995、2008 年等少数年份外,中山市第二产业保持了 20 多年的高速增长,年均增长 16%。同期,除了 1985、1987—1989、1995、2008—2009 年等特殊年份外,中山市工业增加值也保持了约 20 年的高速增长,年均增速达到 16.2%。2011—2018 年中,中山市第二产业增加值增速逐年下滑,分别只有 8.6%、8.3%、6.8%、3.9%、3.7%、1.0%、− 1.8%、1.8%;同期中山市工业增加值增速也分别只有 8.6%、8.5%、7.2%、4.0%、3.8%、0.9%、− 2.3%、1.4%;期间中山市第二产业、工业增速单边下滑态势明显,2017 年首次出现负增长,2018 年略有反弹,跌速跌势是否企稳尚待后续年份观察。1983—2012 年,除了 1989、1995—1996 年外,中山市第三产业保持了 20 多年的快速增长,年均增长了 15.3%。2013—2018 年,第三产业增速有所放缓,依次增长了 7.1%、4.7%、8.8%、9.0%、11.4%、7.1%,仍然保持了中速增长势头,以至于 2018 年取代第二产业成为中山市居首位的产业,成为拉动地区生产总值增长的主要动力来源。

从结构演变看,图 5 - 4 显示,第一产业比重持续快速下降,由 1983 年的 34.4% 降至 2017 年的 1.6%,继续下降空间有限;第二产业比重 2004 年以前持续上升,2004 年最高达到 61.6%,此后逐步下降,降至 2018 年的 49%;工业增加值占比同步于 2004 年最高升至 58%,随后降至 2018 年的 46.7%;第三产业占比在 1983—1995 年由 28.3% 升至 42.7%,1996—2004 年回落至 34.3%,2005 年稳步回升,升至 2018 年的 49.3%,超过第二产业比重。

总之,中山市地区生产总值由此前的高速增长转为中低速增长,第二产业(工业)由此前的高速增长转为低速增长甚至面临负增长风险,第三产业仍然保持中速增势,二产和三产大致相当,但三产首次超过二产规模,一产增速不稳,比重持续下降,现已微不足道。

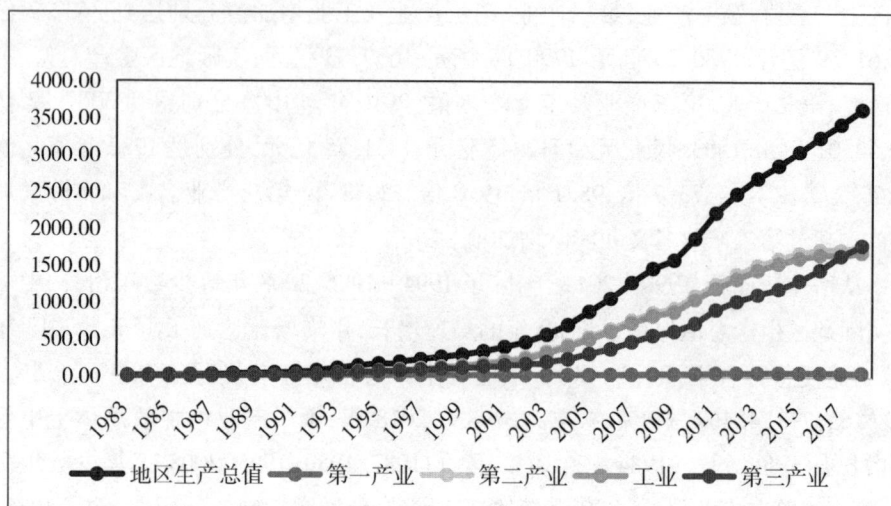

图 5 - 1　中山市名义地区生产总值、三大产业及工业增加值增长趋势图

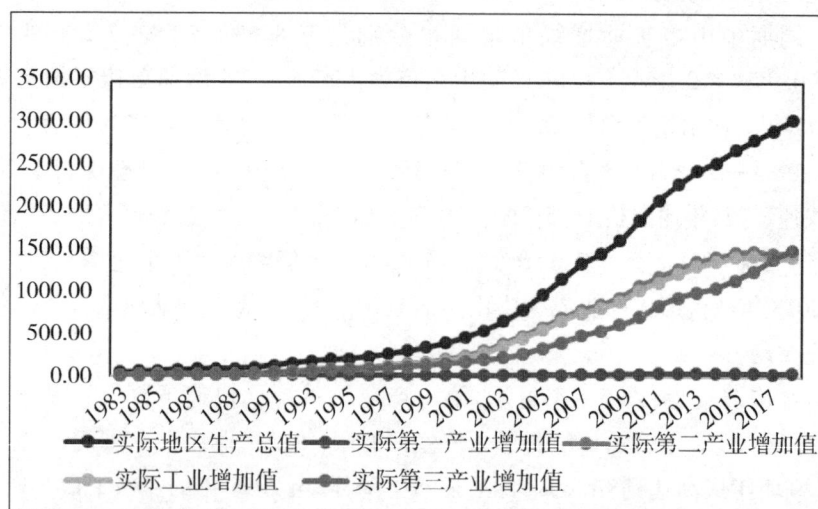

图 5 - 2　实际地区生产总值、实际产业增加值、实际工业增加值增长趋势图

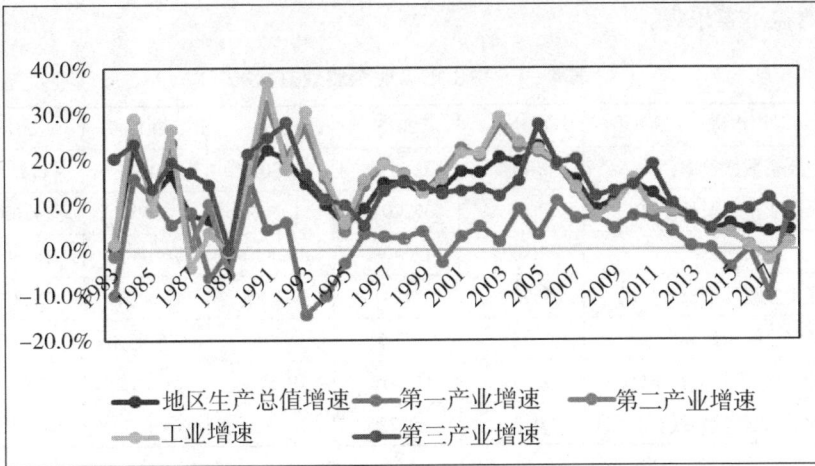

图 5-3　中山市地区生产总值、三大产业及工业增加值增速趋势图

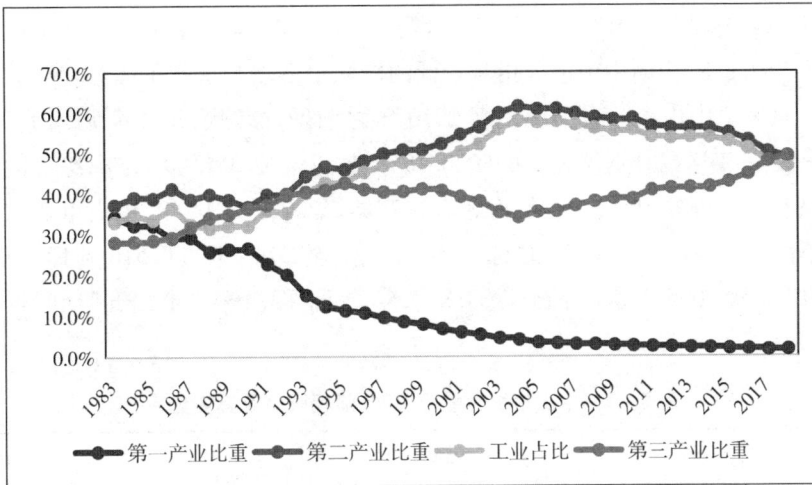

图 5-4　三大产业、工业增加值占地区生产总值比重演变趋势图

再分析中山市工业经济效益状况。表 5-1 显示,2014—2018 年,中山市企业个数增长缓慢,并有趋缓趋势;亏损企业个数增长较快,2014、2015、2017、2018 年亏损企业个数增长率分别达到 23.4%、37.2%、25.6%、24.6%;亏损面较大,并有扩散趋势,2014—2018 年亏损面分别达到 12.62%、15.4%、13.82%、16.04%、16.3%,6~8 家工业企业中出现 1 家亏损;主营业务收入增长趋缓;亏损企业亏损额上升,2017 年升幅较大;成本费用利润率趋降。从这些指标看,中山市工业企业经济效益不容乐观。

表5－1 中山市工业企业效益状况

指标	2014	2015	2016	2017	2018
企业个数增长率(%)	0.40%	0.21%	0.30%	0.13%	0.28%
亏损企业个数增长率(%)	23.40%	37.20%	1.50%	25.60%	24.60%
亏损面(%)	12.62%	15.40%	13.82%	16.04%	16.30%
主营业务收入增长率(%)	5.98%	1%	6.80%	4.60%	2.90%
利润总额增长率(%)	7.03%	5.20%	7%	－6.40%	－0.90%
亏损企业亏损额增长率(%)	4.60%	11.80%	19.50%	61.10%	3.70%
成本费用利润率增减(百分点)	0.07	0.22	0	－0.7	－0.2

(二)中山市综合能源消费、能耗强度及品种结构

表5－2反映了中山市2005—2017年综合能源消费量、能耗强度及其变化率情况。其中，中山市综合能源消费由2005年的769.9万吨标准煤增至2017年的1517.1万吨标准煤，2017年较2005年增长了97.1%，同期中山市地区生产总值增长了287.3%，表明中山市以相对较低的能源消费增长支撑了相对较高的经济增长。总体上中山市综合能源消费2010年之前增加较快，2011年后增速趋缓，2013—2017年增幅分别仅有2.64%、0.15%、1.57%、0.35%、0.05%，综合能源消费总量有趋稳迹象，当然后续年份还有待观察。2005—2017年，中山市能耗强度逐年下降，由2005年的0.78吨标准煤/万元降至2017年的0.516吨标准煤/万元，2017年较2005年累积下降了33.8%，年均下降3.4%，"十二五"期间累积下降了18%。

表5－2 中山市综合能源消费、能耗强度及其变化率

年份	综合能耗(万吨标准煤)	能耗强度(吨标准煤/万元)	能耗强度降幅	综合能源消费量增长率
2005	769.9	0.780	——	——
2006	879.3	0.751	－3.72%	14.21%
2007	995.3	0.736	－2.05%	13.20%
2008	1054.9	0.716	－2.64%	5.98%
2009	1141.8	0.699	－2.47%	8.24%
2010	1277.0	0.680	－2.65%	11.84%
2011	1373.3	0.650	－4.41%	7.55%
2012	1447.3	0.628	－3.33%	5.38%

年份	综合能耗 （万吨标准煤）	能耗强度 （吨标准煤/万元）	能耗强度降幅	综合能源消 费量增长率
2013	1485.5	0.604	-3.87%	2.64%
2014	1487.7	0.581	-3.83%	0.15%
2015	1511.0	0.558	-3.91%	1.57%
2016	1516.2	0.536	-3.89%	0.35%
2017	1517.1	0.516	-3.73%	0.05%

数据说明：由于从历年《中山统计年鉴》和相关规划中收集的部分数据相互之间存在矛盾，依据低碳转型工作促进能耗强度合理下降的逻辑对部分综合能耗数据进行了调整，也相应调整了部分能耗强度数据。

中山市综合能源消费总量趋稳是好现象。不过，其贡献因素是什么呢？主要是由于能耗强度下降所贡献还是由于经济增速下降所贡献呢？下面通过分析综合能源消费与经济增速、能耗强度等变量之间的数理关系来说明。

$$\begin{cases} E_0 = GDP_0 * e_0 \\ E_t = GDP_t * e_t \\ = E_0 * (1 + v_t) = GDP_0 * (1 + g_t) * e_0 * (1 - z_t) \\ v_t = g_t - z_t - g_t * z_t \\ v_t \approx g_t - z_t \\ g_t * z_t \approx 0 \end{cases} \tag{1}$$

其中，E 表示综合能源消费量，e 表示能耗强度，v 表示综合能源消费量的变化率，g 表示地区生产总值的增长率，z 表示能耗强度的降幅。（字母含义与前面章节基本一致）由于 $g_t * z_t$ 是两个较小分数的乘积，接近于 0，所以有 $v_t \approx g_t - z_t$。表 5-2 显示，中山市近 10 年能耗强度降幅大体稳定，基本在 -2% ~ -4% 波动，而 2012—2017 年间地区生产总值年均增速仅为 4.9%，较 2011 年之前年均 15% 的增速相比下降了 10.1 个百分点，可见中山市综合能源消费总量增长率下降以至总量趋稳主要是由于地区生产总值增速大幅下滑所贡献。（1）式还进一步揭示，如果确立能源消费总量稳定的控制目标，必须要能保障能耗强度降幅目标与期望经济增速目标大致相当，否则，如果能耗强度下降遇到边际递减或遇到了技术刚性，则只能依靠抑制经济增速来完成能源消费总量控制目标。

表 5-3 反映了中山市 2005—2017 年化石能源消费的品种结构。其中，煤炭消费占化石能源消费比重波动中有稳定，大致在 18% 上下波动；石油消费占化石能源消费比重整体呈降势，2007 年最高达到 58.16%，2013 年后逐步由其他能源所替代，占比降至 2017 年的 1.24%；天然气消费比重快速上升，由 2013 年的

26.3%上升到 2017 年的 38.98%,2015 年达到 40.08%;2005—2017 年电力消费占比先升后降,由 2005 年的 40.2%升至 2012 年的 52.74%,然后回落回 2017 年的 40.97%。总体上,化石能源内部结构气升油降,煤炭和电力占比变中有稳。

表 5-3　中山市规上企业化石能源消费品种结构

品种	煤炭	石油	天然气	电力
2005	17.47%	42.33%	0.00%	40.20%
2006	17.47%	38.40%	0.00%	44.14%
2007	30.73%	58.16%	0.00%	11.10%
2008	15.49%	34.65%	0.00%	49.87%
2009	16.27%	33.29%	0.00%	50.43%
2010	14.16%	32.89%	0.00%	52.96%
2011	16.43%	32.13%	0.00%	51.43%
2012	14.16%	33.10%	0.00%	52.74%
2013	19.12%	3.54%	26.30%	51.04%
2014	16.95%	2.95%	32.14%	47.96%
2015	14.46%	1.86%	40.08%	43.60%
2016	18.57%	1.68%	37.53%	42.22%
2017	18.81%	1.24%	38.98%	40.97%

说明:根据中山市规模以上企业分品种化石能源消费数据整理计算得到。

（三）中山市碳排放总量、强度及其变化趋势

表 5-4 显示,2005—2017 年期间,中山碳排放总量从 2005 年持续上升,在 2012 年达到最高为 3127.9 万吨二氧化碳,2013—2015 年下降,2016 年反弹。现在还不能判定中山碳排放总量在其后年份不会超过 2012 年,2012 年是阶段性峰值还是最终性峰值还不能过早定论,其原因主要是 2012—2013 年石油消费大幅度下降致使 2012 年碳排放出现阶段性峰值。中山市碳排放总量 2011 年之际前(除 2008 年外)增速较快,2012 年后增速放缓甚至负增长,这与中国低碳转型政策启动及效应发挥时滞相一致。不过,需要明确的是,政策规划确定碳排放总量达峰目标,其政策动机是在保障期望经济增速情况下使碳排放总量实现不升转降,而非依靠抑制和牺牲经济增速来实现。在碳排放强度方面,2006—2017 年期间,中山市碳排放强度持续下降,从 2005 年的 1.722 吨 CO_2/万元降至 2017 年的 1.045 吨 CO_2/万元,累积下降 39.3%,年均下降 4.42%,其中"十二五"期间碳排放强度累积下降了 24.3%。

表 5 - 4　中山碳排放总量、碳排放强度及其变化率①

年份	碳排放总量 （万吨 CO_2）	碳排放强度 （吨 CO_2/万元）	碳排放量 增速	碳排放强度 降幅
2005	1699.5	1.722	——	——
2006	1932.6	1.651	13.72%	-4.13%
2007	2164.9	1.600	12.02%	-3.07%
2008	2302.0	1.563	6.33%	-2.32%
2009	2493.6	1.526	8.33%	-2.39%
2010	2763.9	1.472	10.84%	-3.52%
2011	2983.5	1.412	7.95%	-4.06%
2012	3127.9	1.358	4.84%	-3.83%
2013	3103.4	1.262	-0.78%	-7.08%
2014	3048.5	1.190	-1.77%	-5.67%
2015	3015.3	1.114	-1.09%	-6.42%
2016	3077.4	1.089	2.06%	-2.25%
2017	3069.8	1.045	-0.25%	-4.02%

　　表 5 - 4 显示,中山市碳排放总量 2011 年后增速放缓,2013 年后出现负增长。当然,中山碳排放总量是否达峰尚需后续年份观察,是阶段性峰值还是最终峰值定论尚早。那么,中山市碳排放总量在 2011 年后增速放慢甚至负增长的贡献因素是什么呢? 下面通过数理分析来说明。碳排放总量、增速与 GDP 及其增速之间存在如下关系:

$$\begin{cases} C_0 = GDP_0 * CEI_0 \\ C_t = GDP_t * CEI_t \\ = C_0 * (1 + \theta_t) = GDP_0 * (1 + g_t) * CEI_0 * (1 - m_t) \\ \theta_t = g_t - m_t - g_t * m_t \\ \theta_t \approx g_t - m_t \\ g_t * m_t \approx 0 \end{cases} \tag{2}$$

　　其中,θ_t 表示碳排放总量的增长率。与分析综合能耗增速放慢贡献因素类似,碳排放总量增速放慢一方面是地区生产总值增速放慢了约 10.1 个百分点所贡献,另一方面是碳排放强度年均下降 4.42 个百分点所贡献,另外还有一小部分

---

①　碳排放总量数据根据规上企业分品种化石能源消费、碳排放系数及占能源消费总量比重等推算得到。

由 GDP 增速与碳排放强度降速的乘积所贡献,由于两个增速指标数值都较小,所以这部分贡献量相对较少。碳排放强度下降是由能源利用效率提高、能源结构优化等方面努力所形成。因此,中山市碳排放总量增速放缓乃至出现负增长的主要贡献因素是其地区生产总值增速近年来下降了 10.1 个百分点,排第二位因素才是碳排放强度下降所贡献。

(四)中山市经济发展与应对气候变化目标

1. 广东省低碳发展目标

广东省先后编制印发了《广东省"十三五"控制温室气体排放工作实施方案》《广东省国民经济和社会发展第十三个五年规划纲要》《广东省能源发展"十三五"规划》《广东省应对气候变化"十三五"规划》《广东省生态文明建设"十三五"规划》等规划,统一部署广东全省的低碳发展目标及行动方案,并将低碳目标分解分配到各地级市。主要包括:"十三五"时期年均经济增速争取达到 7%,GDP 规模争取达到 11 万亿元;三次产业比重结构争取由 2015 年的 4.6∶44.6∶50.8 调整到 4∶40∶56,服务业增加值比重争取达到 56%;争取到 2020 年单位 GDP 二氧化碳排放比 2015 年下降 20.5%、碳排放总量得到有效控制,推动全省、珠三角城市及部分重化工业二氧化碳排放率先达峰;实施能源消费总量和强度双控,以低碳能源满足新增能源需求,到 2020 年全省能源消费总量控制在 3.38 亿吨标准煤以内,单位 GDP 能耗比 2015 年下降 17%,非化石能源比重达到 26%;优化利用化石能源,到 2020 年,全省煤炭消费总量控制在 1.75 亿吨以内,珠三角地区煤炭消费量下降 12%左右,燃气占能源消费总量比重提高到约 12%;控制工业领域排放,2020 年单位工业增加值碳排放量控制在国家下达指标内,电力、钢铁、建材、石化等重点行业二氧化碳排放总量得到有效控制;分解分配地市级碳排放控制目标任务,其中中山市"十三五"碳排放强度下降任务为 23.0%;要求健全碳排放权交易机制,深化低碳试点示范,加强低碳科技创新,强化基础能力支撑等。

2. 中山市低碳发展目标

按照广东省相关经济、能源、生态及应对气候变化相关规划要求,结合中山市实际市情,先后编制了《中山市国民经济和社会发展第十三个五年规划纲要》《中山市能源发展"十三五"规划》《中山市生态建设与环境保护"十三五"规划》《中山市生态文明建设规划(修编)(2018—2030)》等规划,指导中山市低碳发展。主要目标包括:努力实现经济保持中高速增长,产业迈上中高端水平,GDP 年均增速为 8.5%左右,到 2020 年全市 GDP 力争突破 5000 亿元;基本建立具有全球竞争力的现代产业新体系,推动传统产业向智能化、精细化、柔性化转变,基本建成以战略性新兴产业为先导、以先进制造业和现代服务业为主体的现代产业新体系,到 2020 年先进制造业占制造业增加值比重达 50%,战略性新兴产业占 GDP 比重达 20%,现代服务业占服务业增加值比重达 60%,服务业增加值占地区生产总值比重提高到 48%;单位生产总值能耗、单位 GDP 二氧化碳排放强度控制水平处于全省前列,其中单位生产总值能耗累积下降 17%,单位 GDP 二氧化碳排放强度累积下降 23%,能源消费总量控制在 1900 万吨标准煤以内;非化石能源比重由 2015 年的 9.66% 争取到 2020 年提高至 14.32%;逐步建立碳排放总量控制和分解落实机制,开展镇区碳排放强度年度目标责任评价考核,倒逼经济低碳转型;实行能源消耗总量和强度双控行动,开展煤炭消费减量管理,加快实现化石能源消费峰值(见表 5 − 5)。

表 5 − 5　中山市"十三五"期间低碳发展目标

指　标	2015 年	2020 年	年均增长	指标属性
地区生产总值(亿元)	3010	4757	8.5%	预期性
先进制造业增加值占制造业增加值比重(%)	38.3%	50%	——	预期性
服务业增加值占 GDP 比重(%)	43.5%	48%	——	预期性
非化石能源占能源消费比重(%)	9.66%	14.32%	10.8%	约束性
能源消费总量(万吨标煤)	1511	1900	5.17%	约束性
单位生产总值能源消耗降低(吨标准煤/万元)	——①		[−17%]	约束性
*单位生产总值二氧化碳排放降低(%)	——	——	[−23%]	约束性

(五)中山市低碳发展进展简评

2011 年以来,中山市地区生产总值、第二产业、工业等指标经历了 20 多年的高速增长之后转型绿色低碳发展,转为中低速增长,增速平均下降了约 10 个百分点。增速下降偏快,降势如不加以遏止,存在转为低速增长甚至负增长风险,目前的增速与中山市"十三五"规划纲要期望 8.5% 年均增速相差较远,如何确保完成"十三五"规划期望经济增速目标挑战较大。中山市经济结构经过改开以来持续挤农业扶服务业,服务业已质变为中山市首大产业。随着技术的进步以及绿色低碳制度机制的倒逼,中山市能耗强度、碳排放强度持续下降,促使中山市综合能源消费、碳排放总量增速趋缓。不过,中山市综合能源消费和碳排放总量增速趋降

---

① 《中山市国民经济和社会发展第十三个五年规划纲要》中该数据为 0.476 吨标准煤/万元。但是,以该数据推算中山市 2015 年地区生产总值为 1511/0.476 = 3174.4 亿元,而《中山统计年鉴(2018)》中 2015 年名义地区生产总值数据为 3052.8 亿元。因此,该数据被低估,不可取。规划纲要中 2020 年数据为 0.397 万吨/标准煤,就也不可取。

甚至趋稳达峰的主要贡献因素是地区生产总值增速大幅下降。在绿色低碳转型进程中，中山市经济降速、提质，但并未增效，工业企业效益并不乐观。作为地处经济发达地区的珠三角城市，作为第三批国家低碳试点城市，明确了 2023—2025 年碳排放达峰目标，肩负着探索既确保控制碳排放总量率先实现达峰又争取实现经济中高速增长的低碳发展路径和模式的使命。显然，中山市经济发展将面临更加严格的能源消费总量和强度双控、碳排放总量和强度双控的约束条件，而能源消费总量、能耗强度降幅、碳排放总量、碳排放强度降幅等约束性指标均与地区生产总值增速存在量的相互牵制关系，那么是否存在既保增长又实现达峰目标的增长与低碳两者目标相容的低碳发展路径呢？本章旨在为中山市探寻增长目标与低碳目标协同实现的低碳发展路径。

二、中山市经济增长与达峰目标相容路径推演

(一)增长目标与能源消费控制目标相容路径空间分析

在 GDP、增速、能源消费总量、能耗强度降幅之间存在如下的数理关系：

$$\begin{cases} E_0 = GDP_0 * e_0 \\ E_t = GDP_t * e_t \\ E_0 * (1+v_t) = GDP_0 * (1+g_t) * e_0 * (1-z_t) \\ v_t = (1+g_t) * (1-z_t) - 1 \\ g_t = \dfrac{1+v_t}{1-z_t} - 1 \\ z_t = 1 - \dfrac{1+v_t}{1+g_t} \\ v_t \leq \overline{v_t} \\ g_t \geq \overline{g_t} \\ z_t \geq \overline{z_t} \end{cases} \quad (3)$$

其中，v_t 是综合能源消费的增长率。其他字母与第三章和第四章含义相同。中山市"十三五"规划确定了到 2020 年综合能源消费总量不超过 1900 万吨的目标，也就确定了综合能源消费增长率的上限值 $\overline{v_t}$；"十三五"规划的期望经济增速是年均增长 8.5%，可被视为目标期望经济增速下限值 $\overline{g_t}$；"十三五"规划确定了 2016—2020 年累积能耗强度降幅目标 17%，年均下降 3.66%，可被视为目标能耗强度降幅下限值 $\overline{z_t}$。"十三五"期间三个目标全部实现可视为经济增长目标与能源消费控制目标相容，否则就未实现两两相容，一方实现以另一方未实现为代价。

2021 年后依据发展情景预设进行推演。

另外,根据(3)式组合分析可以发现在 v_t、g_t、z_t 之间存在如下的数理牵制关系:①v_t 与 g_t 正相关而与 z_t 负相关,g_t 与 z_t 正相关。$\overline{v_t}$ 越大,给予经济增速 g_t 的空间就越大,$\overline{v_t}$ 限制了给予 g_t 空间的最大潜力;在 v_t 既定时,z_t 越大,给予经济增速 g_t 的空间也越大。②当给定 z_t 值时,比如当 $z_t = \overline{z_t}$ 时,则 $g_t \leq \dfrac{1+\overline{v_t}}{1-z_t} - 1$,如果此时 $\overline{g_t} \leq g_t \leq \dfrac{1+\overline{v_t}}{1-z_t} - 1$,则期望经济增速目标与能源消费控制目标存在相容发展空间,否则就只能倒逼能耗强度降幅扩大来为经济增速释放空间,即倒逼 $z_t \geq 1 - \dfrac{1+\overline{v_t}}{1-g_t}$;在 2021 年之后,在给定 $\overline{z_t}$ 值时,倒逼推算综合能源消费总量上限空间,即倒逼 $v_t \leq (1+\overline{g_t}) * (1-\overline{z_t}) - 1$。总之,其中一个变量目标的实现需要另两个变量的调整和配合。

附表 5 – 2 是 2016—2035 年中山市经济增长目标与能源消费控制目标相容的增速空间组合推演结果。其中,综合能源消费基准情景是到 2020、2025、2030、2035 年中山市综合能源消费总量分别控制在 1900 万吨标准煤、2200 万吨标准煤、2400 万吨标准煤、2500 万吨标准煤,每五年综合能源消费量增量较前五年间增量削减 100 万吨标准煤;中山市能耗强度降幅节奏基准情景是在"十三五""十四五""十五五""十六五"期间能耗强度降幅目标任务分别是下降 17%、16%、15%、14%,每五年能耗强度降幅较前五年递减 1 个百分点;中山市期望经济增速基准情景是在"十三五""十四五""十五五""十六五"期间年均分别增长 8.5%、7.5%、6.5%、5.5%,增速递次下调 1 个百分点。

在综合能源消费总量和能耗强度降幅目标确定基础上,可以依据 $g_t \leq \dfrac{1+\overline{v_t}}{1-z_t} -$ 1 倒推能源控制目标给予经济增速的上限空间,推算结果是"十三五""十四五""十五五""十六五"期间中山市经济增速上限空间分别为 8.66%、6.33%、5.12%、4.87%,只有"十三五"期间上限边界在期望速度之上,但相容路径也很窄,为[8.5%,8.66%],极窄的相容路径空间对中山市平衡调控好低碳目标和增长目标挑战极大;而"十四五""十五五""十六五"期间上限边界值均在预设期望经济增速下方,没有相容发展空间。因此,需要倒逼能耗强度扩大降幅来保障期望经济增速目标有实现空间。可以根据 $z_t \geq 1 - \dfrac{1+\overline{v_t}}{1-g_t}$ 推算能耗强度降幅倒逼幅度,推算结果是"十三五""十四五""十五五""十六五"期间中山市的能耗强度降幅最低分别需要达到 16.37%、19.35%、20.38%、20.30%。最后,如果稳定期望经济增速目标和能耗强度降幅目标,可以根据 $v_t(1+\overline{g_t})*(1-\overline{z_t})-1$ 倒逼推算综合能源消费增长率要求及综合能源消费量控制目标。推算结果是到 2020、2025、2030、2035 年中山市综合能源消费总量控制目标空间分别为 1886 万吨标准煤、2274 万吨标准煤、2648 万吨标准煤、2977 万吨标准煤。上述指标组合可以为期望经济增速目标与能源消费控制目标相容提供低碳发展空间。

(二)增长目标与碳排放控制目标相容路径空间分析

目前,中山市碳排放控制目标是争取在 2023—2025 年碳排放总量达峰,"十三五"碳排放强度下降 23%,达峰之前尚未确定碳排放总量控制具体任务。如果要求碳排放总量达峰,需要满足如下数理关系:

$$
\begin{cases}
C_0 = GDP_0 * CEI_0 \\
C_t = GDP_t * CEI_t \\
= GDP_0 * (1+g_t) * CEI_0 * (1-m_t) \leq C_0 \\
(1+g_t) * (1-m_t) \leq 1 \\
m_t \geq \dfrac{g_t}{1+g_t}
\end{cases} \tag{4}
$$

(4)式组合显示,当政策调控一方面要求碳排放总量达峰,另一方面要求经济增速达到期望增速要求时,则可以通过不等式 $m_t \geq \dfrac{g_t}{1+g_t}$ 倒推碳排放强度降幅的必要幅度。考虑到中山市"十三五"规划经济增速期望要求是达到 8.5%,但是 2014—2018 年 GDP 实际增速仅为 4.1%、5.7%、4.4%、3.9%、4.4%,增速转入低速态势初显。因此,区分期望经济增速情景(基准情景)和低速增长情景(低速情景)。在基准情景下,预设在"十三五""十四五""十五五""十六五"期间年均分别增长 8.5%、7.5%、6.5%、5.5%,增速递次下调 1 个百分点;在低速情景下,预设中山市通过努力在 2019—2020 年争取经济增速反弹到 6.5%,"十四五""十五五""十六五"期间年均分别增长 6%、5.5%、5%,增速递次下调 0.5 个百分点。考虑到中山市争取在 2023—2025 年达峰,则相应按照不等式 $m_t \geq \dfrac{g_t}{1+g_t}$ 倒推 2024 年后的碳排放强度降幅的必要幅度。结合倒推计算结果,设置中山市不同情景下的碳排放强度目标任务。其中,"十三五"碳排放强度降幅任务就按照广东省规划要求确定为下降 23%;"十四五""十五五""十六五"期间,在基准情景下,要求碳排放强度降幅目标任务至少分别需要下降 26%、27.5%、24%,即 2020—2030 年碳排放强度降幅压力较大;在低速情景下,要求碳排放强度降幅目标任务至少需分别下降24%、23.5%、22%,较期望增速情景下降幅压力更小。在期望增速情景下,碳排放总量在2023年达峰,排放峰值为3709.4万吨二氧化碳;在低速增长情景下,碳排放总量在2025年达峰,排放峰值为3035.3万吨二氧化碳。这些经济增速、碳排放强度降幅组合既能实现经济增速目标又能实现2023—2025年碳排放达峰目标(见附表5-3)。

(三)碳排放强度、能耗强度与能源结构优化之间的调谐机制分析

碳排放强度降幅、能耗强度降幅、非化石能源比重以及加权碳排放因子之间的数理关系可推导如下:

$$
\begin{cases}
C_0 = GDP_0 * \dfrac{E_0}{GDP_0} * \dfrac{F_0}{E_0} * \dfrac{C_0}{F_0} = GDP_0 * e_0 * r_0 * a_0 \\[2mm]
CEI_0 = e_0 * r_0 * a_0 \\[2mm]
CEI_t = CEI_0 *(1-m_t) = e_t * r_t * a_t = e_0 *(1-z_t) * \dfrac{r_0 *(1-\gamma_t)}{r_0} * \dfrac{a_0 * a_t}{a_0} \\[2mm]
m_t = 1 - \dfrac{a_t}{a_0 * r_0} *(1-z_t)*(1-\gamma_t) \\[2mm]
\gamma_t = 1 - \dfrac{a_0 * r_0 *(1-m_t)}{a_t *(1-z_t)}
\end{cases}
\tag{5}
$$

其中,F表示化石能源消费量,e表示能耗强度,r表示化石能源消费占能源消费总量的比重,α表示非化石能源比重,a表示加权碳排放因子。(5)式表明,碳排放强度的降幅是由能耗强度降幅、化石能源占比变化以及加权碳排放因子共同贡献所形成。加权碳排放因子由化石能源内部结构变化所决定。碳排放强度降幅与能耗强度降幅正相关,与非化石能源比重正相关,与加权碳排放因子负相关。在确定了碳排放强度降幅目标任务基础上,就可以在能耗强度降幅、非化石能源比重、加权碳排放因子等变量之间根据实际进展相机协调,就可以在升级低碳技术应用、发展非化石能源、调控煤炭—石油—天然气结构等工作之间建立起调谐机制。相应的调谐机制就是,在确定了碳排放强度减排目标任务基础上,如果低碳技术研发、应用、升级、改造工作进展由于技术瓶颈、体制机制不畅等因素进展受阻,不能有效地降低能耗强度,则需要相机加大发展非化石能源,加速提升非化石能源比重,以及加快以气代煤、以气代油等化石能源内部结构调整部署;如果非化石能源比重因为非化石能源成本、市场推广、基础设施等因素普及受阻,难以快速提升其比重,则需要相机加大低碳技术研发、应用、推广力度,提升生产生活领域的能源效率,更大幅度降低能耗强度,以及加快去煤进度;如果由于能源资源禀

赋等原因难以短期内大幅压缩煤炭占比,则需更大力度发展非化石能源和提升低碳技术水平;如果低碳技术研发应用进展顺利,非化石能源突破技术成本市场基础设施等障碍发展迅速,煤炭、原油比重下降较快,则碳排放强度降速可较目标降幅更快。

根据(5)式组合,结合上面第(一)部分分析的目标能耗强度降幅(基准情景z)、倒逼能耗强度降幅(倒逼情景z)和第(二)部分的经济期望增速情景下的碳排放强度降幅(基准情景m)、经济低速增长情景下的碳排放强度降幅(低速情景m)等数据,可以进行情景组合推演。化石能源内部结构主要是调整煤炭、原油、天然气、电力比例关系。预设煤炭比重年均下降0.6个百分点,原油比重年均下降0.1个百分点,电力比重保持稳定,天然气比重逐年上升。在这种情形下,加权碳排放因子年均约下降0.00661。加权碳排放因子预设不变和变化两种情景。根据现有数据推算,2015年中山市化石能源加权碳排放因子为1.9956kg CO_2/kgce,非化石能源比重为9.66%,化石能源比重则为90.34%。由此可推演计算出8种情景组合下非化石能源比重的相应发展要求。推演结果见附表5-4。分别如下:

1. 基准情景m-基准情景z-加权碳排放因子a不变。这种情景组合下,要求非化石能源比重到2020、2025、2030、2035年分别达到16.2%、26.2%、37%、44.3%。这是要求非化石能源比重提升最快的情景组合,原因是碳排放强度目标任务较重,能耗强度降幅相对较低,化石能源内部结构保持不变,需要最快地提升非化石能源比重来完成既定碳排放强度目标任务。

2. 基准情景m-基准情景z-加权碳排放因子a变化。这种情景组合下,要求非化石能源比重到2020、2025、2030、2035年分别达到14.8%、23.6%、33.7%、40.4%。这是要求非化石能源比重提升次快的情景组合,原因是碳排放强度目标任务较重,能耗强度降幅相对较低,由于化石能源内部降低煤炭和原油比重,所以较第一种情景组合对提升非化石能源比重速度要求相对低一点。

3. 基准情景m-倒逼情景z-加权碳排放因子a不变。这种情景组合下,要求非化石能源比重到2020、2025、2030、2035年分别达到16.8%、23.7%、30.5%、36.7%。相较第一种情景组合,倒逼能耗强度情景下能耗强度更快速地下降,因而相对减轻了非化石能源比重提升压力。

4. 基准情景m-倒逼情景z-加权碳排放因子a变化。这种情景组合下,要求非化石能源比重到2020、2025、2030、2035年分别达到15.4%、21.1%、26.9%、32.2%。与第二种情景相比,由于2021年后倒逼能耗强度情景下能耗强度降幅更大,因而较第二种情景相对减轻了非化石能源发展压力。

5. 低速情景m-基准情景z-加权碳排放因子a不变。这种情景组合下,要求非化石能源比重到 2020、2025、2030、2035 年分别达到 16.2%、24.2%、31.8%、38.1%。与第一种情景组合相比,在低速情景下碳排放强度降幅任务相对较轻,经济增速在低速轨道运行,因此相对减轻了非化石能源发展的压力。

6. 低速情景 m - 基准情景 z - 加权碳排放因子 a 变化。这种情景组合下,要求非化石能源比重到 2020、2025、2030、2035 年分别达到 14.8%、21.6%、28.2%、33.7%。与第二种、第五种情景组合相比,非化石能源比重发展压力相对较轻。

7. 低速情景 m - 倒逼情景 z - 加权碳排放因子 a 不变。这种情景组合下,要求非化石能源比重到 2020、2025、2030、2035 年分别达到 16.8%、21.6%、24.7%、29.6%。与第三种和第五种情景组合相比,非化石能源发展压力相对较轻。

8. 低速情景 m - 倒逼情景 z - 加权碳排放因子 a 变化。这种情景组合下,要求非化石能源比重到 2020、2025、2030、2035 年分别达到 15.4%、18.9%、20.8%、24.6%。与第四种、第六种和第七种情景组合相比,非化石能源发展压力较轻。

按 2035 年排序,非化石能源发展压力由重至轻顺序分别为 $\gamma1 > \gamma2 > \gamma5 > \gamma3 > \gamma6 > \gamma4 > \gamma7 > \gamma8$。中山市十三五规划中非化石能源比重到 2020 年计划提高到 14.32%,只与第二种和第六种情景组合要求接近,与其他情景组合都有一定的差距,表明中山市"十三五"期间还需要争取非化石能源取得更大的发展,才能满足经济增长、控碳排放、控能耗强度等预设目标任务完成的需要。另一方面,按照化石能源内部结构优化进度情景预设,到 2035 年天然气比重大约需要提高到 50% 左右。

（四）三大产业能耗强度与三大产业结构优化之间的调谐机制分析

中山市能耗强度的下降由其三大产业能耗强度下降共同形成。"十三五"规划中计划将第三产业比重到 2020 年提高到 48%。事实上,到 2018 年第三产业占 GDP 比重就已提升到了 49.3%,目前形成第一产业和第二产业比重逐步压缩将市场空间腾出给第三产业趋势。与国家层面需要考虑产业结构安全不同,地区层面不必顾虑产业安全问题。产业结构调整预设情景是:2016—2018 年按实际数据推算;从 2019 年始,第一产业占比逐年下降 0.1 个百分点,第二产业占比逐年下降 1 个百分点,那么第三产业占比将逐年提升 1.1 个百分点。考虑到中山市完全挤出第一产业可能性较低,所以第一产业比重降至 0.5% 后就保持稳定。以 2015 年为基准年,根据现有相关数据可以计算得到 2015 年中山市能耗强度为 0.558 吨标准煤/万元,第一产业、第二产业、第三产业能耗强度分别为 0.316 吨标准煤/万元、0.634 吨标准煤/万元、0.471 吨标准煤/万元。

在能耗强度降幅与产业结构调整之间的数理关系可推导如下:

$$
\begin{cases}
E_0 = E_{01} + E_{02} + E_{03} \\
= GDP_0 * s_{01} * e_{01} + GDP_0 * s_{02} * e_{02} + GDP_0 * s_{03} * e_{03} \\
e_0 = s_{01} * e_{01} + s_{02} * e_{02} + s_{03} * e_{03} \\
e_t = s_{t1} * e_{t1} + s_{t2} * e_{t2} + s_{t3} * e_{t3} \\
e_0 * (1 - z_t) = s_{t1} * e_{01} * (1 - z_{t1}) + s_{t2} * e_{02} * (1 - z_{t2}) + s_{t3} * e_{03} * (1 - z_{t3}) \\
z_{t2} = 1 - \dfrac{e_0 * (1 - z_t) - s_{t1} * e_{01} * (1 - z_{t1}) - s_{t3} * e_{03} * (1 - z_{t3})}{s_{t2} * e_{02}}
\end{cases}
\tag{6}
$$

根据(6)式组合可知,在既定总的能耗强度降幅目标任务下,如果第一产业和第三产业能耗强度降幅扩大,就可以减轻第二产业能耗强度下降压力;进一步地,如果第三产业能耗强度降幅与第一产业能耗强度降幅等量变化,则前者对第二产业能耗强度下降压力减轻程度更大。根据(6)式组合,再结合上面第(一)部分推演的目标能耗强度降幅(基准情景－z)与倒逼能耗强度降幅(倒逼情景－z),以及考察第一产业和第三产业能耗强度降幅分别完成总体能耗强度降幅的 0%、20%、40%、60%、80%、100% 程度的六种情形,推演出 12 种第二产业能耗强度下降压力情景。推演结果见附表 5 - 5。

附表 5 - 5 显示,倒逼情景要比基准情景下,第二产业能耗强度下降压力更大;随着第一产业和第三产业能耗强度降幅任务完成程度的提升,第二产业能耗强度下降压力逐渐减小。具体推演结果分别如下:

1. 基准情景 z 下,第一产业和第三产业能耗强度下降完成任务(总体能耗强度平均降幅)的 0%。在这种情况下,第二产业能耗强度到 2020、2025、2030、2035 年累积降幅(五年累积降幅)需分别达到 27.6%、55.9%(39.1%)、85.2%(66.4%)、100%(100%),意味着第一产业和第三产业能耗强度如果完全不削减则将给第二产业能耗强度下降造成巨大压力。

2. 基准情景 z 下,第一产业和第三产业能耗强度下降完成任务的 20%。在这种情况下,第二产业能耗强度到 2020、2025、2030、2035 年累积降幅(五年累积降幅)需要分别达到 24.8%、49.7%(33.2%)、74.9%(50.1%)、100%(100%),意味着第一产业和第三产业能耗强度如果仅完成 20% 削减任务,给第二产业能耗强度下降造成的压力仍然很大。

3. 基准情景 z 下,第一产业和第三产业能耗强度下降完成任务的 40%。在这种情况下,第二产业能耗强度到 2020、2025、2030、2035 年累积降幅(五年累积降幅)需分别达到 21.9%、43.6%(27.7%)、64.6%(37.4%)、86.4%(61.6%),意味着第一产业和第三产业能耗强度如果仅完成 40% 削减任务,给第二产业能耗强度下降造成的压力仍然较大。

4. 基准情景 z 下,第一产业和第三产业能耗强度下降完成任务的60%。在这种情况下,第二产业能耗强度到 2020、2025、2030、2035 年累积降幅(五年累积降幅)需要分别达到 19.1%、37.4%(22.6%)、54.4%(27.1)、71.0%(36.4%),意味着第一产业和第三产业能耗强度如果完成60%削减任务,给第二产业能耗强度下降造成的压力居中,如果大幅提升第二产业低碳技术研发应用及效果有望争取达成。

5. 基准情景 z 下,第一产业和第三产业能耗强度下降完成任务的80%。在这种情况下,第二产业能耗强度到 2020、2025、2030、2035 年累积降幅(五年累积降幅)要分别达到 16.3%、31.2%(17.8%)、44.1%(18.7%)、55.5%(20.5%),意味着第一产业和第三产业能耗强度如果完成80%削减任务,给第二产业能耗强度下降造成的压力较轻,适当提升第二产业低碳技术研发应用及效果不难达成。

6. 基准情景 z 下,第一产业和第三产业能耗强度下降完成任务的100%。在这种情况下,第二产业能耗强度到 2020、2025、2030、2035 年累积降幅(五年累积降幅)需要分别达到 13.5%、25.0%(13.4%)、33.8%(11.7%)、40.1%(9.5%),意味着第一产业和第三产业能耗强度如果完成100%削减任务,给第二产业能耗强度下降造成的压力最轻,完成下降任务比较轻松。

上述 6 种情形中,第 1~5 种情形下第二产业能耗强度降幅较总体能耗强度降幅更高,第 6 种情形下第二产业能耗强度降幅较总体能耗强度降幅更低,压力低于平均下降压力,第 1~3 种情形下压力过大很难完成,第 4~6 种情形下完成任务难度递次减轻。

7. 倒逼情景 z 下,第一产业和第三产业能耗强度下降完成任务的0%。在这种情况下,第二产业能耗强度到 2020、2025、2030、2035 年累积降幅(五年累积降幅)需要分别达到 26.4%、60.7%(46.6%)、98.4%(96.0%)、100%(100%),意味着第一产业和第三产业能耗强度如果完全不削减则将给第二产业能耗强度下降造成巨大压力。

8. 倒逼情景 z 下,第一产业和第三产业能耗强度下降完成任务的20%。在这种情况下,第二产业能耗强度到 2020、2025、2030、2035 年累积降幅(五年累积降幅)需要分别达到 23.7%、54.0%(39.8%)、86.7%(71.1%)、100%(100%),意味着第一产业和第三产业能耗强度如果仅完成20%削减任务,给第二产业能耗强度下降造成的压力仍然很大。

9. 倒逼情景 z 下,第一产业和第三产业能耗强度下降完成任务的40%。在这种情况下,第二产业能耗强度到 2020、2025、2030、2035 年累积降幅(五年累积降幅)需要分别达到 21.0%、47.4%(33.4%)、75.1%(52.6%)、99.4%(97.8%),

意味着第一产业和第三产业能耗强度如果仅完成40%削减任务,给第二产业能耗强度下降造成的压力仍然较大。

10. 倒逼情景z下,第一产业和第三产业能耗强度下降完成任务的60%。在这种情况下,第二产业能耗强度到2020、2025、2030、2035年累积降幅(五年累积降幅)需要分别达到18.3%、40.8%(27.5%)、63.4%(38.2)、82.1%(51.0%),意味着第一产业和第三产业能耗强度如果完成60%削减任务,给第二产业能耗强度下降造成的压力仍然偏大,"十四五"以后完成任务仍然很难。

11. 倒逼情景z下,第一产业和第三产业能耗强度下降完成任务的80%。在这种情况下,第二产业能耗强度到2020、2025、2030、2035年累积降幅(五年累积降幅)需要分别达到15.5%、34.1%(22.0%)、51.7%(26.7%)、64.7%(26.9%),意味着第一产业和第三产业能耗强度如果完成80%削减任务,给第二产业能耗强度下降造成的压力适中,大幅提升第二产业低碳技术研发应用及效果有望争取达成。

12. 倒逼情景z下,第一产业和第三产业能耗强度下降完成任务的100%。在这种情况下,第二产业能耗强度到2020、2025、2030、2035年累积降幅(五年累积降幅)需要分别达到12.8%、27.5%(16.8%)、40.0%(17.3%)、47.3%(12.2%),意味着第一产业和第三产业能耗强度如果完成100%削减任务,给第二产业能耗强度下降造成的压力很轻,完成下降任务很轻松。

上述12种情形中,第1—3种、第7—10种情形下第二产业能耗强度下降完成任务的技术可行性较差,第4—6种、第11—12种情形下第二产业能耗强度下降完成任务具有技术可行性。因此,在基准情形下第一和第三产业能耗强度降幅至少需完成60%的任务,在倒逼情形下第一和第三产业能耗强度降幅至少需完成80%的任务,再通过第二产业能耗强度下降潜力挖掘来完成中山市能耗强度降幅既定任务。

(五)第二产业守住增速底线的推演

中山市规划导向是降低第二产业比重,势必致使第二产业增速下滑。但是,地区经济增速又与第二产业增速内在关联,因为第二产业增速是地区经济增速的内部组成部分。如果第二产业增速断崖式下滑,势必拉低地区GDP增速而难以保障期望经济增速目标实现。因此,必须在按计划降低第二产业比重的同时守住第二产业增速底线。GDP增速与第二产业增速的内在数量间联系可推导如下:

$$\begin{cases} GDP_0*(1+g_t) = GDP_0*s_{01}*(1+g_{t1}) + GDP_0*s_{02}*(1+g_{t2}) + GDP_0*s_{03}*(1+g_{t3}) \\ g_t = s_{01}*(1+g_{t1}) + s_{02}*(1+g_{t2}) + s_{03}*(1+g_{t3}) - 1 \\ \quad = s_{01}*g_{t1} + s_{02}*g_{t2} + s_{03}*g_{t3} \\ s_{t2} = \dfrac{GDP_0*s_{02}*(1+g_{t2})}{GDP_0*(1+g_t)} = \dfrac{s_{02}*(1+g_{t2})}{1+g_t} \\ g_{t2} = \dfrac{s_{t2}*(1+g_t)}{s_{02}} - 1 \\ g_t = \dfrac{s_{02}*(1+g_{t2})}{s_{t2}} - 1 \end{cases}$$

(7)

根据(7)式组合可知,GDP 增速是由三大产业结构及其增速共同形成。第二产业增速与 GDP 增速及其比重变化相关。如果经济增速确定了期望增速目标及结构调整计划,就意味着第二产业增速需要守住底线;相应地,如果确定了第二产业占比调整计划,GDP 增速也与第二产业增速之间存在一定的线性关系。

结合上面第(三)部分分析的期望经济增速情景(基准情景)和经济低速增长情景(低速情景),按照(7)式可推算出两种情景下第二产业增速需要守住的底线速度(见表 5 - 6)。

表 5 - 6 中山市经济期望增速和低速增长情景下第二产业增速底线推演计算结果

年份	第二产业增速底线 (期望经济增速情景)	第二产业增速底线 (经济低速增长情景)
2016	4.9%	1.0%
2017	2.6%	- 1.8%
2018	5.7%	1.7%
2019	6.3%	4.3%
2020	6.2%	4.3%
2021	5.2%	3.7%
2022	5.2%	3.7%
2023	5.1%	3.6%
2024	5.1%	3.6%
2025	5.0%	3.5%
2026	4.0%	3.0%
2027	3.9%	2.9%
2028	3.8%	2.9%

年份	第二产业增速底线 （期望经济增速情景）	第二产业增速底线 （经济低速增长情景）
2029	3.8%	2.8%
2030	3.7%	2.7%
2031	2.6%	2.2%
2032	2.6%	2.1%
2033	2.5%	2.0%
2034	2.4%	1.9%
2035	2.3%	1.8%

三、主要发现、理论思考与政策建议

（一）主要发现

1. 中山市 GDP、三大产业增加值规模持续增长，2018 年第三产业名义和实际增加值首次超过第二产业名义和实际增加值。2011 年之前中山市 GDP、第二产业、工业均保持了 20 多年高速增长，此后增速急转直下转为中低速、低速增长，工业 2017 年首次负增长，增速跌势是否遏止有待观察，第三产业由高速转为中速增长。产业结构方面，一产比重持续下降已不足 2%，二产比重 2004 年后持续下滑，三产比重 2005 年后持续上升，于 2018 年首超二产比重居首位。效益方面，近几年来企业个数增长趋缓，亏损企业个数较快增长，亏损面扩散，主营业务收入增长趋缓，亏损企业亏损额上升，成本费用利润率趋降，表明提质未增效。中山市以相对较低能源消费增长支撑了相对较高的经济增长，能源消费总量趋稳，能耗强度趋降，能源结构气升油降，煤炭和电力变中有稳。碳排放总量 2011 年后增速放缓甚至负增长，与低碳转型推进节奏一致。碳排放强度趋降，年均降 4.42%，"十二五"累积降 24.3%。综合能源消费总量和碳排放总量增速放缓主要由经济增速下降了近 10 个百分点所贡献。

2. 经济增长目标与能源消费控制目标相容路径推演结果显示，如果中山市综合能源消费总量到 2020、2025、2030、2035 年分别控制在 1900 万吨标准煤、2200 万吨标准煤、2400 万吨标准煤、2500 万吨标准煤，且能耗强度降幅目标在"十三五""十四五""十五五""十六五"期间分别下降 17%、16%、15%、14%，则同期中山经济增速上限分别为 8.66%、6.33%、5.12%、4.87%；在控制综合能源消费总量的同时，如果期望经济增速"十三五""十四五""十五五""十六五"年均分别达到 8.5%、7.5%、6.5%、5.5%，则需要倒逼能耗强度同期分别下降 16.37%、

19.35%、20.38%、20.30%；如果保障期望经济增速目标和能耗强度降幅目标，则2020、2025、2030、2035 年中山市综合能源消费总量控制目标需要调整为 1886 万吨标准煤、2274 万吨标准煤、2648 万吨标准煤、2977 万吨标准煤。

3. 经济增长目标与碳排放总量强度控制目标相容路径推演结果显示，"十三五""十四五""十五五""十六五"期间，碳排放强度降幅在期望经济增速情景下需分别下降 23%、26%、27.5%、24%，在经济低速增长情景下需分别下降 23%、24%、23.5%、22%。在期望增速情景下，碳排放总量在 2023 年达峰，碳排放峰值为 3709.4 万吨二氧化碳；在低速增长情景下，碳排放总量在 2025 年达峰，碳排放峰值为 3035.3 万吨二氧化碳。

4. 碳排放强度、能耗强度与能源结构优化之间的调谐机制分析发现：到2020、2025、2030、2035 年，基准情景 m - 基准情景 z - a（加权碳排放因子）不变情景组合下，要求非化石能源比重分别达到 16.2%、26.2%、37%、44.3%；基准情景m - 基准情景 z - a 变化情景组合下，要求分别达到 14.8%、23.6%、33.7%、40.4%；基准情景 m - 倒逼情景 z - a 不变情景组合下，要求分别达到 16.8%、23.7%、30.5%、36.7%；基准情景 m - 倒逼情景 z - a 变化情景组合下，要求分别达到 15.4%、21.1%、26.9%、32.2%；低速情景 m - 基准情景 z - a 不变情景组合下，要求分别达到 16.2%、24.2%、31.8%、38.1%；低速情景 m - 基准情景 z - a 变化情景组合下，要求分别达到 14.8%、21.6%、28.2%、33.7%；低速情景 m - 倒逼情景 z - a 不变情景组合下，要求分别达到 16.8%、21.6%、24.7%、29.6%；低速情景 m - 倒逼情景 z - a 变化情景组合下，要求分别达到 15.4%、18.9%、20.8%、24.6%。"十三五"期间中山市非化石能源发展力度需争取较规划更大发展以满足多元目标达成需要；到 2035 年，天然气比重约需升至 50%。

5. 三大产业能耗强度与三大产业结构优化之间的调谐机制推演分析了 12 种情景组合，发现倒逼情景要比基准情景下第二产业能耗强度下降压力更大，随着第一产业和第二产业能耗强度降幅任务完成程度的上升，第二产业能耗强度下降压力渐小。其中第 1—3 种、第 7—10 种情景下第二产业能耗强度下降完成任务的现实可行性较差，第 4—6 种、第 11—12 种情景下第二产业完成任务具有现实可行性。在基准情形下，第一和第三产业能耗强度降幅至少要求完成 60% 任务；在倒逼情形下第一和第三产业能耗强度降幅至少要求完成 80% 任务；再通过第二产业能耗强度下降挖潜来完成全市能耗强度降幅既定任务。

6. 第二产业增速底线推演计算结果显示，到 2020、2025、2030、2035 年，在GDP 期望增速情景下，要求第二产业增速分别守住 6.2%、5.0%、3.7%、2.3% 的底线；在 GDP 低速增长情景下，要求第二产业增速分别守住 4.3%、3.5%、2.7%、

1.8%的底线。

(二)理论思考

1. 从国家、到省,再到地级市,进而传递到下辖市县镇村,规划导向自上而下惯性倾向于提高第三产业比重,惯性认为提高第三产业比重是产业结构优化的表现和发展经济的政绩。但问题是,提升第三产业比重就意味着产业结构更优吗?以中山市为例,假设在中山市经济体量中一种情形是增加了一家规模效益比肩华为公司的工业企业,另一种情形是增加了规模相当的金融企业。前者提升了第二产业比重,后者提升了第三产业比重。相比之下,可以得出后者产业机构较前者更优吗?提升第三产业比重,或许更有利于实现环境保护和气候变化应对目标,但未必使经济结构得以优化。而且,第二产业差异性竞争容量空间较第三产业更广阔。如果全国普遍性聚焦于金融、康养、旅游、餐饮、娱乐、文化创意等服务业,是否会造成全国性严重的同质化竞争?是否会削弱国家的硬实力?如果是,那就有必要审视提升第三产业比重就是优化产业结构的观念及规划导向。

2. 在确立了碳排放达峰目标之后,在碳排放强度与经济增速之间存在相互纠缠牵制的数理关系。当同时确定了碳排放强度控制目标时,就会对经济增速上限约束了容量空间,即 $g_t \leqslant \dfrac{\overline{m_t}}{1 - m_t}$;当再确定期望经济增速目标时,又会倒逼碳排放强度最低降幅要求,即 $m_t \leqslant \dfrac{\overline{g_t}}{1 + g_t}$。类似地,确立了综合能源消费总量控制目标之后,也存在类似的经济增速与能和强度降幅相互纠缠牵制关系,即 $g_t \leqslant \dfrac{\overline{z_t}}{1 - z_t}$ 和 $z_t \geqslant \dfrac{\overline{g_t}}{1 + g_t}$。

经济增速、碳排放强度降幅、能耗强度降幅等变量之间相互螺旋纠缠,给经济增长、碳排放强度下降、碳排放达峰、能耗强度、综合能源消费达峰等多元目标同时实现提供的相容低碳发展路径空间非常狭窄,势必对政府平衡增长与低碳目标挑战极大。而且平衡极易打破,陷入不相容局面。

3. 在确立综合能源消费总量和碳排放总量达峰目标时,有 $v_t \approx g_t - z_t$ 和 $\theta_t \approx g_t - m_t$,这意味着在制定规划确定碳排放强度和能耗强度降幅目标时,需要考虑与期望经济增速目标相当,如果两个强度指标降幅目标偏低,就意味着将限制经济增速空间,在这种情况下需要依靠抑制经济增速来完成低碳目标。如果能耗强度和碳排放强度下降遇到边际递减或遇到刚性阻力,且期望较高经济增速时则需要相应放松总量控制目标。

4. 为实现增长与低碳目标之间相容均衡发展,可以在碳排放强度、能耗强度、非化石能源比重、化石能源内部结构等因素之间建立起调谐机制。在确定了碳排放强度降幅目标之后,如果降低能耗强度受阻,需加速提升非化石能源比重,加快以气代煤、以气代油部署;如果非化石能源比重升级受阻,需更大幅度降低能耗强度,加快去煤炭进度;如果依赖煤炭较深,需更大力度发展非化石能源和提升低碳技术水平;如果低碳技术研发应用顺利,非化石能源发展迅速,煤炭、原油比重下降较快,则可引致碳排放强度更快下降。

5. 还可以在三大产业结构调整与三大产业能耗强度降速之间建立起调谐机制。降低工业能耗强度无疑是工作重点,但同时也需要加强对第一和第三产业能耗强度下降监督工作,尤其第三产业效果更大。尽量更大幅度降低第三产业能耗强度,以减轻第二产业能耗强度下降压力。

(三)政策建议

审视扭转提高服务业比重导向偏好,工业与服务业比重升降交由市场选择和平衡,市场自会在本市自身资源禀赋、竞争优劣势条件及发展机会下做好答卷。大力发展绿色低碳技术和产业,大力发展非化石能源,构建充分透明完善的碳排放、能源、经济等基础数据库,在碳排放强度、能耗强度、非化石能源、化石能源内部结构之间建立起调谐工作机制,在三大产业结构与三大产业能耗强度降幅之间建立起调谐机制,在工业内部产业结构与能耗强度降幅之间建立起调谐机制,坚持工业增速守底线思维,尽量要求第一产业和第三产业能耗强度降幅完成平均能耗强度降幅80%以上任务,相应减轻第二产业能耗强度下降压力。目前中山市综合能源消费总量和碳排放总量有趋稳迹象,但其主要贡献因素是近年来经济增速大幅下滑,勿被低碳政绩表象所惑。中山市经济体量规模在全国范围看并不算高,未来发展任务还较重,尽量在设置能源消费总量和碳排放总量目标任务时为未来经济增长留足空间。当前,中山市经济、工业增速下滑态势并未根本遏止,与全国宏观经济态势相似相关,经济与气候变化应对矛盾的主要方面短期内是稳增速,需要着力遏止经济与工业增速继续下滑,经济、工业与气候变化应对矛盾平衡至少暂时性应着力于呵护经济和工业增速方面。在经济、工业增长、能耗强度目标、碳排放强度目标相互纠缠螺旋运动矛盾中注意好平衡时机、方向和力度,才能驾驭中山市经济实现低碳化发展,驶入相容均衡的低碳发展轨道。

第六章 兰州市工业碳排放达峰与工业增长相容路径案例研究[①]

低碳城市是中国城市可持续发展的集中体现,是实现城市可持续发展的必由之路,对发展低碳经济,改善产业结构,推动城市健康发展具有重要作用。[②] 峰值是低碳试点城市工作逐渐深入的体现,我国从2010年开始陆续在全国组织开展了三批低碳省区和城市试点工作,覆盖了6个省、79个市和2个县。在前两批低碳试点中,国家发改委并未对其提出峰值目标要求,而2017年公布的第三批试点城市中,城市峰值已经成为申请试点的规定动作。峰值目标倒逼城市的绿色低碳转型,加速城市实现碳排放峰值的探索和实践,继而驱动不同地区形成对低碳发展的长期预期。考虑到工业是控排重点,因此本章主要基于STIRPAT模型分析西部地区甘肃省兰州市工业碳排放峰值水平、路径及政策工具等,以期为类似地区如期达峰提供借鉴。

一、兰州市经济、能源消费及碳排放现状

兰州市现辖三县五区,拥有第五个国家级新区兰州新区和两个国家级开发区兰州高新区、兰州经济区,总面积1.31万平方公里,市区面积1631.6平方公里,户籍人口321.89万人,常住人口369.31万人。[③] 兰州市地处中国西北地区的东部,甘肃省中部,东迎陕西,西通新、青,北接宁、蒙,南达川、藏,自古以来就是连接中原和西域的交通要冲,[④]"一带一路"战略推进背景下兰州市凭借其地理优势更是迎来了难得的历史发展机遇。

---

① 本章感谢黄秀莲同学的参与,但文责自负。
② 李向阳,李瑞晴. 低碳城市的缘起与发展路向[J]. 云南财经大学学报(社会科学版),2010(4):37-40.
③ 兰州市人民政府. 兰州市情简介[EB/OL]. 兰州市人民政府官网,2019-02-16.
④ 中国天气网. 兰州城市介绍[EB/OL]. 中国天气网,2019-02-16.

（一）兰州市经济发展水平

"十二五"以来,兰州市 GDP 规模持续上升。2011—2017 年,兰州市 GDP 分别为 1360.03 亿元、1564.41 亿元、1828.98 亿元、2000.94 亿元、2095.99 亿元、2264.23 亿元、2523.54 亿元。不过,"十二五"期间兰州市 GDP 增速与全国经济增速趋势高度一致,增速大幅回落。2011—2015 年,兰州市 GDP 增速分别为 23.60%、15.03%、16.91%、9.40%、4.75%。2016—2017 年增速有所反弹,分别为 8.03%、11.45%,增势有所企稳(见图 6 – 1)。

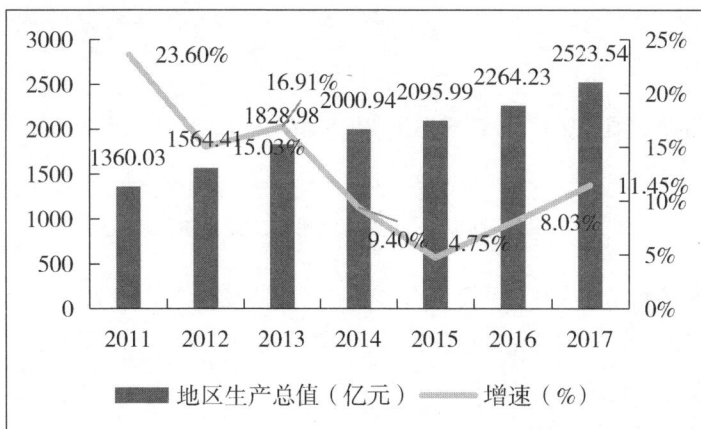

图 6 – 1　2011—2017 年兰州市地区生产总值及其增长速度

（二）兰州市工业经济发展水平

兰州市是一个资源相对匮乏、能源消费对外依存度较高、以高耗能、高排放为主要特征的重化工业城市。工业既是全市经济的支柱,也是最大的耗能主体。[1] 自 2002 以来,兰州市规模以上工业企业数量逐渐增多,规模以上工业增加值占全市工业增加值的比重不断增大。兰州市重工业增加值及规模以上工业增加值变化情况如图 6 – 2 所示。

其中,2002—2017 年兰州市重工业增加值、规模以上工业增加值与工业增加值变化趋势基本一致,先上升至 2013 年开始下降,2017 年再次上升。兰州市重工业增加值从 2002 年的 101.11 亿元增加到 2017 年的 432.10 亿元,年均增速为 20.26%,在工业增加值占比中保持在 69% ~82%。规模以上工业增加值从 2002

---

① 兰州市统计局官网. 兰州市节能降耗与经济增长路径选择[J/OL]. 兰州市统计局官网,2019 – 02 – 16.

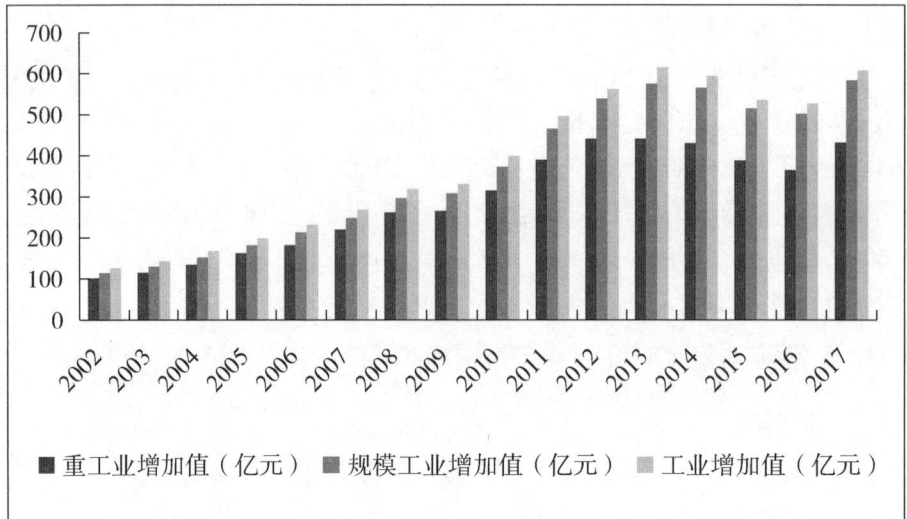

图6-2　2002—2017年兰州市工业经济结构

年的113.78亿元增至2017年的583.69亿元,年均增速为25.81%,在工业增加值占比中保持在90%~97%之间波动。这表明兰州市工业结构以重工业为主,且多为规模以上工业企业。

(三)兰州市工业能源消费状况

1. 工业化石能源消费结构

从近几年兰州市工业发展情况来看,轻工业的增速保持较低水平,而高耗能的重工业增速一直快于轻工业增速,是拉动全市工业快速增长的主要驱动力,高耗能行业和高耗能产品所占比重较大,在相当程度上直接制约着全市整体能耗水平的降低。2002—2017年兰州市工业主要化石能源消费量及煤炭消费占化石能源消费总量比重见表6-1。总体来看,2014年之前工业煤炭消费占工业化石能源消费总量比重趋升,2014年最高达到38.60%;2015—2017年煤炭比重持续下降,2017年降至32.26%。天然气比重趋升,2017年达到4.40%。原油是主要化石能源,比重稳中有降,2017年为63.34%。兰州市工业化石能源消费量2013年达到阶段性峰值,为2482.43万吨标准煤。该年原煤消费量也达到阶段性峰值,为893.22万吨标准煤。未来年份会否再上升有待时间验证,不过出现阶段性峰值为后续低碳发展及碳排放达峰创造了有利条件。

表6-1 兰州市工业能源消费结构(单位:万吨标准煤)

年份	原煤	原油	天然气	化石能源消费总量	煤炭比重	原油比重	天然气比重
2002	401.37	907.59	5.32	1314.28	30.54%	69.06%	0.40%
2003	421.63	992.19	55.06	1468.88	28.70%	67.55%	3.75%
2004	491.4	1177.48	60.52	1729.4	28.41%	68.09%	3.50%
2005	624.03	1261.4	62.51	1947.94	32.04%	64.76%	3.21%
2006	575.51	1351	65.17	1991.68	28.90%	67.83%	3.27%
2007	611.01	1515.02	79.67	2205.7	27.70%	68.69%	3.61%
2008	653.01	1435.93	68.1	2157.04	30.27%	66.57%	3.16%
2009	702.37	1497.66	74.88	2274.91	30.87%	65.83%	3.29%
2010	753.69	1481.09	81.8	2316.58	32.53%	63.93%	3.53%
2011	800.49	1507.57	103.47	2411.53	33.19%	62.52%	4.29%
2012	852.75	1433.36	122.09	2408.2	35.41%	59.52%	5.07%
2013	893.22	1501.56	87.65	2482.43	35.98%	60.49%	3.53%
2014	882.83	1309.61	94.43	2286.87	38.60%	57.27%	4.13%
2015	778.39	1382.88	67.56	2228.83	34.92%	62.05%	3.03%
2016	618.21	1176.81	71.42	1866.44	33.12%	63.05%	3.83%
2017	641.37	1259.27	87.38	1988.02	32.26%	63.34%	4.40%

2. 工业能耗强度持续下降

从工业能源消费总量及能耗强度来看,工业能源消费总量整体呈现先升后降趋势,和八种能源消费量走势保持一致,也和工业增加值保持一致,如图6-3。2002—2013年工业能源消费总量由1367.77万吨标煤增加到2724.25万吨标煤,年均增长9.02%,随即下降至2017年的2085万吨标煤,年均降幅7.65%。虽然工业能源消费总量不断增加,但是工业能耗强度(工业能源消费总量/工业增加值)逐年下降,从2002年的10.82吨标准煤/万元降至2017年的3.44吨标准煤/万元,降幅明显,节能减排工作成效显著。

(四)兰州市工业碳排放状况

本部分碳排放计算方法采用碳排放系数法,这是目前应用最广泛的一种碳排放核算方法,通过能源消费量及碳排放系数来估算碳排放量,乘以$\frac{44}{12}$转化为二氧化碳排放量,这样得出的结果更准确,同时可行性也更高。碳排放量计算公式如下:

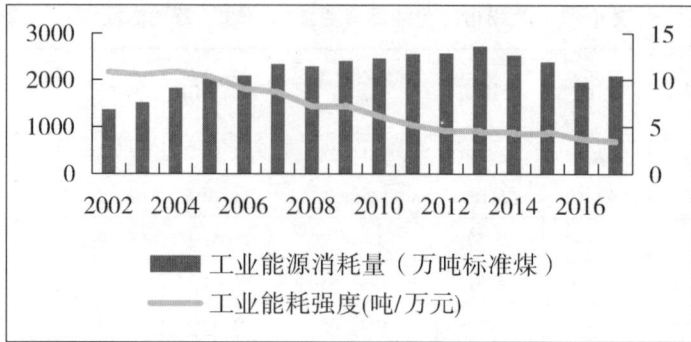

图6-3　兰州市工业能源消费总量及工业能耗强度

$$C = \sum C_{it} = \sum E_{ijt} N_j K_j \frac{44}{12} \qquad (1)$$

其中,C_{it}为 i 市第 t 年的碳排放总量;E_{ijt}为 i 市第 t 年第 j 种能源消费量,以标准煤计算,单位单位:万吨标准煤;N_j为第 j 种能源的氧化率,K_j为第 j 种能源的碳排放系数。j 为煤炭、石油、天然气 3 种能源;44/12 表示 CO_2 与碳的分子量之比,即碳转化成 CO_2 的转化系数。[①]

1. 碳排放总量

2002—2017 年兰州市 GDP 稳步提升,2002 年仅为 381.41 亿元,2010 年为 1100.39 亿元,2017 年增加到 2523.54 亿元,增幅较 2002 年达到 562%,较 2010 年增长 129%。结合近几年能源消费来看,经济稳步上行带来碳排放的增加。2002—2017 年兰州市能源消费的碳排放量整体呈上升趋势,2013 年碳排放量为最大值,达 5531.65 万吨标准煤,2016 年碳排放量为近 10 年最低,为 4134.76 万吨标准煤。2017 年碳排放量较 2002 年上升 50%,较 2013 年下降 26%,表明兰州市在推动经济发展的同时也不断践行低碳发展理念,注重减排降碳(见图 6-4)。

2. 碳排放强度持续下降

2010—2016 年甘肃省和兰州市的碳排放强度都呈下降趋势,兰州市碳排放强度降幅更为明显,2016 年首次低于甘肃省碳排放强度,见图 6-5。其中,甘肃省碳排放强度从 2010 年的 3.30 吨 CO_2/万元降至 2016 年的 2.20 吨 CO_2/万元,累积降幅为 33.37%。兰州市碳排放强度从 2010 年的 5.02 吨 CO_2/万元降至 2016 年的 1.91 吨 CO_2/万元,累积降幅为 61.89%。兰州市作为国家重工业基地,在大力发展工业的同时,坚持用先进技术改造和提升传统产业,提高能源利用效率,积极

---

① 姜国刚,顾婷婷,赵杨. 非线性视角下中国碳排放的影响因素与区域差异分析[J]. 软科学,2016,30(7):53-57.

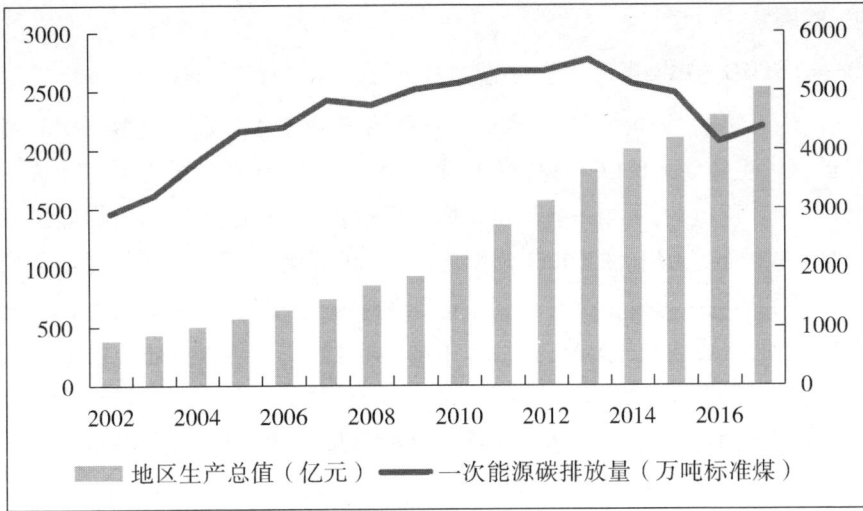

图 6－4 2002—2017 年兰州地区生产总值和一次能源碳排放量

改变能源结构单一状况,推动能源多元化、清洁化发展,大力优化能源结构,从而显著降低碳排放强度。

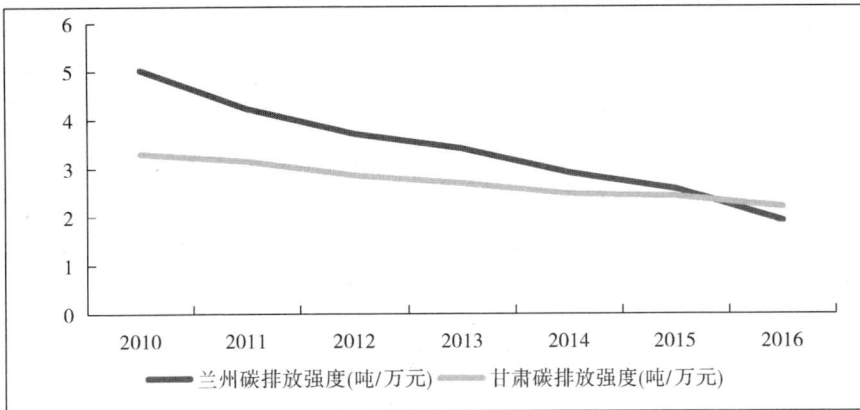

图 6－5 2010—2016 年甘肃省和兰州市碳排放强度

二、基于 STIRPAT 模型的兰州市碳排放影响因素分析

碳排放及其峰值预测的方法有 EKC 曲线、IPAC 模型、STIRPAT 模型、LMDI 分解法、LEAP 模型、灰色预测法和神经网络模型等。其中,STIRPAT 模型运用较为广泛,主要从人口、财富和技术角度展开,后来学界进一步引入工业结构、能源结构等变量使模型与现实更契合。下面采用 STIRPAT 模型实证分析兰州市碳排

放的影响因素。

（一）STIRPAT 模型

美国生态学家 Ehrlich 和 Holden 于 1971 年提出 IPAT 模型,认为影响环境状况(I)的因素主要为人口(P)、财富(A)和技术(T)等,计算公式为 I = P × A × T。其中,I 代表环境负荷,可用一些环境指标来表示,如能源消费量、污染物排放等。

STIRPAT 模型为拓展的 IPAT 模型,修正了 IPAT 模型只能分析线性变化的不足,也克服了环境压力模型所有自变量等比例影响应变量的缺陷,可进一步分析人口对环境的非线性变化影响,并加入了随机干扰项,也可根据研究目的及需要增加其他控制因素来分析对环境的影响①。本章根据兰州市发展特点,结合兰州市市情,考虑到不合理的能源结构和产业结构将增加碳排放,因此模型再引入结构变量,从人口、财富、技术、结构四个维度确定兰州市工业碳排放影响因素,每个维度具体变量设置为一个或若干个,共选择总人口数、劳动生产率、工业化率、工业能耗强度、技术水平等八个变量,构建如下 STIRPAT 模型。

$$I_t = k * X_{1t}^b * X_{2t}^c * X_{3t}^d * X_{4t}^f * X_{5t}^\pi * X_{6t}^\eta * X_{7t}^\tau * X_{8t}^\lambda * \mu \tag{2}$$

再对模型两边同时取对数,得到:

$$\ln I_t = \ln k + b \ln X_{1t} + c \ln X_{2t} + d \ln X_{3t} + f \ln X_{4t} + \pi \ln X_{5t} + \eta \ln X_{6t} + \tau \ln X_{7t} + \lambda \ln X_{8t} + \ln \mu \tag{3}$$

其中,t 为年份,I 为工业碳排放量,k 为常数,X_1 为总人口,X_2 为劳动生产率,X_3 为工业化率,X_4 为工业能耗强度,X_5 为工业能源结构,X_6 为工业轻重结构,X_7 为企业规模,X_8 为技术水平。b、c、d、f、π、η、τ、λ、λ 为弹性系数,表示当 X_1、X_2、X_3、X_4、X_5、X_6、X_7、X_8 变动 1% 时,会引起 I 的 $b\%$、$c\%$、$d\%$、$f\%$、$m\%$、$n\%$、$p\%$、$q\%$ 变化。μ 为残差项。

表 6-2　兰州市工业碳排放的影响因素

变量	定义	单位
工业碳排放量	工业能源消费产生的二氧化碳排放量	万吨
总人口	总人数	万人
劳动生产率	工业增加值/从业人数	元/人
工业化率	工业增加值/生产总值	%

---

① 渠慎宁,郭朝先. 基于 STIRPAT 模型的中国碳排放峰值预测研究[J]. 中国人口·资源与环境,2010(12):10 – 15.

变量	定义	单位
工业能耗强度	工业能源消费总量/工业增加值	吨标准煤/万元
工业能源消费结构	工业煤炭消费量/工业能源消费总量	%
工业轻重结构	重工业增加值/工业增加值	%
企业规模	规模以上工业企业增加值/工业增加值	%
技术水平	工矿企业专利授权量	项

(二)兰州市工业碳排放影响因素的实证分析

1. 自变量的相关性分析

运用 SPSS 22.0 对兰州市碳排放影响因素进行相关性分析,如表 6 - 3,可知人口、劳动生产率、工业能耗强度、工业能源结构、企业规模、技术水平这六项与因变量工业碳排放显著相关,而工业化率、工业轻重结构与工业碳排放相关性较低且不显著,可能是兰州工业增加值占生产总值比重以及重工业增加值占总的工业增加值比重近年趋于平稳,变化幅度较小,因而对碳排放影响较小,故而剔除工业化率与工业轻重结构这两项,对总人口、劳动生产率、工业能耗强度、工业能源结构、企业规模、技术水平等六类影响因素进行回归分析。

表 6 - 3　自变量和因变量之间的相关性

		lnI	lnX_1	lnX_2	lnX_3	lnX_4	lnX_5	lnX_6	lnX_7	lnX_8
lnI	Pearson 相关性	1	0.802 ***	0.877 ***	0.130	− 0.604 **	0.578 **	− 0.235	0.615 **	0.516 **
	显著性(双尾)		0.000	0.000	0.630	0.013	0.019	0.380	0.011	0.041

注:＊＊＊表示在 1% 水平(双侧)显著相关,＊＊表示在 5% 水平(双侧)显著相关。

2. 多重共线性诊断

通过检验各自变量之间的相关性发现,各自变量之间也存在显著相关关系。其中 lnX_1 和 lnX_2、lnX_4、lnX_7、lnX_8 显著相关,lnX_3 和 lnX_4、lnX_6、lnX_7、lnX_8 显著相关,lnX_5 和 lnX_2、lnX_4、lnX_6、lnX_7、lnX_8 显著相关,这说明自变量之间可能存在多重共线性,会形成"伪回归",使模型失真,回归方程并不能很好解释因变量的变化。一般用方差膨胀因子 VIF 判断多重共线性,如果回归方程中存在多个自变量的 VIF 大于 10,说明这些自变量之间存在多重共线性。

运用 SPSS 22.0 对兰州市六个碳排放影响因素(总人口、劳动生产率、工业能耗强度、工业能源结构、企业规模、技术水平)进行多元线性回归,诊断其是否存在多重共线,结果见表6-4。其中,劳动生产率、企业规模的 VIF 值均大于10,说明自变量间存在多重共线性。为避免伪回归,需要处理多重共线性问题,主要方法有剔除可替代变量保留重要解释变量、差分法、逐步回归、主成分分析、岭回归和增加样本容量。其中,岭回归估计是通过最小二乘法的改进允许回归系数的有偏估计量存在而补救多重共线性的方法,采用它可以通过允许小的误差而换取高于无偏估计量的精度,无需剔除变量,[①]因此最接近真实值的可能性较大,因而运用岭回归分析影响兰州市工业碳排放的因素。

表6-4 多元线性回归结果

自变量	非标准化系数		标准系数	t 统计值	显著性	共线性统计	
	系数值	标准误	贝塔			容许	VIF
常量	-24.603	13.914	——	-1.768	0.111		
lnX_1	2.529	2.259	0.303	1.120	0.292	0.135	7.395
lnX_2	0.196	0.134	0.539	1.462	0.178	0.073	13.784
LnX_4	0.494	0.252	0.381	1.956	0.082	0.261	3.837
lnX_5	0.210	0.530	0.097	0.396	0.701	0.165	6.068
lnX_7	3.090	3.139	0.328	0.985	0.351	0.089	11.261
lnX_8	-.045	0.057	-0.218	-0.785	0.453	0.128	7.824

3. 岭回归

根据扩展的 STIRPAT 模型,以 lnI 为因变量,以 lnX_1、lnX_2、lnX_4、lnX_5、lnX_7、lnX_8 为自变量,在 SPSS 22.0 软件中新建语法编辑器,编写以下程序实现岭回归:

INCLUDE 'D:\\spss\\Samples\\Simplified Chinese\\Ridge regression. sps'.

ridgereg enter = lnX_1 lnX_2 lnX_4 lnX_5 lnX_7 lnX_8

/dep = lnI

/start = 0

/stop = 1

/inc = 0.01

/k = 999.

岭参数 k 在 0~1 之间分布,搜索步长设为 0.01,进行岭回归拟合。所得各 k 值对应的可决系数 R^2 值见图6-6,岭迹图见图6-7。

---

① 杨楠. 岭回归分析在解决多重共线性问题中的独特作用[J]. 统计与决策,2004(3):14 - 15.

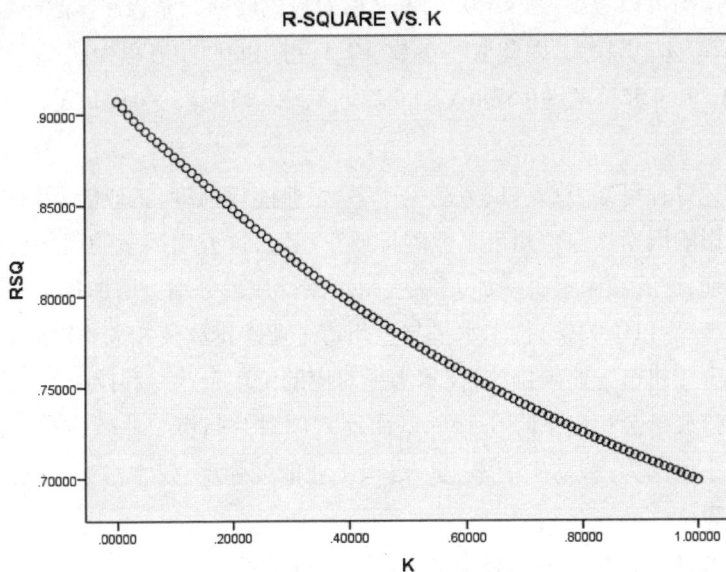

图 6 - 6   k 值对应 R^2 图

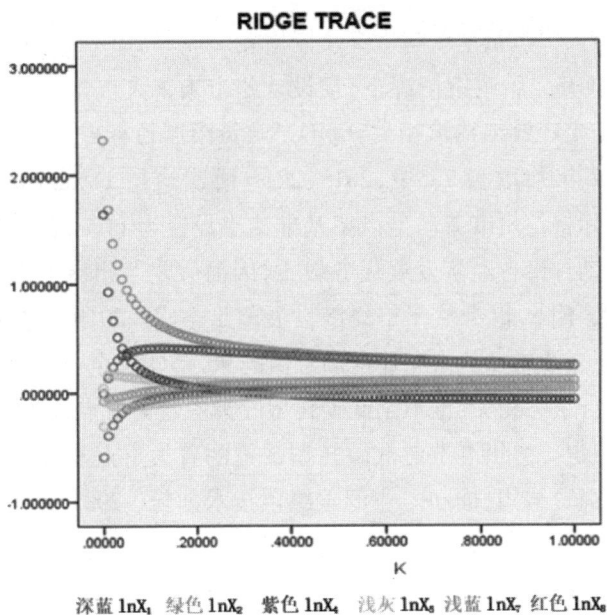

深蓝 lnX_1 绿色 lnX_2 紫色 lnX_4 浅灰 lnX_6 浅蓝 lnX_7 红色 lnX_8

图 6 - 7   岭迹图

从岭迹图可以看出,当 k = 0.1 时,k 值对应的岭回归系数逐步趋于稳定,且此时 R^2 为 87.7%,仍较大,因此取岭参数 = 0.1,得出岭回归方程为:

$$\ln I_t = -1.29 + 0.52\ln X_{1t} + 0.57\ln X_{2t} + 0.22\ln X_{4t} + 0.13\ln X_{5t} + 0.03\ln X_{7t} - 0.16\ln X_{8t}$$

$$(4)$$

由上述方程可知,总人口、劳动生产率、工业能耗强度、工业能源结构、企业规模这五项影响因素均与兰州市工业碳排放正相关,这五项因素的增加会促使工业碳排放增加,这五项因素每增加 1%,兰州市碳排放量分别会增加 0.52%、0.57%、0.22%、0.13% 和 0.03%;技术水平与兰州市工业碳排放负相关,技术水平的提升可有效减少兰州市工业碳排放,技术水平对应的工矿企业专利授权量每增加 1%,兰州市碳排放量会相应下降 0.16%。而这六项对兰州市工业碳排放边际影响程度从大到小依次为:劳动生产率、总人口、工业能耗强度、技术水平、工业能源结构及企业规模。

相应地,根据(4)式可以写出如下 STIRPAT 方程:

$$I_t = 0.274 * X_{1t}^{0.52} * X_{2t}^{0.57} * X_{4t}^{0.22} * X_{5t}^{0.13} * X_{7t}^{0.03} * X_{8t}^{-0.16}$$

$$(5)$$

三、兰州市工业碳排放达峰路径推演

考虑到兰州市人口数量主要与生育政策相关,2002—2016 年兰州市总人口年均增长 0.5%,在放开二胎政策情况下,预设兰州市未来人口年均增速为 0.6%;劳动生产率主要与生产效率技术相关,也不是政策限制目标变量,2002—2016 年兰州市劳动生产率年均增长 7.5%,2015、2016 增速均超 11%,2017 年甚至超 45%,为更切合实际将兰州市劳动生产率基准速率设置为 11%,再考虑到兰州市地处西部地区,带动甘肃省经济发展任务较重,因而假定兰州市未来仍需保持年均增长 11% 的速度不降,也为兰州市经济发展留足空间。2015 年兰州市企业规模指标是规上工业企业增加值占工业增加总值的 96.25%。企业规模主要与地区经济、宏观经济运行状态相关,也不是低碳转型政策的着力重点,因而假定未来企业规模指标保持稳定。兰州市工业低碳转型政策的着力重点是降低工业能耗强度、优化工业能源消费结构、推动工业低碳绿色技术创新。2002—2016 年兰州市工业能耗强度年均降低 7%,2015 年兰州市工业煤炭消费占工业能源消费总量为 34.92%,2002—2016 年兰州市技术水平指标—专利授权数年均增长 26.5%。利用(5)式和情景预设模拟推演兰州市工业碳排放走势,情况分别分析如下:

1. 基准情景下,兰州市工业碳排放量持续上升,到 2020、2025、2030 年兰州市工业碳排放量将增长到 5389.3、5637.9、5898.0 万吨 CO_2。

2. 在其他指标保持与基准情景不变情况下，聚焦工业能耗强度变化的减排效果，推演结果显示，工业能耗强度年均降幅从年均下降7%开始，测算每次增加0.5个百分点，在达到11%之前工业碳排放量在2030年之前持续增加，当达到11%时工业碳排放从2016年起开始逐年下降，当年均降幅达到9.5%时到2030年工业碳排放量会降至2015年之下。由于工业碳排放强度年均下降7%的基数已经较高，指望通过达到年均下降11%来实现达峰现实可行性较差，因而需要通过降低工业煤炭消费占比和加大工业低碳绿色技术创新力度来实现达峰目标。

3. 在其他指标保持与基准情景不变情况下，聚焦工业煤炭消费占比变化的减排效果，推演结果显示，工业能源消费结构从每年下降0.1个百分点开始测算，每次降幅增加0.1个百分点，结果显示，当工业能源消费结构中煤炭占比年均下降1.3个百分点时，可以在2027年达到峰值5315.4万吨CO_2；当工业能源消费结构中煤炭占比年均下降1.4个百分点时，可以在2026年达到峰值5274.7万吨CO_2；当工业能源消费结构中煤炭占比年均下降1.5个百分点时，可以在2024年达到峰值5243.4万吨CO_2。考虑到兰州市工业能源消费结构中煤炭占比年均下降1.5个百分点难度较大，单一去煤政策比较吃力，也需要配合扩大降低工业能耗强度降幅、加大低碳绿色技术创新力度来促进实现碳排放达峰。

4. 在其他指标保持与基准情景不变情况下，聚焦工业技术创新的减排效果，推演结果显示，工业专利授权数量年均增长率从26.5%开始起算，每次测算年均增长率增加0.5个百分点，结果显示，在工业专利授权数量年均增长率达到34%之前，工业碳排放量持续上升没有出现峰值；当工业专利授权数量年均增长率达到34%时，工业碳排放量2016年起就逐年下降；当年均增长率达到32%时，到2030年工业碳排放量将低于基准年排放水平。而年均增长率达到34%的技术创新发展压力较大，单一的技术创新政策也比较吃力。

5. 再考虑扩大工业能耗强度降幅、降低工业煤炭消费比重、加大工业技术创新力度的组合低碳发展政策。推演结果显示，在其他指标保持与基准情景不变情况下，工业能耗强度降幅年均下降7.5%，工业能源消费结构中煤炭消费比重年均下降0.75个百分点，工业技术专利授权数量年均增长达到30%，在这样的低碳组合发展政策情景下，兰州市工业碳排放量将在2024年达峰，峰值水平为5168.6万吨CO_2（上述结果见附表6-3）。

四、工业碳排放达峰相容条件的数理验证

对第三(5)部分提出的低碳组合政策情景下实现的碳排放达峰路径情景，可以利用第四章工业碳排放达峰的相容条件$(1+g_{t2})*(1-m_{t2}) \leqslant 1$进行数理

验证。

首先,按照预设,推算工业增加值增速$(g)=(1+人口增速)*(1+工业劳动生产率增长率)-1=(1+0.6\%)*(1+11\%)-1=11.67\%$。

其次,再按此增速,以基准年工业增加值推算,可得到历年预测工业增加值(P);

第三步,第三(5)部分组合低碳政策情景下实现的碳排放量除以第二步推算的P值可以得到工业碳排放强度值(CEI);

第四步,利用第三步推算工业碳排放强度值,可推算工业碳排放强度降幅值(m);

第五步,利用第一步和第四步计算的g和m值,可计算$(1+g)*(1-m)$。

第六步,利用相容条件$(1+g_{t2})*(1-m_{t2})\leq1$,判断工业碳排放峰值出现年份。

推算结果见表6-5。其中,在2024年时,$(1+g)(1-m)$值为100.005%,大于1;在2025年时,$(1+g)(1-m)$值为99.996%,小于1。因此,碳排放峰值出现在2024年。因此,本章运用STIRPAT模型估算的峰值年份与第三和第四章相容基本条件和原理并不相悖。

表6-5　工业碳排放达峰与相容条件的数理验证结果

年份	碳排放量	工业增加值增速(g)	工业增加值P	工业碳排放强度CEI	工业碳排放强度降幅(m)	$(1+g)*(1-m)$
2016	5155.03	11.67%	543.70	9.481	——	——
2017	5158.03	11.67%	607.13	8.496	-10.40%	100.058%
2018	5160.69	11.67%	677.95	7.612	-10.40%	100.052%
2019	5162.99	11.67%	757.04	6.820	-10.41%	100.045%
2020	5164.93	11.67%	845.36	6.110	-10.41%	100.038%
2021	5166.48	11.67%	943.98	5.473	-10.42%	100.030%
2022	5167.62	11.67%	1054.10	4.902	-10.43%	100.022%
2023	5168.33	11.67%	1177.07	4.391	-10.43%	100.014%
2024	5168.59	11.67%	1314.39	3.932	-10.44%	100.005%
2025	5168.38	11.67%	1467.73	3.521	-10.45%	99.996%
2026	5167.66	11.67%	1638.95	3.153	-10.46%	99.986%
2027	5166.40	11.67%	1830.15	2.823	-10.47%	99.976%
2028	5164.59	11.67%	2043.66	2.527	-10.48%	99.965%

年份	碳排放量	工业增加值增速（g）	工业增加值 P	工业碳排放强度 CEI	工业碳排放强度降幅（m）	(1+g)*(1-m)
2029	5162.18	11.67%	2282.07	2.262	-10.49%	99.953%
2030	5159.14	11.67%	2548.30	2.025	-10.50%	99.941%

五、总结①

影响因素实证分析表明,兰州市工业碳排放与人口规模、工业劳动生产率、工业能耗强度、工业能源消费结构中煤炭消费占比、工业企业规模正相关,与工业专利授权数量负相关。由于人口规模主要与生育政策相关,工业劳动生产率与工业效率技术相关,工业企业规模与宏观经济运行环境及规模经济效应相关,这些方面都不是低碳转型政策着力重点和限制方向。因此,兰州市工业碳排放达峰倒逼重点需放在降低工业能耗强度、降低工业煤炭消费比重、加强低碳绿色技术创新等方面。

情景推演结果显示,照目前发展趋势,兰州市工业碳排放将持续上升,而降低工业能耗强度、降低工业煤炭消费比重、加强低碳绿色技术创新等单一低碳转型政策的减排效果将难以实现峰值,政策比较吃力,需要采取组合政策。

情景组合模拟推演结果显示,在人口按年均增长0.6%、工业劳动生产率年均增长11%、工业企业规模保持稳定情况下,可以采取如下组合低碳转型政策,即兰州市在工业能耗强度年均下降7.5%,工业能源消费煤炭占比年均下降0.75个百分点,工业低碳绿色技术专利授权数年均增长30%的组合政策情景下,兰州市工业碳排放量将于2024年实现峰值。因此,需要未来兰州市大力发展节能技术、加速去煤炭进程,加快天然气、可再生能源替代煤炭进程,以及更加重视研发与技术创新,这些措施都是促进兰州市工业增长与碳排放达峰目标相容的有力有效举措。

---

①　需要说明一点的是,本章并未沿袭第三、第四章的基本数理分析方法和思路,而是基于STIRPAT模型展开分析的,目的是检验采取其他思路和方法的分析结果是否能与本书第三、第四章确定的基本思路和方法的分析结果相兼容,这在本章第四部分得到了验证,因而也进一步验证本书第三、第四章确定的基本思路和方法具有理论合理性和可靠性。

第七章 石化工业发展与减排的矛盾与协调

石化工业是工业经济与环境保护矛盾比较突出的工业行业,能源消耗、污染物排放及碳排放在工业行业中都占有较大比重。在全球应对气候变化及国内建设美丽中国背景下,必然倒逼石化企业转型升级,推动其节能减排降污降碳,以支撑国家碳排放达峰目标及全球温控不超过 2℃ 目标。石化工业企业主动绿色低碳循环化转型发展,也是其图存延展的唯一正确选择。本章尝试探讨中国石化工业发展与减排的矛盾表现,并提出相应的协调化解对策。

一、石化工业的发展现状

(一)石化工业①的内涵界定

本章讨论的石化工业是指包括国家统计局统计数据中采掘业中的石油天然气开采业,制造业中的石油加工、炼焦及核燃料加工业以及化学原料及化学制品制造业等三个工业子行业的统称。本章将这三个工业子行业归并讨论的理由有二:一是石油天然气开采业、石油加工工业及化学原料制品工业属产业链条上的上下游关系,相当部分相关石油化工企业业务范围兼而有之;二是第四章分析显示,这三个工业子行业高能耗高污染高排放特征相似,归并讨论有利于统筹施策。

(二)石化工业的发展现状

从增加值方面看,2017 年石油天然气开采业增加值为 6828.8 亿元,较 2007 年增长了 32%;石油加工业增加值为 4574.1 亿元,较 2007 年增长了 83%;化学原料及制品业增加值为 19887.2 亿元,较 2007 年增长了 182%;2017 年,三者合并的

---

① 通常说的石油化学工业(简称石油化工)一般是指以石油和天然气为原料,生产石油产品和石油化工产品的加工工业。范围很广,产品很多。原油经过裂解(裂化)、重整和分离,提供基础原料,如乙烯、丙烯、丁烯、丁二烯、苯、甲苯、二甲苯、萘等。从这些基础原料可以制得各种基本有机原料如甲醇、甲醛、乙醇、乙醛、醋酸、异丙醇、丙酮、苯酚等。本章界定的石化工业与通常所说的石油化工有所不同。

石化工业增加值为 31290.2 亿元,较 2007 年增长了 112%,占该年工业增加值的 10.8%;同期,工业增加值增长了 162%。期间,石油天然气开采业低速增长或负增长,由 2008 年增长 6.1% 降至 2017 年的 -2.7%;石油加工业增速 2010 年后单边下滑,由 2010 年增长 9.6% 降至 2017 年的 4.8%;化学原料及制品业增速 2010 年后也显著下降,由 2010 年增长 15.5% 降至 2017 年的 3.8%。由于总体上前两者增速较工业增速慢,后者增速较工业增速略快,导致三者占工业增加值比重有降有升。根据第四章附表 4-2 可知,石油天然气开采业占比由 2000 年的 3.71% 降至 2015 年的 0.73%,石油加工业占比由 2000 年的 5.26% 降至 2015 年的 3.11%,化学原料及制品业占比由 2000 年的 6.67% 升至 2015 年的 7.54%。前两者在一定程度上是由于我国石油资源相对不足再在低碳绿色转型背景下市场份额趋向萎缩,后者在一定程度上是由于加入 WTO 后发达国家将一部分污染密集型的化学原料及制品产业向我国转移以及国内相关产品需求旺盛所致。

未来,石化行业仍然存在较大市场发展空间,目前由石油和天然气生产的化学物质约占 90%,其余则来自煤炭和生物质,现代社会石化产品无处不在,如塑料、化肥、包装、服装、数码设备、医疗设备、洗涤剂、轮胎等等,是现代社会生产生活不可分割的一部分。[①] 只要石化行业能够协调好生产与环保、生产与气候变化之间的矛盾,未来发展依然前景广阔。

二、石化工业的环境气候负荷

附表 7-1 综合反映了石化工业"十二五"期末的环境气候负荷状态。其中,2015 年化学原料及制品业排放废水 256428 万吨,占工业废水排放的 14.12%,废水排放强度达到 14.415 吨/万元,"十二五"废水排放强度下降 52.2%,废水排放总量在该年制造业废水排放行业排序中占首位,废水排放强度"十二五"期间降幅虽然较大但下降空间仍然很大;废气排放 36752 亿立方米,占该年工业废气排放的 5.36%,废气排放强度达到 2.066 立方米/元,"十二五"废气排放强度下降了 17.7%;产生固体废弃物 32808 万吨,占工业固废排放总量的 10.55%,固废产生强度为 1.844 吨/万元,"十二五"期间固废产生强度不降反升了 31.7%,表明化学原料及制品业固废综合利用效率有待提升;能源消费 49009.38 万吨标准煤,占工业能源消费总量的 16.77%,仅次于黑色金属冶炼及压延加工业居第二位,能耗强度为 2.755 吨标准煤/万元,"十二五"仅下降 9.9%,降幅偏低,表明化学原料及制

---

① 安林红. IEA:石化、石油和天然气工业发展前景广阔[J]. 石油石化绿色低碳,2018,3(6):1-2.

品业节能减排潜力很大,节能减排力度仍待强化。

2015年石油加工工业废水排放84822万吨,占工业废水排放的4.67%,排放强度高达20.736吨/万元,在工业行业废水排放强度中居第三位(仅次于造纸和化纤),"十二五"期间废水排放强度仅下降11%,表明石油加工工业废水减排仍需强化;废气排放22074亿立方米,占工业废气排放的3.22%;废气排放强度为5.396立方米/元,"十二五"下降了13.3%;产生固体废弃物3804.3万吨,占工业固废产生量的1.22%,固废生成强度为0.93吨/万元,"十二五"下降了20.4%;能源消费达到23182.81万吨标准煤,占工业能源消费总量的7.93%,能耗强度高达5.667吨标准煤/万元,"十二五"期间不降反升了6.2%。数据表明,未来石油加工业需要重点强化节能和减少废水废气排放。

2015年,石油天然气开采业废水排放、固废生成量只占工业相应指标的0.32%、0.03%,排放(生成)强度均不算高,废水排放强度、固废生成强度在"十二五"期间分别下降了59.1%和62.6%,降幅较大,成效显著。2015年能源消费达到4266.09万吨标准煤,占工业能源消费总量的1.46%,能耗强度为0.607吨标准煤/万元,"十二五"能耗强度下降了13.9%。石油开采和化学原料工业在这些指标方面出现了较大幅度的绝对(相对)减排。不过,2015年石油天然气开采业废气、SO_2、烟(粉)尘分别排放了1573吨、104550吨、234820吨,分别较2010年增排了547吨、68961吨、221971吨,排放强度均出现大幅反弹。可见,石油天然气开采业未来需要着力控制废气、SO_2、烟(粉)尘排放,解决大气污染问题。

从总体看,2015年石化工业废水排放共计347031万吨,废气排放共计60399亿立方米,固废生成量共计36706.6万吨,能源消费共计76458.28万吨标准煤,占工业废水、废气、固废、能源消费等指标的19.11%、8.81%、11.80%、26.16%,各指标强度分别为12.006吨/万元、2.090立方米/元、1.27吨/万元、2.645吨标准煤/万元,分别较2010年变化了-39.8%、-10.6%、35.1%、-2.3%,其中废水排放强度和能耗强度指标远高于工业平均水平。石化工业中,化学原料及制品业是重中之重,水污染、大气污染、固废综合利用、节能降碳等环境气候问题需要协同治理;石油加工工业重点是废水、废气减排及节能降碳;石油天然气开采业重点是解决大气污染问题。

三、石化工业高排放高能耗原因探析

(一)石油石化工艺流程复杂,产业全链条环境不友好

石油开采、石油加工、化学原料及制品业全产业链环境不友好有其行业自身

特点的原因。石油开采企业在石油开采过程中,从石油勘探、钻井、采油到油气运输等各作业环节,可能会排放钻井污水(含大量重金属超标的钻井液)、采油污水(含大量驱油剂)、洗井污水等,石油开采过程中可能会有大量油气挥发,石油运输管线可能发生渗漏等,在整个过程中废水废气等有害有毒物质可以通过多种途径对周边水环境、土壤环境、大气环境、海洋环境造成污染。[①] 陕北土壤石油污染调查资料显示,陕北石油污染土壤面积达 708.16 万平方米,土壤内石油烃含量约为 5～60 g/kg,可见陕北土壤石油污染情况较为严重。[②] 在石油炼制过程中,可能排放含有有机物和重金属无机盐的工业废水,其中含有大量的油、盐酚、氨等,若不达标排放或不加处理就直接排放将对环境造成损害;在石油化工领域,石油化工产业排放的废气包括石油制废气、合成纤维废气、石油化肥废气以及石油化工废气等,这些废气可能导致酸雨、温室效应、臭氧层空洞等环境问题;在石油化工生产过程中,还会产生盐泥、酸碱渣、污泥和白土壤等固体废弃物,其中含有大量的重金属物质,会对土壤造成严重的破坏,导致土壤酸碱化、盐渍化等,固体废弃物进入土壤发生物理化学反应后将加重土壤污染,降低农作物产量进而影响农业可持续发展。[③]

(二)能源结构相对高碳,能源效率相对较低

我国石化行业能源消费对煤炭依赖相对较高。2015 年石油开采、石油加工、化学原料及制品业煤炭消费量分别为 185.52、47400.18、29976.56 万吨,合计消费 77562.26 万吨煤炭,占当年工业煤炭消费总量的 20.65%。由于煤炭经济性、可获得性及稳定性相对较好,许多石化行业企业能源消费仍然比较依赖煤炭。例如,近些年发展较快的煤化工行业为保证向化工区提供连续稳定的蒸汽和电力,大多自备燃煤电厂。由于目前煤化工行业自备电厂锅炉设备技术水平相对较低,出于成本因素考虑部分煤化工企业自备电厂选购低价劣质燃煤,甚至少数小型煤化工企业为节省成本逃避安装脱硫脱硝除尘设施,即便排放达标企业也有相当部分仅满足于擦标准达标水平而缺乏内在激励持续降低排放水平,这些因素造成较严重的 SO_2、NO_x、烟粉尘、温室气体等污染物排放。[④] 由于能源结构的高碳特征和能源效率的低效特征,也导致石化行业较高的碳排放强度。以石油石化企业为例,美国埃克森美孚公司上游生产的碳强度为 0.246tCO_2/t 油气当量,炼油生产的碳强

① 郑丽华. 石油开采与环境污染的关系[J]. 化工管理,2015(3):217.
② 李刚,蔡苗,魏样,等. 陕北地区石油开采对土壤环境污染研究[J]. 广东化工,2016(23):47-49.
③ 马宏伟. 石油化工环境污染解决措施[J]. 理论与方法,2016(27):174.
④ 杨瑞星. 煤化工企业电厂锅炉节能减排技术研究进展[J]. 化工管理,2019(23):110-111.

度为 0.186tCO$_2$/t 油气当量,而中国石化上游生产的碳强度为 0.496tCO$_2$/t 油气当量,炼油生产的碳强度为 0.288tCO$_2$/t 油气当量,后者两个指标分别是前者的 2.02 倍和 1.55 倍,表明节能减排潜力还有较大空间。[1]

（三）环保—发展平衡困难,企业—政府皆有责任

以江苏省化工产业为例。近些年来,江苏省化工产业凭借沿海沿江优势发展迅速。2017 年,江苏省化学原料及制品业资产占该省制造业资产总额 10.4%,化学原料及制品业主营业务收入占该省制造业主营业务收入总额 10.9%,在该省制造业分行业中排第三;化学原料及制品业利润额占该省制造业利润总额 12.2%,在该省制造业分行业中居首位。化学原料及制品业已成为该省制造业重要的支柱产业,尤其是苏北地区的支柱产业。然而,在化工产业发展过程中环境安全违法违规事件高发频发,如 2018 年生态环境部就曾组成督察组对盐城市辉丰生物农业股份有限公司严重环境污染问题开展专项督察、2019 年江苏天嘉宜化工有限公司发生化学储罐爆炸事故等,2018 年以来一年多时间里江苏省累计立案查处环境违法行为 1.89 万件,罚款 21.2 亿元,同比分别上升 35%、135%,其中相当部分涉及化工企业。[2]

化工行业环境违法违规案件频发,企业和政府均有责任。从企业方面看,化工企业环境违法违规表现有:经营者利用下水道或夜间偷排废水、废气,非法处置、转移、排放固体废弃物、危险废物,治污设施不正常运行,未经环评擅自开工项目,采用各种手段造假数据、造假环境台账等规避监管等,违反固体废弃物管理制度、建设项目环境影响评价制度、水和大气污染防治管理制度等,而且有些化工企业屡罚屡犯。究其原因,一是在思想观念方面,员工群众健康责任意识、生态环保意识及环境法制观念淡薄,对环境法律法规缺乏敬畏,敷衍应对部分宽松环境执法形成套路,对待环境执法处罚态度不严肃、不端正;二是成本费用方面,化工行业是环境事故多发易发行业,有毒有害废水、废气、固废、危险废物等污染物产生、排放量较多,要完全将环境成本内部化,其环保基础设施、技术设备、人员培训、环境治理和环境管理从化工产品设计、生产、销售到售后、回收、处置等全过程的环境投入成本很高,在市场竞争十分激烈的环境下,为了生存和发展化工企业有内在激励尽量节省环境相关成本费用,通过偷排将环境成本外部化;三是环境违法成本相对较低,不少环境行政处罚罚款偏低,远低于环境设备添置、升级及环境损害修复成本,造成环境违法成本较守法

[1]　田涛. 石油石化企业应对气候变化的战略探讨[J]. 石油石化绿色低碳,2019(1):17-21.
[2]　华夏经纬网. 江苏省生态环境厅公布 40 起环境违法典型案件,涉及化工钢铁印染等多个领域[N/OL]. 华夏经纬网,2020-04-20.

成本低;四是化工企业相关低成本环境污染治理技术及设备普遍匮缺,相关专业人才也严重不足,限制了化工企业环境治理能力。

从政府方面看,存在问题包括:一是化工产业发展规划急功近利,缺乏长远统筹科学规划,小散乱污化工企业遍地开花,诸多化工企业或园区空间位置布局不合理;二是不少小散化工企业市场准入把关不严,对化工企业生产经营环节的环境监管工作不实,对群众大量信访投诉响应迟滞,存在"以罚代管""罚而不管""重创收、轻监管"等不良倾向;三是在环境安全事故发生前环境监管宽松软慢,环境安全事故发生后环境政策立刻严紧硬快,环境及产业政策缺乏连续性和可预测性,对实体经济造成较大损失和市场扰动。前两个问题的原因一是部分地方政府重经济轻环保观念根深蒂固,甚至少数干部抱有"宁可毒死、不要穷死"的错误发展理念;二是部分地方政府工作作风不实,环境监管工作不能做实、做细、做常,没有心系群众健康利益,对群众信访态度漠视;三是环境监管企业数量众多、领域繁杂、工作量大,现有监管队伍及设备仅能做到重点监管、突击监管,日常监管工作很难做到全面监管、实时监管。第三个问题的实质是,需要统筹好生态环境安全、生命健康安全、化工产业稳健发展及政府部门行政绩效等方面关系。选择承接发达地区转移的化工产业发展经济就意味着选择了发展与环境两难平衡的高难度选题。对江苏省尤其苏北地区而言,以往不环保、不安全、不可持续的发展模式显然难以为继,今后推动化工产业绿色低碳安全发展是不二选择。

四、促进石化工业节能减排的政策建议

虽然石油作为燃料能源的重要性未来会相对下降,但作为原材料生产石化产品广泛用于生产生活用品的市场前景依旧广阔。不过,石化工业企业必须正视重视其环境气候负荷问题,必须适应绿色低碳转型政策形势,从政策倒逼到主动作为转变,积极主动尽最大努力降低能耗、污染物排放及碳排放,是石化企业未来生存及可持续发展的唯一途径。为此,提出如下协调化解石化工业发展与环境矛盾的政策建议:

第一,针对石化工业统筹施策,尤其化学原料及制品业是重中之重。化学原料及制品业需协同整治好水污染、大气污染、固废综合利用、节能降碳等环境气候问题;石油加工工业重点抓废水、废气减排及节能降碳;石油天然气开采业重点围绕解决大气污染问题对症施策。

第二,石化企业自我建立健全节能减排及技术管理制度规范,加强各类绿色低碳循环技术研发应用,积极升级锅炉设备,开发富氧燃烧技术,提高能源利用效率,探索温室气体资源化利用,完善内部激励机制,不满足于擦边达标,自我驱动追求超低排放直至零排放,加强操作人员专业培训,探索布局清洁低碳能源替代燃煤稳定可行路径,持续推进节能减排降污降碳。主动倾听周边群众意见建议,积累化工企业环境保护、生态治理技术能力和经验。

第三,地方政府需转变重经济轻环保观念,树立绿色低碳发展理念,制定前瞻性产业发展规划,统筹好政府、企业、居民、环境四者关系。加强环境监管队伍建设,升级环境监管技术装备,增强环境监管能力,将日常监管工作做细、做实、做严,树立起环境执法权威。加强对经营者环境保护专业培训,对履罚履犯者从重从严从快惩处,对环境违法企业不仅督促其整改而且要求其治理修复,提高化工企业违法成本,将环境安全隐患防范于无形无声中。对群众信访信息及时反馈,建立有奖环境违法举报机制,发挥广大群众监督作用。

第四,完善石化企业各项环境技术指标标准,动态升级(如每五年,与五年规划协同)石化工业污染物排放标准,倒逼石化企业改造升级节能环保设施,强化废水废气能耗温室气体实时监测监控能力,从源头降低石化企业废水废气排放,降低能耗以及降低污染物和碳排放。[①] 对绿色低碳循环转型升级表现优异的石化企业给予优惠财政金融环保等政策倾斜支持。

第五,将高消耗高能耗高排放石化工业企业强制纳入碳排放权、污染物排放权、水权等环境权益交易市场,用市场机制倒逼石化企业将环境外部性内部化,倒逼石化企业自主加强低碳绿色环保技术研发和设备升级。

第六,贫困落后地区承接石化产业转移,在某种程度上可谓为国承压,由于客观上相对薄弱的财政、资本、技术、人才积累,在发达地区尚且难以做好环保情况下,这些贫困落后地区仅靠自身力量势必也难以完全做好环保工作。因此,在国家发改委、生态环境部、工信部、财政部、省级政府层面,需要统筹提供专项环境技术、资金及共享环境治理经验,对承接污染密集型石化产业的贫困落后地区提供补偿和支持。

第七,石化企业生产过程中有毒有害危险物质产生环节较多,单个石化企业单兵作战力量相对薄弱,环境治理技术和经验需要集体积累和共享以应对复杂多发的环境安全风险。各级石化行业协会应发挥组织优势,经常组织石化企业开展环境技术和风险防范经验交流,联合多家石化企业攻关共性关键环保技术,提供石化行业环境技术专业培训,整体提升石化企业绿色低碳发展能力。

---

① 王亮,盛文龙,付胜楠. 新标准下石油炼制行业废气达标排放风险实例分析与探讨[J].
石油石化绿色低碳,2018(2):27-31.

第八章　世界经济、能源及碳排放的国际比较

近些年来,为共同应对气候变化,全球各国都加强了节能减排约束,各自取得程度不同的进步。对全球各国/地区的低碳发展水平进行横向的国际比较,对认识中国低碳发展所处的国际方位以及与欧美发达国家低碳发展水平的国际差距进而改进节能减排工作,具有重要的现实意义。

一、全球经济规模、增速及其区域比较

2016 年,全球 GDP 按汇价方式计算的实际值(2005 年 = 100)为 77. 36 万亿美元,是 1976 年的 3. 29 倍,年均增长 3% ;按购买力平价(PPP)方式计算的实际值(2005 年 = 100)为 109. 23 万亿美元,是 1976 年的 3. 89 倍,年均增长 3. 5% ;前者是后者的 70. 8% ,意味着全球财富按汇价方式被低估了近 30% 的价值,也意味着美元汇率被高估了大约 30% (见表 8 – 1)。[①]

其中,OECD 国家和非 OECD 国家 GDP 按汇价方式计算的实际值分别为 49. 79 和 27. 58 万亿美元,分别占全球 GDP 总量的 64. 4% 和 35. 6% ,分别是 1976 年的 2. 62 倍和 4. 79 倍,年均分别增长 2. 4% 和 4% ;OECD 国家和非 OECD 国家 GDP 按 PPP 计算的实际值分别为 49. 03 和 60. 20 万亿美元,分别占全球 GDP 总量的 44. 9% 和 55. 1% ,分别是 1976 年的 2. 68 倍和 5. 27 倍,年均分别增长 2. 5% 和 4. 2% ;这意味着按汇价方式高估了 OECD 国家的 GDP 规模,而低估了非 OECD 国家的 GDP 规模,非 OECD 国家 GDP 按汇价方式仅为按 PPP 计算值的 45. 8% ,表明现行美元汇率主导下的汇率制度对非 OECD 国家严重不公,非 OECD 国家财富被不公平的汇率制度所洗劫。

按地理区域区分,2016 年亚洲、美洲、欧洲、非洲、大洋洲 GDP 按汇价方式计算的实际值分别为 27. 47、24. 48、21. 33、2. 35、1. 73 万亿美元,按 PPP 方式计算的实际值分别为 52. 41、27. 24、22. 78、5. 48、1. 32 万亿美元,分别是 1990 年的 3. 85、

---

① 　IEA. CO$_2$ Emissions from Fuel Combustion[R]. IEA webstore,2018 – 11 – 08.

1.93、1.46、2.59、2.24 倍,年均分别增长 5.3%、2.6%、1.5%、3.7%、3.1%,按汇价计算的实际值分别是按 PPP 计算实际值的 52.4%、89.9%、93.6%、42.8%、131%。可见,现行国际汇率制度严重低估亚洲、非洲国家财富,高估大洋洲国家财富,欧洲美洲国家影响较小,对亚非国家极其不利。

表 8-1 世界及地区 GDP(汇价和 PPP 方式)比较

地区	1976	2016	1976	2016
	GDP(汇价)		GDP(PPP)	
世界	24.74	77.36	29.69	109.23
OECD 和非 OECD				
经合组织(OECD)	18.99	49.79	18.26	49.03
非经合组织(OECD)	5.75	27.58	11.42	60.20
比重	76.8%	64.4%	61.5%	44.9%
	23.3%	35.6%	38.5%	55.1%
五大洲	1990	2016	1990	2016
	GDP(汇价)	GDP(PPP)	GDP(汇价)	GDP(PPP)
非洲	0.93	2.35	2.11	5.48
美洲	12.89	24.48	14.14	27.24
亚洲	9.09	27.47	13.63	52.41
欧洲	14.26	21.33	15.62	22.78
大洋洲	0.77	1.73	0.59	1.32
比重	2.4%	3.0%	4.6%	5.0%
	34.0%	31.7%	30.7%	24.9%
	24.0%	35.5%	29.6%	48.0%
	37.6%	27.6%	33.9%	20.9%
	2.0%	2.2%	1.3%	1.2%

按国别/组织区分,在按汇价计算方式下 2016 年欧盟、美国、中国为第一梯队,实际 GDP 分别达到 18.31、16.92、9.51 万亿美元,分别占全球 GDP 总额的 23.7%、21.9%、12.3%,分别是 1990 年的 1.55、1.87、11.46 倍,年均增长 2.7%、4%、16.5%;日本、德国、法国、英国、印度、巴西、意大利列第二梯队,实际 GDP 分别达到 6.05、3.78、2.81、2.76、2.46、2.25、2.08 万亿美元,分别占 7.8%、4.9%、3.6%、3.6%、3.2%、2.9%、2.7%;俄罗斯、澳大利亚、西班牙、韩国、墨西哥、土耳其、印尼为第三梯队,实际 GDP 分别达到 1.63、1.52、1.46、1.31、1.26、1.12、1.04 万亿美元,占比由高至低在[2%,1%]区间分布。总体上,中国、印度、韩国、印尼

等东亚和东南亚国家增速遥遥领先，美、日、德、法、英等老牌西方国家增长缓慢，前者占全球GDP比重上升，中国和印度分别提高了10个和2个百分点，后者占GDP比重下降，欧盟、美国、日本比重分别下降了7.6、2、4.6个百分点。在按照PPP计算方式下，2016年中国、欧盟、美国实际GDP分别达到19.45、18.14、16.92万亿美元，分别占全球GDP总额的17.8%、16.6%、15.5%，中国居首位。欧盟和美国GDP两种算法大体相当，而中国按汇价计算值约为按PPP计算值的48.9%，意味着中国财富按现有国际汇价计算大约缩水一半。另外，印度、巴西、俄罗斯、韩国、墨西哥、土耳其、印尼、沙特、伊朗、泰国等发展中国家按汇价计算GDP分别约为按PPP计算GDP的31.1%、78.8%、51.2%、72.7%、60.7%、61.1%、37.7%、43.3%、33.5%、38.4%，各国财富均被严重低估，而日、德、法、英、加、意等老牌西方国家则大致相当或被高估，表明广大发展中国家在国际经济交往中处于极为不利地位，长期遭受财富洗劫，不合理国际经济秩序、国际金融秩序需要发展中国家联合应对以求公平化改变。

表8-2　世界经济规模排位靠前的国家（组织）GDP及比重

地区	1990		2016		1990		2016	
	GDP（汇价）	比重	GDP（汇价）	比重	GDP（PPP）	比重	GDP（PPP）	比重
世界	37.94	100.0%	77.36	100.0%	46.10	100.0%	109.23	100.0%
欧盟（EU-28）	11.87	31.3%	18.31	23.7%	11.70	25.4%	18.14	16.6%
美国	9.06	23.9%	16.92	21.9%	9.06	19.7%	16.92	15.5%
中国（大陆）	0.83	2.2%	9.51	12.3%	1.70	3.7%	19.45	17.8%
日本	4.70	12.4%	6.05	7.8%	3.70	8.0%	4.76	4.4%
德国	2.57	6.8%	3.78	4.9%	2.41	5.2%	3.53	3.3%
法国	1.91	5.0%	2.81	3.6%	1.69	3.7%	2.49	2.3%
英国	1.64	4.3%	2.76	3.6%	1.52	3.3%	2.54	2.3%
印度	0.47	1.2%	2.46	3.2%	1.50	3.3%	7.90	7.2%
巴西	1.19	3.1%	2.25	2.9%	1.51	3.3%	2.85	2.6%
意大利	1.75	4.6%	2.08	2.7%	1.71	3.7%	2.03	1.9%
加拿大	1.01	2.7%	1.83	2.4%	0.86	1.9%	1.54	1.4%
俄罗斯	1.41	3.7%	1.63	2.1%	2.71	5.9%	3.18	2.9%
澳大利亚	0.68	1.8%	1.52	2.0%	0.49	1.1%	1.11	1.0%
西班牙	0.87	2.3%	1.46	1.9%	0.91	2.0%	1.52	1.4%

地区	1990		2016		1990		2016	
	GDP（汇价）	比重	GDP（汇价）	比重	GDP（PPP）	比重	GDP（PPP）	比重
韩国	0.36	1.0%	1.31	1.7%	0.50	1.1%	1.80	1.6%
墨西哥	0.64	1.7%	1.26	1.6%	1.06	2.3%	2.07	1.9%
土耳其	0.36	1.0%	1.12	1.5%	0.60	1.3%	1.84	1.7%
印度尼西亚	0.31	0.8%	1.04	1.3%	0.82	1.8%	2.75	2.5%
荷兰	0.53	1.4%	0.89	1.2%	0.47	1.0%	0.79	0.7%
沙特阿拉伯	0.29	0.8%	0.69	0.9%	0.68	1.5%	1.60	1.5%
瑞士	0.43	1.1%	0.64	0.8%	0.31	0.7%	0.46	0.4%
伊朗	0.21	0.5%	0.49	0.6%	0.61	1.3%	1.45	1.3%
泰国	0.14	0.4%	0.41	0.5%	0.37	0.8%	1.06	1.0%

二、全球碳排放规模、增速及其区域比较

2016 年,全球能源燃烧产生的二氧化碳排放总量达到 32314.2 百万吨,是 1976 年的 1.98 倍,40 年间大约翻了一倍,年均增长 1.7%。1976—2016 年,除了 1974、1980—1982、1992、2009、2015 年等少数年份负增长外其余年份均不同程度地上升,总体上全球碳排放增速趋缓,2014 年达到阶段性峰值(见表 8 - 3)。

其中,按是否属于 OECD 组织划分,2016 年 OECD 国家碳排放为 11591 百万吨 CO_2,非 OECD 国家碳排放为 19483 百万吨 CO_2,另外国际海洋运输碳排放 682 百万吨 CO_2,国际航空运输碳排放 558 百万吨 CO_2,分别占全球碳排放总量的 35.9%、60.3%、2.1%、1.7%。

按地理区域划分,2016 年亚洲碳排放为 17427.0 百万吨 CO_2,美洲为 7003.0 百万吨 CO_2,欧洲为 5049.0 百万吨 CO_2,非洲为 1158.0 百万吨 CO_2,大洋洲为 438.0 百万吨 CO_2,分别占全球碳排放总量的 53.9%、21.7%、15.6%、3.6%、1.4%,其他占 3.8%。

按国别划分,2016 年中国和美国排放最高,分别为 9056.8 和 4833.1 百万吨 CO_2,分别占全球碳排放总量的 28% 和 15%;印度、俄罗斯、日本、德国列第二梯队,分别排放 2076.8、1438.6、1147.1、731.6 百万吨 CO_2,分别占 6.4%、4.5%、3.5%、2.3%;韩国、伊朗、加拿大、沙特、印尼、墨西哥、巴西、南非、澳大利亚、英国、土耳其、意大利等列第三梯队,碳排放量占比由高至低在 [1.8%,1%] 区间分布;上述 18 国碳排放占全球碳排放比重合计达到 76%。

在上述国家中,法国2005年出现阶段性峰值,俄罗斯和波兰2011年出现阶段性峰值,韩国、墨西哥、英国、意大利2012年出现阶段性峰值,中国、日本、德国2013年出现阶段性峰值,美国、加拿大、印尼、巴西、南非2014年出现阶段性峰值,沙特2015年最高,印度、伊朗、澳大利亚、土耳其等国家碳排放仍在持续上升。

表8-3　2016年世界及部分地区(国家)碳排放规模及比重比较

地区	碳排放量 (百万吨)	占比 (%)
世界	32314.2	100%
OECD 和非 OECD 国家		
OECD	11591.0	35.9%
非 OECD	19483.0	60.3%
五大洲		
亚洲	17427.0	53.9%
美洲	7003.0	21.7%
欧洲	5049.0	15.6%
非洲	1158.0	3.6%
大洋洲	438.0	1.4%
主要碳排放大国		
中国	9056.8	28.0%
美国	4833.1	15.0%
印度	2076.8	6.4%
俄罗斯	1438.6	4.5%
日本	1147.1	3.5%
德国	731.6	2.3%

三、全球碳排放的能源结构和行业结构比较

(一)碳排放的能源结构比较

2016年,全球煤炭消费碳排放为14265百万吨CO_2,占44.4%;原油消费碳排放为11232百万吨CO_2,占35%;天然气消费碳排放为6605百万吨CO_2,占20.6%;与1976年相比,煤炭、原油、天然气消费碳排放分别增长了143%、39%、

179%,煤炭和天然气消费碳排放占比分别增加了 8.4 和 6.0 个百分点,原油消费碳排放减少了 14.4 个百分点,整体上原油消费碳排放比重趋降,煤炭和天然气消费碳排放比重趋升。

不同国家能源资源禀赋各异,导致不同能源品种消费碳排放占比差异较大。其中,2016 年中国和印度类似,煤炭消费碳排放占比分别为 81.5%、70.7%,原油消费碳排放占比分别为 14.4%、26.2%,天然气消费碳排放占比分别为 4.1%、3.0%;法国和英国煤炭消费碳排放占比最低,分别只有 9.6% 和 12.5%,法国以原油消费碳排放为主达到 60.2%,英国原油和天然气消费碳排放占比相当,分别为 43.3% 和 44.1%;美国和英国类似,煤炭、原油、天然气消费碳排放占比分别为 28.2%、41.4%、30.4%,比较均衡,俄罗斯天然气消费碳排放占比最高达到 55.0%,煤炭和原油消费碳排放占比分别为 23.0% 和 22.0%;日本和德国类似,煤炭、原油和天然气消费碳排放占比分别为 39.6%:37.0%:23.4%、42.3%:34.2%:23.5%,也相对均衡。

总体而言,美日英法德能源消费结构相对均衡,中印以煤炭为主,俄罗斯以天然气为主,相比之下中印两国煤炭为主的能源结构将决定其实现碳排放达峰任务最为艰难。

表 8-4　2016 年世界主要经济体碳排放的能源结构比较

国家	煤炭消费碳排放占比	原油消费碳排放占比	天然气消费碳排放占比
全球	44.4%	35.0%	20.6%
中国	81.5%	14.4%	4.1%
印度	70.7%	26.2%	3.0%
法国	9.6%	60.2%	30.2%
英国	12.5%	43.3%	44.1%
美国	28.2%	41.4%	30.4%
俄罗斯	23.0%	22.0%	55.0%
日本	39.6%	37.0%	23.4%
德国	42.3%	34.2%	23.5%

(二)碳排放的行业结构比较

2016 年,全球碳排放总量中,电热力生产供应业排放 13412.4 百万吨 CO_2,占 41.5%;采掘业排放 1592.9 百万吨 CO_2,占 4.9%;制造业和建筑业排放 6109.3 百万吨 CO_2,占 18.9%;交通排放 7866.0 百万吨 CO_2,占 24.3%;生活能耗排放 1883.9 百万吨 CO_2,占 5.8%;商业和公务能耗碳排放 836.8 百万吨 CO_2,占

2.6%；其他碳排放占2%；电热力、交通、制造业和建筑业是碳排放主要领域,合计占85%。

从主要经济体看,其中俄罗斯、韩国、印度、日本、澳大利亚、中国等国电热力行业碳排放占比较高,依次为54.0%、52.7%、51.6%、49.9%、49.6%、48.1%；加拿大、南非、墨西哥、澳大利亚的采掘业碳排放占比最高,分别为20.8%、10.6%、10.6%、10.5%；中国、印度、巴西的制造业和建筑业碳排放占比最高,分别为31.4%、25.7%、20.6%；巴西、法国、美国、墨西哥、英国、加拿大的交通碳排放占比最高,分别为47.6%、41.6%、35.4%、35.0%、32.5%、31.9%,中国和印度交通碳排放比重最低,分别为9.3%和12.8%；伊朗、英国、法国、德国生活能耗碳排放占比最高,分别为20.4%、17.7%、15.7%、12.2%；法国商务和公务碳排放占比最高,达8%。总的特征是,发展中国家电热力碳排放占比较高,资源型国家采掘业碳排放占比较高,制造大国的制造业和建筑业碳排放占比较高,欧美国家交通碳排放占比较高,欧洲国家生活能耗碳排放占比较高,商务和公务碳排放占比普遍较低。

四、全球一次能源供给的国际比较

2016年,全球一次能源供给总量达到196.47亿吨标准煤,是1976年的2.11倍,年均增长1.9%,2011—2016年增速趋缓,原因可能是哥本哈根气候变化大会后世界各国均程度不同地加强了节能减排工作。其中,2016年OECD国家一次能源供给量为75.31亿吨标准煤,非OECD国家一次能源供给量为115.47亿吨标准煤,分别占全球一次能源供给总量的38.3%、58.8%,2016年较1976年比重依次变化了-20.9、20.4百分点,表明非OECD国家一次能源供给比重大幅提升。

从五大洲看,2016年亚洲一次能源供给量为93.68亿吨标准煤,美洲为46.92亿吨标准煤,欧洲为36.25亿吨标准煤,非洲为11.68亿吨标准煤,大洋洲为2.25亿吨标准煤,分别占全球一次能源供给总量的47.7%、23.9%、18.5%、5.9%、1.1%,较1990年分别变化了18.3、-5.6、-14.7、1.5、-0.03个百分点,亚洲增幅明显,欧洲降幅明显。

按国别看,中国、美国、欧盟-28居第一军团,2016年一次能源供给量分别为42.23、30.93、22.82亿吨标准煤,占全球比重依次为21.5%、15.7%、11.6%；印度、俄罗斯、日本、德国居第二军团,一次能源供给量分别为12.31、10.46、6.08、4.43亿吨标准煤,比重依次为6.27%、5.32%、3.09%、2.25%。2016年较1990年,中国、印度一次能源供给比重分别提升了11.54、2.18个百分点,而美国、欧盟、俄罗斯、日本、德国分别下降了6.08、7.15、4.7、1.9、1.75个百分点。总体上,老牌西方发达国家比重下降,新兴发展中国家比重上升。

表 8-5　2016 年世界及部分地区(国家)能源供给规模及比重比较

地区	一次能源供给量 (亿吨标准煤)	占比 (%)
世界	196.47	100%
OECD 和非 OECD 国家		
OECD	75.31	38.3%
非 OECD	115.47	58.8%
五大洲		
亚洲	93.68	47.7%
美洲	46.92	23.9%
欧洲	36.25	18.5%
非洲	11.68	5.9%
大洋洲	2.25	1.1%
主要碳排放大国		
中国	42.23	21.5%
美国	30.93	15.7%
EU-28	22.82	11.6%
印度	12.31	6.27%
俄罗斯	10.46	5.32%
日本	6.08	3.09%
德国	4.43	2.25%

五、全球碳排放强度的国际比较

(一)单位 GDP 二氧化碳排放量的国际比较

在以汇价计算 GDP 情况下,2016 年全球碳排放强度为 0.42kg CO_2/$,较 1990 年下降了 22.7%。其中,OECD 国家碳排放强度为 0.23kg CO_2/$,较 1990 年下降了 37.9%;非 OECD 国家碳排放强度为 0.71kg CO_2/$,较 1990 年下降了 31.9%,非 OECD 国家碳排放强度较 OECD 国家高很多。从五大洲看,亚洲碳排放强度最高达到 0.63kg CO_2/$,非洲碳排放强度为 0.49kg CO_2/$,居第二位;美洲居中,碳排放强度为 0.29kg CO_2/$;大洋洲和欧洲碳排放强度最低,分别为 0.25 和 0.24kg CO_2/$(见表 8-6)。

在按 PPP 计算 GDP 情况下,2016 年全球碳排放强度为 0.30kg CO_2/$,OECD 国家碳排放强度为 0.24kg CO_2/$,非 OECD 国家碳排放强度为 0.32kg CO_2/$,

非 OECD 国家碳排放强度较 OECD 国家差距缩小很多;亚洲、非洲、美洲、大洋洲、欧洲碳排放强度分别为 0.33kg CO_2/\$、0.21kg CO_2/\$、0.26kg CO_2/\$、0.33kg CO_2/\$、0.22kg CO_2/\$。

相较两种计算方式下的碳排放强度,PPP 方式下非洲碳排放强度最低,并非因为非洲低碳技术最先进,而是因为非洲以农业和服务业为主,工业占比较低;其次是欧洲碳排放强度较低,一方面是因为欧洲工业占比也相对较低,另一方面欧洲工业能效技术比较先进;两种方式下亚洲碳排放强度最高,原因是亚洲工业占比较高且能效技术相对落后;PPP 方式下非 OECD 国家、亚洲、非洲的碳排放强度较汇价方式下的碳排放强度低很多,主要是后者不利汇率制度严重低估上述地区GDP 所致。

再从国别看,PPP 计算方式下,中国和俄罗斯碳排放强度最高,分别为 0.47 和0.45kg CO_2/\$,较 1990 年分别下降了 62.1% 和 43.2%;其次是伊朗、澳大利亚、加拿大、沙特、韩国,分别为 0.39、0.36、0.35、0.33、0.33kg CO_2/\$,均在世界平均水平之上。美国、印度、日本、德国、荷兰的碳排放强度分别为 0.29、0.26、0.23、0.21、0.20kg CO_2/\$,居中间水平;欧盟、英国、法国、瑞士的碳排放强度分别为0.18、0.15、0.12、0.08kg CO_2/\$,是碳排放强度较低的国家。汇价计算方式下,伊朗、中国、俄罗斯、印度、沙特、韩国等国碳排放强度大幅提高,主要由于不利国际汇率制度严重低估这些国家 GDP,而多数西方国家碳排放强度会程度不同地下降。总体上发展中国家碳排放强度较高,欧美国家碳排放强度较低。

表 8-6 2016 年全球碳排放强度水平的国际比较

区域或国家	碳排放强度(汇价) (kg CO_2/\$)	碳排放强度(PPP) (kg CO_2/\$)
世界	0.42	0.30
OECD	0.23	0.24
非 OECD	0.71	0.32
亚洲	0.63	0.33
非洲	0.49	0.21
美洲	0.29	0.26
大洋洲	0.25	0.33
欧洲	0.24	0.22
美国	0.29	0.29
中国(大陆)	0.95	0.47
日本	0.19	0.24

续表

区域或国家	碳排放强度（汇价） （kg CO_2/\$）	碳排放强度（PPP） （kg CO_2/\$）
德国	0.19	0.21
法国	0.10	0.12
英国	0.14	0.15
印度	0.84	0.26
加拿大	0.30	0.35
俄罗斯	0.88	0.45
澳大利亚	0.26	0.36
韩国	0.45	0.33
沙特阿拉伯	0.76	0.33
瑞士	0.06	0.08
伊朗	1.16	0.39

（二）人均碳排放量的国际比较

从人均碳排放情况看,2016 年全球人均碳排放量为 4.35 吨 CO_2/人。OECD 国家人均碳排放为 9.02 吨 CO_2/人,非 OECD 国家为 3.17 吨 CO_2/人,前者是后者的 2.1 倍。从五大洲角度看,大洋洲、美洲、欧洲、亚洲、非洲人均碳排放由高到低依次为 10.92、7.08、6.78、3.93、0.95 吨 CO_2/人,西方国家人均碳排放远高于亚非国家。从世界主要经济体来看,沙特阿拉伯、澳大利亚、美国、加拿大、韩国的人均碳排放居最前,分别为 16.34、16.0、14.95、14.91、11.5 吨 CO_2/人;土耳其、墨西哥、泰国、巴西、印尼、印度的人均碳排放居最后且低于世界平均水平,分别为 4.33、3.64、3.55、2.01、1.74、1.57 吨 CO_2/人;俄罗斯、荷兰、日本、德国的人均碳排放相对居前,分别为 9.97、9.23、9.04、8.88 吨 CO_2/人;伊朗、中国、英国、意大利、西班牙、瑞士、法国的人均碳排放相对居中,分别为 7.02、6.57、5.65、5.37、5.14、4.53、4.38 吨 CO_2/人。总体来看,大洋洲美洲中东国家人均碳排放相对靠前,欧洲亚洲国家人均碳排放居中,发达国家人均碳排放相对靠前,发展中国家人均碳排放相对靠后,中国人均碳排放处于居中水平。

六、总结

通过上述多个指标的国际比较分析发现,在经济方面,全球经济发展水平分布不均,按汇价计算和 PPP 计算的两种结果表现不同,欧盟 – 28、美国、中国经济规模居前,现行国际汇率制度严重低估非 OECD 国家、亚非国家、发展中国家所创造的国民财富,它们在国际经济交往中长期遭受财富隐形洗劫,而对 OECD 国家、欧美大洋洲国家、西方发达国家没有影响甚至高估,中国 GDP 大约被低估一半。在碳排放规模方面,全球碳排放总量增速放缓,非 OECD/亚洲国家碳排放占比过半,中美两国碳排放最多,法国、俄罗斯、波兰等国较早迈过碳排放峰值拐点,2012—2014 年出现阶段性峰值的国家数量较多,中国于 2013 年出现阶段性峰值,后续年份会否超过前期峰值还有待时间验证,印度等国仍持续上升。在碳排放的能源结构方面,全球整体呈现煤老大、油老二、气老三格局,但不同国家能源资源禀赋差异较大,美日英法德能源消费结构相对均衡,中印以煤炭为主,俄罗斯以天然气为主。在碳排放的行业结构方面,电热力生产供应业、交通、制造业和建筑业是碳排放主要行业,其中发展中国家电热力碳排放占比较高,资源型国家采掘业碳排放占比较高,制造大国的制造业和建筑业碳排放占比较高,欧美国家交通碳排放占比较高,欧洲国家生活能耗碳排放占比较高,商务和公务碳排放占比普遍较低。在一次能源供给方面,全球能源供给规模不断提高,但 2011 年后增速放缓,与全球加大节能减排应对气候变化努力有关,其中非 OECD/亚洲/发展中国家一次能源供给份额上升,OECD/欧洲/发达国家份额下降。在碳排放强度方面,全球单位 GDP 二氧化碳排放量持续下降,以汇价方式和 PPP 方式计算的结果差异明显,在汇价方式下发展中国家碳排放强度普遍较欧美发达国家高很多,在 PPP 方式下两类国家碳排放强度差距大幅缩小,原因是发展中国家按汇价方式计算的 GDP 被严重低估。总体上,非洲国家碳排放强度较低,原因是其以农业和服务业为主的相对落后的经济结构;欧洲国家碳排放强度最低,得益于其相对较低的工业占比、相对均衡的能源结构以及相对先进的能效技术;亚洲国家碳排放强度最高,原因是工业占比相对较高、煤炭为主的能源结构以及相对落后的能效技术,中国和俄罗斯碳排放强度最高。整体而言,不管哪种计算方式下发展中国家碳排放强度较发达国家仍有明显差距,下降潜力空间仍然较大;在人均碳排放方面,发展中国家人均碳排放远远低于发达国家人均碳排放,中国人均碳排放水平居中。

总之,对中国而言,作为最大的碳排放国家,控制碳排放总量的任务艰巨又艰难,未来仍需坚持不懈地发展非化石能源、降低煤炭比重,加强电热力生产供应业、制造业和建筑业、交通等重点行业节能减排力度,通过大力发展低碳环保技术降低能耗强度、优化能源结构及产业结构,不断降低碳排放强度和人均碳排放水平,努力控制碳排放总量争取及早达峰。与法国、俄罗斯、波兰等较早迈过碳排放峰值拐点的国家不同,它们均是在经济增速相对缓慢、能源结构相对均衡或清洁能源占比相对较高的有利条件下实现的,而我国是要在经济仍处于中高速发展阶段、能源结构以煤炭为主的不利条件下争取实现,需要克服的困难更大,全球并无成功先例可资借鉴,因而更多需要依靠自身克服困难、协调矛盾,努力探寻增长与减排的相容之路。另外,需积极与广大亚非国家、发展中国家、非OECD国家共同推动改变现行不利的国际汇率制度,推进去美元化进程,同时优先考虑在亚非国家推动人民币结算,如在印度、巴西、俄罗斯、韩国、墨西哥、土耳其、印尼、伊朗、泰国等GDP排位相对靠前的发展中国家推进人民币结算,摆脱美元主导的不利汇率制度,改变不公平的国际金融秩序。

第九章　增长与减排的平衡政策选择

　　未来十年,中国需要努力争取到 2030 年或提前达峰,峰值目标倒逼结构调整和制度改革,而传统增长源泉消退、技术创新滞缓、新兴产业培育周期较长,致使经济和工业持续稳定增长面临巨大挑战。为此,本章将在综合前面章节的理论、实证及案例研究成果基础上,讨论中国控排放、调结构及促增长目标相容、步骤协调、节奏和谐的经济发展、工业布局、产业调整、能源发展、技术创新、环境气候等平衡政策措施,以供政府相关部门决策参考。

一、主要研究发现

(一)现状、问题与矛盾

　　如果气候变化科学属真,《巴黎协定》确立的温控目标、减排目标及全球碳预算科学合理,则对全球、对中国而言节能减排形势均严峻紧迫,及早达峰则正确无悔,这是中国减排政策适当与否的气候科学前提,本书以目前国家既定的减碳政策目标为研究基础。

　　自 2010 年以来,低碳转型政策密集推出,制定和完善低碳法律法规,向世界作出低碳目标承诺,编制专项低碳发展规划或纳入低碳约束指标,编制综合或节能控排行动方案,遴选低碳试点省市、园区及社区,筛选重点推广低碳绿色技术,淘汰落后产能化解过剩产能,构建碳排放权交易市场体系,改革整合气候环境治理体制机制等。低碳发展目标量化、细化、深化、连续,且指标逐级向下分解分配,逐渐从侧重强度控制向强度、总量、增量三维控制过渡,低碳转型倒逼压力趋严趋紧,工业是低碳转型倒逼重点,倒逼冲击也最明显。

　　自开启低碳转型倒逼以来,经济增速、工业增速持续下滑,由倒逼模式开启前的两位数增长降至目前的个位数增长,增速连续单边下滑。工业占 GDP 比重也由 2006 年的 42% 降至 2016 年的 33.3% 。工业增速、占比过快下滑,形势堪忧。三大产业结构比例由 2006 年的 10.6% ∶47.6% ∶41.8% 演变为 2016 年的 8.6%

:39.8%∶51.6%,大三产业比重10年内大概提升了10个百分点。虽然舆论或官方主流声音普遍将提高三产比重视为产业结构优化成绩加以宣扬,不过本书认为该观点或观念仍需商榷。第二产业、工业比重大幅下滑并不全是市场自身选择结果,政府制定国民经济和社会发展规划的去工业化政策倾向或为关键原因。

虽然三大产业结构变化是否认定优化存疑,但工业内部结构稳中趋优。自倒逼模式开启以来,采掘业由快速增长转为负增长,原材料工业由中高速增长转为低速增长甚至负增长,消费品工业除医药行业仍保持较快增速外其他均由高速或中高速增长转为中速或低速增长,电热气水生产供应业中燃气增速较快、电热水增速下降但变中有稳,装备制造业增速最快也最稳。以销售产值计2015年较2000年,装备制造业比重上升约3个百分点,原材料工业上升约2个百分点,电热气水生产供应业基本稳定,消费品工业比重下降约3个百分点,采掘业比重下降约2个百分点。

工业能源消费占能源消费总量比重大体在2/3上下波动,工业能耗强度远高于农林牧渔及服务业能耗强度,因而是节能减排重点。工业能源消费行业集中度高,主要是黑色金属、化学原料、非金属矿物、石油加工、有色金属等原材料工业和电热生产供应业,能源消费量约占工业能源消费总量的3/4。工业分行业能耗强度差异较大,原材料工业、电热气水生产供应业、化学纤维制造业能耗强度较高,下降空间较大,未来应列为节能减排工作的重中之重。

倒逼模式的节能减排成效是明显的。2000—2016年,能耗强度和碳排放强度均持续下降,分别从2000年的1.371吨标准煤/万元和3.184吨CO_2/万元降至2016年的0.792吨标准煤/万元和1.796吨CO_2/万元,分别下降了42.2%和43.6%。工业能耗强度除少数年份外逐年下降,"十一五""十二五"分别降低了26.4%、16.4%,2015年降至1.331吨标准煤/万元,较2000年累计下降43.2%。工业碳排放强度由2000年的5.845吨CO_2/万元逐步降至2015年的3.302吨CO_2/万元,累积下降43.5%。

倒逼模式的气候效应评估也证实了节能减排成绩。"十二五"期间,由经济增长引致的规模气候效应是增加了372266.1万吨CO_2排放,由低碳技术引致的技术气候效应是减少了141993.5万吨CO_2排放,由调整产业结构引致的产业结构气候效应是减少了86621.6万吨CO_2排放,由优化能源结构引致的能源结构气候效应是减少了50563.8万吨CO_2排放。技术气候效应超过了产业结构气候效应与能源结构气候效应之和。上述三类气候效应共计减少了279178.9万吨CO_2排放,抵消了75%的规模气候效应。"十二五"期间,中国在发展低碳技术、调整产业结构、优化能源结构等方面均取得显著的减排气候效应,三者的减排贡献度依次为

50.9%、31%和18.1%,优化能源结构的减排气候效应略低。

不过,还需要客观看待节能减排绩效。工业能源消费和碳排放增速贡献因素分解分析显示,"十二五"较"十一五",工业能源消费年均增速下降1.87个百分点,其中工业增速的下降贡献了4.79个百分点,能耗强度降幅的贡献减少了2.43个百分点,工业增速与能耗强度降幅的协同贡献也减少了0.49个百分点;工业碳排放增速下降了4个百分点,其中工业增速下降贡献了4.79个百分点,碳排放强度降幅的贡献减少了0.46个百分点,工业增速与碳排放强度降幅的协同贡献也减少了0.33个百分点。可见,工业增速下降才是最大节能减排贡献因素,以牺牲增速促成节能减排目标的特征比较明显。

倒逼模式开启以来,主动降速换挡,以牺牲增速换发展质量,在计量实证研究中也得到印证。例如,控煤举措引致工业增加值增速年均下降约2.26个百分点,可能的原因是工业生产对煤炭依赖较深,两者形成动态的循环促降机制:煤炭产量下降→工业生产下降→煤炭产量进一步下降,煤炭生产与工业生产两者相互影响,互为Granger原因。面板数据计量分析显示,低碳转型政策整体上对经济增速抑制作用明显,抑制程度在全国范围内比较均衡,大约为6~7个百分点。

倒逼模式对经济、工业的影响及其节能减排成效,在中山市案例研究中也得到进一步印证。1990—2011年,中山市实际地区生产总值和工业增加值保持了近20年的高速增长,年均增速分别达到了15%和16.2%。但2012年后增速急转直下,2012—2018年中山市地区生产总值增速分别只有9%、6.8%、5.7%、4.4%、3.9%、4.4%,2011—2018年工业增加值增速也分别只有8.6%、8.5%、7.2%、4.0%、3.8%、0.9%、-2.3%、1.4%,开始出现负增长。倒逼模式持续推进下,工业、二产乃至GDP会否被逼退、逼停乃至逼死,不能不引人担忧。

GDP、工业增速持续下滑,加之国际政治经济环境恶化,政府对经济增速期望不断下调。显然,碳排放控制、结构调整与经济增长之间出现了矛盾,三者之间陷入"三角矛盾"困境中。如果不实施低碳转型,碳排放量将随经济增长而增加,显然为全球应对气候变化目标所不容;实施低碳转型,优化产业结构,淘汰挤出落后低端过剩产能易,培育扶持先进高端低碳绿色产能难,周期较长,新旧增长动能难以及时转换,经济、工业增速放缓在所难免。不控排放的经济发展不可持续,也为气候环境所不容;不稳增长的低碳转型在残酷激烈的国际竞争环境下经济社会难以承受,势必也不可持续。碳排放控制、结构调整及经济增长三者之间必须得到适当平衡协调以协同实现目标,因此探寻三者的相容解势在必行且紧迫。

国际比较发现,在碳排放规模方面,全球碳排放总量增速放缓,非OECD/亚洲国家碳排放占比过半,中美两国碳排放最多,法国、俄罗斯、波兰等国较早迈过碳排放峰值拐点,2012—2014 年出现阶段性峰值的国家数量较多,后续年份会否超过前期峰值还有待时间验证,印度等国仍持续上升;在碳排放的能源结构方面,全球整体呈现煤老大、油老二、气老三格局,但不同国家能源资源禀赋差异较大,美日英法德能源消费结构相对均衡,中印以煤炭为主,俄罗斯以天然气为主,显然中印两国低碳转型挑战最大;在碳排放强度方面,全球单位 GDP 二氧化碳排放量持续下降,以汇价方式和 PPP 方式计算的结果差异明显,在汇价方式下发展中国家碳排放强度普遍较欧美发达国家高很多,在 PPP 方式下两类国家碳排放强度差距缩小很多,总体上欧洲国家碳排放强度最低,得益于其相对较低的工业占比、相对均衡的能源结构、相对先进的能效技术,亚洲国家碳排放强度最高,原因是工业占比相对较高、煤炭为主的能源结构及相对落后的能效技术,中国和俄罗斯碳排放强度最高,整体而言不管哪种计算方式下发展中国家碳排放强度较发达国家仍有明显差距,下降潜力任务仍然较大。

(二)相容条件、相容路径与调谐机制

1. 相容条件

本书以碳排放量恒等式为基础,数理分析了碳排放控制、结构调整与经济增长之间的相容条件及其中重要变量之间的数理联系。

碳排放总量控制与经济增速二元目标相容的必要条件是:$(1 + g_t) * (1 - m_t) \leq 1$;碳排放控制、能源结构调整及经济增长三者相容的必要条件是:$(1 + g_t) * (1 - z_t) * (1 - \theta_t) * (1 - \sigma_t) \leq 1$;碳排放控制、产业和能源结构调整及经济增长相容的必要条件是:$\sum_{i=1}^{n} \beta_{0i} * (1 + h_{ti}) * (1 - z_{ti}) * (1 - \theta_{ti}) * (1 - \sigma_{ti}) \leq \frac{1}{1 + g_t}$(字母含义见第一章)。

碳排放强度、能耗强度及优化能源结构之间的内在数理联系是:$m_t = 1 - \frac{\alpha_t}{r_0 * \alpha_0}(1 - z_t) * (1 - \gamma_t)$;产业结构调整与能耗强度下降之间的内在数理联系是:$e_0 * (1 - z_t) = s_{t1} * e_{01} * (1 - z_{t1}) + s_{t2} * e_{02} * (1 - z_{t2}) + s_{t3} * e_{03} * (1 - z_{t3})$(字母含义见第三章)。

利用上述等式,在部分指标合理情景预设基础上,可以倒逼推算其他指标与之目标相容的临界取值。

工业增速、结构调整与控排放相容条件分析略复杂些。为保障 GDP 期望增速,工业需守底线增速:$g_{t2} > \frac{s_{02} - h_1 - h_3}{s_{02}} * g_1 - \frac{h_1 + h_3}{s_{02}}$;为达成碳排放总量和能源消费总量目标,工业增速上限受限: $g_{t2} \leq \frac{1}{1-m_{t2}} - 1$, $g_{t2} \leq \frac{1}{1-z_{t2}} - 1$;工业控碳排

放、控能耗强度与优化能源结构之间的数理关系是: $\gamma_{t2} = 1 - \frac{r_{02}*a_{02}-(1-m_{t2})}{a_{t2}*(1-z_{t2})}$;

工业子行业结构优化与子行业能耗强度降速之间的数理关系是: $e_{02}*(1-z_{t2}) =$

$\sum_{i=1}^{n} s_{t2i}*e_{02i}*(1-z_{t2i})$ 。依据上述这些数理分析在部分指标合理情景预设基础

上,可以推演工业相容低碳发展路径(参见第四章)。

2. 相容途径

控排放、调结构与促增长三者相容,就要求在控排放过程中经济保持平稳增长,避免断崖式下滑以大幅牺牲经济增速来换取完成低碳目标任务;调结构与促增长的关系把握主要是掌握好调结构推进的力度、节奏及时机,平衡好调结构与稳增长的关系,尽量在维持经济增速平稳的情势下推进产业结构供给侧改革,避免"新鞋未得,旧履尽弃"局面出现,防止经济增速断崖式下滑。控排放、调结构与促增长实现相容的途径大致包括:一是着力发展先进生产技术和低碳环保技术,持续降低产业能耗强度和碳排放强度;二是适当降低能耗强度和碳排放强度相对较高的产业比重,增加能耗强度和碳排放强度相对较低的高新低碳环保产业比重,优化产业结构;三是在能源资源禀赋许可条件下,适当降低煤炭比重,以及推进煤炭等化石能源的清洁化利用,从而降低加权碳排放因子;四是最关键方面,即大力发展非化石能源,最大限度地提升非化石能源占能源消费总量比重,是实现经济增长与碳排放脱钩、经济增长与碳排放控制目标相容的决定性因素。

3. 相容路径

根据上述相容条件和变量关系的数理联系分析,模拟推演经济、工业、中山市及兰州市的相容低碳发展路径。推演结果分别如下:

(1)国民经济相容低碳发展路径

经济增长、结构调整与碳排放总量控制的数理模型分析表明,碳排放强度和

经济增速满足 $m_t \geq \frac{g_t}{1+g_t}$ 是经济增长目标与碳排放总量达峰目标相容的必要条

件。碳排放强度下降是能耗强度下降、提升非化石能源比重以及化石能源内部结构优化的综合结果,能耗强度下降是三大产业结构调整及三大产业能耗强度下降的综合结果。按照预设情景推演,GDP 将持续增长,碳排放强度将持续下降,碳排放总量将在 2025—2030 年出现,推演得到的 9 种能耗强度降速情景基本都在可争取实现的范围内,推演得到的 36 种理论相容发展路径中包含 6 条可实现预设高经济增速目标相容路径、8 条可实现预设中经济增速目标相容路径以及 12 条可实

现预设低经济增速目标相容路径。这表明,在 21 世纪保持较快经济增速和控制碳排放总量协同实现是现实可行的。总体上,经济增速目标越高,则对应碳排放强度降幅要求越高,进而要求能耗强度降幅越大,非化石能源比重提升速度和去煤进程越快,以及要求三大产业比重增幅越大。路径 16(L16)可作为中国规划相容低碳发展路径的标杆指标,实际各项指标力争超过标杆指标以取得更优低碳发展成就(参考附表 3 - 7)。

(2)工业相容低碳发展路径

工业控排放、调结构与促增长之间相容的状态是,在守住传统工业行业比重底线的前提下相对提高装备制造和电子信息产业比重,在能源资源禀赋与供应能力许可的条件下优化工业能源消费结构,在守住工业增速必要底线和工业增加值占 GDP 比重必要底线的前提下,再在提升节能减排低碳环保技术降低能耗强度的配合下,完成既定能耗强度控制目标、碳排放强度控制目标及碳排放总量控制目标。工业控排放、调结构及促增长待求目标相容解:①为保障期望 GDP 增速,"十三五"至"十九五"时期,二产增速在低 GDP 增速情景下至少需达到 3.90%、5.48%、4.73%、4.23%、3.74%、3.75%、3.50%,在中 GDP 增速情景下至少需达到 3.90%、5.98%、5.22%、5.22%、4.73%、5.24%、5.00%,在高 GDP 增速情景下至少需达到 3.90%、5.98%、5.72%、5.22%、5.22%、5.74%、5.50%。②为完成碳排放强度和总量控制目标,"十三五"至"十九五"时期,二产增速上限边界在宽 m 情景下分别为 6.20%、6.99%、7.68%、7.26%、5.09%、4.56%、4.05%,在中 m 情景下分别为 6.20%、6.75%、7.31%、7.31%、6.06%、5.50%、5.50%,在严 m 情景下分别为 6.20%、6.76%、7.34%、6.76%、6.06%、6.06%、6.06%。GDP 增长目标与达峰目标相容发展路径窄平衡难度大。③为实现能源消费总量和强度控制目标,"十三五"至"十九五"时期,二产增速在其能耗强度快速(慢速)下降情景下分别需负增长 -1.8%(-0.79%)、-2.64%(-1.64%)、-2.13%(-1.17%)、-2.6%(-1.62%)、-3.06%(-2.06%)、-3.51%(-2.91%)、-3.94%(-2.91%);同时期对应 GDP 增速分别为 0.92%(1.96%)、-2.08%(-1.08%)、-1.26%(-0.28%)、-1.69%(-0.70%)、-2.11%(-1.10%)、-3.19%(-2.17%)、-3.94%(-2.91%),表明能源消费总量和强度双控制目标将以牺牲工业和 GDP 增速为代价,GDP 存在被盖帽(CAP)风险,实为中国政府需要警惕的规划误区。④完成碳排放强度目标倒逼提升非化石能源比重。$\gamma_{t2}-4$、$\gamma_{t2}-5$、$\gamma_{t2}-6$ 三种情景要求非化石能源比重较规划更快提升,到 2030 年分别需升至 27%、25.6%、32.6%,到 2050 年分别需升至 57.3%、55.7%、63.3%。⑤原材料和电热气水生产供应业是未来节能减排重点,其能耗强度到 2020、2025、

2030、2035、2040、2045、2050 年的累积降幅在二产能耗强度快降情景下分别需达到 13.2%、23.7%、32.4%、40.9%、47.6%、53.3%、57.6%,在二产能耗强度慢降情景下分别需达到 8.6%、17.6%、25.2%、33.1%、39.2%、44.7%、48.7%。

(3)中山市相容低碳发展路径

①经济增长目标与能源消费控制目标相容路径推演结果显示,如果中山市综合能源消费总量到 2020、2025、2030、2035 年分别控制在 1900 万吨标准煤、2200 万吨标准煤、2400 万吨标准煤、2500 万吨标准煤,且能耗强度降幅目标在"十三五""十四五""十五五""十六五"期间分别下降 17%、16%、15%、14%,则同期中山经济增速上限分别为 8.66%、6.33%、5.12%、4.87%;在控制综合能源消费总量的同时,如果期望经济增速"十三五""十四五""十五五""十六五"年均分别达到 8.5%、7.5%、6.5%、5.5%,则需要倒逼能耗强度同期分别下降 16.37%、19.35%、20.38%、20.30%;如果保障期望经济增速目标和能耗强度降幅目标,则 2020、2025、2030、2035 年中山市综合能源消费总量控制目标需要调整为 1886 万吨标准煤、2274 万吨标准煤、2648 万吨标准煤、2977 万吨标准煤。

②经济增长目标与碳排放总量强度控制目标相容路径推演结果显示,"十三五""十四五""十五五""十六五"期间,碳排放强度降幅在期望经济增速情景下分别需要下降 23%、26%、27.5%、24%,在经济低速增长情景下分别需要下降 23%、24%、23.5%、22%。在期望增速情景下,碳排放总量在 2023 年达峰,碳排放峰值为 3709.4 万吨二氧化碳;在低速增长情景下,碳排放总量在 2025 年达峰,碳排放峰值为 3035.3 万吨二氧化碳。

③碳排放强度、能耗强度与能源结构优化之间的调谐机制分析发现:到 2020、2025、2030、2035 年,基准情景 m – 基准情景 z – a(加权碳排放因子)不变情景组合下,要求非化石能源比重分别达到 16.2%、26.2%、37%、44.3%;基准情景 m – 基准情景 z – a 变化情景组合下,要求分别达到 14.8%、23.6%、33.7%、40.4%;基准情景 m – 倒逼情景 z – a 不变情景组合下,要求分别达到 16.8%、23.7%、30.5%、36.7%;基准情景 m – 倒逼情景 z – a 变化情景组合下,要求分别达到 15.4%、21.1%、26.9%、32.2%;低速情景 m – 基准情景 z – a 不变情景组合下,要求分别达到 16.2%、24.2%、31.8%、38.1%;低速情景 m – 基准情景 z – a 变化情景组合下,要求分别达到 14.8%、21.6%、28.2%、33.7%;低速情景 m – 倒逼情景 z – a 不变情景组合下,要求分别达到 16.8%、21.6%、24.7%、29.6%;低速情景 m – 倒逼情景 z – a 变化情景组合下,要求分别达到 15.4%、18.9%、20.8%、24.6%。"十三五"期间中山非化石能源发展力度需争取较规划更大发展以满足多元目标达成需要;到 2035 年天然气比重约需升至 50%。

④三大产业能耗强度与三大产业结构优化之间的调谐机制推演分析了12种情景组合,发现倒逼情景要比基准情景下第二产业能耗强度下降压力更大,随着第一产业和第二产业能耗强度降幅任务完成程度的上升,第二产业能耗强度下降压力渐小。其中第1~3种、第7~10种情景下第二产业能耗强度下降完成任务的技术可行性较差,第4~6种、第11~12种情景下第二产业完成任务具有技术可行性。在基准情形下,第一和第三产业能耗强度降幅至少要求完成60%任务;在倒逼情形下第一和第三产业能耗强度降幅至少要求完成80%任务;再通过第二产业能耗强度下降潜力挖掘来完成全市能耗强度降幅既定任务。

⑤第二产业增速底线推演计算结果显示,到2020、2025、2030、2035年,在GDP期望增速情景下,要求第二产业增速分别守住6.2%、5.0%、3.7%、2.3%的底线;在GDP低速增长情景下,要求第二产业增速分别守住4.3%、3.5%、2.7%、1.8%的底线。

（5）兰州市工业低碳相容发展路径

情景推演结果显示,照目前发展趋势,兰州市工业碳排放将持续上升,而降低工业能耗强度、降低工业煤炭消费比重、加强低碳绿色技术创新等单一低碳转型政策的减排效果将难以实现峰值,政策比较吃力,需要采取组合政策。情景组合模拟推演结果显示,在人口按年均增长0.6%、工业劳动生产率年均增长11%、工业企业规模保持稳定情况下,可以采取如下组合低碳转型政策:即兰州市在工业能耗强度年均下降7.5%,工业能源消费煤炭占比年均下降0.75个百分点,工业低碳绿色技术专利授权数年均增长30%的组合政策情景下,兰州市工业碳排放量将于2024年实现峰值。为此,兰州市需大力发展节能技术、加速去煤进程,加快天然气、可再生能源替代煤炭进程,以及更加重视研发与技术创新,这些措施是确保兰州市工业增长与碳排放达峰目标相容的有力有效举措。

4. 调谐机制

（1）控制碳排放总量的政策工具包括积极发展低碳环保技术降低能耗强度,大力发展非化石能源提升非化石能源比重,加快去煤炭进程降低加权碳排放因子以及调整产业结构相对降低二产比重等。鉴于碳排放强度、能耗强度、非化石能源比重、加权碳排放因子等变量之间的数理联系,可以在几种控碳政策工具之间建立起调谐机制。当碳排放强度降幅目标一定时,加快降低能耗强度可相对减轻发展非化石能源和去煤进程压力,加速提升非化石能源比重可相对减轻发展低碳技术和去煤压力,加快去煤进程可相对减轻发展低碳技术和非化石能源的压力。在整体能耗强度、三大产业能耗强度与三大产业结构调整之间也可建立起调谐机制,当三大产业能耗强度下降遇阻时,可相对提高能耗强度相对较低的产业比重;

当产业结构调整遇阻时,可通过更大力度地降低子产业能耗强度以实现整体能耗强度降幅目标。当上述政策工具都充分用完也不足以完成节能减排任务时,最后就只能依靠下调经济增速来完成控碳目标。虽然近几年在创新驱动国策下中国技术进步较快,但核心关键技术仍然不足,可能导致低碳技术供应不足而使能耗强度下降遇阻;由于"富煤、贫油、少气"的能源资源禀赋,以及制度机制市场成本基础设施等障碍因素,去煤进程、非化石能源发展进程也常遇阻;三大产业比例结构还需要考虑产业安全和经济系统平衡因素,其调节空间也十分有限。基于上述现实约束条件考虑,政府可考虑在各方面发展进展评估基础上,统筹建立起调谐机制,以促进经济增长和碳排放达峰目标协同实现,更科学地平衡两者关系。

(2)在二产子行业结构调整与能耗强度下降之间考虑建立调谐机制。在年终计算子行业能耗强度降速基础上,审慎评估行业结构调整和行业能耗强度下降态势。如果战略支持产业能耗强度降速较慢,则需要加大结构调整力度,更大幅度下调原材料、电热气水、采掘业等行业市场份额;反之则反是。

二、调矛盾、谐节奏、促相容的平衡政策选择

(一)宏观经济政策

1. 平衡经济增长与控制碳排放总量的关系是世界性难题。法国、英国、俄罗斯等国家迈过碳排放峰值拐点是在其经济衰退增速缓慢时期以及能源结构均衡条件下实现的,而中国是要在经济中高速发展阶段以及以煤炭为主的能源结构条件下争取实现,挑战难度更大,可以说没有国际成功先例可资借鉴,完全需要依靠本国探索两者相容的低碳发展路径,两者相容的低碳发展路径也将是高质量发展的可持续发展路径。美国是当今世界最发达国家,也没有处理好发展与环境、发展与气候变化之间的矛盾,将污染密集型产业向发展中国家转移,只留下研发等产业链高端环节,造成产业空心化问题,这也是美国提出再工业化的原因,也是中国需要汲取的历史教训。而美国退出《巴黎协定》,则压根就不承认目前气候变暖主要由人类近代以来温室气体排放所致结论的科学属真属性,更放弃了平衡处理经济发展与气候变化矛盾的国际义务,推卸了节能减排额外成本,谋求在与中印等国家国际竞争中的比较优势。美国由奥巴马时期与欧洲联手竭力将中国拉进国际共同应对气候变化框架体系,与中国共同发布《中美气候变化联合声明》,等到成功得手后,到特朗普时期说退就退,在中国国内劳动土地环境等各项生产要素成本快速上升而发展中小国发展节奏快速跟进时期,仅就中美双边经济竞争而言,对中国工业经济和民营经济是十分不利的。在此形势下,中国如何平衡处理好经济与气候矛盾这一世界性难题就必须也只能依靠本国的理论创新和实践探索。

2. 统筹平衡经济增长目标与碳排放控制目标。"十二五"以来,中国低碳转型政策对经济增速影响明显,因此必须更好地统筹经济增长目标与碳排放控制目标,平衡增长与减排节奏,防止经济失速,防范经济风险。努力守住 GDP 增速和工业增速底线,在经济增长与碳排放的矛盾运动中相机平衡和处理好主要矛盾以及矛盾的主要方面,在经济和工业增速面临失速风险时适当减缓减排节奏,降低减排力度,兼顾经济的现实承受能力,逐步从"十二五"时期的倒逼模式过渡到平衡相容模式。"十四五"时期,发展规划绿色指标设计需要由倒逼导向向相容导向转变,低碳发展绩效考核也需要从倒逼考核模式向平衡相容考核模式转变。

3. 经济增速、碳排放强度降幅、能耗强度降幅等变量之间相互螺旋纠缠,给经济增长、碳排放强度下降、碳排放达峰、能耗强度、综合能源消费达峰等多元目标同时实现提供的相容低碳发展路径空间非常狭窄,势必对政府平衡增长与低碳目标挑战极大,而且平衡极易打破,陷入不相容局面。若再加上其他环境资源约束变量,势必使经济增长目标、控制碳排放和污染排放目标以及其他资源能源约束目标等多元目标协同实现难度更大,对此困难要有更充分估计。

3. 从中山市看,中山市经济、工业增速下滑态势并未根本遏止,与全国宏观经济态势相似相关,经济与气候变化应对矛盾的主要方面短期内是稳增长,需要着力遏止经济与工业增速继续下滑,经济、工业与气候变化应对矛盾平衡至少暂时性应着力于呵护经济和工业增速方面。在经济、工业增长、能耗强度目标、碳排放强度目标相互纠缠螺旋矛盾运动中注意好平衡时机、方向和力度,才能驾驶经济低碳发展驶入相容均衡的低碳发展轨道。

4. 审慎调整目前国民经济发展规划盲目提升三产比重而去工业化的不合理倾向。从国家到省,再到地级市,进而传递到下辖市县镇村,规划导向自上而下惯性倾向于提高三产比重,惯性认为提高三产比重是产业结构优化的表现和发展经济的政绩。但问题是,提升三产比重就意味着产业结构更优吗? 欧美国家三产比重高,但是现实经济增速和市场表现并未证实其产业结构更优。况且,二产差异性竞争容量空间较三产更广阔。如果全国普遍性聚焦于金融、康养、旅游、餐饮、娱乐、文化创意等服务业,是否会造成全国性严重同质化竞争,是否会削弱国家的硬实力? 如果是,那就有必要审视提升三产比重就是优化产业结构的观念及规划倾向,让工业与服务业比重升降更多交由市场选择和平衡,市场自会在资源禀赋、竞争优劣势及发展机会下做好答卷。当然,工业的环境气候不友好特征也需正视,但不应轻视。

5. 按 PPP 计算的发展中国家的能耗强度和碳排放强度与发达国家相比虽然仍然存在一定差距,但是差距较按市场汇价计算的结果小很多。现行的国际汇率制度对广大发展中国家十分不利,财富被严重低估,在国际金融、贸易往来中财富长期被隐形掠夺。今后,中国可以考虑积极与广大亚非国家、发展中国家、非OECD 国家共同推动改变现行不利的国际汇率制度,推进去美元化进程,可优先考虑在亚非国家推动人民币结算,如在印度、巴西、俄罗斯、韩国、墨西哥、土耳其、印尼、伊朗、泰国等 GDP 排位相对靠前的发展中国家推进人民币结算,摆脱传统西方发达国家货币主导的不利现行国际汇率制度。同时,可以考虑在全球范围内,优先在"一带一路"沿线国家及上述发展中国家范围内,在金融安全可控前提下推动微信、支付宝等中国主导的新型支付方式国际化,为中国制造业进出口结算提供更加便利更加高效的结算条件,摆脱在非常时期国际结算受制于人的金融困境,推动构建由中国主导的国际结算支付体系,带动中国制造和中国智造产品走向世界。

(二)工业产业政策

1. 稳增长首先要稳工业。工业增速与 GDP 增速之间存在连锁牵制关系。完成期望经济增速目标要求工业增速下滑守底线。在工业增速急转直下存在失速甚至负增长的情形下,经济与环境、经济与气候矛盾的主要方面至少短期性聚焦在经济增长、工业增长方面。没有绿色、没有低碳的增长是不可持续的,而没有增长的绿色、低碳也是不可持续的,两方面是辩证统一的。稳增长、守底线,是工业增速急转直下所面临的寻求新的均衡的现实需要。守底线思维要求一要守住工业增速底线,二要守住工业占比底线,三要守住工业子行业占比底线。

2. 对低碳转型政策作好经济社会影响前瞻预估及应对预案,当倒逼政策实施导致经济、工业增速大幅下滑以致影响地方经济社会稳定发展局面时,在控排战略方向不变条件下,适当减缓减排节奏,对节能减排整改升级遇到技术、资金、人才困难的企业提供必要帮助,借助地区内外各方面资源协助解决,提供必要的财税金融优惠政策,政府、企业共渡转型难关。

3. 黑色金属、化学原料、非金属矿物、石油加工、有色金属等原材料工业、电热生产供应业及化学纤维制造业能源消费比重和能耗强度较高,节能潜力空间较大,未来应列为工业节能减排工作攻坚领域。化学原料及制品、有色金属冶炼、石油加工、皮革皮毛、文教体育、家具制造、农副食品等行业节能减排也需要加强,尤其化学原料及制品业是重中之重。

4. 推进《中国制造 2025》战略实施,向全球中高端产业链挺进,构建高端绿色低碳制造业体系是破解增长与环境气候矛盾的唯一路径。推进创新驱动发展战略和关键产业引领战略，紧抓第四次工业革命机遇，促进前沿先进技术创新创造，开创中国技术改变世界新局面。当前，5G、芯片、AI、量子信息、航空航天、深海深潜、无人驾驶、前沿材料、超算设备、工业物联网、云计算和大数据、高端轨道交通运输设备、生物生命科技、清洁能源和低碳环保等产业是战略优先支持和布局方向。这些行业能源消费总量及强度、碳(污染物)排放总量及强度排位靠后，具备良好的绿色低碳品质。

5. 选择黑色金属冶炼、有色金属冶炼、化学原料及化学制品、石油加工冶炼、金属制品、非金属矿物制品、医药、造纸、废弃资源综合利用等能源消费总量及强度、碳(污染物)排放总量及强度排位靠前的行业，作为制造业绿色低碳循环化改造与升级的重点攻坚产业。通过开展绿色制造体系试点示范建设，促进上述产业产品全生命周期、全产业链的绿色、低碳、循环化升级改造。

6. 对化学纤维、食品制造、印刷、纺织、纺织服装、家具、饮料、文教工美、农副食品、皮革毛皮、橡胶塑料等传统消费品行业，鼓励与互联网技术、物联网技术、人工智能技术、信息化技术、绿色低碳技术、清洁能源技术结融合，提升生产效率，降低资源能源消耗及碳(污染物)排放。这些传统消费品产业是满足消费者基本生活的必需品，关乎人们的生活质量，降低消费品占比的空间十分有限。

7. 考虑在全国范围内建立"智力扶贫"机制，可由工信部牵头建立"工科人才数据库"，逐步将全国乃至全球的工业分行业理论专家、技术专家、技术能手纳入其中，对有技术需求的企业可通过申报与库内人才联系，配合建立专项基金支持，架起人才供需桥梁。在倒逼机制和惩罚机制之外，财政金融土地等其他职能部门辅助提供优惠支持政策，帮扶机制、激励机制与倒逼机制、惩罚机制协同引导广大中小民营企业绿色低碳转型升级。在扩大对外开放的时代背景下，保护中小民营企业发展也就是保护民族资本的成长，从长期看有战略意义。

8. 实施制造业技术引领战略。不仅在量子信息、5G、大数据、云计算、人工智能等新兴科技革命领域，在许多传统产业产品领域，哪怕是工艺、工序、小件制造品，在其制造质量方面均可以力争做到全球最精致、最精美、最优良。优先扩大低碳环保技术领域的对外开放，这些领域技术和市场合作共赢面大竞争性弱。鼓励制造业企业也积极对外开放，加强与欧美国家先进低碳环保技术和产业的合作，集合海内外研发人才和资源，打造开放式创新创造平台，全球集智成极致品。

9. 地方政府可以综合列出本地区全部行业的能耗强度、废水排放强度、废气排放强度、固体废弃物排放强度、水耗强度等环境气候资源类指标排名，并给予量化评分，再以服务业为筛选标准，从中选出综合评分优于服务业的工业行业，给予服务业同等待遇。对经过低碳环保技术升级改造后评分超过服务业的工业行业，也给予服务业同等待遇。一方面可以激励工业行业和企业自主进行绿色低碳转型升级，另一方面也可以避免地区经济过度脱实向虚，削弱实体经济。

（三）技术创新政策

1. 低碳转型政策需要更多依靠技术手段。目前，我国低碳转型政策主要依赖行政手段，高排放产业从一、二线城市向三、四线城市、东部向中西部、城市向乡村转移只是排放的空间腾挪，实质性技术减排手段积累较少，发达地区难以解决的排放问题不能简单指望落后地区依靠自身力量就能顺利解决，需配合提供资金补偿、技术支持及共享前期环境治理经验，未来更多依靠技术减排才是治标也治本之策。

2. 持续加强先进技术和低碳技术的研发应用。从中长期看，要坚定地引导和推进工业企业开展创新，研发生产技术，提高能效，推动产业结构升级。兰州市工业碳排放达峰路径实证研究表明，加强工业低碳绿色技术创新，是促进兰州市工业碳排放及早达峰的重要低碳转型政策。政府部门需多措并举，实质性降低企业制度性成本，协助企业渡过目前的阵痛期。在低碳转型的过程中，全社会应当全力投入并耐心守候，收获中长期经济效益和环境气候效应，推动经济高质量发展。

3. 优化顶层设计，释放创新活力。供给侧结构性改革易"去"难"供"，去除低端低效落后产能"易"，供给高端高效低碳绿色产能"难"。政府重点功课就是优化顶层设计，优化体制机制，优化制度的供给侧，为各类主体释放活力潜力创造科学合理高效的制度环境。目前，高端高效低碳绿色产业难以成形成群，难在尖端先进低碳环保技术供应不足。美国已将中国列为主要战略竞争对手，美国最具核心竞争力的构成要素就是其拥有全球最优越的高等教育及科研队伍系统，为美国源源不断地输出可以创新创造顶尖技术的高素质人才队伍。未来，中国需要进一步优化高等教育、科研及技术研发相关管理制度，加强基础研究投入，吸纳培育科研技术人才，释放科研队伍活力潜力，更多更快更好地创新创造尖端先进低碳环保技术，满足制造业绿色低碳转型升级技术需求。当下，利用美国学界政治氛围不佳时机，推出优惠政策广泛吸收国际教育、科研及技术人才为我所用。在美国推动与中国科技脱钩的政策导向下，优化科技管理制度机制，优化科研项目相关人员劳而无（低）酬的制度设计，更多依靠本国科研人才才智，具有更重要的长远战略意义。

（四）能源发展政策

1. 审视调整能源消费总量控制目标规划，避免中国经济增长规模被盖帽风险。推演结果显示,在预设经济能源情景下,目前的能源消费总量控制目标与期望经济增速目标之间没有相容发展路径可选,需要工业甚至 GDP 负增长来实现,是不可接受的。因此,在诸多环境气候约束性指标中,能源消费总量控制指标需要考虑放松或放弃。

2. 加速可再生能源和清洁化石能源发展。大力推动能源结构转型,扩大三类减排气候效应尤其是能源结构气候效应,争取完全抵消乃至超过规模增排气候效应。控制煤炭消费是减少温室气体排放的必由之路,但目前中国工业能源需求对煤炭依赖度过高,未来需着力降低工业对煤炭的依赖,推进工业领域的低碳能源布局。当然,在理论上不排除随着煤炭清洁利用技术、温室气体资源化利用技术的发展,当前"人人喊打"的化石能源也可能转变为清洁能源,从而根本扭转眼下不利形势,这需要煤炭石化行业持续科研攻关,也是其自救图存的唯一选择。

(五)环境气候政策

1. 对经济发展相对落后的东北、中部及西部地区而言,在完成约束性能耗强度和碳排放强度降幅指标任务过程中,低端落后污染产能和设备相对较多,对存量部分给予合理的自我升级整改过渡期,对增量部分适度从严把关市场准入,对相关经营管理、技术人员及投资者提供必要的节能减排降污相关法律法规技术技能培训,尽量减少"一刀切""运动式"环境整治及去产能风暴,既切实降低能耗减少排放减轻污染,又尽可能避免经济、工业增速大幅下滑的困难局面。

2. 地方政府切实转变传统"重经济、轻环保"发展理念,树立绿色低碳循环发展理念,科学制定前瞻发展规划,加强环境监管监察能力建设,加大对履罚履犯企业和个人处罚力度,加强对环境违法投资者和管理者问责,树立环境执法权威,营造环境违法成本超过守法成本的市场环境,完善环境、能源及碳排放指标标准体系,严把市场准入关,做实、做细、做常环境日常监管工作,建立有奖环境违法举报制度,及时响应群众信访,发挥群众监督作用,在广大经营企业中形成强大威慑力。在国家、省级及相关部委层面,统筹协调为高排放、高污染产业聚集地区提供技术和资金支持,为经济相对落后地区为国环境承压提供适当补偿。

3. 其他方面。第一,加强环境监测监管,增添升级监测监管设备设施,畅通便利媒体群众环保监督方式;第二,既设置令企业不敢侥幸偷排的环境执法红线,也设身处地地考虑企业经营困难,从财税金融政策等方面为企业降低成本分忧,从而令企业增强自主环境治理内在动力;第三,环境类税费收入专款专用,尽量用于环境治理和生态建设;第四,充分发挥行业协会作用,组织制定绿色产品评价标准,组织行业企业对共性关键低碳环保技术联合攻关,引导行业制造企业增强环境责任意识,朝生态设计、绿色产品、绿色工厂、绿色园区、绿色供应链、绿色物流、绿色管理转型升级;第五,多方筹资稳定环境治理投入,保障必要经费需求。

附 表

附表 1-1　近年来中国低碳转型主要政策举措汇总表

	政策举措	发布时间	主要内容
法规	《可再生能源法》《节约能源法》《国务院关于加快发展节能环保产业的意见》《节能低碳技术推广管理暂行办法》《应对气候变化法》(拟定中)《碳排放权交易管理暂行办法》《碳排放权交易管理条例》等。		
国际承诺	哥本哈根气候变化大会承诺	2009.12.18	到2020年,中国单位GDP二氧化碳排放将比2005年下降40%~45%。
	中美气候变化联合声明	2014.11.12	中国计划2030年左右二氧化碳排放达到峰值,并计划到2030年非化石能源占一次能源消费比重提高到20%左右。
	《强化应对气候变化行动——中国国家自主贡献》文件	2015.6.30	到2020年单位GDP二氧化碳排放比2005年下降40%~45%,非化石能源占一次能源消费比重达到15%左右;二氧化碳排放2030年左右达到峰值并争取尽早达峰,单位GDP二氧化碳排放比2005年下降60%~65%,非化石能源占一次能源消费比重达到20%左右。
发展规划	国民经济和社会发展"十二五"规划纲要	2011.3.16	调整产业结构和能源结构,节能提效,大幅降低能耗强度和二氧化碳排放强度,有效控制温室气体排放;合理控制能源消费总量,明确总量控制目标和分解落实机制;逐步建立碳交易市场;推进低碳试点示范;单位GDP能耗降低16%,单位GDP二氧化碳排放降低17%,非化石能源占一次能源消费比重由8.3%提高至11.4%。
	国民经济和社会发展"十三五"规划纲要	2016.3.17	"十三五"将主动控制碳排放,落实减排承诺,有效控制电力、钢铁等重点行业碳排放,推进工业、能源、建筑、交通等重点领域碳排低碳发展,支持优化开发区域率先实现碳排放达到峰值,深化各类低碳试点,实施近零碳排放区示范工程,推动建设全国统一的碳排放交易市场;非化石能源占一次能源消费比重18%,单位GDP二氧化碳排放低15%,单位GDP能耗降低18%,非化石能源占一次能源消费比重由12%提高至15%。

	政策举措	发布时间	主要内容
发展规划	能源发展"十三五"规划	2016.12.26	到2020年,能源消费总量控制在50亿吨标准煤以内,煤炭消费总量控制在41亿吨标准煤以内,非化石能源消费比重提高到15%以上,天然气消费比重达到10%,煤炭消费比重低到58%以下,单位GDP能耗较2015年下降15%,单位GDP二氧化碳排放较2015年下降18%。
	可再生能源发展"十三五"规划	2016.12.10	到2020年,全部可再生能源年利用量7.3亿吨标准煤,其中商品化可再生能源利用量5.8亿吨标准煤;全部可再生能源发电装机6.8亿千瓦,发电量1.9万亿千瓦时,占全部发电量的27%;基本解决水电弃水问题,限电地区的风电、太阳能发电年度利用小时数全面达到全额保障性收购的要求。
	能源技术革命创新行动计划(2016—2030年)	2016.4.7	重点任务包括煤炭无害化开采技术创新,非常规油气和深海、深海油气开发技术创新,煤炭清洁高效利用技术创新,先进核能利用技术创新,高效太阳能利用技术创新,大型风电技术创新,氢能与燃料电池技术创新,生物质海洋地热能利用技术创新,先进储能技术创新,能源互联网技术创新,节能与能效提升技术创新等。
	能源技术创新"十三五"规划	2016.12.30	"十三五"期间,集中力量突破重大关键技术、关键材料和关键装备,大幅提升能源自主创新能力。
	能源生产和消费革命战略(2016—2030)	2016.12.29	到2020年,能源消费总量控制在50亿吨标准煤以内,非化石能源占比15%;单位国内生产总值二氧化碳排放比2015年下降18%;单位国内生产总值能耗比2015年下降15%。2021—2030年,能源消费总量控制在60亿吨标准煤以内,非化石能源占能源消费总量比重达到20%左右,天然气占比达到15%左右,单位国内生产总值二氧化碳排放比2005年下降60%~65%,二氧化碳排放2030年左右达到峰值并争取尽早达峰;展望2050年,能源消费总量基本稳定,非化石能源占比超过一半。

续表

	政策举措	发布时间	主要内容
国务院	"十二五"节能减排综合工作方案	2011.8.30	坚持降低能耗强度、减少主要污染物排放总量、合理控制能源消费总量相结合，形成加快转变经济发展方式的倒逼机制，向各地区分解分配能源消费强度指标。到2015年万元GDP能耗比2010年下降16%，非化石能源占一次能源消费总量达到11.4%，服务业增加值和战略性新兴产业增加值占国内生产总值比重分别达到47%和8%左右。
	"十二五"控制温室气体排放工作方案	2011.12.1	各地区各部门要围绕到2015年碳排放强度比2010年下降17%的目标，大力开展节能降耗，优化能源结构，努力增加碳汇，加快形成以低碳为特征的产业体系和生活方式；指标分解分配到各省和直辖市。
	"十三五"控制温室气体排放工作方案	2016.10.27	到2020年碳排放强度比2015年下降18%，碳排放总量得到有效控制；支持优化开发区域碳排放率先达到峰值，力争部分重化工业2020年左右实现率先达峰，能源体系和消费模式低碳转型取得积极成效；实施能源消费总量与强度双控，全国碳排放权交易市场启动运行。
	"十三五"节能减排综合工作方案	2016.12.20	深入实施"中国制造2025"，构建绿色制造体系，严禁核准备案产能严重过剩行业的增加产能项目，实施工业能效赶超行动，分解分配能源消耗总量、强度及增量控制目标。到2020年，万元GDP能耗比2015年下降15%，能源消费总量控制在50亿吨标准煤以内，战略性新兴产业增加值和服务业增加值占GDP比重提高到15%和56%，煤炭占能源消费总量比重降至58%以下，非化石能源占能源消费总量比重提高到10%左右，天然气消费比重提高到15%，规模以上工业企业单位增加值能耗比2015年降低18%以上。
	关于进一步加强淘汰落后产能工作的通知	2010.2.6	以电力、煤炭、钢铁、水泥、有色金属、焦炭、造纸、制革、印染等行业为重点，按期淘汰落后产能。
	关于化解产能严重过剩矛盾的指导意见	2013.10.6	通过5年努力，化解钢铁、水泥、电解铝、平板玻璃、船舶等行业产能严重过剩矛盾。

政策举措		发布时间	主要内容
低碳省市试点	首批	2010.7.19	探索应对气候变化，降低碳强度，推进绿色发展的经验；5省8市
	第二批	2012.11.26	探寻不同类型地区控制温室气体排放路径；29个省市
	第三批	2017.1.7	实现碳排放降值，控制碳排放总量（2017—2019）；45个城市
低碳技术目录	第一批	2014.8.25	33项国家重点推广的低碳技术
	第二批	2015.12.6	29项国家重点推广的低碳技术
	第三批	2017.3.17	27项国家重点推广的节能低碳技术
国家发改委	国家重点节能低碳技术推广目录（2016年节能部分）	2016.12.30	涉及煤炭、电力、钢铁、有色、石油石化、建材、机械、轻工、纺织、建筑、交通、通信等13个行业，共296项重点节能技术。
	关于切实做好全国碳排放权交易市场启动重点工作的通知	2016.1.11	以控制温室气体排放、实现低碳发展为导向，充分发挥市场机制在资源配置中的决定性作用，国家、地方、企业上下联动，协同推进全国碳排放交易市场建设，确保2017年启动全国碳排放权交易市场建设，实施碳排放权交易制度。
	关于做好2017年钢铁煤炭行业化解过剩产能实现脱困发展工作的意见	2017.4.17	钢铁方面，严查400立方米及以下的炼铁高炉、30吨及以下炼钢转炉、30吨及以下炼钢电炉等落后产能。煤炭方面，加快退出长期停产停工的煤矿、安全保障程度低、风险大的煤矿，没有条件增加安全投入、失去改造升级价值的小煤矿，以及违规违法和不达标的煤矿。
	关于推进供给侧结构性改革防范化解煤电产能过剩风险的意见	2017.7.26	"十三五"期间，全国停建和缓建煤电产能1.5亿千瓦以上，淘汰落后产能0.2亿千瓦，实施煤电超低排放改造4.2亿千瓦，节能改造3.4亿千瓦，灵活性改造2.2亿千瓦。到2020年，全国煤电装机规模控制在11亿千瓦以内，具备条件的煤电机组全部完成超低排放改造，煤电平均供电煤耗降至310克/千瓦时。
	关于做好2018年重点领域化解过剩产能工作的通知	2018.4.9	钢铁方面：2018年退出粗钢产能3000万吨左右，基本完成"十三五"期间压减粗钢产能1.5亿吨的上限目标任务。力争化解过剩产能1.5亿吨左右，确保8亿吨左右煤炭去产能目标实现三年"大头落地"。煤电方面：淘汰关停不达标的30万千瓦以下煤电机组。严格控制新增产能规模，控制煤电规模。根据实际情况，结合煤电规划预警建设项目，依法依规清理整顿现有违规建设项目，加大违规排放和节能减级等改造力度，中部地区具备条件的煤电机组完成改造工作。

续表

政策举措		发布时间	主要内容
	2019年重点领域化解过剩产能工作的通知	2019.4.30	着力巩固去产能成果,深入推进钢铁产能结构优化,坚持上大压小,增优汰劣,稳妥推进煤电优化升级,加快推进重点领域"僵尸企业"出清,严格控制新增产能,加快推进资产债务处置等。
	"十二五"期间工业领域重点行业淘汰落后产能目标任务	2011.12.26	淘汰炼铁落后产能4800万吨,炼钢4800万吨,焦炭4200万吨,铁合金740万吨,电石380万吨,铜(含再生铜)冶炼130万吨,锌(含再生锌)冶炼65万吨,水泥(含熟料及磨机)3.7亿吨,平板玻璃9000万重量箱,酒精1500万吨,味精100万吨,柠檬酸18.2万吨,柠檬酸4.75亿吨,制革1100万标张,印染55.8亿米,化纤59万吨,铅蓄电池746万千伏安时。
	工业领域应对气候变化行动方案(2012—2020)	2013.1.9	到2015年,全面落实国家温室气体排放控制目标,单位工业增加值二氧化碳排放量比2010年下降21%以上;到2020年,单位工业增加值二氧化碳排放量比2005年下降50%左右,基本形成以低碳排放为特征的工业体系。
工信部	淘汰企业名单 2014年第一批	2014.7.18	涉及39家企业。
	2014年第二批	2014.8.18	涉及132家企业。
	2014年第三批	2014.11.19	涉及34家企业。
	2015年淘汰落后产能行动	2015.8.8①	对炼钢、炼铁、焦炭、铁合金、电石、电解铝、铜冶炼、锌冶炼、水泥、玻璃、造纸、酒精、味精、柠檬酸、制革、印染和化纤等18个行业淘汰落后产能2087个。其中炼钢175家,炼铁192家,焦炭201家,印染201家,柠檬酸279家,铁合金143家,制革84家。
	工业绿色发展规划(2016—2020)	2016.6.30	到2020年,绿色发展理念成为工业全领域全过程的普遍要求,能源利用效率显著提升,工业能源消耗增速减缓;资源利用水平明显提高,单位工业增加值用水量进一步下降;清洁生产水平大幅提升,工业二氧化硫、氮氧化物、化学需氧量和氨氮排放量明显下降;绿色制造产业快速发展,节能环保装备、产品与服务等绿色产业成新的经济增长点,绿色制造体系初步形成绿色供应链。
	两部门联合公告2015年各地区淘汰落后和过剩产能目标任务完成情况	2016.9.19	2015年全国共淘汰电力527.2万千瓦,煤炭10167万吨,电石127万吨,铁合金127万吨,电石10万吨,电解铝36.2万吨,铜冶炼7.9万吨,铅冶炼49.3万吨,水泥4974万吨,平板玻璃1429万重量箱,造纸167万吨,制革260万标张,印染12.1亿米,铅蓄电池791万千伏安时(极板及组装)。

① 中国皮革和制鞋网·造纸等18行业2087家企业列为工信部落后产能名单[EB/OL].中国造纸协会,2016-02-26.

190

附表 1－2 1993—2016 年中国 GDP、一产、二产、三产年度及季度增速比较表

年份	GDP增速	GDP1季值增速	GDP2季值增速	GDP3季值增速	GDP4季值增速	一产增加值增速	一产1季值增速	一产2季值增速	一产3季值增速	一产4季值增速	二产增加值增速	二产1季值增速	二产2季值增速	二产3季值增速	二产4季值增速	三产增加值增速	三产1季值增速	三产2季值增速	三产3季值增速	三产4季值增速
1993	14.4%	13.2%	12.4%	13.8%	17.2%	4.4%	-1.1%	-1.0%	3.5%	10.0%	13.3%	11.1%	13.5%	13.0%	15.0%	11.0%	10.3%	7.9%	13.0%	14.8%
1994	9.8%	10.5%	10.7%	10.4%	8.3%	11.5%	8.8%	9.5%	13.2%	11.8%	14.1%	15.6%	16.0%	13.5%	11.9%	9.3%	10.1%	10.2%	13.5%	6.8%
1995	7.7%	10.3%	8.7%	7.3%	5.7%	8.0%	16.6%	11.1%	7.6%	4.5%	11.2%	12.4%	12.2%	10.6%	10.0%	5.5%	8.6%	5.6%	10.6%	3.3%
1996	8.1%	11.5%	8.3%	6.3%	7.2%	7.0%	13.0%	11.5%	3.1%	5.9%	14.6%	18.1%	13.5%	13.2%	14.4%	7.8%	10.4%	7.6%	13.2%	6.6%
1997	8.0%	11.0%	8.7%	7.2%	6.0%	0.3%	4.4%	1.5%	-0.3%	-1.3%	11.3%	12.6%	12.4%	10.4%	10.5%	12.6%	15.2%	12.2%	10.4%	10.6%
1998	7.7%	9.0%	6.8%	7.1%	8.2%	3.5%	6.9%	1.6%	2.3%	4.4%	8.4%	8.5%	7.1%	7.7%	9.9%	14.0%	14.4%	13.5%	7.7%	13.9%
1999	7.8%	8.8%	7.8%	7.4%	7.5%	1.0%	2.8%	1.6%	1.0%	0.3%	7.9%	7.3%	8.1%	7.6%	8.4%	12.3%	13.1%	11.4%	7.6%	12.7%
2000	10.3%	9.7%	11.0%	11.1%	9.4%	1.3%	1.7%	0.6%	1.9%	1.0%	8.1%	5.9%	8.4%	9.6%	8.2%	13.7%	12.8%	15.1%	9.6%	12.8%
2001	9.8%	12.1%	10.4%	9.4%	7.9%	4.5%	4.8%	1.6%	6.7%	4.4%	10.2%	12.9%	12.1%	9.0%	7.6%	13.8%	15.0%	13.8%	9.0%	12.6%
2002	10.7%	10.1%	10.1%	11.2%	11.1%	4.9%	7.0%	5.1%	6.7%	2.6%	11.4%	8.8%	10.5%	12.1%	13.6%	13.4%	13.1%	12.8%	12.1%	14.1%
2003	11.6%	12.1%	10.1%	11.6%	12.4%	3.2%	1.9%	0.2%	5.0%	3.9%	13.3%	13.5%	11.9%	13.6%	14.0%	11.0%	11.4%	9.6%	13.6%	12.6%
2004	13.4%	11.5%	14.5%	14.1%	13.1%	17.5%	12.3%	17.6%	20.2%	17.2%	11.7%	9.6%	12.0%	12.0%	12.5%	11.1%	10.8%	13.6%	12.0%	9.0%
2005	13.7%	15.0%	13.7%	12.8%	13.5%	2.1%	7.9%	2.2%	0.4%	1.4%	13.0%	13.2%	12.9%	12.1%	13.9%	14.1%	14.6%	13.6%	12.1%	14.0%
2006	15.4%	14.6%	15.8%	15.0%	16.0%	5.4%	2.9%	5.4%	4.7%	6.7%	15.0%	14.5%	15.9%	14.8%	14.8%	16.7%	14.9%	16.3%	14.8%	19.0%
2007	17.5%	15.9%	17.4%	18.3%	18.1%	13.1%	9.8%	10.5%	14.7%	14.3%	17.7%	17.7%	18.1%	17.6%	17.5%	20.4%	16.7%	20.2%	17.6%	22.2%

续表

年份	GDP增速	GDP1季值增速	GDP2季值增速	GDP3季值增速	GDP4季值增速	一产增加值增速	一产1季值增速	一产2季值增速	一产3季值增速	一产4季值增速	二产增加值增速	二产1季值增速	二产2季值增速	二产3季值增速	二产4季值增速	三产增加值增速	三产1季值增速	三产2季值增速	三产3季值增速	三产4季值增速
2008	11.7%	14.6%	14.8%	12.1%	6.5%	10.7%	18.7%	17.0%	11.0%	4.4%	10.8%	13.8%	15.0%	11.4%	4.6%	11.6%	13.8%	12.8%	11.4%	8.2%
2009	10.0%	7.4%	7.4%	9.8%	14.6%	4.6%	1.1%	1.7%	2.9%	9.2%	12.9%	8.8%	8.8%	12.3%	20.4%	13.9%	11.8%	12.7%	12.3%	16.0%
2010	14.5%	14.5%	14.7%	14.3%	14.6%	11.2%	7.5%	10.2%	13.1%	11.6%	13.4%	14.6%	14.1%	12.2%	13.0%	13.9%	13.1%	13.6%	12.2%	14.6%
2011	12.4%	13.3%	13.6%	13.4%	9.8%	10.8%	10.2%	11.7%	13.3%	8.6%	11.8%	13.1%	13.1%	13.1%	8.5%	12.6%	13.2%	13.7%	13.1%	10.9%
2012	7.6%	9.5%	7.7%	6.4%	7.3%	7.6%	13.1%	6.4%	3.8%	9.5%	9.6%	12.8%	9.9%	8.0%	8.5%	10.4%	10.5%	10.6%	8.0%	10.4%
2013	7.4%	7.5%	6.6%	7.5%	7.8%	5.7%	4.3%	2.6%	6.2%	7.6%	9.2%	8.9%	8.1%	9.3%	10.2%	10.7%	11.0%	10.5%	9.3%	10.3%
2014	6.1%	6.3%	6.5%	6.2%	5.3%	3.6%	2.6%	5.6%	4.6%	2.0%	8.0%	8.1%	8.8%	8.5%	6.8%	8.7%	8.6%	8.5%	8.5%	8.9%
2015	5.5%	5.9%	6.2%	5.2%	5.0%	3.0%	2.4%	5.8%	1.0%	3.3%	7.2%	8.2%	7.9%	6.4%	6.5%	10.8%	10.1%	11.2%	6.4%	10.6%
2016	5.8%	4.8%	5.1%	5.6%	7.3%	2.7%	11.2%	4.5%	0.8%	0.3%	5.3%	6.1%	6.6%	6.3%	6.0%	8.7%	8.6%	8.2%	6.3%	9.4%

附表 3 - 1 名义（实际）GDP 及其增速、三次产业占比、能耗强度及其降幅列表

年份	GDP（亿元）	VGDP	实际 GDP（亿元）	VRGDP	产业占比 一产	产业占比 二产	产业占比 三产	产业能耗强度① 一产	产业能耗强度① 二产	产业能耗强度① 三产	产业能耗强度降幅 一产	产业能耗强度降幅 二产	产业能耗强度降幅 三产
2000	100280.1	10.7%	107211.9	10.3%	14.7%	45.5%	39.8%	0.404	2.333	0.626	—	—	—
2001	110863.1	10.6%	117712.8	9.8%	14.0%	44.8%	41.2%	0.409	2.283	0.586	1.08%	-2.14%	-6.40%
2002	121717.4	9.8%	130281.1	10.7%	13.3%	44.5%	42.2%	0.410	2.275	0.558	0.18%	-0.35%	-4.73%
2003	137422	12.9%	145347.2	11.6%	12.3%	45.6%	42.0%	0.434	2.329	0.570	6.03%	2.36%	2.24%
2004	161840.2	17.8%	164751.8	13.4%	12.9%	45.9%	41.2%	0.421	2.401	0.586	-3.02%	3.08%	2.77%
2005	187318.9	15.7%	187318.9	13.7%	11.6%	47.0%	41.3%	0.426	2.364	0.567	1.06%	-1.54%	-3.31%
2006	219438.5	17.1%	216177.2	15.4%	10.6%	47.6%	41.8%	0.404	2.234	0.525	-5.07%	-5.47%	-7.33%
2007	270232.3	23.1%	254027.1	17.5%	10.3%	46.9%	42.9%	0.360	2.100	0.478	-10.96%	-5.99%	-9.05%
2008	319515.5	18.2%	283633.4	11.7%	10.3%	46.9%	42.8%	0.319	1.933	0.445	-11.25%	-7.99%	-6.79%
2009	349081.4	9.3%	312088.2	10.0%	9.8%	45.9%	44.3%	0.313	1.877	0.418	-1.93%	-2.88%	-6.19%
2010	413030.3	18.3%	357481.9	14.5%	9.5%	46.4%	44.1%	0.292	1.737	0.398	-6.70%	-7.47%	-4.82%
2011	489300.6	18.5%	401832.7	12.4%	9.4%	46.4%	44.2%	0.277	1.649	0.389	-5.26%	-5.02%	-2.22%
2012	540367.4	10.4%	432517.6	7.6%	9.4%	45.3%	45.3%	0.264	1.611	0.387	-4.50%	-2.30%	-0.49%
2013	595244.4	10.2%	464346.7	7.4%	9.3%	44.0%	46.7%	0.285	1.557	0.399	7.70%	-3.38%	3.03%
2014	643974	8.2%	492506.9	6.1%	9.1%	43.1%	47.8%	0.277	1.524	0.381	-2.60%	-2.11%	-4.31%
2015	689052	7.0%	519701.1	5.5%	8.8%	40.9%	50.2%	0.276	1.507	0.371	-0.55%	-1.16%	-2.84%
2016	744127	8.0%	550235.4	5.9%	8.6%	39.8%	51.6%						

数据来源：GDP、能源消费数据是源于历年经济统计年鉴，比重、增速、降幅等数据均为计算整理得到。

① 三次产业的能耗强度是在将生活能源消费量按三次产业产值占 GDP 的比重为权重分摊到三次产业之后调整计算得到的三次产业能源消费量除以三次产业的实际产值得到。如：第三产业的能耗强度 = （第三产业能源消费量 + 生活能源消费量 * 第三产业产值占总产值比重）/第三产业产值。

附表 3 - 2　能源消费、碳排放及碳排放因子相关数据列表

指标	能源消费总量(亿吨标准煤)	能源消费总量增速	能耗强度(吨标准煤/万元)	能耗强度降幅	分品种能源占能源消费总量比重					碳排放总量①(亿吨CO₂)	碳排放总量增速	碳排放强度(吨CO₂/万元)	碳强度降幅	加权碳排放因子
					煤炭	石油	天然气	可再生(新)能源	化石能源					
2000	14.70	—	1.371	-5.2%	68.5%	22.0%	2.2%	7.3%	92.7%	34.14	—	3.184	—	2.5058
2001	15.55	5.8%	1.321	-3.6%	68.0%	21.2%	2.4%	8.4%	91.6%	35.71	4.6%	3.034	-4.7%	2.5064
2002	16.96	9.0%	1.302	-1.5%	68.5%	21.0%	2.3%	8.2%	91.8%	39.06	9.4%	2.998	-1.2%	2.5090
2003	19.71	16.2%	1.356	4.2%	70.2%	20.1%	2.3%	7.4%	92.6%	45.91	17.5%	3.159	5.4%	2.5157
2004	23.03	16.8%	1.398	3.1%	70.2%	19.9%	2.3%	7.6%	92.4%	53.55	16.6%	3.250	2.9%	2.5165
2005	26.14	13.5%	1.395	-0.2%	72.4%	17.8%	2.4%	7.4%	92.6%	61.18	14.2%	3.266	0.5%	2.5277
2006	28.65	9.6%	1.325	-5.0%	72.4%	17.5%	2.7%	7.4%	92.6%	67.01	9.5%	3.100	-5.1%	2.5261
2007	31.14	8.7%	1.226	-7.5%	72.5%	17.0%	3.0%	7.5%	92.5%	72.75	8.6%	2.864	-7.6%	2.5253
2008	32.06	2.9%	1.130	-7.8%	71.5%	16.7%	3.4%	8.4%	91.6%	74.02	1.7%	2.610	-8.9%	2.5204
2009	33.61	4.8%	1.077	-4.7%	71.6%	16.4%	3.5%	8.5%	91.5%	77.53	4.7%	2.484	-4.8%	2.5208
2010	36.06	7.3%	1.009	-6.3%	69.2%	17.4%	4.0%	9.4%	90.6%	81.94	5.7%	2.292	-7.7%	2.5078
2011	38.70	7.3%	0.963	-4.5%	70.2%	16.8%	4.6%	8.4%	91.6%	88.85	8.4%	2.211	-3.5%	2.5061
2012	40.21	3.9%	0.930	-3.5%	68.5%	17.0%	4.8%	9.7%	90.3%	90.79	2.2%	2.099	-5.1%	2.5001
2013	41.69	3.7%	0.898	-3.4%	67.4%	17.1%	5.3%	10.2%	89.8%	93.31	2.8%	2.010	-4.3%	2.4924
2014	42.58	2.1%	0.865	-3.7%	65.6%	17.4%	5.7%	11.3%	88.7%	93.81	0.5%	1.905	-5.2%	2.4838
2015	42.99	1.0%	0.827	-4.3%	63.7%	18.3%	5.9%	12.1%	87.9%	93.47	-0.4%	1.799	-5.6%	2.4735
2016	43.60	1.4%	0.792	-4.2%	62.0%	18.3%	6.4%	13.3%	86.7%	93.32	-0.2%	1.796	-0.2%	2.4685

① 为保持核算口径一致,本部分碳排放总量仅推算化石燃料燃烧所产生的二氧化碳排放,不含水泥生产过程等其他碳排放,因而与第一章世界银行测算碳排放数据不尽一致。

附表 3 – 3 经济增速、经济规模、碳排放强度、碳排放总量推算结果表

年份	低 g1	中 g2	高 g3	宽总 m1	中总 m2	严总 m3	CEI1	CEI2	CEI3	低 GDP（万亿元）	中 GDP（万亿元）	高 GDP（万亿元）	C1（亿吨）	C2（亿吨）	C3（亿吨）
2015	7.00%	7.00%	—	—	—	—		1.799	1.799	519701.1	519701.1	519701.1	93.49	93.49	93.49
2016	6.50%	6.50%	6.50%	3.9%	4.7%	5.2%	1.799	1.714	1.705	553481.7	553481.7	553481.7	95.70	94.87	94.38
2017	6.50%	6.50%	6.50%	7.6%	9.2%	10.2%	1.729	1.633	1.616	589458.0	589458.0	589458.0	97.95	96.26	95.27
2018	6.50%	6.50%	6.50%	11.2%	13.5%	14.8%	1.662	1.556	1.532	627772.7	627772.7	627772.7	100.26	97.67	96.17
2019	6.50%	6.50%	6.50%	14.7%	17.6%	19.3%	1.597	1.482	1.452	668578.0	668578.0	668578.0	102.62	99.10	97.08
2020	6.50%	6.50%	6.50%	18.0%	21.5%	23.5%	1.535	1.412	1.376	712035.5	712035.5	712035.5	105.04	100.55	97.99
2021	6%	6.50%	6.50%	21.8%	25.6%	27.9%	1.475	1.339	1.298	754757.7	758317.9	758317.9	106.21	101.50	98.40
2022	6%	6.50%	6.50%	25.4%	29.5%	32.0%	1.407	1.269	1.223	800043.1	807608.5	807608.5	107.40	102.46	98.80
2023	6%	6.50%	6.50%	28.8%	33.2%	35.9%	1.342	1.203	1.153	848045.7	860103.1	860103.1	108.60	103.43	99.21
2024	6%	6.50%	6.50%	32.1%	36.6%	39.6%	1.281	1.140	1.087	898928.5	916009.8	916009.8	109.82	104.41	99.61
2025	6%	6.50%	6.50%	35.2%	39.9%	43.0%	1.222	1.080	1.025	952864.2	975550.4	975550.4	111.05	105.39	100.02
2026	5.50%	6%	6.50%	38.6%	43.4%	46.6%	1.165	1.019	0.961	1005271.7	1034083.4	1038961.2	111.04	105.33	99.89
2027	5.50%	6%	6.50%	41.8%	46.6%	49.9%	1.105	0.960	0.902	1060561.7	1096128.4	1106493.7	111.04	105.27	99.75
2028	5.50%	6%	6.50%	44.8%	49.7%	53.0%	1.047	0.905	0.845	1118892.5	1161896.1	1178415.7	111.03	105.20	99.62
2029	5.50%	6%	6.50%	47.7%	52.5%	55.9%	0.992	0.854	0.793	1180431.6	1231609.9	1255012.8	111.03	105.14	99.49
2030	5.50%	6%	6.50%	50.4%	55.3%	58.7%	0.941	0.805	0.743	1245355.4	1305506.5	1336588.6	111.03	105.07	99.35
2031	5%	6%	6%	52.8%	57.8%	61.0%	0.892	0.759	0.701	1307623.1	1383836.9	1416783.9	110.93	105.01	99.29

续表

年份	低 g1	中 g2	高 g3	宽总 m1	中总 m2	严总 m3	CEI1	CEI2	CEI3	低 GDP (万亿元)	中 GDP (万亿元)	高 GDP (万亿元)	C1 (亿吨)	C2 (亿吨)	C3 (亿吨)
2032	5%	6%	6%	55.1%	60.2%	63.3%	0.807	0.715	0.661	1373004.3	1466867.1	1501791.0	110.83	104.95	99.23
2033	5%	6%	6%	57.3%	62.5%	65.4%	0.768	0.675	0.623	1441654.5	1554879.1	1591898.4	110.73	104.88	99.17
2034	5%	6%	6%	59.4%	64.6%	67.4%	0.731	0.636	0.587	1513737.2	1648171.9	1687412.3	110.63	104.82	99.11
2035	5%	6%	6%	61.3%	66.7%	69.2%	0.695	0.600	0.554	1589424.1	1747062.2	1788657.1	110.53	104.76	99.05
2036	4.50%	6%	6%	63.0%	68.4%	71.0%	0.665	0.568	0.522	1660948.2	1843150.6	1895976.5	110.46	104.75	98.99
2037	4.50%	5.50%	6%	64.6%	70.1%	72.6%	0.636	0.539	0.492	1735690.9	1944523.9	2009735.1	110.39	104.75	98.93
2038	4.50%	5.50%	6%	66.2%	71.6%	74.2%	0.608	0.511	0.464	1813796.9	2051472.7	2130319.2	110.32	104.75	98.87
2039	4.50%	5.50%	6%	67.7%	73.1%	75.7%	0.582	0.484	0.438	1895417.8	2164303.7	2258138.3	110.26	104.74	98.81
2040	4.50%	5.50%	6%	69.1%	74.5%	77.1%	0.556	0.459	0.413	1980711.6	2283340.4	2393626.6	110.19	104.74	98.75
2041	4%	5.50%	6%	70.3%	75.8%	78.4%	0.535	0.435	0.389	2059940.1	2408924.1	2537244.2	110.14	104.73	98.69
2042	4%	5.50%	6%	71.4%	77.1%	79.6%	0.514	0.412	0.367	2142337.7	2541415.0	2689478.9	110.09	104.73	98.63
2043	4%	5.50%	6%	72.5%	78.3%	80.8%	0.494	0.391	0.346	2228031.2	2681192.8	2850847.6	110.03	104.73	98.58
2044	4%	5.50%	6%	73.6%	79.4%	81.9%	0.475	0.370	0.326	2317152.4	2828658.4	3021898.5	109.98	104.72	98.52
2045	4%	5.50%	6%	74.6%	80.5%	82.9%	0.456	0.351	0.307	2409838.5	2984234.6	3203212.4	109.93	104.72	98.46
2046	3.50%	5%	5.50%	75.5%	81.4%	83.8%	0.441	0.334	0.291	2494182.9	3133446.3	3379389.0	109.88	104.63	98.45
2047	3.50%	5%	5.50%	76.4%	82.3%	84.7%	0.425	0.318	0.276	2581479.3	3290118.7	3565255.4	109.83	104.53	98.45
2048	3.50%	5%	5.50%	77.2%	83.2%	85.5%	0.411	0.302	0.262	2671831.1	3454624.6	3761344.5	109.78	104.44	98.45
2049	3.50%	5%	5.50%	77.9%	84.0%	86.2%	0.397	0.288	0.248	27665345.1	3627355.8	3968218.4	109.72	104.34	98.44

续表

年份	低 g1	中 g2	高 g3	宽总 m1	中总 m2	严总 m3	CEI1	CEI2	CEI3	低 GDP (万亿元)	中 GDP (万亿元)	高 GDP (万亿元)	C1 (亿吨)	C2 (亿吨)	C3 (亿吨)
2050	3.50%	5%	5.50%	78.7%	84.8%	86.9%	0.383	0.274	0.235	2862132.2	3808723.6	4186470.4	109.67	104.25	98.44
2051	3%	5%	5.50%	79.3%	85.5%	87.6%	0.372	0.260	0.223	2947996.2	3999159.8	4416726.3	109.61	104.15	98.44
2052	3%	5%	5.50%	79.9%	86.2%	88.3%	0.361	0.248	0.211	3036436.1	4199117.8	4659646.3	109.54	104.06	98.43
2053	3%	5%	5.50%	80.5%	86.9%	88.9%	0.350	0.236	0.200	3127529.2	4409073.7	4915926.8	109.47	103.97	98.43
2054	3%	5%	5.50%	81.1%	87.5%	89.5%	0.340	0.224	0.190	3221355.0	4629527.4	5186302.8	109.41	103.87	98.42
2055	3%	5%	5.50%	81.7%	88.1%	90.0%	0.330	0.213	0.180	3317995.7	4861003.7	5471549.4	109.34	103.78	98.42
2056	2.50%	4.50%	5.50%	82.1%	88.7%	90.5%	0.321	0.204	0.170	3400945.6	5079748.9	5772484.7	109.25	103.72	98.42
2057	2.50%	4.50%	5.50%	82.6%	89.1%	91.0%	0.313	0.195	0.162	3485969.2	5308337.6	6089971.3	109.15	103.65	98.41
2058	2.50%	4.50%	5.50%	83.0%	89.6%	91.5%	0.305	0.187	0.153	3573118.4	5547212.8	6424919.7	109.06	103.59	98.41
2059	2.50%	4.50%	5.50%	83.5%	90.1%	91.9%	0.298	0.179	0.145	3662446.4	5796837.4	6778290.3	108.96	103.53	98.41
2060	2.50%	4.50%	5.50%	83.9%	90.5%	92.4%	0.290	0.171	0.138	3754007.6	6057695.0	7151096.3	108.86	103.46	98.40
2061	2%	4.50%	5%	84.2%	90.9%	92.7%	0.284	0.163	0.131	3829087.7	6330291.3	7508651.1	108.73	103.40	98.32
2062	2%	4.50%	5%	84.5%	91.3%	93.1%	0.278	0.156	0.125	3905669.5	6615154.4	7884083.7	108.59	103.34	98.23
2063	2%	4.50%	5%	84.9%	91.7%	93.4%	0.272	0.149	0.119	3983782.9	6912836.4	8278287.8	108.45	103.27	98.14
2064	2%	4.50%	5%	85.2%	92.1%	93.7%	0.267	0.143	0.113	4063458.5	7223914.0	8692202.2	108.31	103.21	98.05
2065	2%	4.50%	5%	85.5%	92.4%	94.0%	0.261	0.137	0.107	4144727.7	7548990.1	9126812.4	108.18	103.15	97.96
2066	2%	4%	5%	85.8%	92.7%	94.3%	0.256	0.131	0.102	4227622.2	7850949.7	9583153.0	108.04	103.10	97.87
2067	2%	4%	5%	86.1%	93.0%	94.6%	0.250	0.126	0.097	4312174.7	8164987.7	10062310.6	107.90	103.05	97.78

续表

年份	低 g1	中 g2	高 g3	宽总 m1	中总 m2	严总 m3	CEI1	CEI2	CEI3	低 GDP（万亿元）	中 GDP（万亿元）	高 GDP（万亿元）	C1（亿吨）	C2（亿吨）	C3（亿吨）
2068	2%	4%	5%	86.4%	93.3%	94.9%	0.245	0.121	0.092	4398418.2	8491587.2	10565426.1	107.76	103.00	97.70
2069	2%	4%	5%	86.7%	93.5%	95.1%	0.240	0.117	0.088	4486386.5	8831250.7	11093697.5	107.63	102.95	97.61
2070	2%	4%	5%	86.9%	93.8%	95.3%	0.235	0.112	0.084	4576114.3	9184500.8	11648382.3	107.49	102.90	97.52
2071	2%	4%	5%	87.2%	94.0%	95.6%	0.230	0.108	0.080	4667636.6	9551880.8	12230801.4	107.36	102.86	97.43
2072	2%	4%	5%	87.5%	94.2%	95.8%	0.225	0.103	0.076	4760989.3	9933956.0	12842341.5	107.22	102.81	97.34
2073	2%	4%	5%	87.7%	94.5%	96.0%	0.221	0.099	0.072	4856209.1	10331314.3	13484458.6	107.08	102.76	97.26
2074	2%	4%	5%	88.0%	94.7%	96.2%	0.216	0.096	0.069	4953333.3	10744566.8	14158681.5	106.95	102.71	97.17
2075	2%	4%	5%	88.2%	94.9%	96.4%	0.211	0.092	0.065	5052399.9	11174349.5	14866615.6	106.81	102.66	97.08
2076	2%	3.50%	4.50%	88.5%	95.1%	96.5%	0.207	0.089	0.062	5153447.9	11565451.7	15535613.3	106.68	102.62	97.02
2077	2%	3.50%	4.50%	88.7%	95.2%	96.7%	0.203	0.086	0.060	5256516.9	11970242.6	16234715.9	106.54	102.57	96.96
2078	2%	3.50%	4.50%	89.0%	95.4%	96.8%	0.198	0.083	0.057	5361647.2	12389201.0	16965278.1	106.41	102.52	96.90
2079	2%	3.50%	4.50%	89.2%	95.6%	97.0%	0.194	0.080	0.055	5468880.2	12822823.1	17728715.6	106.27	102.47	96.84
2080	2%	3.50%	4.50%	89.4%	95.7%	97.1%	0.190	0.077	0.052	5578257.8	13271621.9	18526507.8	106.14	102.42	96.78
2081	2%	3.50%	4.50%	89.6%	95.9%	97.2%	0.186	0.075	0.050	5689822.9	13736128.7	19360200.7	106.00	102.38	96.73
2082	2%	3.50%	4.50%	89.9%	96.0%	97.3%	0.182	0.072	0.048	5803619.4	14216893.2	20231409.7	105.87	102.33	96.67
2083	2%	3.50%	4.50%	90.1%	96.1%	97.5%	0.179	0.070	0.046	5919691.8	14714484.4	21141823.2	105.73	102.28	96.61
2084	2%	3.50%	4.50%	90.3%	96.3%	97.6%	0.175	0.067	0.044	6038085.6	15229491.4	22093205.2	105.60	102.23	96.55
2085	2%	3.50%	4.50%	90.5%	96.4%	97.7%	0.171	0.065	0.042	6158847.3	15762523.6	23087399.4	105.46	102.18	96.49

续表

年份	低 g1	中 g2	高 g3	宽总 m1	中总 m2	严总 m3	CEI1	CEI2	CEI3	低 GDP（万亿元）	中 GDP（万亿元）	高 GDP（万亿元）	C1（亿吨）	C2（亿吨）	C3（亿吨）
2086	2%	3%	4.50%	90.7%	96.5%	97.8%	0.168	0.063	0.040	6282024.3	16235399.3	24126332.4	105.33	102.12	96.43
2087	2%	3%	4.50%	90.9%	96.6%	97.9%	0.164	0.061	0.038	6407664.7	16722461.3	25212017.4	105.20	102.06	96.37
2088	2%	3%	4.50%	91.1%	96.7%	98.0%	0.161	0.059	0.037	6535818.0	17224135.1	26346558.1	105.06	102.00	96.31
2089	2%	3%	4.50%	91.3%	96.8%	98.1%	0.157	0.057	0.035	6666534.4	17740859.1	27532153.3	104.93	101.94	96.25
2090	2%	3%	4.50%	91.4%	96.9%	98.1%	0.154	0.056	0.033	6799865.1	18273084.9	28771100.2	104.80	101.87	96.19
2091	2%	3%	4%	91.6%	97.0%	98.2%	0.151	0.054	0.032	6935862.4	18821277.5	29921944.2	104.66	101.81	96.15
2092	2%	3%	4%	91.8%	97.1%	98.3%	0.148	0.052	0.031	7074579.6	19385915.8	31118821.9	104.53	101.75	96.10
2093	2%	3%	4%	92.0%	97.2%	98.4%	0.145	0.051	0.030	7216071.2	19967493.3	32363574.8	104.40	101.69	96.06
2094	2%	3%	4%	92.1%	97.3%	98.4%	0.142	0.049	0.029	7360392.6	20566518.1	33658117.8	104.27	101.63	96.01
2095	2%	3%	4%	92.3%	97.3%	98.5%	0.139	0.048	0.027	7507600.5	21183513.6	35004442.5	104.13	101.57	95.97
2096	2%	2.50%	4%	92.5%	97.4%	98.5%	0.136	0.047	0.026	7657752.5	21713101.4	36404620.2	104.00	101.48	95.92
2097	2%	2.50%	4%	92.6%	97.5%	98.6%	0.133	0.046	0.025	7810907.6	22255929.0	37860805.0	103.87	101.39	95.88
2098	2%	2.50%	4%	92.8%	97.5%	98.6%	0.130	0.044	0.024	7967125.7	22812327.2	39375237.2	103.74	101.30	95.83
2099	2%	2.50%	4%	92.9%	97.6%	98.7%	0.127	0.043	0.023	8126468.2	23382635.4	40950246.7	103.61	101.21	95.79
2100	2%	2.50%	4%	93.1%	97.7%	98.8%	0.125	0.042	0.022	8288997.6	23967201.3	42588256.6	103.47	101.12	95.74

附表 3－4　预设情景数值列表

年份	慢速 $\gamma 1$	中速 $\gamma 2$	快速 $\gamma 3$	高 S_3 一产比重	高 S_3 二产比重	高 S_3 三产比重	低 S_3 一产比重	低 S_3 二产比重	低 S_3 三产比重	快 Z_{12} 分段 Z_{12}	快 Z_{12} 总 Z_{12}	慢 Z_{12} 分段 Z_{12}	慢 Z_{12} 总 Z_{12}
2015	12.0%	12.0%	12.0%	8.8%	41.0%	50.2%	8.8%	41.0%	50.2%	—	—	—	—
2016	12.5%	12.6%	12.8%	8.6%	40.0%	51.4%	8.6%	40.0%	51.4%		4.8%		3.9%
2017	13.0%	13.2%	13.6%	8.4%	39.0%	52.6%	8.4%	39.0%	52.6%		9.5%		7.6%
2018	13.5%	13.8%	14.4%	8.2%	38.0%	53.8%	8.2%	38.0%	53.8%		13.8%		11.2%
2019	14.0%	14.4%	15.2%	8.0%	37.0%	55.0%	8.0%	37.0%	55.0%		18.0%		14.7%
2020	14.5%	15.0%	16.0%	8.0%	36.0%	56.0%	8.0%	36.0%	56.0%	22.0%	22.0%	18.0%	18.0%
2021	15.0%	15.5%	16.8%	7.9%	35.7%	56.4%	7.9%	35.7%	56.4%		25.4%		21.2%
2022	15.5%	16.0%	17.6%	7.8%	35.4%	56.8%	7.8%	35.4%	56.8%		28.7%		24.3%
2023	16.0%	16.5%	18.4%	7.7%	35.1%	57.2%	7.7%	35.1%	57.2%		31.8%		27.2%
2024	16.5%	17.0%	19.2%	7.6%	34.8%	57.6%	7.6%	34.8%	57.6%		34.8%		30.0%
2025	17.0%	17.5%	20.0%	7.5%	34.5%	58.0%	7.5%	34.5%	58.0%	20.0%	37.6%	16.0%	32.8%
2026	17.5%	18.0%	21.0%	7.4%	34.2%	58.4%	7.4%	34.2%	58.4%		40.0%		35.1%
2027	18.0%	18.5%	22.0%	7.3%	33.9%	58.8%	7.3%	33.9%	58.8%		42.4%		37.3%
2028	18.5%	19.0%	23.0%	7.2%	33.6%	59.2%	7.2%	33.6%	59.2%		44.6%		39.4%
2029	19.0%	19.5%	24.0%	7.1%	33.3%	59.6%	7.1%	33.3%	59.6%		46.8%		41.5%
2030	19.5%	20.0%	25.0%	7.0%	33.0%	60.0%	7.0%	33.0%	60.0%	18.0%	48.8%	14.0%	43.5%

年份	慢速 $\gamma1$	中速 $\gamma2$	快速 $\gamma3$	高 S_{t3} 一产比重	二产比重	三产比重	低 S_{t3} 一产比重	二产比重	三产比重	快 Z_{t2} 分段 Z_{t2}	总 Z_{t2}	慢 Z_{t2} 分段 Z_{t2}	总 Z_{t2}
2031	20.3%	21.5%	26.5%	6.9%	32.7%	60.4%	7.0%	33.0%	60.0%		50.6%		45.2%
2032	21.1%	23.0%	28.0%	6.8%	32.4%	60.8%	7.0%	33.0%	60.0%		52.3%		46.8%
2033	21.9%	24.5%	29.5%	6.7%	32.1%	61.2%	7.0%	33.0%	60.0%		53.9%		48.4%
2034	22.7%	26.0%	31.0%	6.6%	31.8%	61.6%	7.0%	33.0%	60.0%		55.5%		49.9%
2035	23.5%	27.5%	32.5%	6.5%	31.5%	62.0%	7.0%	33.0%	60.0%	16.0%	57.0%	12.0%	51.4%
2036	24.3%	29.0%	34.0%	6.4%	31.2%	62.4%	7.0%	33.0%	60.0%		58.3%		52.7%
2037	25.1%	30.5%	35.5%	6.3%	30.9%	62.8%	7.0%	33.0%	60.0%		59.5%		53.8%
2038	25.9%	32.0%	37.0%	6.2%	30.6%	63.2%	7.0%	33.0%	60.0%		60.7%		55.0%
2039	26.7%	33.5%	38.5%	6.1%	30.3%	63.6%	7.0%	33.0%	60.0%		61.9%		56.1%
2040	27.5%	35.0%	40.0%	6.0%	30.0%	64.0%	7.0%	33.0%	60.0%	14.0%	63.0%	10.0%	57.3%
2041	28.3%	36.5%	41.5%	6.0%	30.0%	64.0%	7.0%	33.0%	60.0%		64.0%		58.1%
2042	29.1%	38.0%	43.0%	6.0%	30.0%	64.0%	7.0%	33.0%	60.0%		64.9%		59.0%
2043	29.9%	39.5%	44.5%	6.0%	30.0%	64.0%	7.0%	33.0%	60.0%		65.8%		59.9%
2044	30.7%	41.0%	46.0%	6.0%	30.0%	64.0%	7.0%	33.0%	60.0%		66.6%		60.7%
2045	31.5%	42.5%	47.5%	6.0%	30.0%	64.0%	7.0%	33.0%	60.0%	12.0%	67.5%	8.0%	61.5%
2046	32.3%	44.0%	49.0%	6.0%	30.0%	64.0%	7.0%	33.0%	60.0%		68.2%		62.2%
2047	33.1%	45.5%	50.5%	6.0%	30.0%	64.0%	7.0%	33.0%	60.0%		68.8%		62.8%

续表

年份	慢速 $\gamma 1$	中速 $\gamma 2$	快速 $\gamma 3$	高 S_{i3} 一产比重	高 S_{i3} 二产比重	高 S_{i3} 三产比重	低 S_{i3} 一产比重	低 S_{i3} 二产比重	低 S_{i3} 三产比重	快 Z_{i2} 分段 Z_{i2}	快 Z_{i2} 总 Z_{i2}	慢 Z_{i2} 分段 Z_{i2}	慢 Z_{i2} 总 Z_{i2}
2048	33.9%	47.0%	52.0%	6.0%	30.0%	64.0%	7.0%	33.0%	60.0%		69.5%		63.4%
2049	34.7%	48.5%	53.5%	6.0%	30.0%	64.0%	7.0%	33.0%	60.0%		70.1%		64.0%
2050	35.5%	50.0%	55.0%	6.0%	30.0%	64.0%	7.0%	33.0%	60.0%	10.0%	70.7%	6.0%	64.6%
2051	36.3%	51.0%	56.5%	6.0%	30.0%	64.0%	7.0%	33.0%	60.0%		71.2%		65.0%
2052	37.1%	52.0%	58.0%	6.0%	30.0%	64.0%	7.0%	33.0%	60.0%		71.7%		65.5%
2053	37.9%	53.0%	59.5%	6.0%	30.0%	64.0%	7.0%	33.0%	60.0%		72.2%		65.9%
2054	38.7%	54.0%	61.0%	6.0%	30.0%	64.0%	7.0%	33.0%	60.0%		72.6%		66.3%
2055	39.5%	55.0%	62.5%	6.0%	30.0%	64.0%	7.0%	33.0%	60.0%	8.0%	73.1%	5.0%	66.7%
2056	40.3%	56.0%	64.0%	6.0%	30.0%	64.0%	7.0%	33.0%	60.0%		73.4%		67.1%
2057	41.1%	57.0%	65.5%	6.0%	30.0%	64.0%	7.0%	33.0%	60.0%		73.7%		67.4%
2058	41.9%	58.0%	67.0%	6.0%	30.0%	64.0%	7.0%	33.0%	60.0%		74.0%		67.7%
2059	42.7%	59.0%	68.5%	6.0%	30.0%	64.0%	7.0%	33.0%	60.0%		74.4%		68.1%
2060	43.5%	60.0%	70.0%	6.0%	30.0%	64.0%	7.0%	33.0%	60.0%	6.0%	74.7%	4.0%	68.4%
2061	44.3%	61.0%	71.5%	6.0%	30.0%	64.0%	7.0%	33.0%	60.0%		74.9%		68.7%
2062	45.1%	62.0%	73.0%	6.0%	30.0%	64.0%	7.0%	33.0%	60.0%		75.2%		68.9%
2063	45.9%	63.0%	74.5%	6.0%	30.0%	64.0%	7.0%	33.0%	60.0%		75.5%		69.2%
2064	46.7%	64.0%	76.0%	6.0%	30.0%	64.0%	7.0%	33.0%	60.0%		75.7%		69.4%

续表

年份	慢速 $\gamma 1$	中速 $\gamma 2$	快速 $\gamma 3$	高 S_{i3}			低 S_{i3}			快 Z_{i2}		慢 Z_{i2}	
				一产比重	二产比重	三产比重	一产比重	二产比重	三产比重	分段 Z_{i2}	总 Z_{i2}	分段 Z_{i2}	总 Z_{i2}
2065	47.5%	65.0%	77.5%	6.0%	30.0%	64.0%	7.0%	33.0%	60.0%	5.0%	75.9%	3.0%	69.7%
2066	48.3%	66.0%	79.0%	6.0%	30.0%	64.0%	7.0%	33.0%	60.0%		76.1%		69.8%
2067	49.1%	67.0%	80.5%	6.0%	30.0%	64.0%	7.0%	33.0%	60.0%		76.3%		70.0%
2068	49.9%	68.0%	82.0%	6.0%	30.0%	64.0%	7.0%	33.0%	60.0%		76.5%		70.2%
2069	50.7%	69.0%	83.5%	6.0%	30.0%	64.0%	7.0%	33.0%	60.0%		76.7%		70.4%
2070	51.5%	70.0%	85.0%	6.0%	30.0%	64.0%	7.0%	33.0%	60.0%	4.0%	76.9%	2.0%	70.6%
2071	52.3%	71.0%	86.5%	6.0%	30.0%	64.0%	7.0%	33.0%	60.0%		77.1%		70.7%
2072	53.1%	72.0%	88.0%	6.0%	30.0%	64.0%	7.0%	33.0%	60.0%		77.2%		70.8%
2073	53.9%	73.0%	89.5%	6.0%	30.0%	64.0%	7.0%	33.0%	60.0%		77.3%		70.9%
2074	54.7%	74.0%	91.0%	6.0%	30.0%	64.0%	7.0%	33.0%	60.0%		77.5%		71.0%
2075	55.5%	75.0%	92.5%	6.0%	30.0%	64.0%	7.0%	33.0%	60.0%	3.0%	77.6%	1.0%	71.2%
2076	56.3%	76.0%	94.0%	6.0%	30.0%	64.0%	7.0%	33.0%	60.0%		77.7%		71.2%
2077	57.1%	77.0%	95.5%	6.0%	30.0%	64.0%	7.0%	33.0%	60.0%		77.8%		71.3%
2078	57.9%	78.0%	97.0%	6.0%	30.0%	64.0%	7.0%	33.0%	60.0%		77.9%		71.3%
2079	58.7%	79.0%	98.5%	6.0%	30.0%	64.0%	7.0%	33.0%	60.0%	2.0%	78.0%		71.4%
2080	59.5%	80.0%	100.0%	6.0%	30.0%	64.0%	7.0%	33.0%	60.0%		78.1%	1.0%	71.4%
2081	60.3%	81.0%		6.0%	30.0%	64.0%	7.0%	33.0%	60.0%		78.1%		71.5%

续表

年份	慢速 γ1	中速 γ2	快速 γ3	高 S₁₃ 一产比重	二产比重	三产比重	低 S₁₃ 一产比重	二产比重	三产比重	快 Z₁₂ 分段 Z₁₂	总 Z₁₂	慢 Z₁₂ 分段 Z₁₂	总 Z₁₂
2082	61.1%	82.0%		6.0%	30.0%	64.0%	7.0%	33.0%	60.0%		78.1%		71.6%
2083	61.9%	83.0%		6.0%	30.0%	64.0%	7.0%	33.0%	60.0%		78.2%		71.6%
2084	62.7%	84.0%		6.0%	30.0%	64.0%	7.0%	33.0%	60.0%	1.0%	78.2%		71.7%
2085	63.5%	85.0%		6.0%	30.0%	64.0%	7.0%	33.0%	60.0%		78.3%	1.0%	71.7%
2086	64.3%	86.0%		6.0%	30.0%	64.0%	7.0%	33.0%	60.0%		78.3%		71.8%
2087	65.1%	87.0%		6.0%	30.0%	64.0%	7.0%	33.0%	60.0%		78.4%		71.8%
2088	65.9%	88.0%		6.0%	30.0%	64.0%	7.0%	33.0%	60.0%		78.4%		71.9%
2089	66.7%	89.0%		6.0%	30.0%	64.0%	7.0%	33.0%	60.0%		78.4%		72.0%
2090	67.5%	90.0%		6.0%	30.0%	64.0%	7.0%	33.0%	60.0%	1.0%	78.5%	1.0%	72.0%
2091	68.3%	91.0%		6.0%	30.0%	64.0%	7.0%	33.0%	60.0%		78.5%		72.1%
2092	69.1%	92.0%		6.0%	30.0%	64.0%	7.0%	33.0%	60.0%		78.6%		72.1%
2093	69.9%	93.0%		6.0%	30.0%	64.0%	7.0%	33.0%	60.0%		78.6%		72.2%
2094	70.7%	94.0%		6.0%	30.0%	64.0%	7.0%	33.0%	60.0%		78.7%		72.2%
2095	71.5%	95.0%		6.0%	30.0%	64.0%	7.0%	33.0%	60.0%	1.0%	78.7%	1.0%	72.3%
2096	72.3%	96.0%		6.0%	30.0%	64.0%	7.0%	33.0%	60.0%		78.7%		72.3%
2097	73.1%	97.0%		6.0%	30.0%	64.0%	7.0%	33.0%	60.0%		78.8%		72.4%
2098	73.9%	98.0%		6.0%	30.0%	64.0%	7.0%	33.0%	60.0%		78.8%		72.5%
2099	74.7%	99.0%		6.0%	30.0%	64.0%	7.0%	33.0%	60.0%		78.9%		72.5%
2100	75.5%	100.0%		6.0%	30.0%	64.0%	7.0%	33.0%	60.0%	1.0%	78.9%	1.0%	72.6%

附表 3-5　推算的九种能耗强度降速情景

年份	Z1 (g3, m3, γ1)		Z2 (g3, m3, γ2)		Z3 (g3, m3, γ3)		Z4 (g2, m2, γ1)		Z5 (g2, m2, γ2)		Z6 (g2, m2, γ3)		Z7 (g1, m1, γ1)		Z8 (g1, m1, γ2)		Z9 (g1, m1, γ3)	
	分段	总体	分段	总体	分段	总体	分段	总体	分段	总体	分段	总体	分段	总体	分段	总体	分段	总体
2016		4.3%		4.2%		4.0%		3.8%		3.7%		3.5%		3.0%		2.8%		2.6%
2017		8.4%		8.2%		7.8%		7.5%		7.2%		6.8%		5.8%		5.6%		5.2%
2018		12.3%		12.0%		11.4%		11.0%		10.7%		10.0%		8.6%		8.3%		7.6%
2019		16.1%		15.7%		14.9%		14.3%		13.9%		13.1%		11.3%		10.9%		10.0%
2020	19.7%	19.7%	19.2%	19.2%	18.3%	18.3%	17.6%	17.6%	17.1%	17.1%	16.1%	16.1%	13.9%	13.9%	13.4%	13.4%	12.4%	12.4%
2021		23.7%		23.2%		22.0%		21.3%		20.8%		19.5%		17.2%		16.7%		15.4%
2022		27.4%		27.0%		25.6%		24.7%		24.3%		22.8%		20.3%		19.9%		18.3%
2023		31.0%		30.6%		28.9%		28.0%		27.6%		25.9%		23.4%		22.9%		21.1%
2024		34.4%		34.0%		32.2%		31.2%		30.8%		28.9%		26.3%		25.8%		23.8%
2025	22.2%	37.6%	22.2%	37.2%	20.7%	35.2%	20.2%	34.2%	20.1%	33.8%	18.6%	31.8%	17.5%	29.0%	17.5%	28.6%	16.0%	26.4%
2026		40.9%		40.6%		38.3%		37.4%		37.0%		34.7%		32.1%		31.7%		29.1%
2027		44.1%		43.8%		41.3%		40.5%		40.1%		37.4%		35.1%		34.7%		31.8%
2028		47.1%		46.8%		44.0%		43.4%		43.0%		40.1%		37.9%		37.6%		34.3%
2029		50.0%		49.7%		46.7%		46.1%		45.8%		42.6%		40.6%		40.3%		36.7%
2030	24.2%	52.7%	24.2%	52.4%	21.6%	49.2%	22.1%	48.7%	22.1%	48.4%	19.4%	45.0%	20.0%	43.2%	20.0%	42.9%	17.2%	39.1%
2031		54.8%		54.1%		51.0%		51.1%		50.3%		47.0%		45.3%		44.5%		40.7%
2032		56.9%		55.8%		52.7%		53.3%		52.1%		48.8%		47.3%		46.0%		42.3%

续表

年份	Z1 (g3,m3,γ1)		Z2 (g3,m3,γ2)		Z3 (g3,m3,γ3)		Z4 (g2,m2,γ1)		Z5 (g2,m2,γ2)		Z6 (g2,m2,γ3)		Z7 (g1,m1,γ1)		Z8 (g1,m1,γ2)		Z9 (g1,m1,γ3)	
	分段	总体	分段	总体	分段	总体	分段	总体	分段	总体	分段	总体	分段	总体	分段	总体	分段	总体
2033		58.8%		57.4%		54.4%		55.4%		53.9%		50.6%		49.2%		47.5%		43.7%
2034		60.7%		58.9%		55.9%		57.4%		55.5%		52.3%		51.1%		48.9%		45.2%
2035	20.6%	62.4%	16.7%	60.3%	16.2%	57.4%	20.6%	59.3%	16.7%	57.1%	16.2%	53.9%	16.9%	52.8%	12.8%	50.2%	12.2%	46.5%
2036		64.1%		61.7%		58.8%		60.9%		58.3%		55.2%		54.3%		51.2%		47.5%
2037		65.7%		63.0%		60.1%		62.4%		59.5%		56.4%		55.7%		52.2%		48.5%
2038		67.2%		64.2%		61.4%		63.9%		60.7%		57.5%		57.0%		53.1%		49.4%
2039		68.6%		65.4%		62.6%		65.3%		61.8%		58.6%		58.3%		54.0%		50.3%
2040	20.1%	70.0%	15.6%	66.5%	14.9%	63.7%	18.0%	66.6%	13.3%	62.8%	12.6%	59.7%	14.2%	59.5%	9.4%	54.9%	8.6%	51.1%
2041		71.3%		67.6%		64.8%		67.9%		63.8%		60.7%		60.5%		55.4%		51.6%
2042		72.5%		68.6%		65.8%		69.1%		64.7%		61.6%		61.5%		56.0%		52.1%
2043		73.7%		69.5%		66.8%		70.3%		65.6%		62.5%		62.4%		56.5%		52.5%
2044		74.8%		70.4%		67.7%		71.4%		66.4%		63.3%		63.3%		56.9%		52.9%
2045	19.5%	75.9%	14.1%	71.2%	13.1%	68.5%	17.4%	72.4%	11.8%	67.2%	10.8%	64.0%	11.4%	64.2%	5.4%	57.3%	4.4%	53.2%
2046		76.7%		71.9%		69.1%		73.3%		67.8%		64.6%		64.8%		57.5%		53.3%
2047		77.6%		72.5%		69.7%		74.2%		68.3%		65.1%		65.4%		57.6%		53.3%
2048		78.4%		73.0%		70.2%		75.0%		68.8%		65.6%		66.0%		57.6%		53.2%
2049		79.1%		73.5%		70.7%		75.8%		69.3%		66.0%		66.6%		57.7%		53.1%
2050	16.5%	79.8%	9.6%	74.0%	8.3%	71.1%	14.9%	76.5%	7.9%	69.7%	6.5%	66.4%	8.4%	67.2%	0.8%	57.6%	-0.7%	52.9%

续表

年份	Z1 (g3,m3,γ1)		Z2 (g3,m3,γ2)		Z3 (g3,m3,γ3)		Z4 (g2,m2,γ1)		Z5 (g2,m2,γ2)		Z6 (g2,m2,γ3)		Z7 (g1,m1,γ1)		Z8 (g1,m1,γ2)		Z9 (g1,m1,γ3)	
	分段	总体	分段	总体	分段	总体	分段	总体	分段	总体	分段	总体	分段	总体	分段	总体	分段	总体
2051		80.7%		74.9%		71.7%		77.4%		70.6%		66.9%		67.7%		58.1%		52.7%
2052		81.4%		75.7%		72.2%		78.2%		71.5%		67.4%		68.3%		58.5%		52.5%
2053		82.2%		76.4%		72.7%		79.0%		72.3%		67.8%		68.8%		58.8%		52.2%
2054		82.9%		77.2%		73.1%		79.8%		73.0%		68.2%		69.4%		59.2%		51.9%
2055	18.4%	83.6%	15.0%	77.9%	8.2%	73.5%	16.8%	80.5%	13.3%	73.8%	6.4%	68.5%	8.3%	69.9%	4.4%	59.5%	-3.2%	51.4%
2056		84.2%		78.6%		73.8%		81.1%		74.3%		68.6%		70.3%		59.6%		50.7%
2057		84.8%		79.2%		74.1%		81.7%		74.9%		68.7%		70.6%		59.7%		49.8%
2058		85.4%		79.8%		74.3%		82.2%		75.4%		68.7%		71.0%		59.8%		48.9%
2059		86.0%		80.4%		74.5%		82.8%		75.9%		68.7%		71.3%		59.9%		47.8%
2060	18.1%	86.5%	13.9%	81.0%	4.4%	74.6%	14.3%	83.3%	10.0%	76.4%	0.0%	68.5%	5.8%	71.6%	1.0%	59.9%	-10.0%	46.6%
2061		87.0%		81.4%		74.6%		83.8%		76.8%		68.3%		71.8%		59.7%		44.9%
2062		87.5%		81.9%		74.5%		84.3%		77.3%		68.0%		72.0%		59.6%		43.1%
2063		87.9%		82.3%		74.3%		84.7%		77.7%		67.6%		72.2%		59.3%		41.0%
2064		88.3%		82.7%		74.0%		85.2%		78.1%		67.1%		72.4%		59.1%		38.6%
2065	16.1%	88.7%	10.9%	83.0%	-4.0%	73.6%	13.9%	85.6%	8.6%	78.4%	-6.7%	66.4%	3.1%	72.5%	-2.9%	58.8%	-20.0%	35.9%
2066		89.1%		83.4%		73.1%		86.0%		78.6%		65.4%		72.7%		58.4%		32.7%
2067		89.4%		83.7%		72.4%		86.3%		78.9%		64.2%		72.8%		58.1%		29.1%
2068		89.8%		84.0%		71.6%		86.6%		79.0%		62.7%		73.0%		57.7%		24.8%

续表

年份	Z1 (g3, m3, γ1)		Z2 (g3, m3, γ2)		Z3 (g3, m3, γ3)		Z4 (g2, m2, γ1)		Z5 (g2, m2, γ2)		Z6 (g2, m2, γ3)		Z7 (g1, m1, γ1)		Z8 (g1, m1, γ2)		Z9 (g1, m1, γ3)	
	分段	总体	分段	总体	分段	总体	分段	总体	分段	总体	分段	总体	分段	总体	分段	总体	分段	总体
2069		90.1%		84.3%		70.5%		86.9%		79.2%		60.9%		73.1%		57.2%		19.6%
2070	15.6%	90.5%	9.0%	84.6%	-17.0%	69.1%	11.2%	87.2%	4.3%	79.4%	-23.0%	58.7%	2.6%	73.2%	-5.0%	56.7%	-35.0%	13.4%
2071		90.8%		84.8%		67.4%		87.5%		79.5%		55.9%		73.3%		56.2%		5.8%
2072		91.1%		85.0%		65.1%		87.8%		79.6%		52.3%		73.5%		55.5%		-3.8%
2073		91.4%		85.2%		62.0%		88.1%		79.6%		47.6%		73.6%		54.9%		-16.1%
2074		91.6%		85.4%		57.8%		88.3%		79.7%		41.3%		73.7%		54.1%		-32.6%
2075	15.0%	91.9%	6.4%	85.6%	-56.0%	51.9%	10.6%	88.6%	1.6%	79.7%	-64.0%	32.3%	1.9%	73.7%	-8.0%	53.3%	-80.0%	-55.8%
2076		92.1%		85.6%		42.5%		88.8%		79.6%		18.2%		73.8%		52.3%		-90.7%
2077		92.3%		85.6%		26.6%		89.0%		79.4%		-5.3%		73.9%		51.3%		-149.0%
2078		92.5%		85.6%		-5.3%		89.1%		79.2%		-52.5%		73.9%		50.1%		-265.7%
2079		92.7%		85.6%		-101.3%		89.3%		79.0%		-194.5%		74.0%		48.8%		-616.2%
2080	12.1%	92.9%	0.0%	85.6%			7.7%	89.5%	-5.0%	78.7%			1.1%	74.0%	-12.5%	47.4%		
2081		93.0%		85.5%				89.6%		78.3%				74.1%		45.8%		
2082		93.2%		85.3%				89.8%		77.9%				74.1%		44.0%		
2083		93.4%		85.1%				89.9%		77.4%				74.1%		41.9%		
2084		93.5%		84.9%				90.1%		76.8%				74.1%		39.6%		
2085	11.2%	93.7%	-6.7%	84.6%			6.8%	90.2%	-12.0%	76.1%			0.1%	74.1%	-20.0%	36.9%		
2086		93.8%		84.2%				90.3%		75.2%				74.0%		33.8%		

续表

年份	Z1 (g3,m3,γ1)		Z2 (g3,m3,γ2)		Z3 (g3,m3,γ3)		Z4 (g2,m2,γ1)		Z5 (g2,m2,γ2)		Z6 (g2,m2,γ3)		Z7 (g1,m1,γ1)		Z8 (g1,m1,γ2)		Z9 (g1,m1,γ3)	
	分段	总体	分段	总体	分段	总体	分段	总体	分段	总体	分段	总体	分段	总体	分段	总体	分段	总体
2087		93.9%		83.7%				90.3%		74.0%				74.0%		30.2%		
2088		94.1%		83.2%				90.4%		72.7%				73.9%		25.9%		
2089		94.2%		82.4%				90.5%		71.1%				73.9%		20.9%		
2090	10.2%	94.3%	-20.0%	81.5%			3.4%	90.5%	-29.0%	69.2%			-1.1%	73.8%	-35.0%	14.8%		
2091		94.4%		80.3%				90.6%		66.8%				73.7%		7.3%		
2092		94.5%		78.7%				90.6%		63.7%				73.6%		-2.1%		
2093		94.5%		76.6%				90.6%		59.8%				73.4%		-14.3%		
2094		94.6%		73.7%				90.7%		54.5%				73.3%		-30.5%		
2095	6.5%	94.7%	-64.0%	69.7%			1.9%	90.7%	-72.0%	47.0%			-2.6%	73.1%	-80.0%	-53.4%		
2096		94.7%		63.6%				90.7%		35.4%				72.9%		-87.7%		
2097		94.8%		53.3%				90.6%		16.1%				72.7%		-145.1%		
2098		94.8%		32.7%				90.6%		-22.7%				72.4%		-259.9%		
2099		94.9%		-29.3%				90.5%		-139.3%				72.1%		-604.8%		

附表 3 – 6　36 种第一产业和第三产业能耗强度五年累积降幅情景列表

组合	情景	2020	2025	2030	2035	2040	2045	2050	2055	2060	2065	2070	2075	2080	2085	2090	2095
(z1,低 s_{i3},慢 z_{i2})	N1	-4.8%	25.9%	35.3%	37.4%	48.6%	76.5%	94.5%	0.0%	0.0%	0.0%	0.0%	0.0%	0.0%	0.0%	0.0%	0.0%
(z1,高 s_{i3},慢 z_{i2})	N2	-4.8%	25.9%	35.3%	29.2%	33.1%	53.1%	74.2%	71.2%	0.0%	0.0%	0.0%	0.0%	0.0%	0.0%	0.0%	0.0%
(z2,低 s_{i3},慢 z_{i2})	N3	-6.5%	25.8%	35.1%	23.6%	25.6%	27.5%	16.3%	55.6%	99.4%	0.0%	0.0%	0.0%	0.0%	0.0%	0.0%	0.0%
(z2,高 s_{i3},慢 z_{i2})	N4	-6.5%	25.8%	35.1%	16.0%	16.2%	23.5%	14.0%	41.2%	55.5%	78.9%	67.3%	0.0%	0.0%	0.0%	0.0%	0.0%
(z1,低 s_{i3},快 z_{i2})	N5	-4.8%	22.4%	30.4%	29.2%	33.7%	41.1%	44.4%	90.6%	0.0%	0.0%	0.0%	0.0%	0.0%	0.0%	0.0%	0.0%
(z1,高 s_{i3},快 z_{i2})	N6	-4.8%	22.4%	30.4%	24.0%	25.9%	35.1%	34.8%	58.7%	77.4%	0.0%	0.0%	0.0%	0.0%	0.0%	0.0%	0.0%
(z2,低 s_{i3},慢 z_{i2})	N7	-6.5%	22.4%	30.3%	18.1%	18.5%	18.1%	8.8%	29.7%	35.7%	34.4%	38.0%	37.0%	-28%	-88%	-137%	-216%
(z2,高 s_{i3},慢 z_{i2})	N8	-6.5%	22.4%	30.3%	13.3%	13.6%	17.2%	9.0%	26.2%	29.8%	26.5%	26.3%	21.7%	-11%	-44%	-91%	-178%
(z4,低 s_{i3},慢 z_{i2})	N9	-8.5%	19.9%	28.3%	33.6%	33.3%	42.1%	50.9%	77.8%	0.0%	0.0%	0.0%	0.0%	0.0%	0.0%	0.0%	0.0%
(z4,高 s_{i3},慢 z_{i2})	N10	-8.5%	19.9%	28.3%	27.7%	23.8%	34.6%	37.1%	67.9%	90.0%	0.0%	0.0%	0.0%	0.0%	0.0%	0.0%	0.0%
(z5,低 s_{i3},慢 z_{i2})	N11	-10%	19.9%	28.2%	22.1%	16.1%	15.7%	7.5%	30.7%	26.1%	27.5%	11.6%	-0.8%	-40%	-66%	-103%	-160%
(z5,高 s_{i3},慢 z_{i2})	N12	-10%	19.9%	28.2%	16.6%	10.2%	14.7%	7.6%	26.3%	21.3%	21.1%	8.8%	0.2%	-26%	-48%	-84%	-144%
(z3,低 s_{i3},慢 z_{i2})	N13	-9.9%	21.5%	27.0%	20.5%	21.1%	20.7%	9.2%	14.4%	2.5%	-28%	-62%	-134%	—	—	—	—
(z3,高 s_{i3},慢 z_{i2})	N14	-9.9%	21.5%	27.0%	14.8%	14.4%	18.8%	8.9%	12.7%	3.0%	-21%	-51%	-119%	—	—	—	—
(z4,低 s_{i3},快 z_{i2})	N15	-8.5%	17.1%	24.8%	27.5%	25.0%	28.1%	26.9%	43.4%	55.1%	86.1%	0.0%	0.0%	0.0%	0.0%	0.0%	0.0%
(z4,高 s_{i3},快 z_{i2})	N16	-8.5%	17.1%	24.8%	23.7%	19.8%	25.6%	23.8%	35.8%	40.0%	56.8%	88.0%	0.0%	0.0%	0.0%	0.0%	0.0%
(z5,低 s_{i3},快 z_{i2})	N17	-10%	17.2%	24.7%	17.9%	12.3%	11.4%	4.7%	20.8%	16.5%	15.1%	5.0%	-1.3%	-19%	-33%	-65%	-125%
(z5,高 s_{i3},快 z_{i2})	N18	-10%	17.2%	24.7%	14.3%	9.1%	11.5%	5.3%	19.3%	15.1%	13.6%	4.9%	-0.6%	-16%	-29%	-59%	-117%
(z3,低 s_{i3},快 z_{i2})	N19	-9.9%	18.5%	23.5%	16.4%	16.2%	14.9%	5.6%	8.5%	1.8%	-18%	-43%	-104%	—	—	—	—
(z3,高 s_{i3},快 z_{i2})	N20	-9.9%	18.5%	23.5%	12.7%	12.5%	14.5%	6.1%	8.4%	2.3%	-15%	-38%	-97%	—	—	—	—

续表

组合	情景	2020	2025	2030	2035	2040	2045	2050	2055	2060	2065	2070	2075	2080	2085	2090	2095
$(z7,低\ s_{13},慢\ z_{12})$	N21	-10%	13.4%	22.5%	21.2%	17.9%	13.9%	9.0%	12.6%	7.3%	1.4%	1.7%	1.7%	1.3%	-1.5%	-5.0%	-9.1%
$(z7,高\ s_{13},慢\ z_{12})$	N22	-10%	13.4%	22.5%	17.4%	13.5%	13.4%	8.9%	11.6%	6.9%	1.8%	1.9%	1.8%	1.3%	-1.2%	-4.1%	-7.7%
$(z8,低\ s_{13},慢\ z_{12})$	N23	-12%	13.4%	22.5%	11.1%	5.6%	-0.7%	-7.8%	2.9%	-2.9%	-9.0%	-11%	-15%	-21%	-30%	-48%	-100%
$(z8,高\ s_{13},慢\ z_{12})$	N24	-12%	13.4%	22.5%	7.7%	3.0%	0.5%	-6.3%	3.1%	-2.3%	-8.1%	-10%	-14%	-19%	-29%	-47%	-98%
$(z6,低\ s_{13},慢\ z_{12})$	N25	-14%	15.8%	21.0%	19.7%	13.6%	12.2%	3.8%	7.1%	-8.7%	-23%	-54%	-114%	—	—	—	—
$(z6,高\ s_{13},慢\ z_{12})$	N26	-14%	15.8%	21.0%	15.5%	9.2%	11.9%	4.4%	6.9%	-6.8%	-20%	-48%	-106%	—	—	—	—
$(z7,低\ s_{13},快\ z_{12})$	N27	-10%	11.4%	20.1%	17.9%	14.5%	10.8%	6.4%	8.7%	5.5%	1.0%	1.0%	0.7%	0.2%	-0.8%	-3.2%	-6.2%
$(z7,高\ s_{13},快\ z_{12})$	N28	-10%	11.4%	20.1%	15.5%	12.2%	10.9%	6.7%	8.6%	5.5%	1.4%	1.3%	0.9%	0.3%	-0.6%	-2.8%	-5.6%
$(z8,低\ s_{13},快\ z_{12})$	N29	-12%	11.5%	20.1%	9.1%	4.3%	-1.0%	-7.0%	1.9%	-2.3%	-7.7%	-9.9%	-13%	-18%	-27%	-44%	-95%
$(z8,高\ s_{13},快\ z_{12})$	N30	-12%	11.5%	20.1%	7.0%	3.1%	0.1%	-5.8%	2.3%	-1.9%	-7.0%	-9.2%	-13%	-18%	-26%	-43%	-93%
$(z6,低\ s_{13},快\ z_{12})$	N31	-14%	13.5%	18.6%	16.4%	10.7%	9.3%	2.4%	4.6%	-6.4%	-18%	-43%	-98%	—	—	—	—
$(z6,高\ s_{13},快\ z_{12})$	N32	-14%	13.5%	18.6%	13.7%	8.4%	9.6%	3.1%	4.9%	-5.3%	-16%	-40%	-94%	—	—	—	—
$(z9,低\ s_{13},慢\ z_{12})$	N33	-16%	9.6%	16.1%	10.0%	4.4%	-1.9%	-9.2%	-11%	-21%	-33%	-50%	-101%	—	—	—	—
$(z9,高\ s_{13},慢\ z_{12})$	N34	-16%	9.6%	16.1%	7.4%	2.6%	-0.8%	-7.8%	-9.6%	-19%	-32%	-48%	-99%	—	—	—	—
$(z9,低\ s_{13},快\ z_{12})$	N35	-16%	8.0%	14.5%	8.4%	3.5%	-2.0%	-8.4%	-9.9%	-18%	-30%	-46%	-96%	—	—	—	—
$(z9,高\ s_{13},快\ z_{12})$	N36	-16%	8.0%	14.5%	6.8%	2.8%	-1.0%	-7.2%	-9.0%	-17%	-29%	-45%	-94%	—	—	—	—

附表 3 – 7　标杆相容低碳发展路径指标汇总

年份	中 g_2	中总 m_2	CEI2 (吨 CO_2/万元)	中 GDP (万亿元)	C2 (亿吨)	中速 γ_2	高 S_{13} 一产比重	二产比重	三产比重	总 z_{12}	z5 (g_2, m_2, γ_2)	一产、三产能耗强度五年累积降幅
2015	7.00%	—	1.799	519701.1	93.49	12.00%	8.80%	41.00%	50.20%	—	—	—
2016	6.50%	4.70%	1.714	553481.7	94.87	12.60%	8.60%	40.00%	51.40%	4.80%	3.70%	
2017	6.50%	9.20%	1.633	589458	96.26	13.20%	8.40%	39.00%	52.60%	9.50%	7.20%	
2018	6.50%	13.50%	1.556	627772.7	97.67	13.80%	8.20%	38.00%	53.80%	13.80%	10.70%	
2019	6.50%	17.60%	1.482	668578	99.1	14.40%	8.00%	37.00%	55.00%	18.00%	13.90%	
2020	6.50%	21.50%	1.412	712035.5	100.55	15.00%	8.00%	36.00%	56.00%	22.00%	17.10%	0①
2021	6.50%	25.60%	1.339	758317.9	101.5	15.50%	7.90%	35.70%	56.40%	25.40%	20.80%	
2022	6.50%	29.50%	1.269	807608.5	102.46	16.00%	7.80%	35.40%	56.80%	28.70%	24.30%	
2023	6.50%	33.20%	1.203	860103.1	103.43	16.50%	7.70%	35.10%	57.20%	31.80%	27.60%	
2024	6.50%	36.60%	1.14	916009.8	104.41	17.00%	7.60%	34.80%	57.60%	34.80%	30.80%	
2025	6.50%	39.90%	1.08	975550.4	105.39	17.50%	7.50%	34.50%	58.00%	37.60%	33.80%	17.2%
2026	6%	43.40%	1.019	1034083.4	105.33	18.00%	7.40%	34.20%	58.40%	40.00%	37.00%	
2027	6%	46.60%	0.96	1096128.4	105.27	18.50%	7.30%	33.90%	58.80%	42.40%	40.10%	
2028	6%	49.70%	0.905	1161896.1	105.2	19.00%	7.20%	33.60%	59.20%	44.60%	43.00%	
2029	6%	52.50%	0.854	1231609.9	105.14	19.50%	7.10%	33.30%	59.60%	46.80%	45.80%	

① 推算数据是 -10%，表明"十三五"时期一产、三产能耗强度降幅没有压力，也不是节能减排重点，但考虑到原则上争取只降不升，所以取值为 0。

续表

年份	中 g2	中总 m2	CEI2 (吨CO$_2$/万元)	中 GDP (万亿元)	C2 (亿吨)	中速 γ2	高 S$_{t3}$ 一产比重	二产比重	三产比重	总 z$_{t2}$	z5 (g2, m2, γ2)	一产能耗强度五年累积降幅
2030	6%	55.30%	0.805	1305507	105.07	20.00%	7.00%	33.00%	60.00%	48.80%	48.40%	24.7%
2031	6%	57.80%	0.759	1383836.9	105.01	21.50%	6.90%	32.70%	60.40%	50.60%	50.30%	
2032	6%	60.20%	0.715	1466867.1	104.95	23.00%	6.80%	32.40%	60.80%	52.30%	52.10%	
2033	6%	62.50%	0.675	1554879.1	104.88	24.50%	6.70%	32.10%	61.20%	53.90%	53.90%	
2034	6%	64.60%	0.636	1648171.9	104.82	26.00%	6.60%	31.80%	61.60%	55.50%	55.50%	14.3%
2035	6%	66.70%	0.6	1747062.2	104.76	27.50%	6.50%	31.50%	62.00%	57.00%	57.10%	
2036	5.50%	68.40%	0.568	1843150.6	104.75	29.00%	6.40%	31.20%	62.40%	58.30%	58.30%	
2037	5.50%	70.10%	0.539	1944523.9	104.75	30.50%	6.30%	30.90%	62.80%	59.50%	59.50%	
2038	5.50%	71.60%	0.511	2051472.7	104.75	32.00%	6.20%	30.60%	63.20%	60.70%	60.70%	
2039	5.50%	73.10%	0.484	2164303.7	104.74	33.50%	6.10%	30.30%	63.60%	61.90%	61.80%	9.1%
2040	5.50%	74.50%	0.459	2283340.4	104.74	35.00%	6.00%	30.00%	64.00%	63.00%	62.80%	
2041	5.50%	75.80%	0.435	2408924.1	104.73	36.50%	6.00%	30.00%	64.00%	64.00%	63.80%	
2042	5.50%	77.10%	0.412	2541415	104.73	38.00%	6.00%	30.00%	64.00%	64.90%	64.70%	
2043	5.50%	78.30%	0.391	2681192.8	104.73	39.50%	6.00%	30.00%	64.00%	65.80%	65.60%	
2044	5.50%	79.40%	0.37	2828658.4	104.72	41.00%	6.00%	30.00%	64.00%	66.60%	66.40%	
2045	5.50%	80.50%	0.351	2984234.6	104.72	42.50%	6.00%	30.00%	64.00%	67.50%	67.20%	11.5%
2046	5%	81.40%	0.334	3133446.3	104.63	44.00%	6.00%	30.00%	64.00%	68.20%	67.80%	

续表三

年份	中 g2	中总 m2	CE12（吨 CO₂/万元）	中 GDP（万亿元）	C2（亿吨）	中速 γ2	高 S₃			总 z₁₂	z5（g2、m2、γ2）	一产、三产能耗强度五年累积年降幅
							一产比重	二产比重	三产比重			
2047	5%	82.30%	0.318	3290118.7	104.53	45.50%	6.00%	30.00%	64.00%	68.80%	68.30%	
2048	5%	83.20%	0.302	3454624.6	104.44	47.00%	6.00%	30.00%	64.00%	69.50%	68.80%	
2049	5%	84.00%	0.288	3627355.8	104.34	48.50%	6.00%	30.00%	64.00%	70.10%	69.30%	
2050	5%	84.80%	0.274	3808723.6	104.25	50.00%	6.00%	30.00%	64.00%	70.70%	69.70%	5.3%
2051	5%	85.50%	0.26	3999159.8	104.15	51.00%	6.00%	30.00%	64.00%	71.20%	70.60%	
2052	5%	86.20%	0.248	4199117.8	104.06	52.00%	6.00%	30.00%	64.00%	71.70%	71.50%	
2053	5%	86.90%	0.236	4409073.7	103.97	53.00%	6.00%	30.00%	64.00%	72.20%	72.30%	
2054	5%	87.50%	0.224	4629527.4	103.87	54.00%	6.00%	30.00%	64.00%	72.60%	73.00%	
2055	5%	88.10%	0.213	4861003.7	103.78	55.00%	6.00%	30.00%	64.00%	73.10%	73.80%	19.3%
2056	4.50%	88.70%	0.204	5079748.9	103.72	56.00%	6.00%	30.00%	64.00%	73.40%	74.30%	
2057	4.50%	89.10%	0.195	5308337.6	103.65	57.00%	6.00%	30.00%	64.00%	73.70%	74.90%	
2058	4.50%	89.60%	0.187	5547212.8	103.59	58.00%	6.00%	30.00%	64.00%	74.00%	75.40%	
2059	4.50%	90.10%	0.179	5796837.4	103.53	59.00%	6.00%	30.00%	64.00%	74.40%	75.90%	
2060	4.50%	90.50%	0.171	6057695	103.46	60.00%	6.00%	30.00%	64.00%	74.70%	76.40%	15.1%
2061	4.50%	90.90%	0.163	6330291.3	103.4	61.00%	6.00%	30.00%	64.00%	74.90%	76.80%	
2062	4.50%	91.30%	0.156	6615154.4	103.34	62.00%	6.00%	30.00%	64.00%	75.20%	77.30%	
2063	4.50%	91.70%	0.149	6912836.4	103.27	63.00%	6.00%	30.00%	64.00%	75.50%	77.70%	

年份	中g2	中总m2	CEI2 (吨CO_2/万元)	中GDP (万亿元)	C2 (亿吨)	中速 $\gamma2$	高 S_{13}			总 z_{12}	z5 ($g2,m2,\gamma2$)	一产,三产能耗强度五年累积降幅
							一产比重	二产比重	三产比重			
2064	4.50%	92.10%	0.143	7223914	103.21	64.00%	6.00%	30.00%	64.00%	75.70%	78.10%	
2065	4.50%	92.40%	0.137	7548990.1	103.15	65.00%	6.00%	30.00%	64.00%	75.90%	78.40%	13.6%
2066	4%	92.70%	0.131	7850949.7	103.1	66.00%	6.00%	30.00%	64.00%	76.10%	78.60%	
2067	4%	93.00%	0.126	8164987.7	103.05	67.00%	6.00%	30.00%	64.00%	76.30%	78.90%	
2068	4%	93.30%	0.121	8491587.2	103	68.00%	6.00%	30.00%	64.00%	76.50%	79.00%	
2069	4%	93.50%	0.117	8831250.7	102.95	69.00%	6.00%	30.00%	64.00%	76.70%	79.20%	4.9%
2070	4%	93.80%	0.112	9184500.8	102.9	70.00%	6.00%	30.00%	64.00%	76.90%	79.40%	
2071	4%	94.00%	0.108	9551880.8	102.86	71.00%	6.00%	30.00%	64.00%	77.10%	79.50%	
2072	4%	94.20%	0.103	9933956	102.81	72.00%	6.00%	30.00%	64.00%	77.20%	79.60%	
2073	4%	94.50%	0.099	10331314	102.76	73.00%	6.00%	30.00%	64.00%	77.30%	79.60%	
2074	4%	94.70%	0.096	10744567	102.71	74.00%	6.00%	30.00%	64.00%	77.50%	79.70%	
2075	4%	94.90%	0.092	11174350	102.66	75.00%	6.00%	30.00%	64.00%	77.60%	79.70%	0①
2076	3.50%	95.10%	0.089	11565452	102.62	76.00%	6.00%	30.00%	64.00%	77.70%	79.60%	
2077	3.50%	95.20%	0.086	11970243	102.57	77.00%	6.00%	30.00%	64.00%	77.80%	79.40%	
2078	3.50%	95.40%	0.083	12389201	102.52	78.00%	6.00%	30.00%	64.00%	77.90%	79.20%	

① 虽然此后在数量上允许一产、三产能耗强度反弹,但是原则上仍然坚持即便不再下降也不升高,因此此后数据全部取值为0。

续表

年份	中g2	中总m2	CEI2 (吨CO_2/万元)	中GDP (万亿元)	C2 (亿吨)	中速 γ2	高 S_3 一产比重	二产比重	三产比重	总 z_{12}	z5 (g2, m2, γ2)	一产、三产能耗强度五年累积降幅
2079	3.50%	95.60%	0.08	12822823	102.47	79.00%	6.00%	30.00%	64.00%	78.00%	79.00%	
2080	3.50%	95.70%	0.077	13271622	102.42	80.00%	6.00%	30.00%	64.00%	78.10%	78.70%	0
2081	3.50%	95.90%	0.075	13736129	102.38	81.00%	6.00%	30.00%	64.00%	78.10%	78.30%	
2082	3.50%	96.00%	0.072	14216893	102.33	82.00%	6.00%	30.00%	64.00%	78.10%	77.90%	
2083	3.50%	96.10%	0.07	14714484	102.28	83.00%	6.00%	30.00%	64.00%	78.20%	77.40%	
2084	3.50%	96.30%	0.067	15229491	102.23	84.00%	6.00%	30.00%	64.00%	78.20%	76.80%	
2085	3.50%	96.40%	0.065	15762524	102.18	85.00%	6.00%	30.00%	64.00%	78.30%	76.10%	0
2086	3%	96.50%	0.063	16235399	102.12	86.00%	6.00%	30.00%	64.00%	78.30%	75.20%	
2087	3%	96.60%	0.061	16722461	102.06	87.00%	6.00%	30.00%	64.00%	78.40%	74.00%	
2088	3%	96.70%	0.059	17224135	102	88.00%	6.00%	30.00%	64.00%	78.40%	72.70%	
2089	3%	96.80%	0.057	17740859	101.94	89.00%	6.00%	30.00%	64.00%	78.40%	71.10%	
2090	3%	96.90%	0.056	18273085	101.87	90.00%	6.00%	30.00%	64.00%	78.50%	69.20%	0
2091	3%	97.00%	0.054	18821278	101.81	91.00%	6.00%	30.00%	64.00%	78.50%	66.80%	
2092	3%	97.10%	0.052	19385916	101.75	92.00%	6.00%	30.00%	64.00%	78.60%	63.70%	
2093	3%	97.20%	0.051	19967493	101.69	93.00%	6.00%	30.00%	64.00%	78.60%	59.80%	
2094	3%	97.30%	0.049	20566518	101.63	94.00%	6.00%	30.00%	64.00%	78.70%	54.50%	
2095	3%	97.30%	0.048	21183514	101.57	95.00%	6.00%	30.00%	64.00%	78.70%	47.00%	0

续表三

年份	中 g_2	中总 m_2	CEI2 （吨 CO_2/万元）	中 GDP （万亿元）	C2 （亿吨）	中速 γ_2	高 S_3 一产比重	高 S_3 二产比重	高 S_3 三产比重	总 z_{12}	z_5 （g_2, m_2, γ_2）	一产、三产能耗强度五年累积年降幅
2096	2.50%	97.40%	0.047	21713101	101.48	96.00%	6.00%	30.00%	64.00%	78.70%	35.40%	
2097	2.50%	97.50%	0.046	22255929	101.39	97.00%	6.00%	30.00%	64.00%	78.80%	16.10%	
2098	2.50%	97.50%	0.044	22812327	101.3	98.00%	6.00%	30.00%	64.00%	78.80%	0.00%	
2099	2.50%	97.60%	0.043	23382635	101.21	99.00%	6.00%	30.00%	64.00%	78.90%	0.00%	
2100	2.50%	97.70%	0.042	23967201	101.12	100.00%	6.00%	30.00%	64.00%	78.90%	0.00%	

附表 4-1　2008—2017 年工业分行业增速（%）

年份	2008V	2009V	2010V	2011V	2012V	2013V	2014V	2015V	2016V	2017V
煤炭开采和洗选业	19.1%	8.3%	17.2%	16.6%	9.9%	6.2%	2.5%	1.9%	−1.5%	−2.1%
石油和天然气开采业	6.1%	4.8%	−0.2%	5.1%	3.9%	3.7%	3.5%	4.2%	−0.1%	−2.7%
黑色金属矿采选业	21.9%	25.3%	20.6%	20.0%	20.5%	15.6%	10.6%	2.5%	−2.6%	−2.8%
有色金属矿采选业	14.3%	19.8%	11.2%	15.5%	17.4%	12.4%	7.4%	4.3%	2.5%	−3.6%
非金属矿采选业	22.3%	20.2%	24.8%	23.6%	10.0%	8.9%	7.8%	6.6%	4.3%	−0.4%
其他采矿业	31.5%	42.7%	20.7%	22.8%	−1.1%	−2.1%	−3.0%	2.4%	−11.3%	14.3%
农副食品加工业	15.0%	15.9%	15.0%	14.1%	14.2%	11.0%	7.7%	5.5%	6.1%	6.8%
食品制造业	16.4%	14.1%	15.2%	17.1%	12.1%	10.4%	8.6%	7.5%	8.8%	9.1%
酒饮料精制茶制造业	16.1%	14.6%	14.6%	18.9%	13.1%	9.8%	6.5%	7.7%	8.0%	9.1%
烟草制品业	12.6%	8.2%	11.9%	12.6%	9.6%	8.9%	8.2%	3.4%	−8.3%	3.5%
纺织业	10.5%	8.5%	11.6%	8.3%	12.2%	8.7%	6.7%	7.0%	5.5%	4.0%
纺织服装、服饰业	12.5%	9.9%	15.0%	15.6%	7.3%	7.3%	7.2%	4.4%	3.8%	5.8%
皮革、毛皮、羽毛（绒）及其制品业	12.4%	9.3%	16.5%	13.1%	7.5%	6.9%	6.2%	4.9%	3.4%	4.6%
木材加工及木、竹、藤、棕、草制品业	21.5%	17.7%	22.4%	21.0%	12.7%	11.1%	9.5%	6.3%	6.8%	6.2%
家具制造业	13.5%	8.8%	19.7%	15.2%	11.5%	10.1%	8.7%	6.9%	6.6%	9.8%
造纸及纸制品业	12.4%	10.7%	16.2%	14.4%	8.8%	7.7%	6.5%	5.3%	5.9%	4.2%
印刷业和记录媒介复制业	12.4%	8.8%	14.9%	13.9%	10.2%	10.1%	10.0%	6.7%	6.1%	10.0%
文教工美体育娱乐用品制造业	18.2%	7.5%	13.5%	12.2%	11.2%	12.4%	13.6%	5.8%	3.2%	9.1%

续表

年份	2008V	2009V	2010V	2011V	2012V	2013V	2014V	2015V	2016V	2017V
石油加工、炼焦及核燃料加工业	4.3%	5.2%	9.6%	7.6%	5.8%	5.6%	5.4%	7.4%	6.7%	4.8%
化学原料及化学制品制造业	10.0%	14.6%	15.5%	14.7%	11.7%	12.1%	10.3%	9.5%	7.7%	3.8%
医药制造业	17.1%	14.8%	15.2%	17.9%	14.7%	13.5%	12.3%	9.9%	10.8%	12.4%
化学纤维制造业	2.2%	10.2%	11.1%	11.0%	12.9%	10.7%	8.5%	11.2%	6.1%	5.8%
橡胶和塑料制品制造业	13.0%	12.1%	17.8%	13.3%	9.9%	9.3%	8.6%	7.9%	7.6%	6.3%
非金属矿物物	16.9%	14.7%	20.3%	18.4%	11.2%	11.5%	9.3%	6.5%	6.5%	3.7%
黑色金属冶炼及压延加工工业	8.2%	9.9%	11.6%	9.7%	9.5%	9.9%	6.2%	5.4%	-1.7%	0.3%
有色金属冶炼及压延加工工业	12.3%	12.8%	13.2%	13.6%	13.3%	12.9%	12.4%	11.3%	6.2%	1.5%
金属制品业	15.0%	10.0%	19.0%	17.8%	12.2%	11.9%	11.6%	7.4%	8.2%	6.6%
通用设备制造业	16.9%	11.0%	21.7%	17.4%	8.4%	9.2%	9.1%	2.9%	5.9%	10.5%
专用设备制造业	20.5%	13.0%	20.6%	19.8%	8.9%	7.9%	6.9%	3.4%	6.7%	11.8%
交通运输设备制造业	15.2%	18.4%	22.4%	12.0%	8.4%	14.9%	11.8%	6.7%	15.5%	12.2%
电气机械及器材制造业	18.1%	12.0%	18.7%	14.5%	9.7%	10.9%	9.4%	7.3%	8.5%	10.6%
通信设备计算机及其他电子设备	12.0%	5.3%	16.9%	15.9%	12.1%	11.3%	12.2%	10.5%	10.0%	13.8%
仪器仪表制造业	12.7%	2.0%	19.6%	16.3%	12.6%	11.0%	9.4%	5.4%	9.4%	12.5%
其他制造业	10.1%	5.9%	17.2%	18.5%	11.4%	8.3%	5.2%	6.1%	5.4%	5.9%
废弃资源综合利用业	26.2%	29.1%	27.1%	16.6%	15.4%	16.0%	16.5%	20.4%	8.2%	1.4%
电力、热力的生产和供应业	8.6%	6.0%	11.0%	10.1%	5.0%	6.2%	2.2%	0.5%	4.8%	7.8%
燃气生产和供应业	26.8%	14.6%	17.9%	13.1%	11.7%	17.4%	16.5%	11.1%	14.3%	12.5%
水的生产和供应业	4.9%	5.1%	5.6%	7.3%	4.5%	6.7%	7.4%	5.6%	7.0%	8.7%
工业合计	12.9%	11.0%	15.7%	13.9%	10.0%	9.7%	8.3%	6.1%	6.0%	6.6%

附表 4 - 2 规模以上工业产业结构演变情况表

年份	2000	2001	2002	2003	2004	2005	2006	2007	2008	2009	2010	2011	2012	2013	2014	2015
通信设备计算机及其他电子设备↓↓	8.83%	9.56%	10.3%	11.1%	11%	10.7%	10.4%	9.69%	8.68%	8.15%	7.91%	7.56%	7.64%	7.68%	7.81%	8.28%
交通运输设备制造业↑	6.37%	6.84%	7.57%	7.9%	6.85%	6.32%	6.42%	6.68%	6.64%	7.61%	7.96%	7.52%	7.27%	7.39%	7.78%	8.17%
化学原料及化学制品制造业↑↑	6.67%	6.58%	6.51%	6.49%	6.38%	6.49%	6.44%	6.59%	6.68%	6.71%	6.84%	7.19%	7.30%	7.43%	7.54%	7.54%
电气机械及器材制造业↑↑	5.60%	5.70%	5.50%	5.49%	5.54%	5.49%	5.72%	5.88%	5.99%	6.07%	6.14%	6.06%	5.96%	6.03%	6.13%	6.30%
农副食品加工业↑↑	4.33%	4.27%	4.29%	4.29%	4.12%	4.21%	4.09%	4.31%	4.72%	5.10%	5.00%	5.23%	5.67%	5.85%	5.82%	5.96%
黑色金属冶炼及压延加工业↓	5.63%	6.06%	5.96%	7.13%	8.44%	8.52%	8.08%	8.40%	8.88%	7.78%	7.47%	7.63%	7.49%	7.08%	6.50%	5.55%
非金属矿物↑↑	4.25%	4.16%	4.06%	3.94%	3.71%	3.63%	3.68%	3.82%	4.12%	4.53%	4.57%	4.75%	4.85%	5.13%	5.33%	5.43%
电力,热力的生产和供应业↓	5.49%	5.43%	5.40%	4.91%	7.42%	7.19%	6.92%	6.63%	6.01%	6.21%	5.91%	5.70%	5.64%	5.49%	5.17%	5.20%
通用设备制造业↑↑	3.52%	3.63%	3.80%	3.97%	4.18%	4.18%	4.33%	4.52%	4.85%	4.98%	5.00%	4.83%	4.16%	4.25%	4.32%	4.27%

续表

年份	2000	2001	2002	2003	2004	2005	2006	2007	2008	2009	2010	2011	2012	2013	2014	2015
有色金属冶炼及压延加工业↑↑↑	2.54%	2.47%	2.36%	2.51%	2.99%	3.15%	4.09%	4.46%	4.11%	3.75%	4.02%	4.24%	4.13%	4.19%	4.23%	4.21%
纺织业↓↓↓	5.98%	5.80%	5.73%	5.42%	5.12%	5.02%	4.83%	4.61%	4.23%	4.19%	4.09%	3.87%	3.49%	3.48%	3.45%	3.57%
金属制品业↑	2.94%	2.96%	2.95%	2.71%	2.54%	2.61%	2.69%	2.82%	2.96%	2.91%	2.87%	2.76%	3.18%	3.26%	3.35%	3.41%
专用设备制造业↑↑	2.53%	2.42%	2.50%	2.67%	2.49%	2.39%	2.49%	2.59%	2.83%	3.05%	3.05%	3.06%	3.12%	3.18%	3.21%	3.28%
石油加工、炼焦及核燃料加工业↓↓↓	5.26%	4.88%	4.39%	4.45%	4.47%	4.81%	4.83%	4.46%	4.51%	3.96%	4.22%	4.41%	4.29%	3.94%	3.74%	3.11%
橡胶和塑料制品业↓	3.13%	3.14%	3.19%	3.07%	2.99%	2.87%	2.87%	2.85%	2.79%	2.87%	2.83%	2.72%	2.67%	2.71%	2.76%	2.85%
医药制造业↑	2.00%	2.06%	2.06%	1.95%	1.55%	1.62%	1.53%	1.51%	1.51%	1.68%	1.63%	1.72%	1.86%	1.97%	2.12%	2.33%
纺织服装、鞋、帽制造业↓↓	2.65%	2.70%	2.61%	2.39%	1.97%	1.96%	1.93%	1.86%	1.85%	1.90%	1.75%	1.59%	1.89%	1.90%	1.93%	2.02%
食品制造业↑	1.66%	1.69%	1.75%	1.59%	1.42%	1.50%	1.48%	1.49%	1.51%	1.68%	1.61%	1.67%	1.71%	1.77%	1.82%	1.98%

续表

年份	2000	2001	2002	2003	2004	2005	2006	2007	2008	2009	2010	2011	2012	2013	2014	2015
煤炭开采和洗选业↑	1.51%	1.63%	1.79%	1.73%	2.03%	2.28%	2.29%	2.27%	2.91%	2.99%	3.15%	3.42%	3.32%	2.83%	2.38%	1.88%
饮料制造业↓	2.04%	1.91%	1.79%	1.57%	1.21%	1.22%	1.23%	1.25%	1.23%	1.35%	1.30%	1.39%	1.45%	1.49%	1.50%	1.60%
文教体育用品制造业↑↑	0.72%	0.71%	0.70%	0.68%	0.60%	0.59%	0.55%	0.52%	0.49%	0.48%	0.45%	0.38%	1.11%	1.25%	1.35%	1.43%
皮革,毛皮,羽毛(绒)及其制品业↓	1.55%	1.64%	1.62%	1.60%	1.36%	1.37%	1.31%	1.27%	1.16%	1.17%	1.13%	1.05%	1.23%	1.23%	1.27%	1.33%
造纸及纸制品业↓↓	1.84%	1.89%	1.86%	1.78%	1.66%	1.65%	1.59%	1.57%	1.55%	1.51%	1.50%	1.43%	1.38%	1.27%	1.26%	1.29%
木材加工及木、竹、藤、棕、草制品业↓	0.90%	0.89%	0.84%	0.69%	0.68%	0.72%	0.76%	0.86%	0.94%	1.05%	1.05%	1.06%	1.13%	1.18%	1.24%	1.28%
烟草制品业↓↓	1.73%	1.81%	1.88%	1.60%	1.31%	1.17%	1.03%	0.95%	0.90%	0.92%	0.85%	0.83%	0.87%	0.86%	0.83%	0.87%
仪器仪表及文化、办公用机械制造业↓	1.02%	0.99%	1.01%	1.15%	1.09%	1.11%	1.12%	1.07%	0.98%	0.93%	0.92%	0.90%	0.73%	0.74%	0.76%	0.79%
石油和天然气开采业↓↓	3.71%	2.97%	2.53%	2.50%	2.31%	2.54%	2.47%	2.08%	1.92%	1.39%	1.43%	1.54%	1.30%	1.11%	1.07%	0.73%

续表

年份	2000	2001	2002	2003	2004	2005	2006	2007	2008	2009	2010	2011	2012	2013	2014	2015
家具制造业↑	0.43%	0.45%	0.47%	0.51%	0.57%	0.57%	0.59%	0.60%	0.61%	0.63%	0.63%	0.60%	0.62%	0.65%	0.67%	0.72%
印刷业和记录媒介复制业↓	0.71%	0.75%	0.74%	0.72%	0.59%	0.57%	0.54%	0.52%	0.53%	0.54%	0.51%	0.46%	0.50%	0.59%	0.63%	0.68%
化学纤维制造业↓↓	1.45%	1.06%	1.02%	1.02%	0.96%	1.04%	1.01%	1.01%	0.78%	0.71%	0.71%	0.79%	0.73%	0.68%	0.66%	0.66%
黑色金属矿采选业↑	0.19%	0.20%	0.20%	0.25%	0.36%	0.39%	0.44%	0.52%	0.73%	0.67%	0.85%	0.93%	0.93%	0.93%	0.85%	0.65%
有色金属矿采选业↑	0.47%	0.43%	0.42%	0.41%	0.40%	0.45%	0.53%	0.56%	0.53%	0.51%	0.54%	0.59%	0.61%	0.60%	0.58%	0.57%
燃气生产和供应业↑	0.21%	0.20%	0.21%	0.20%	0.21%	0.21%	0.24%	0.25%	0.30%	0.34%	0.35%	0.38%	0.36%	0.39%	0.46%	0.53%
非金属矿采选业↑	0.40%	0.39%	0.38%	0.34%	0.29%	0.30%	0.32%	0.34%	0.37%	0.42%	0.44%	0.46%	0.46%	0.49%	0.50%	0.50%
工艺品及其他制造业↑	0.10%	0.11%	0.13%	0.12%	0.15%	0.18%	0.22%	0.30%	0.36%	0.39%	0.50%	0.64%	0.40%	0.46%	0.48%	0.48%
废弃资源和废旧材料回收加工业↑	0.03%	0.03%	0.05%	0.04%	0.10%	0.11%	0.13%	0.17%	0.22%	0.27%	0.33%	0.31%	0.32%	0.33%	0.34%	0.35%

223

续表

年份	2000	2001	2002	2003	2004	2005	2006	2007	2008	2009	2010	2011	2012	2013	2014	2015
水的生产和供应业 ↓	0.38%	0.36%	0.33%	0.30%	0.25%	0.23%	0.22%	0.20%	0.18%	0.18%	0.16%	0.14%	0.14%	0.14%	0.15%	0.17%
装备制造业	30.81%	32.10%	33.63%	34.99%	33.69%	32.80%	33.17%	33.25%	32.93%	33.70%	33.85%	32.69%	32.06%	32.53%	33.36%	34.50%
原材料工业	24.38%	24.18%	23.33%	24.56%	26.09%	26.71%	27.25%	27.90%	28.52%	27.00%	27.45%	28.53%	28.38%	28.10%	27.68%	26.19%
消费品工业	32.45%	32.11%	31.78%	29.81%	26.95%	26.90%	26.15%	26.00%	25.60%	26.59%	25.87%	25.62%	26.80%	27.39%	27.80%	29.08%
采掘业	6.28%	5.62%	5.32%	5.23%	5.39%	5.96%	6.05%	5.77%	6.46%	5.98%	6.41%	6.94%	6.62%	5.96%	5.38%	4.33%
电热气水生产供应业	6.08%	5.99%	5.94%	5.41%	7.88%	7.63%	7.38%	7.08%	6.49%	6.73%	6.42%	6.22%	6.14%	6.02%	5.78%	5.90%

合计

数据说明：数据是根据历年国家统计年鉴提供数据计算得到。由于2000—2002年、2003—2011年、2012—2015年时段数据统计口径不尽一致，将2003—2011年橡胶制品业和塑料制品业合并为橡胶和塑料制品业数据，将2012—2015年汽车制造业和铁路船舶业合并为交通运输设备制造业数据，将2012—2015年金属制品机械设备维修业、开采辅助活动业并入其它制造业数据中，将2000—2002年木材竹材采运业、木材加工及木竹制品业合并为木材加工及木竹制品业数据；由于其它采矿业数据比较小，其占比数据不方便显示，故并入其它制造业数据中；2000—2002年没有统计废弃资源和废旧材料回收加工业数据，对该年段工业销售工业数据与各行业加总数据的差额进行了统计处理，一部分列入废弃资源和废旧材料回收加工业中，另一部分列入其它制造业中；经上述统计处理后，共计有37个工业子行业。2015年较2000年，工业销售值产值比重上升幅度在(0，0.5%]、(0.5%，1%]、1%以上，分别用↑、↑↑、↑↑↑表示，工业销售产值比重下降幅度在(0，0.5%]、(0.5%，1%]、1%以上，分别用↓、↓↓、↓↓↓表示。

附表 4－3 2000—2015 年工业分行业能源消费比重（%）

指标	2000	2001	2002	2003	2004	2005	2006	2007	2008	2009	2010	2011	2012	2013	2014	2015
黑色金属冶炼及碾延加工业	18.27%	18.41%	18.17%	19.78%	20.59%	23.44%	24.19%	25.03%	24.78%	25.73%	24.80%	23.90%	23.63%	23.65%	23.45%	21.88%
化学原料及化学制品制造业	13.81%	13.65%	14.32%	14.52%	14.14%	14.13%	14.06%	14.27%	13.84%	13.21%	13.51%	14.09%	14.65%	15.14%	16.07%	16.77%
非金属矿物制品业	13.27%	12.48%	11.35%	11.91%	13.44%	12.63%	12.24%	11.53%	12.16%	12.26%	11.84%	12.18%	11.65%	12.56%	12.38%	11.80%
电力、热力的生产和供应业	10.42%	10.61%	11.06%	10.68%	9.90%	9.68%	9.73%	9.42%	8.92%	8.93%	9.73%	9.89%	9.43%	9.03%	8.68%	8.94%
石油加工、炼焦及核燃料加工业	6.96%	7.18%	7.06%	6.96%	8.11%	7.07%	6.76%	6.70%	6.57%	6.99%	6.92%	6.92%	7.18%	6.61%	6.84%	7.93%
有色金属冶炼及压延加工业	3.93%	4.02%	4.24%	4.49%	4.36%	4.39%	4.79%	5.42%	5.39%	5.20%	5.53%	5.68%	5.87%	5.71%	5.92%	7.08%
煤炭开采和洗选业	5.09%	5.08%	4.52%	4.72%	4.71%	4.46%	4.15%	4.12%	4.47%	4.66%	4.56%	4.69%	4.89%	4.87%	4.42%	3.48%
纺织业	2.90%	2.94%	3.07%	3.00%	3.20%	3.13%	3.30%	3.26%	3.06%	2.85%	2.67%	2.54%	2.52%	2.53%	2.35%	2.44%
橡胶和塑料制品业	1.33%	1.39%	1.34%	1.30%	1.40%	1.55%	1.54%	1.47%	1.52%	1.48%	1.53%	1.44%	2.03%	1.88%	1.83%	1.83%
金属制品业	1.17%	1.28%	1.42%	1.37%	1.34%	1.35%	1.42%	1.42%	1.44%	1.39%	1.56%	1.43%	1.53%	1.62%	1.63%	1.59%

续表

指标	2000	2001	2002	2003	2004	2005	2006	2007	2008	2009	2010	2011	2012	2013	2014	2015
石油和天然气开采业	3.82%	3.93%	4.12%	3.57%	2.39%	2.20%	1.94%	1.82%	2.01%	1.80%	1.75%	1.60%	1.51%	1.40%	1.44%	1.46%
农副食品加工业	1.65%	1.65%	1.69%	1.38%	1.36%	1.31%	1.28%	1.27%	1.30%	1.28%	1.14%	1.08%	1.09%	1.34%	1.39%	1.44%
造纸及纸制品业	2.19%	2.18%	2.32%	2.10%	2.23%	2.12%	2.05%	1.82%	1.91%	1.87%	1.71%	1.62%	1.52%	1.43%	1.37%	1.38%
通用设备制造业	1.21%	1.24%	1.29%	1.25%	1.17%	1.27%	1.30%	1.32%	1.32%	1.36%	1.41%	1.55%	1.37%	1.23%	1.23%	1.21%
交通运输设备制造业	1.45%	1.54%	1.60%	1.38%	1.44%	1.21%	1.22%	1.23%	1.31%	1.38%	1.62%	1.62%	1.09%	1.05%	1.08%	1.09%
通信设备、计算机及其他电子设备制造业	0.67%	0.69%	0.75%	0.83%	0.85%	0.88%	0.95%	0.99%	1.05%	1.01%	1.09%	1.06%	1.06%	0.96%	1.00%	1.08%
电气机械及器材制造业	0.62%	0.63%	0.71%	0.73%	0.76%	0.72%	0.73%	0.78%	0.86%	0.85%	0.91%	0.92%	0.92%	0.90%	0.88%	0.88%
医药制造业	0.91%	0.94%	0.90%	0.90%	0.74%	0.71%	0.68%	0.63%	0.65%	0.62%	0.62%	0.62%	0.64%	0.75%	0.74%	0.77%
化学纤维制造业	1.82%	1.76%	1.85%	1.39%	0.89%	0.82%	0.79%	0.79%	0.69%	0.66%	0.62%	0.62%	0.62%	0.66%	0.62%	0.65%
专用设备制造业	0.84%	0.81%	0.78%	0.78%	0.81%	0.78%	0.78%	0.79%	0.78%	0.76%	0.80%	0.77%	0.71%	0.66%	0.67%	0.63%

续表

指标	2000	2001	2002	2003	2004	2005	2006	2007	2008	2009	2010	2011	2012	2013	2014	2015
食品制造业	1.02%	0.99%	1.00%	0.77%	0.74%	0.76%	0.75%	0.72%	0.74%	0.71%	0.65%	0.62%	0.64%	0.65%	0.62%	0.62%
其他制造业	1.33%	1.27%	1.24%	1.04%	0.78%	0.79%	0.73%	0.66%	0.67%	0.64%	0.65%	0.67%	0.64%	0.55%	0.59%	0.57%
黑色金属矿采选业	0.36%	0.36%	0.40%	0.45%	0.47%	0.58%	0.62%	0.66%	0.67%	0.57%	0.68%	0.78%	0.73%	0.76%	0.73%	0.57%
酒、饮料和精制茶制造业能	0.77%	0.74%	0.74%	0.66%	0.63%	0.59%	0.58%	0.55%	0.56%	0.54%	0.49%	0.49%	0.47%	0.55%	0.51%	0.51%
木材加工及木、竹、藤、棕、草制品业	0.35%	0.37%	0.35%	0.38%	0.41%	0.45%	0.46%	0.45%	0.47%	0.48%	0.45%	0.45%	0.46%	0.52%	0.51%	0.45%
非金属矿采选业	0.67%	0.68%	0.67%	0.68%	0.61%	0.55%	0.53%	0.52%	0.49%	0.50%	0.44%	0.48%	0.48%	0.47%	0.48%	0.45%
水的生产和供应业	0.59%	0.57%	0.51%	0.43%	0.44%	0.41%	0.41%	0.40%	0.40%	0.40%	0.42%	0.42%	0.44%	0.40%	0.41%	0.44%
有色金属矿采选业	0.41%	0.42%	0.41%	0.46%	0.42%	0.40%	0.40%	0.41%	0.41%	0.38%	0.41%	0.47%	0.47%	0.44%	0.43%	0.40%
纺织服装、服饰业	0.34%	0.35%	0.36%	0.34%	0.33%	0.34%	0.36%	0.35%	0.35%	0.33%	0.32%	0.31%	0.34%	0.33%	0.32%	0.31%
燃气生产和供应业	0.58%	0.51%	0.52%	0.42%	0.36%	0.38%	0.36%	0.32%	0.30%	0.26%	0.28%	0.25%	0.27%	0.24%	0.24%	0.23%

续表

指标	2000	2001	2002	2003	2004	2005	2006	2007	2008	2009	2010	2011	2012	2013	2014	2015
皮革、毛皮、羽毛及其制品和制鞋业	0.20%	0.20%	0.21%	0.20%	0.20%	0.19%	0.20%	0.19%	0.19%	0.18%	0.17%	0.15%	0.23%	0.22%	0.21%	0.22%
印刷业和记录媒介的复制	0.20%	0.21%	0.20%	0.30%	0.23%	0.17%	0.16%	0.16%	0.17%	0.16%	0.17%	0.16%	0.16%	0.15%	0.16%	0.16%
文教体育用品制造业	0.12%	0.13%	0.15%	0.12%	0.12%	0.12%	0.11%	0.10%	0.10%	0.10%	0.09%	0.09%	0.11%	0.13%	0.14%	0.13%
家具制造业	0.10%	0.11%	0.09%	0.09%	0.08%	0.08%	0.08%	0.08%	0.09%	0.08%	0.09%	0.08%	0.08%	0.08%	0.12%	0.13%
其他采矿业	0.22%	0.20%	0.17%	0.18%	0.05%	0.06%	0.07%	0.06%	0.09%	0.12%	0.09%	0.11%	0.12%	0.13%	0.14%	0.12%
仪器仪表制造业	0.15%	0.15%	0.16%	0.16%	0.12%	0.12%	0.13%	0.13%	0.14%	0.13%	0.15%	0.13%	0.12%	0.11%	0.11%	0.11%
烟草制品业	0.29%	0.29%	0.27%	0.24%	0.17%	0.15%	0.14%	0.12%	0.11%	0.11%	0.10%	0.11%	0.10%	0.09%	0.08%	0.08%
废弃资源综合利用业	0.00%	0.00%	0.00%	0.03%	0.02%	0.02%	0.03%	0.03%	0.03%	0.03%	0.03%	0.04%	0.04%	0.06%	0.07%	0.06%

附表 4 - 4 2000—2015 年工业行业能源消费比重排序情况表

指标	2000	2001	2002	2003	2004	2005	2006	2007	2008	2009	2010	2011	2012	2013	2014	2015
黑色金属冶炼及压延加工业	1	1	1	1	1	1	1	1	1	1	1	1	1	1	1	1
化学原料及化学制品制造业	2	2	2	2	2	2	2	2	2	2	2	2	2	2	2	2
非金属矿物制品业	3	3	3	3	3	3	3	3	3	3	3	3	3	3	3	3
电力、热力的生产和供应业	4	4	4	4	4	4	4	4	4	4	4	4	4	4	4	4
石油加工、炼焦及核燃料加工业	5	5	5	5	5	5	5	5	5	5	5	5	5	5	5	5
有色金属冶炼及压延加工业	7	7	7	7	7	6	6	6	6	6	6	6	6	6	6	6
煤炭开采和洗选业	6	6	6	6	6	7	7	7	7	7	7	7	7	7	7	7
纺织业	9	9	9	9	8	8	8	8	8	8	8	8	8	8	8	8
橡胶和塑料制品业	14	14	15	15	12	11	11	11	11	11	13	13	9	9	9	9
金属制品业	17	15	14	14	14	12	12	12	12	12	12	14	10	10	10	10
石油和天然气开采业	8	8	8	8	9	9	10	9	9	10	9	11	12	12	11	11
农副食品加工业	12	12	12	13	13	13	14	14	15	15	15	15	15	13	12	12
造纸及纸制品业	10	10	10	10	10	10	9	10	10	9	10	10	11	11	13	13
通用设备制造业	16	17	16	16	15	14	13	13	13	14	14	12	13	14	14	14
交通运输设备制造业	13	13	13	12	11	15	15	15	14	13	11	9	14	15	15	15
通信设备、计算机及其他电子设备制造业	22	22	21	19	17	16	16	16	16	16	16	16	16	16	16	16
电气机械及器材制造业	24	24	23	22	20	21	20	19	17	17	17	17	17	17	17	17
医药制造业	19	19	19	18	22	22	22	23	23	22	23	22	22	19	18	18

续表

指标	2000	2001	2002	2003	2004	2005	2006	2007	2008	2009	2010	2011	2012	2013	2014	2015
化学纤维制造业	11	11	11	11	16	17	17	18	20	20	22	21	23	21	21	19
专用设备制造业	20	20	20	20	18	19	18	17	18	18	18	19	19	20	20	20
食品制造业	18	18	18	21	21	20	19	20	19	19	20	23	20	22	22	21
其他制造业	15	16	17	17	19	18	21	22	22	21	21	20	21	24	23	22
黑色金属矿采选业	28	29	28	26	25	24	23	21	21	23	19	18	18	18	19	23
酒、饮料和精制茶制造业能	21	21	22	24	23	23	24	24	24	24	24	24	26	23	24	24
木材加工及木、竹、藤、棕、草制品业	29	28	30	29	28	26	26	26	26	26	25	27	27	25	25	25
非金属矿采选业	23	23	24	23	24	25	25	25	25	25	26	25	24	26	26	26
水的生产和供应业	25	25	26	27	26	27	27	28	28	27	27	28	28	28	28	27
有色金属矿采选业	27	27	27	25	27	28	28	27	27	28	28	26	25	27	27	28
纺织服装、服饰业	30	30	29	30	30	30	30	29	29	29	29	29	29	29	29	29
燃气生产和供应业	26	26	25	28	29	29	29	30	30	30	30	30	30	30	30	30
皮革、毛皮、羽毛及其制品和制鞋业	34	33	32	33	32	31	31	31	31	31	31	32	31	31	31	31
印刷业和记录媒介的复制	33	32	33	31	31	32	32	32	32	32	32	31	32	32	32	32
文教体育用品制造业	36	36	36	36	34	34	35	35	35	36	36	36	35	33	34	33
家具制造业	37	37	37	37	36	36	36	36	37	37	37	37	37	37	35	34
其他采矿业	32	34	34	34	37	37	34	37	36	34	35	34	34	34	33	35
仪器仪表制造业	35	35	35	35	35	35	33	33	33	33	33	33	33	35	36	36
烟草制品业	31	31	31	32	33	33	34	34	34	35	34	35	36	36	37	37
废弃资源综合利用业	38	38	38	38	38	38	38	38	38	38	38	38	38	38	38	38

附表 4-5 2007—2015 年工业分行业能耗强度（吨标准煤/万元）

年份	2007	2008	2009	2010	2011	2012	2013	2014	2015	"十二五"降幅
石油加工、炼焦及核燃料加工业	5.535	5.555	5.893	5.736	5.796	5.887	6.013	6.057	6.590	14.9%
黑色金属冶炼及压延加工业	5.939	5.807	5.751	5.358	5.113	4.787	5.100	4.891	4.361	-18.6%
化学原料及化学制品制造业	4.181	3.938	3.437	3.286	3.243	3.131	3.378	3.338	3.203	-2.5%
非金属矿物	5.043	4.865	4.482	3.881	3.662	3.264	3.695	3.421	3.085	-20.5%
水的生产和供应业	2.497	2.553	2.549	2.729	2.777	2.895	2.866	2.850	2.890	5.9%
有色金属冶炼及压延加工业	3.485	3.300	2.957	2.999	2.941	2.784	2.806	2.659	2.880	-4.0%
电力、热力的生产和供应业	2.313	2.156	2.133	2.260	2.266	2.133	2.251	2.174	2.243	-0.8%
化学纤维制造业	2.093	1.929	1.737	1.598	1.564	1.427	1.603	1.435	1.364	-14.6%
工业合计	1.906	1.803	1.704	1.592	1.517	1.427	1.517	1.437	1.331	-16.4%
煤炭开采和洗选业	1.975	1.921	1.936	1.745	1.674	1.644	1.805	1.643	1.277	-26.8%
造纸及纸制品业	2.188	2.187	2.028	1.718	1.544	1.387	1.412	1.304	1.258	-26.8%
其他制造业	1.587	1.563	1.489	1.379	1.298	1.161	1.075	1.126	1.037	-24.8%
非金属矿采选业	2.176	1.810	1.606	1.228	1.162	1.109	1.172	1.131	0.997	-18.8%
燃气生产和供应业	2.444	1.924	1.499	1.488	1.252	1.301	1.130	0.997	0.884	-40.6%
纺织业	1.407	1.277	1.151	1.044	0.996	0.911	0.985	0.882	0.861	-17.5%
橡胶和塑料制品业	3.432	3.407	3.099	2.975	2.711	3.617	3.578	3.301	0.808	-72.8%
有色金属矿采选业	1.218	1.136	0.916	0.961	1.023	0.908	0.889	0.837	0.748	-22.2%
石油和天然气开采业	0.725	0.806	0.722	0.758	0.715	0.674	0.708	0.722	0.706	-6.9%

续表

年份	2007	2008	2009	2010	2011	2012	2013	2014	2015	"十二五"降幅
金属制品业	1.010	0.954	0.872	0.891	0.754	0.742	0.821	0.761	0.695	-22.0%
黑色金属矿采选业	1.574	1.399	0.993	1.055	1.098	0.885	0.937	0.836	0.636	-39.7%
木材加工及木竹藤棕草制品业	0.946	0.876	0.796	0.654	0.586	0.552	0.666	0.612	0.514	-21.4%
农副食品加工业	0.638	0.611	0.540	0.453	0.409	0.374	0.486	0.481	0.474	4.6%
食品制造业	0.831	0.779	0.692	0.590	0.519	0.500	0.536	0.483	0.452	-23.4%
医药制造业	0.571	0.539	0.468	0.436	0.404	0.376	0.455	0.411	0.392	-10.1%
酒饮料精制茶制造业	0.610	0.569	0.510	0.430	0.392	0.346	0.436	0.389	0.359	-16.5%
文教工美体育娱乐用品制造业	0.401	0.364	0.331	0.292	0.293	0.322	0.381	0.368	0.348	19.2%
印刷业和记录媒介复制业	0.488	0.475	0.447	0.433	0.388	0.366	0.378	0.361	0.345	-20.3%
通用设备制造业	0.542	0.494	0.482	0.442	0.450	0.381	0.365	0.344	0.331	-25.1%
废弃资源综合利用业	0.347	0.316	0.263	0.268	0.271	0.285	0.394	0.392	0.321	19.8%
家具制造业	0.248	0.266	0.247	0.240	0.205	0.184	0.210	0.284	0.283	17.9%
专用设备制造业	0.544	0.477	0.433	0.406	0.353	0.310	0.313	0.307	0.281	-30.8%
皮革毛皮羽毛(绒)及其制品业	0.279	0.255	0.231	0.206	0.176	0.257	0.277	0.250	0.247	19.9%
纺织服装、服饰业	0.328	0.305	0.273	0.254	0.226	0.244	0.260	0.237	0.227	-10.6%
电气机械及器材制造业	0.295	0.294	0.272	0.267	0.256	0.242	0.247	0.227	0.215	-19.5%
交通运输设备制造业	0.363	0.357	0.335	0.345	0.335	0.216	0.212	0.200	0.190	-44.9%
通信设备计算机及其他电子设备	0.244	0.246	0.235	0.234	0.214	0.197	0.188	0.180	0.176	-24.8%
仪器仪表制造业	0.226	0.225	0.226	0.228	0.185	0.162	0.157	0.140	0.134	-41.2%

续表

年份	2007	2008	2009	2010	2011	2012	2013	2014	2015	"十二五"降幅
烟草制品业	0.089	0.075	0.070	0.062	0.067	0.057	0.054	0.047	0.045	-27.4%
	工业分门类能耗强度（吨标准煤/万元）									
原材料工业	5.046	4.865	4.596	4.279	4.117	3.868	4.123	3.951	3.653	-14.6%
电热气水生产供应业	2.375	2.209	2.171	2.295	2.291	2.168	2.266	2.180	2.184	-4.9%
采掘业	1.387	1.402	1.322	1.277	1.256	1.199	1.291	1.201	0.970	-24.0%
消费品工业	0.865	0.812	0.733	0.653	0.598	0.596	0.645	0.597	0.557	-14.7%
装备制造业	0.426	0.408	0.384	0.379	0.354	0.303	0.305	0.287	0.264	-30.4%

数据说明：工业分行业增加值灵活利用 2007 年工业分行业增加值以及 2008—2015 工业分行业增加值增速等数据，工业分行业出厂价格指数等数据，利用总量差并调整系数等合理统计处理方法推算得到，再与工业分行业能源消耗数据计算得到工业分行业能耗强度数据。

233

附表 4-6　期望经济增速三种情景，三大产业占比及第二产业增速下滑底线推算结果

年份	g_1 情景1	g_2 情景2	g_3 情景3	g_{l2} 情景1-下限	g_{l2} 情景2-下限	g_{l2} 情景3-下限	a_1	h_1	a_3	h_3	a_2
2016	6.50%	6.50%	6.50%	3.90%	3.90%	3.90%	8.64%	-0.16%	51.36%	1.16%	40.00%
2017	6.50%	6.50%	6.50%	3.90%	3.90%	3.90%	8.48%	-0.16%	52.52%	1.16%	39.00%
2018	6.50%	6.50%	6.50%	3.90%	3.90%	3.90%	8.32%	-0.16%	53.68%	1.16%	38.00%
2019	6.50%	6.50%	6.50%	3.90%	3.90%	3.90%	8.16%	-0.16%	54.84%	1.16%	37.00%
2020	6.50%	6.50%	6.50%	3.90%	3.90%	3.90%	8.00%	-0.16%	56.00%	1.16%	36.00%
2021	6.00%	6.50%	6.50%	5.48%	5.98%	5.98%	7.80%	-0.20%	56.40%	0.40%	35.80%
2022	6.00%	6.50%	6.50%	5.48%	5.98%	5.98%	7.60%	-0.20%	56.80%	0.40%	35.60%
2023	6.00%	6.50%	6.50%	5.48%	5.98%	5.98%	7.40%	-0.20%	57.20%	0.40%	35.40%
2024	6.00%	6.50%	6.50%	5.48%	5.98%	5.98%	7.20%	-0.20%	57.60%	0.40%	35.20%
2025	6.00%	6.50%	6.50%	5.48%	5.98%	5.98%	7.00%	-0.20%	58.00%	0.40%	35.00%
2026	5.50%	6.00%	6.50%	4.73%	5.22%	5.72%	6.90%	-0.10%	58.40%	0.40%	34.70%
2027	5.50%	6.00%	6.50%	4.73%	5.22%	5.72%	6.80%	-0.10%	58.80%	0.40%	34.40%
2028	5.50%	6.00%	6.50%	4.73%	5.22%	5.72%	6.70%	-0.10%	59.20%	0.40%	34.10%
2029	5.50%	6.00%	6.50%	4.73%	5.22%	5.72%	6.60%	-0.10%	59.60%	0.40%	33.80%
2030	5.50%	6.00%	6.50%	4.73%	5.22%	5.72%	6.50%	-0.10%	60.00%	0.40%	33.50%
2031	5.00%	6.00%	6.00%	4.23%	5.22%	5.22%	6.40%	-0.10%	60.40%	0.40%	33.20%
2032	5.00%	6.00%	6.00%	4.23%	5.22%	5.22%	6.30%	-0.10%	60.80%	0.40%	32.90%
2033	5.00%	6.00%	6.00%	4.23%	5.22%	5.22%	6.20%	-0.10%	61.20%	0.40%	32.60%
2034	5.00%	6.00%	6.00%	4.23%	5.22%	5.22%	6.10%	-0.10%	61.60%	0.40%	32.30%

续表

年份	g_1 情景1	g_2 情景2	g_3 情景3	g_{12} 情景1-下限	g_{12} 情景2-下限	g_{12} 情景3-下限	a_1	h_1	a_3	h_3	a_2
2035	5.00%	6.00%	6.00%	4.23%	5.22%	5.22%	6.00%	-0.10%	62.00%	0.40%	32.00%
2036	4.50%	5.50%	6.00%	3.74%	4.73%	5.22%	5.90%	-0.10%	62.40%	0.40%	31.70%
2037	4.50%	5.50%	6.00%	3.74%	4.73%	5.22%	5.80%	-0.10%	62.80%	0.40%	31.40%
2038	4.50%	5.50%	6.00%	3.74%	4.73%	5.22%	5.70%	-0.10%	63.20%	0.40%	31.10%
2039	4.50%	5.50%	6.00%	3.74%	4.73%	5.22%	5.60%	-0.10%	63.60%	0.40%	30.80%
2040	4.50%	5.50%	6.00%	3.74%	4.73%	5.22%	5.50%	-0.10%	64.00%	0.40%	30.50%
2041	4.00%	5.50%	6.00%	3.75%	5.24%	5.74%	5.40%	-0.10%	64.20%	0.20%	30.40%
2042	4.00%	5.50%	6.00%	3.75%	5.24%	5.74%	5.30%	-0.10%	64.40%	0.20%	30.30%
2043	4.00%	5.50%	6.00%	3.75%	5.24%	5.74%	5.20%	-0.10%	64.60%	0.20%	30.20%
2044	4.00%	5.50%	6.00%	3.75%	5.24%	5.74%	5.10%	-0.10%	64.80%	0.20%	30.10%
2045	3.50%	5.00%	5.50%	3.50%	5.00%	5.50%	5.00%	0.00%	65.00%	0.20%	30.00%
2046	3.50%	5.00%	5.50%	3.50%	5.00%	5.50%	5.00%	0.00%	65.00%	0.00%	30.00%
2047	3.50%	5.00%	5.50%	3.50%	5.00%	5.50%	5.00%	0.00%	65.00%	0.00%	30.00%
2048	3.50%	5.00%	5.50%	3.50%	5.00%	5.50%	5.00%	0.00%	65.00%	0.00%	30.00%
2049	3.50%	5.00%	5.50%	3.50%	5.00%	5.50%	5.00%	0.00%	65.00%	0.00%	30.00%
2050	3.50%	5.00%	5.50%	3.50%	5.00%	5.50%	5.00%	0.00%	65.00%	0.00%	30.00%

附表 4－7　第二产业碳排放总量和强度规划目标控制下的第二产业增速上限值

年份	宽总 m_{t2}	中总 m_{t2}	严总 m_{t2}	宽分 m_{t2}	中分 m_{t2}	严分 m_{t2}	宽 g_{t2} 上限	中 g_{t2} 上限	严 g_{t2} 上限
2015	—	—	—	—	—	—	6.20%	6.20%	6.20%
2016	3.89%	4.73%	5.22%	3.89%	4.73%	5.22%	6.20%	6.20%	6.20%
2017	7.63%	9.23%	10.16%	3.89%	4.73%	5.22%	6.20%	6.20%	6.20%
2018	11.23%	13.52%	14.85%	3.89%	4.73%	5.22%	6.20%	6.20%	6.20%
2019	14.68%	17.61%	19.29%	3.89%	4.73%	5.22%	6.20%	6.20%	6.20%
2020	18.00%	21.50%	23.50%	3.89%	4.73%	5.22%	6.20%	6.20%	6.20%
2021	21.78%	25.60%	27.87%	4.61%	5.22%	5.72%	6.99%	6.75%	6.76%
2022	25.38%	29.48%	32.00%	4.61%	5.22%	5.72%	6.99%	6.75%	6.76%
2023	28.81%	33.16%	35.89%	4.61%	5.22%	5.72%	6.99%	6.75%	6.76%
2024	32.09%	36.64%	39.55%	4.61%	5.22%	5.72%	6.99%	6.75%	6.76%
2025	35.22%	39.95%	43.01%	5.22%	5.22%	5.72%	7.68%	7.31%	7.34%
2026	38.60%	43.38%	46.56%	5.22%	5.72%	6.23%	7.68%	7.31%	7.34%
2027	41.80%	46.62%	49.89%	5.22%	5.72%	6.23%	7.68%	7.31%	7.34%
2028	44.84%	49.67%	53.01%	5.22%	5.72%	6.23%	7.68%	7.31%	7.34%
2029	47.72%	52.55%	55.94%	5.22%	5.72%	6.23%	7.68%	7.31%	7.34%
2030	50.44%	55.26%	58.68%	5.22%	5.72%	6.23%	7.26%	7.31%	6.76%
2031	52.85%	57.82%	61.04%	4.85%	5.72%	5.72%	5.09%	6.06%	6.06%

年份	宽总 m_2	中总 m_2	严总 m_2	宽分 m_2	中分 m_2	严分 m_2	宽 g_2 上限	中 g_2 上限	严 g_2 上限
2032	55.13%	60.23%	63.27%	4.85%	5.72%	5.72%	5.09%	6.06%	6.06%
2033	57.31%	62.50%	65.37%	4.85%	5.72%	5.72%	5.09%	6.06%	6.06%
2034	59.38%	64.65%	67.35%	4.85%	5.72%	5.72%	5.09%	6.06%	6.06%
2035	61.35%	66.67%	69.22%	4.85%	5.72%	5.72%	5.09%	6.06%	6.06%
2036	63.03%	68.41%	70.98%	4.36%	5.22%	5.72%	4.56%	5.50%	6.06%
2037	64.65%	70.06%	72.64%	4.36%	5.22%	5.72%	4.56%	5.50%	6.06%
2038	66.19%	71.62%	74.20%	4.36%	5.22%	5.72%	4.56%	5.50%	6.06%
2039	67.67%	73.10%	75.68%	4.36%	5.22%	5.72%	4.56%	5.50%	6.06%
2040	69.08%	74.50%	77.07%	4.36%	5.22%	5.72%	4.56%	5.50%	6.06%
2041	70.28%	75.83%	78.38%	3.89%	5.22%	5.72%	4.05%	5.50%	6.06%
2042	71.44%	77.09%	79.61%	3.89%	5.22%	5.72%	4.05%	5.50%	6.06%
2043	72.55%	78.29%	80.78%	3.89%	5.22%	5.72%	4.05%	5.50%	6.06%
2044	73.62%	79.42%	81.88%	3.89%	5.22%	5.72%	4.05%	5.50%	6.06%
2045	74.64%	80.49%	82.91%	3.89%	5.22%	5.72%	4.05%	5.50%	6.06%
2046	75.51%	81.44%	83.81%	3.43%	4.85%	5.22%	3.55%	5.09%	5.50%
2047	76.35%	82.34%	84.65%	3.43%	4.85%	5.22%	3.55%	5.09%	5.50%
2048	77.16%	83.20%	85.45%	3.43%	4.85%	5.22%	3.55%	5.09%	5.50%
2049	77.94%	84.01%	86.21%	3.43%	4.85%	5.22%	3.55%	5.09%	5.50%

续表

年份	宽总 m_2	中总 m_2	严总 m_2	宽分 m_2	中分 m_2	严分 m_2	宽 g_2 上限	中 g_2 上限	严 g_2 上限
2050	78.70%	84.79%	86.93%	3.43%	4.85%	5.22%	3.55%	5.09%	5.50%
2051	79.33%	85.52%	87.61%	2.97%	4.85%	5.22%	3.06%	5.09%	5.50%
2052	79.95%	86.22%	88.26%	2.97%	4.85%	5.22%	3.06%	5.09%	5.50%
2053	80.54%	86.89%	88.87%	2.97%	4.85%	5.22%	3.06%	5.09%	5.50%
2054	81.12%	87.53%	89.45%	2.97%	4.85%	5.22%	3.06%	5.09%	5.50%
2055	81.68%	88.13%	90.00%	2.97%	4.85%	5.22%	3.06%	5.09%	5.50%
2056	82.14%	88.65%	90.52%	2.52%	4.36%	5.22%	2.59%	4.56%	5.50%
2057	82.60%	89.15%	91.02%	2.52%	4.36%	5.22%	2.59%	4.56%	5.50%
2058	83.03%	89.62%	91.49%	2.52%	4.36%	5.22%	2.59%	4.56%	5.50%
2059	83.46%	90.07%	91.93%	2.52%	4.36%	5.22%	2.59%	4.56%	5.50%
2060	83.88%	90.51%	92.35%	2.52%	4.36%	5.22%	2.59%	4.56%	5.50%
2061	84.22%	90.92%	92.72%	2.09%	4.36%	4.85%	2.13%	4.56%	5.09%
2062	84.55%	91.32%	93.07%	2.09%	4.36%	4.85%	2.13%	4.56%	5.09%
2063	84.87%	91.70%	93.41%	2.09%	4.36%	4.85%	2.13%	4.56%	5.09%
2064	85.18%	92.06%	93.73%	2.09%	4.36%	4.85%	2.13%	4.56%	5.09%
2065	85.49%	92.40%	94.03%	2.09%	4.36%	4.85%	2.13%	4.56%	5.09%
2066	85.79%	92.70%	94.32%	2.09%	3.89%	4.85%	2.13%	4.05%	5.09%
2067	86.09%	92.98%	94.60%	2.09%	3.89%	4.85%	2.13%	4.05%	5.09%

续表

年份	宽总 m_{i2}	中总 m_{i2}	严总 m_{i2}	宽分 m_{i2}	中分 m_{i2}	严分 m_{i2}	宽 g_{i2} 上限	中 g_{i2} 上限	严 g_{i2} 上限
2068	86.38%	93.26%	94.86%	2.09%	3.89%	4.85%	2.13%	4.05%	5.09%
2069	86.66%	93.52%	95.11%	2.09%	3.89%	4.85%	2.13%	4.05%	5.09%
2070	86.94%	93.77%	95.35%	2.09%	3.89%	4.85%	2.13%	4.05%	5.09%
2071	87.22%	94.01%	95.57%	2.09%	3.89%	4.85%	2.13%	4.05%	5.09%
2072	87.48%	94.25%	95.79%	2.09%	3.89%	4.85%	2.13%	4.05%	5.09%
2073	87.74%	94.47%	95.99%	2.09%	3.89%	4.85%	2.13%	4.05%	5.09%
2074	88.00%	94.69%	96.19%	2.09%	3.89%	4.85%	2.13%	4.05%	5.09%
2075	88.25%	94.89%	96.37%	2.09%	3.89%	4.85%	2.13%	4.05%	5.09%
2076	88.49%	95.07%	96.53%	2.09%	3.43%	4.36%	2.13%	3.55%	4.56%
2077	88.73%	95.24%	96.68%	2.09%	3.43%	4.36%	2.13%	3.55%	4.56%
2078	88.97%	95.40%	96.82%	2.09%	3.43%	4.36%	2.13%	3.55%	4.56%
2079	89.20%	95.56%	96.96%	2.09%	3.43%	4.36%	2.13%	3.55%	4.56%
2080	89.42%	95.71%	97.10%	2.09%	3.43%	4.36%	2.13%	3.55%	4.56%
2081	89.64%	95.86%	97.22%	2.09%	3.43%	4.36%	2.13%	3.55%	4.56%
2082	89.86%	96.00%	97.34%	2.09%	3.43%	4.36%	2.13%	3.55%	4.56%
2083	90.07%	96.14%	97.46%	2.09%	3.43%	4.36%	2.13%	3.55%	4.56%
2084	90.28%	96.27%	97.57%	2.09%	3.43%	4.36%	2.13%	3.55%	4.56%
2085	90.48%	96.40%	97.68%	2.09%	3.43%	4.36%	2.13%	3.55%	4.56%

续表

年份	宽总 m_2	中总 m_2	严总 m_2	宽分 m_2	中分 m_2	严分 m_2	宽 g_2 上限	中 g_2 上限	严 g_2 上限
2086	90.68%	96.50%	97.78%	2.09%	3.43%	4.36%	2.13%	3.55%	4.56%
2087	90.87%	96.61%	97.88%	2.09%	3.43%	4.36%	2.13%	3.55%	4.56%
2088	91.06%	96.71%	97.97%	2.09%	3.43%	4.36%	2.13%	3.55%	4.56%
2089	91.25%	96.81%	98.06%	2.09%	3.43%	4.36%	2.13%	3.55%	4.56%
2090	91.43%	96.90%	98.14%	2.09%	3.43%	4.36%	2.13%	3.55%	4.56%
2091	91.61%	96.99%	98.21%	2.09%	2.97%	3.89%	2.13%	3.06%	4.05%
2092	91.79%	97.08%	98.28%	2.09%	2.97%	3.89%	2.13%	3.06%	4.05%
2093	91.96%	97.17%	98.35%	2.09%	2.97%	3.89%	2.13%	3.06%	4.05%
2094	92.13%	97.25%	98.41%	2.09%	2.97%	3.89%	2.13%	3.06%	4.05%
2095	92.29%	97.33%	98.48%	2.09%	2.97%	3.89%	2.13%	3.06%	4.05%
2096	92.45%	97.40%	98.54%	2.09%	2.52%	3.89%	2.13%	2.59%	4.05%
2097	92.61%	97.47%	98.59%	2.09%	2.52%	3.89%	2.13%	2.59%	4.05%
2098	92.76%	97.53%	98.65%	2.09%	2.52%	3.89%	2.13%	2.59%	4.05%
2099	92.91%	97.59%	98.70%	2.09%	2.52%	3.89%	2.13%	2.59%	4.05%
2100	93.06%	97.65%	98.75%	2.09%	2.52%	3.89%	2.13%	2.59%	4.05%

附表 4-8　第二产业能源消费总量和强度目标对其增速的约束力分析结果

年份	快 z_{02} 分段	快 z_{02} 累积	慢 z_{02} 分段	慢 z_{02} 累积	快 z_{02} 分年	慢 z_{02} 分年	g_{t2} - 快 z_{02}	g_{t2} - 慢 z_{02}	g_{t1} - 快 z_{02}	g_{t1} - 慢 z_{02}
2016		4.85%		3.89%	4.85%	3.89%	-1.80%	-0.79%	0.90%	1.94%
2017		9.46%		7.63%	4.85%	3.89%	-1.80%	-0.79%	0.71%	1.75%
2018		13.85%		11.23%	4.85%	3.89%	-1.80%	-0.79%	0.78%	1.82%
2019		18.03%		14.68%	4.85%	3.89%	-1.80%	-0.79%	0.85%	1.89%
2020	22.00%	22.00%	18.00%	18.00%	4.85%	3.89%	-1.80%	-0.79%	0.92%	1.96%
2021		25.40%		21.19%	4.36%	3.43%	-2.64%	-1.64%	-2.10%	-1.09%
2022		28.66%		24.26%	4.36%	3.43%	-2.64%	-1.64%	-2.09%	-1.09%
2023		31.77%		27.20%	4.36%	3.43%	-2.64%	-1.64%	-2.09%	-1.09%
2024		34.75%		30.04%	4.36%	3.43%	-2.64%	-1.64%	-2.09%	-1.08%
2025	20.00%	37.60%	16.00%	32.76%	4.36%	3.43%	-2.64%	-1.64%	-2.08%	-1.08%
2026		40.03%		35.06%	3.89%	2.97%	-2.13%	-1.17%	-1.29%	-0.31%
2027		42.36%		37.29%	3.89%	2.97%	-2.13%	-1.17%	-1.28%	-0.30%
2028		44.60%		39.44%	3.89%	2.97%	-2.13%	-1.17%	-1.27%	-0.30%
2029		46.76%		41.51%	3.89%	2.97%	-2.13%	-1.17%	-1.27%	-0.29%
2030	18.00%	48.83%	14.00%	43.52%	3.89%	2.97%	-2.13%	-1.17%	-1.26%	-0.28%
2031		50.59%		45.20%	3.43%	2.52%	-2.60%	-1.62%	-1.72%	-0.73%
2032		52.28%		46.83%	3.43%	2.52%	-2.60%	-1.62%	-1.72%	-0.72%

续表

年份	快 z_{02}		慢 z_{02}		快 z_{02} 分年	慢 z_{02} 分年	g_{02} − 快 z_{02}	g_{02} − 慢 z_{02}	g_1 − 快 z_{02}	g_1 − 慢 z_{02}
	分段	累积	分段	累积						
2033		53.91%		48.41%	3.43%	2.52%	−2.60%	−1.62%	−1.71%	−0.71%
2034		55.49%		49.94%	3.43%	2.52%	−2.60%	−1.62%	−1.70%	−0.71%
2035	16.00%	57.02%	12.00%	51.43%	3.43%	2.52%	−2.60%	−1.62%	−1.69%	−0.70%
2036		58.30%		52.65%	2.97%	2.09%	−3.06%	−2.06%	−2.14%	−1.13%
2037		59.54%		53.85%	2.97%	2.09%	−3.06%	−2.06%	−2.14%	−1.12%
2038		60.74%		55.01%	2.97%	2.09%	−3.06%	−2.06%	−2.13%	−1.12%
2039		61.90%		56.15%	2.97%	2.09%	−3.06%	−2.06%	−2.12%	−1.11%
2040	14.00%	63.04%	10.00%	57.25%	2.97%	2.09%	−3.06%	−2.06%	−2.11%	−1.10%
2041		63.97%		58.15%	2.52%	1.65%	−3.51%	−2.49%	−3.19%	−2.17%
2042		64.88%		59.02%	2.52%	1.65%	−3.51%	−2.49%	−3.19%	−2.17%
2043		65.77%		59.87%	2.52%	1.65%	−3.51%	−2.49%	−3.19%	−2.17%
2044		66.63%		60.71%	2.52%	1.65%	−3.51%	−2.49%	−3.19%	−2.17%
2045	12.00%	67.47%	8.00%	61.53%	2.52%	1.65%	−3.51%	−2.49%	−3.19%	−2.17%
2046		68.15%		62.17%	2.09%	1.23%	−3.94%	−2.91%	−3.94%	−2.91%
2047		68.81%		62.79%	2.09%	1.23%	−3.94%	−2.91%	−3.94%	−2.91%
2048		69.46%		63.41%	2.09%	1.23%	−3.94%	−2.91%	−3.94%	−2.91%
2049		70.10%		64.01%	2.09%	1.23%	−3.94%	−2.91%	−3.94%	−2.91%
2050	10.00%	70.72%	6.00%	64.61%	2.09%	1.23%	−3.94%	−2.91%	−3.94%	−2.91%

续表

年份	快 z_{02} 分段	快 z_{02} 累积	慢 z_{02} 分段	慢 z_{02} 累积	快 z_{02} 分年	慢 z_{02} 分年	g_{02}-快 z_{02}	g_{02}-慢 z_{02}	g_1-快 z_{02}	g_1-慢 z_{02}
2051		71.21%		65.04%	1.65%	1.02%	1.68%	1.03%	1.68%	1.03%
2052		71.69%		65.47%	1.65%	1.02%	1.68%	1.03%	1.68%	1.03%
2053		72.15%		65.90%	1.65%	1.02%	1.68%	1.03%	1.68%	1.03%
2054		72.61%		66.32%	1.65%	1.02%	1.68%	1.03%	1.68%	1.03%
2055	8.00%	73.07%	5.00%	66.73%	1.65%	1.02%	1.68%	1.03%	1.68%	1.03%
2056		73.40%		67.07%	1.23%	0.81%	1.25%	0.82%	1.25%	0.82%
2057		73.73%		67.41%	1.23%	0.81%	1.25%	0.82%	1.25%	0.82%
2058		74.05%		67.74%	1.23%	0.81%	1.25%	0.82%	1.25%	0.82%
2059		74.37%		68.07%	1.23%	0.81%	1.25%	0.82%	1.25%	0.82%
2060	6.00%	74.68%	4.00%	68.39%	1.23%	0.81%	1.25%	0.82%	1.25%	0.82%
2061		74.94%		68.65%	1.02%	0.61%	1.03%	0.61%	1.03%	0.61%
2062		75.20%		68.91%	1.02%	0.61%	1.03%	0.61%	1.03%	0.61%
2063		75.45%		69.16%	1.02%	0.61%	1.03%	0.61%	1.03%	0.61%
2064		75.70%		69.41%	1.02%	0.61%	1.03%	0.61%	1.03%	0.61%
2065	5.00%	75.95%	3.00%	69.66%	1.02%	0.61%	1.03%	0.61%	1.03%	0.61%
2066		76.14%		69.84%	0.81%	0.40%	0.82%	0.40%	0.82%	0.40%
2067		76.34%		70.03%	0.81%	0.40%	0.82%	0.40%	0.82%	0.40%
2068		76.53%		70.21%	0.81%	0.40%	0.82%	0.40%	0.82%	0.40%

续表

年份	快 z_{02} 分段	快 z_{02} 累积	慢 z_{02} 分段	慢 z_{02} 累积	快 z_{02} 分年	慢 z_{02} 分年	g_{02} - 快 z_{02}	g_{02} - 慢 z_{02}	g_1 - 快 z_{02}	g_1 - 慢 z_{02}
2069		76.72%		70.39%	0.81%	0.40%	0.82%	0.40%	0.82%	0.40%
2070	4.00%	76.91%	2.00%	70.57%	0.81%	0.40%	0.82%	0.40%	0.82%	0.40%
2071		77.05%		70.69%	0.61%	0.20%	0.61%	0.20%	0.61%	0.20%
2072		77.19%		70.81%	0.61%	0.20%	0.61%	0.20%	0.61%	0.20%
2073		77.33%		70.92%	0.61%	0.20%	0.61%	0.20%	0.61%	0.20%
2074		77.47%		71.04%	0.61%	0.20%	0.61%	0.20%	0.61%	0.20%
2075	3.00%	77.60%	1.00%	71.16%	0.61%	0.20%	0.61%	0.20%	0.61%	0.20%
2076		77.69%		71.22%	0.40%	0.20%	0.40%	0.20%	0.40%	0.20%
2077		77.78%		71.27%	0.40%	0.20%	0.40%	0.20%	0.40%	0.20%
2078		77.87%		71.33%	0.40%	0.20%	0.40%	0.20%	0.40%	0.20%
2079		77.96%	1.00%	71.39%	0.40%	0.20%	0.40%	0.20%	0.40%	0.20%
2080	2.00%	78.05%		71.45%	0.40%	0.20%	0.40%	0.20%	0.40%	0.20%
2081		78.10%		71.50%	0.20%	0.20%	0.20%	0.20%	0.20%	0.20%
2082		78.14%		71.56%	0.20%	0.20%	0.20%	0.20%	0.20%	0.20%
2083		78.18%		71.62%	0.20%	0.20%	0.20%	0.20%	0.20%	0.20%
2084		78.23%	1.00%	71.67%	0.20%	0.20%	0.20%	0.20%	0.20%	0.20%
2085	1.00%	78.27%		71.73%	0.20%	0.20%	0.20%	0.20%	0.20%	0.20%
2086		78.31%		71.79%	0.20%	0.20%	0.20%	0.20%	0.20%	0.20%

续表

年份	快 z_{02}		慢 z_{02}		快 z_{02}	慢 z_{02}	g_{02} —	g_{02} —	g_1 —	g_1 —
	分段	累积	分段	累积	分年	分年	快 z_{02}	慢 z_{02}	快 z_{02}	慢 z_{02}
2087		78.36%		71.84%	0.20%	0.20%	0.20%	0.20%	0.20%	0.20%
2088		78.40%		71.90%	0.20%	0.20%	0.20%	0.20%	0.20%	0.20%
2089		78.44%		71.96%	0.20%	0.20%	0.20%	0.20%	0.20%	0.20%
2090	1.00%	78.49%	1.00%	72.01%	0.20%	0.20%	0.20%	0.20%	0.20%	0.20%
2091		78.53%		72.07%	0.20%	0.20%	0.20%	0.20%	0.20%	0.20%
2092		78.57%		72.13%	0.20%	0.20%	0.20%	0.20%	0.20%	0.20%
2093		78.62%		72.18%	0.20%	0.20%	0.20%	0.20%	0.20%	0.20%
2094		78.66%		72.24%	0.20%	0.20%	0.20%	0.20%	0.20%	0.20%
2095	1.00%	78.70%	1.00%	72.29%	0.20%	0.20%	0.20%	0.20%	0.20%	0.20%
2096		78.75%		72.35%	0.20%	0.20%	0.20%	0.20%	0.20%	0.20%
2097		78.79%		72.40%	0.20%	0.20%	0.20%	0.20%	0.20%	0.20%
2098		78.83%		72.46%	0.20%	0.20%	0.20%	0.20%	0.20%	0.20%
2099		78.87%		72.52%	0.20%	0.20%	0.20%	0.20%	0.20%	0.20%
2100	1.00%	78.92%	1.00%	72.57%	0.20%	0.20%	0.20%	0.20%	0.20%	0.20%

附表 4-9 非化石能源消费占比的六种提升节奏情景

年份	a_{t2}	$\gamma_{t2}-1$ 宽m-快z	$\gamma_{t2}-2$ 宽m-慢z	$\gamma_{t2}-3$ 中m-快z	$\gamma_{t2}-4$ 中m-慢z	$\gamma_{t2}-5$ 快m-快z	$\gamma_{t2}-6$ 快m-慢z
2016	2.46732	10.9%	11.7%	11.6%	12.5%	12.1%	13.0%
2017	2.457708	9.6%	11.4%	11.2%	12.9%	12.1%	13.8%
2018	2.447962	8.3%	11.0%	10.7%	13.3%	12.1%	14.7%
2019	2.438079	7.0%	10.7%	10.2%	13.8%	12.1%	15.5%
2020	2.429411	5.8%	10.4%	9.8%	14.2%	12.1%	16.4%
2021	2.423214	5.8%	10.8%	10.4%	15.2%	13.1%	17.8%
2022	2.416944	5.8%	11.2%	10.9%	16.1%	14.1%	19.1%
2023	2.410599	5.8%	11.7%	11.5%	17.1%	15.1%	20.5%
2024	2.404178	5.7%	12.1%	12.1%	18.0%	16.1%	21.7%
2025	2.397678	5.7%	12.5%	12.6%	18.9%	17.1%	23.0%
2026	2.3911	6.8%	13.9%	14.0%	20.6%	18.9%	25.1%
2027	2.38444	7.8%	15.2%	15.4%	22.3%	20.6%	27.0%
2028	2.377699	8.8%	16.6%	16.8%	23.9%	22.3%	28.9%
2029	2.370873	9.8%	17.9%	18.1%	25.5%	24.0%	30.8%
2030	2.363963	10.8%	19.2%	19.5%	27.0%	25.6%	32.6%
2031	2.358482	11.9%	20.6%	21.2%	28.9%	27.2%	34.4%
2032	2.352789	13.0%	21.9%	22.9%	30.8%	28.8%	36.1%
2033	2.346869	14.1%	23.2%	24.5%	32.6%	30.3%	37.7%
2034	2.340709	15.1%	24.5%	26.1%	34.3%	31.8%	39.3%

续表

年份	a_{12}	$\gamma_{12}-1$ 宽m-快z	$\gamma_{12}-2$ 宽m-慢z	$\gamma_{12}-3$ 中m-快z	$\gamma_{12}-4$ 中m-慢z	$\gamma_{12}-5$ 快m-快z	$\gamma_{12}-6$ 快m-慢z
2035	2.334295	16.1%	25.8%	27.7%	36.0%	33.2%	40.9%
2036	2.327609	17.1%	27.0%	29.1%	37.6%	34.9%	42.7%
2037	2.320635	18.0%	28.1%	30.6%	39.1%	36.5%	44.4%
2038	2.313353	18.9%	29.3%	32.0%	40.6%	38.1%	46.0%
2039	2.305742	19.9%	30.4%	33.3%	42.1%	39.7%	47.6%
2040	2.297781	20.7%	31.5%	34.6%	43.5%	41.2%	49.2%
2041	2.289443	21.5%	32.5%	36.2%	45.1%	42.9%	50.9%
2042	2.280702	22.4%	33.5%	37.7%	46.6%	44.6%	52.5%
2043	2.271527	23.1%	34.4%	39.2%	48.1%	46.2%	54.1%
2044	2.261886	23.9%	35.4%	40.6%	49.6%	47.7%	55.6%
2045	2.251741	24.6%	36.3%	42.0%	51.0%	49.2%	57.0%
2046	2.241054	25.3%	37.1%	43.4%	52.3%	50.6%	58.4%
2047	2.229778	26.0%	37.9%	44.7%	53.7%	51.9%	59.7%
2048	2.217863	26.6%	38.7%	46.0%	54.9%	53.2%	61.0%
2049	2.205255	27.2%	39.5%	47.2%	56.1%	54.5%	62.2%
2050	2.19189	27.7%	40.2%	48.4%	57.3%	55.7%	63.3%
2051	2.19189	28.7%	41.3%	50.0%	58.9%	57.2%	64.8%
2052	2.19189	29.6%	42.3%	51.6%	60.4%	58.8%	66.2%
2053	2.19189	30.6%	43.3%	53.2%	61.8%	60.3%	67.6%

续表

年份	a_{12}	$\gamma_{12}-1$ 宽m-快z	$\gamma_{12}-2$ 宽m-慢z	$\gamma_{12}-3$ 中m-快z	$\gamma_{12}-4$ 中m-慢z	$\gamma_{12}-5$ 快m-快z	$\gamma_{12}-6$ 快m-慢z
2054	2.19189	31.5%	44.3%	54.8%	63.2%	61.7%	68.9%
2055	2.19189	32.4%	45.3%	56.2%	64.6%	63.1%	70.1%
2056	2.19189	33.3%	46.1%	57.6%	65.8%	64.6%	71.4%
2057	2.19189	34.2%	47.0%	59.0%	66.9%	66.0%	72.6%
2058	2.19189	35.0%	47.7%	60.3%	68.0%	67.4%	73.8%
2059	2.19189	35.9%	48.5%	61.5%	69.1%	68.7%	74.9%
2060	2.19189	36.8%	49.3%	62.8%	70.2%	70.0%	76.0%
2061	2.19189	37.4%	50.0%	64.0%	71.2%	71.1%	76.9%
2062	2.19189	38.1%	50.6%	65.2%	72.3%	72.2%	77.9%
2063	2.19189	38.8%	51.3%	66.4%	73.3%	73.3%	78.8%
2064	2.19189	39.4%	51.9%	67.5%	74.2%	74.4%	79.6%
2065	2.19189	40.1%	52.5%	68.6%	75.1%	75.3%	80.5%
2066	2.19189	40.8%	53.2%	69.6%	76.0%	76.4%	81.3%
2067	2.19189	41.6%	53.9%	70.5%	76.7%	77.3%	82.1%
2068	2.19189	42.4%	54.6%	71.5%	77.5%	78.2%	82.9%
2069	2.19189	43.1%	55.2%	72.3%	78.3%	79.1%	83.6%
2070	2.19189	43.8%	55.9%	73.2%	79.0%	80.0%	84.3%
2071	2.19189	44.7%	56.7%	74.1%	79.7%	80.8%	85.0%
2072	2.19189	45.5%	57.4%	75.0%	80.4%	81.7%	85.7%

续表

年份	a_{t2}	$\gamma_{t2}-1$ 宽m－快z	$\gamma_{t2}-2$ 宽m－慢z	$\gamma_{t2}-3$ 中m－快z	$\gamma_{t2}-4$ 中m－慢z	$\gamma_{t2}-5$ 快m－快z	$\gamma_{t2}-6$ 快m－慢z
2073	2.19189	46.3%	58.1%	75.8%	81.1%	82.4%	86.3%
2074	2.19189	47.1%	58.8%	76.6%	81.8%	83.2%	86.9%
2075	2.19189	47.9%	59.5%	77.3%	82.4%	83.9%	87.5%
2076	2.19189	48.7%	60.3%	78.0%	83.0%	84.5%	88.0%
2077	2.19189	49.6%	61.0%	78.7%	83.5%	85.2%	88.5%
2078	2.19189	50.5%	61.8%	79.4%	84.1%	85.7%	89.0%
2079	2.19189	51.3%	62.5%	80.0%	84.6%	86.3%	89.4%
2080	2.19189	52.1%	63.2%	80.6%	85.1%	86.9%	89.9%
2081	2.19189	53.0%	63.9%	81.2%	85.6%	87.4%	90.3%
2082	2.19189	53.9%	64.6%	81.8%	86.0%	87.9%	90.7%
2083	2.19189	54.8%	65.2%	82.4%	86.5%	88.4%	91.1%
2084	2.19189	55.6%	65.9%	83.0%	86.9%	88.9%	91.5%
2085	2.19189	56.5%	66.5%	83.5%	87.3%	89.4%	91.8%
2086	2.19189	57.3%	67.2%	84.0%	87.7%	89.8%	92.2%
2087	2.19189	58.1%	67.8%	84.4%	88.0%	90.3%	92.5%
2088	2.19189	58.9%	68.4%	84.9%	88.4%	90.7%	92.8%
2089	2.19189	59.7%	69.0%	85.3%	88.7%	91.1%	93.1%
2090	2.19189	60.4%	69.6%	85.7%	89.0%	91.4%	93.4%
2091	2.19189	61.2%	70.2%	86.1%	89.3%	91.7%	93.6%

续表

年份	a_2	$\gamma_{12}-1$ 宽m-快z	$\gamma_{12}-2$ 宽m-慢z	$\gamma_{12}-3$ 中m-快z	$\gamma_{12}-4$ 中m-慢z	$\gamma_{12}-5$ 快m-快z	$\gamma_{12}-6$ 快m-慢z
2092	2.19189	61.9%	70.7%	86.5%	89.6%	92.0%	93.9%
2093	2.19189	62.6%	71.3%	86.9%	89.9%	92.3%	94.1%
2094	2.19189	63.4%	71.8%	87.2%	90.2%	92.6%	94.3%
2095	2.19189	64.0%	72.4%	87.5%	90.4%	92.9%	94.6%
2096	2.19189	64.7%	72.9%	87.8%	90.7%	93.2%	94.8%
2097	2.19189	65.4%	73.4%	88.2%	90.9%	93.4%	94.9%
2098	2.19189	66.0%	73.9%	88.4%	91.1%	93.7%	95.1%
2099	2.19189	66.7%	74.4%	88.7%	91.3%	93.9%	95.3%

附表 4－10　第二产业子行业结构调整与子行业能耗强度降速分解结果

年份	S_{l21} 建筑业	S_{l22} 战略支持	S_{l23} 消费品	S_{l24} 采掘业	S_{l26} 原材料	Z_{l21} 快 建筑业	Z_{l22} 快 战略支持	Z_{l23} 快 消费品	Z_{l24} 快 采掘业	Z_{l25} 快 电热气水	Z_{l26} 快 原材料	Z_{l21} 慢 建筑业	Z_{l22} 慢 战略支持	Z_{l23} 慢 消费品	Z_{l24} 慢 采掘业	Z_{l25} 慢 电热气水	Z_{l26} 慢 原材料
2016	13.7%	31.8%	22.0%	7.6%	20.0%	4.9%	5.8%	4.9%	4.9%	2.9%	2.9%	3.9%	5.3%	3.9%	3.9%	1.9%	1.9%
2017	13.6%	32.6%	21.9%	7.5%	19.6%	9.5%	11.3%	9.5%	9.5%	5.7%	5.7%	7.6%	10.4%	7.6%	7.6%	3.7%	3.7%
2018	13.5%	33.4%	21.8%	7.4%	19.2%	13.9%	16.5%	13.9%	13.9%	8.3%	8.3%	11.2%	15.2%	11.2%	11.2%	5.4%	5.4%
2019	13.4%	34.2%	21.7%	7.3%	18.8%	18.0%	21.4%	18.0%	18.0%	10.8%	10.8%	14.7%	19.7%	14.7%	14.7%	7.0%	7.0%
2020	13.3%	35.0%	21.6%	7.2%	18.4%	22.0%	26.0%	22.0%	22.0%	13.2%	13.2%	18.0%	24.0%	18.0%	18.0%	8.6%	8.6%
2021	13.2%	35.7%	21.5%	7.1%	18.1%	25.4%	30.0%	25.4%	25.4%	15.5%	15.5%	21.2%	27.7%	21.2%	21.2%	10.5%	10.5%
2022	13.1%	36.4%	21.4%	7.0%	17.8%	28.7%	33.7%	28.7%	28.7%	17.7%	17.7%	24.3%	31.2%	24.3%	24.3%	12.4%	12.4%
2023	13.0%	37.1%	21.3%	6.9%	17.5%	31.8%	37.2%	31.8%	31.8%	19.8%	19.8%	27.2%	34.5%	27.2%	27.2%	14.2%	14.2%
2024	12.9%	37.8%	21.2%	6.8%	17.2%	34.8%	40.6%	34.8%	34.8%	21.8%	21.8%	30.0%	37.7%	30.0%	30.0%	15.9%	15.9%
2025	12.8%	38.5%	21.1%	6.7%	16.9%	37.6%	43.8%	37.6%	37.6%	23.7%	23.7%	32.8%	40.7%	32.8%	32.8%	17.6%	17.6%
2026	12.7%	39.1%	21.0%	6.6%	16.7%	40.0%	46.5%	40.0%	40.0%	25.6%	25.6%	35.1%	43.3%	35.1%	35.1%	19.2%	19.2%
2027	12.6%	39.7%	20.9%	6.5%	16.5%	42.4%	49.1%	42.4%	42.4%	27.4%	27.4%	37.3%	45.8%	37.3%	37.3%	20.8%	20.8%
2028	12.5%	40.3%	20.8%	6.4%	16.3%	44.6%	51.5%	44.6%	44.6%	29.1%	29.1%	39.4%	48.1%	39.4%	39.4%	22.3%	22.3%
2029	12.4%	40.9%	20.7%	6.3%	16.1%	46.8%	53.9%	46.8%	46.8%	30.8%	30.8%	41.5%	50.4%	41.5%	41.5%	23.8%	23.8%
2030	12.3%	41.5%	20.6%	6.2%	15.9%	48.8%	56.1%	48.8%	48.8%	32.4%	32.4%	43.5%	52.6%	43.5%	43.5%	25.2%	25.2%
2031	12.2%	42.0%	20.5%	6.1%	15.8%	50.6%	58.0%	50.6%	50.6%	34.1%	34.1%	45.2%	54.4%	45.2%	45.2%	26.7%	26.7%

续表

年份	S_{121} 建筑业	S_{122} 战略支持	S_{123} 消费品	S_{124} 采掘业	S_{126} 原材料	Z_{121}快 建筑业	Z_{122}快 战略支持	Z_{123}快 消费品	Z_{124}快 采掘业	Z_{125}快 电热气水	Z_{126}快 原材料	Z_{121}慢 建筑业	Z_{122}慢 战略支持	Z_{123}慢 消费品	Z_{124}慢 采掘业	Z_{125}慢 电热气水	Z_{126}慢 原材料
2032	12.1%	42.3%	20.4%	6.0%	15.7%	52.3%	59.9%	52.3%	52.3%	35.9%	35.9%	46.8%	56.2%	46.8%	46.8%	28.4%	28.4%
2033	12.0%	42.7%	20.3%	5.9%	15.6%	53.9%	61.6%	53.9%	53.9%	37.6%	37.6%	48.4%	57.9%	48.4%	48.4%	30.0%	30.0%
2034	11.9%	43.1%	20.2%	5.8%	15.5%	55.5%	63.3%	55.5%	55.5%	39.3%	39.3%	49.9%	59.5%	49.9%	49.9%	31.6%	31.6%
2035	11.8%	43.5%	20.1%	5.7%	15.4%	57.0%	64.9%	57.0%	57.0%	40.9%	40.9%	51.4%	61.1%	51.4%	51.4%	33.1%	33.1%
2036	11.7%	43.9%	20.0%	5.6%	15.3%	58.3%	66.3%	58.3%	58.3%	42.2%	42.2%	52.7%	62.4%	52.7%	52.7%	34.3%	34.3%
2037	11.6%	44.3%	19.9%	5.5%	15.2%	59.5%	67.6%	59.5%	59.5%	43.5%	43.5%	53.9%	63.7%	53.9%	53.9%	35.4%	35.4%
2038	11.5%	44.7%	19.8%	5.4%	15.1%	60.7%	68.8%	60.7%	60.7%	44.8%	44.8%	55.0%	65.0%	55.0%	55.0%	36.6%	36.6%
2039	11.4%	45.1%	19.7%	5.3%	15.0%	61.9%	70.1%	61.9%	61.9%	46.0%	46.0%	56.2%	66.2%	56.2%	56.2%	37.7%	37.7%
2040	11.3%	45.4%	19.6%	5.2%	15.0%	63.0%	71.2%	63.0%	63.0%	47.6%	47.6%	57.3%	67.3%	57.3%	57.3%	39.2%	39.2%
2041	11.2%	45.7%	19.5%	5.1%	15.0%	64.0%	72.2%	64.0%	64.0%	48.8%	48.8%	58.2%	68.3%	58.2%	58.2%	40.4%	40.4%
2042	11.1%	46.0%	19.4%	5.0%	15.0%	64.9%	73.2%	64.9%	64.9%	50.0%	50.0%	59.0%	69.2%	59.0%	59.0%	41.5%	41.5%
2043	11.0%	46.3%	19.3%	4.9%	15.0%	65.8%	74.1%	65.8%	65.8%	51.1%	51.1%	59.9%	70.2%	59.9%	59.9%	42.6%	42.6%
2044	10.9%	46.6%	19.2%	4.8%	15.0%	66.6%	75.0%	66.6%	66.6%	52.2%	52.2%	60.7%	71.0%	60.7%	60.7%	43.7%	43.7%
2045	10.8%	46.9%	19.1%	4.7%	15.0%	67.5%	75.8%	67.5%	67.5%	53.3%	53.3%	61.5%	71.9%	61.5%	61.5%	44.7%	44.7%
2046	10.7%	47.2%	19.0%	4.6%	15.0%	68.2%	76.5%	68.2%	68.2%	54.2%	54.2%	62.2%	72.6%	62.2%	62.2%	45.5%	45.5%
2047	10.6%	47.4%	19.0%	4.5%	15.0%	68.8%	77.2%	68.8%	68.8%	55.1%	55.1%	62.8%	73.3%	62.8%	62.8%	46.3%	46.3%
2048	10.5%	47.6%	19.0%	4.4%	15.0%	69.5%	77.9%	69.5%	69.5%	55.9%	55.9%	63.4%	74.0%	63.4%	63.4%	47.1%	47.1%

续表

年份	S_{q1} 建筑业	S_{q2} 战略支持	S_{q3} 消费品	S_{q4} 采掘业	S_{q6} 原材料	Z_{q1}快 建筑业	Z_{q2}快 战略支持	Z_{q3}快 消费品	Z_{q4}快 采掘业	Z_{q5}快 电热气水	Z_{q6}快 原材料	Z_{q1}慢 建筑业	Z_{q2}慢 战略支持	Z_{q3}慢 消费品	Z_{q4}慢 采掘业	Z_{q5}慢 电热气水	Z_{q6}慢 原材料
2049	10.4%	47.8%	19.0%	4.3%	15.0%	70.1%	78.6%	70.1%	70.1%	56.8%	56.8%	64.0%	74.6%	64.0%	64.0%	47.9%	47.9%
2050	10.3%	48.0%	19.0%	4.2%	15.0%	70.7%	79.2%	70.7%	70.7%	57.6%	57.6%	64.6%	75.3%	64.6%	64.6%	48.7%	48.7%
2051	10.2%	48.2%	19.0%	4.1%	15.0%	71.2%	79.7%	71.2%	71.2%	58.2%	58.2%	65.0%	75.8%	65.0%	65.0%	49.2%	49.2%
2052	10.1%	48.4%	19.0%	4.0%	15.0%	71.7%	80.2%	71.7%	71.7%	58.9%	58.9%	65.5%	76.3%	65.5%	65.5%	49.7%	49.7%
2053	10.0%	48.6%	19.0%	3.9%	15.0%	72.2%	80.7%	72.2%	72.2%	59.5%	59.5%	65.9%	76.8%	65.9%	65.9%	50.3%	50.3%
2054	9.9%	48.8%	19.0%	3.8%	15.0%	72.6%	81.2%	72.6%	72.6%	60.1%	60.1%	66.3%	77.3%	66.3%	66.3%	50.8%	50.8%
2055	9.8%	49.0%	19.0%	3.7%	15.0%	73.1%	81.7%	73.1%	73.1%	60.7%	60.7%	66.7%	77.8%	66.7%	66.7%	51.3%	51.3%
2056	9.7%	49.2%	19.0%	3.6%	15.0%	73.4%	82.1%	73.4%	73.4%	61.1%	61.1%	67.1%	78.1%	67.1%	67.1%	51.7%	51.7%
2057	9.6%	49.4%	19.0%	3.5%	15.0%	73.7%	82.5%	73.7%	73.7%	61.5%	61.5%	67.4%	78.5%	67.4%	67.4%	52.2%	52.2%
2058	9.5%	49.5%	19.0%	3.5%	15.0%	74.1%	82.8%	74.1%	74.1%	61.9%	61.9%	67.7%	78.8%	67.7%	67.7%	52.6%	52.6%
2059	9.4%	49.6%	19.0%	3.5%	15.0%	74.4%	83.2%	74.4%	74.4%	62.4%	62.4%	68.1%	79.2%	68.1%	68.1%	53.1%	53.1%
2060	9.3%	49.7%	19.0%	3.5%	15.0%	74.7%	83.5%	74.7%	74.7%	62.8%	62.8%	68.4%	79.5%	68.4%	68.4%	53.5%	53.5%
2061	9.2%	49.8%	19.0%	3.5%	15.0%	74.9%	83.8%	74.9%	74.9%	63.1%	63.1%	68.7%	79.8%	68.7%	68.7%	53.9%	53.9%
2062	9.1%	49.9%	19.0%	3.5%	15.0%	75.2%	84.1%	75.2%	75.2%	63.5%	63.5%	68.9%	80.0%	68.9%	68.9%	54.2%	54.2%
2063	9.0%	50.0%	19.0%	3.5%	15.0%	75.5%	84.3%	75.5%	75.5%	63.8%	63.8%	69.2%	80.3%	69.2%	69.2%	54.6%	54.6%
2064	9.0%	50.0%	19.0%	3.5%	15.0%	75.7%	84.6%	75.7%	75.7%	64.2%	64.2%	69.4%	80.5%	69.4%	69.4%	54.9%	54.9%
2065	9.0%	50.0%	19.0%	3.5%	15.0%	76.0%	84.9%	76.0%	76.0%	64.5%	64.5%	69.7%	80.8%	69.7%	69.7%	55.3%	55.3%

续表

年份	S_{121} 建筑业	S_{122} 战略支持	S_{123} 消费品	S_{124} 采掘业	S_{126} 原材料	Z_{121}快 建筑业	Z_{122}快 战略支持	Z_{123}快 消费品	Z_{124}快 采掘业	Z_{125}快 电热气水	Z_{126}快 原材料	Z_{121}慢 建筑业	Z_{122}慢 战略支持	Z_{123}慢 消费品	Z_{124}慢 采掘业	Z_{125}慢 电热气水	Z_{126}慢 原材料
2066	9.0%	50.0%	19.0%	3.5%	15.0%	76.1%	85.0%	76.1%	76.1%	64.8%	64.8%	69.8%	80.9%	69.8%	69.8%	55.5%	55.5%
2067	9.0%	50.0%	19.0%	3.5%	15.0%	76.3%	85.2%	76.3%	76.3%	65.1%	65.1%	70.0%	81.1%	70.0%	70.0%	55.8%	55.8%
2068	9.0%	50.0%	19.0%	3.5%	15.0%	76.5%	85.4%	76.5%	76.5%	65.3%	65.3%	70.2%	81.2%	70.2%	70.2%	56.1%	56.1%
2069	9.0%	50.0%	19.0%	3.5%	15.0%	76.7%	85.6%	76.7%	76.7%	65.6%	65.6%	70.4%	81.4%	70.4%	70.4%	56.3%	56.3%
2070	9.0%	50.0%	19.0%	3.5%	15.0%	76.9%	85.8%	76.9%	76.9%	65.9%	65.9%	70.6%	81.5%	70.6%	70.6%	56.6%	56.6%
2071	9.0%	50.0%	19.0%	3.5%	15.0%	77.1%	85.9%	77.1%	77.1%	66.1%	66.1%	70.7%	81.6%	70.7%	70.7%	56.8%	56.8%
2072	9.0%	50.0%	19.0%	3.5%	15.0%	77.2%	86.0%	77.2%	77.2%	66.3%	66.3%	70.8%	81.7%	70.8%	70.8%	56.9%	56.9%
2073	9.0%	50.0%	19.0%	3.5%	15.0%	77.3%	86.1%	77.3%	77.3%	66.5%	66.5%	70.9%	81.8%	70.9%	70.9%	57.1%	57.1%
2074	9.0%	50.0%	19.0%	3.5%	15.0%	77.5%	86.2%	77.5%	77.5%	66.7%	66.7%	71.0%	81.8%	71.0%	71.0%	57.3%	57.3%
2075	9.0%	50.0%	19.0%	3.5%	15.0%	77.6%	86.3%	77.6%	77.6%	66.9%	66.9%	71.2%	81.9%	71.2%	71.2%	57.5%	57.5%
2076	9.0%	50.0%	19.0%	3.5%	15.0%	77.7%	86.4%	77.7%	77.7%	67.0%	67.0%	71.2%	81.9%	71.2%	71.2%	57.5%	57.5%
2077	9.0%	50.0%	19.0%	3.5%	15.0%	77.9%	86.4%	77.9%	77.8%	67.1%	67.1%	71.3%	82.0%	71.3%	71.3%	57.6%	57.6%
2078	9.0%	50.0%	19.0%	3.5%	15.0%	77.9%	86.5%	77.9%	77.9%	67.3%	67.3%	71.3%	82.0%	71.3%	71.3%	57.7%	57.7%
2079	9.0%	50.0%	19.0%	3.5%	15.0%	78.0%	86.6%	78.0%	78.0%	67.4%	67.4%	71.4%	82.0%	71.4%	71.4%	57.8%	57.8%
2080	9.0%	50.0%	19.0%	3.5%	15.0%	78.1%	86.6%	78.1%	78.1%	67.5%	67.5%	71.5%	82.1%	71.5%	71.5%	57.9%	57.9%
2081	9.0%	50.0%	19.0%	3.5%	15.0%	78.1%	86.6%	78.1%	78.1%	67.6%	67.6%	71.5%	82.1%	71.5%	71.5%	58.0%	58.0%
2082	9.0%	50.0%	19.0%	3.5%	15.0%	78.1%	86.7%	78.1%	78.1%	67.7%	67.7%	71.6%	82.2%	71.6%	71.6%	58.0%	58.0%

年份	S_{Q21} 建筑业	S_{Q22} 战略支持	S_{Q23} 消费品	S_{Q24} 采掘业	S_{Q26} 原材料	Z_{Q21}快 建筑业	Z_{Q22}快 战略支持	Z_{Q23}快 消费品	Z_{Q24}快 采掘业	Z_{Q25}快 电热气水	Z_{Q26}快 原材料	Z_{Q21}慢 建筑业	Z_{Q22}慢 战略支持	Z_{Q23}慢 消费品	Z_{Q24}慢 采掘业	Z_{Q25}慢 电热气水	Z_{Q26}慢 原材料
2083	9.0%	50.0%	19.0%	3.5%	15.0%	78.2%	86.7%	78.2%	78.2%	67.7%	67.7%	71.6%	82.2%	71.6%	71.6%	58.1%	58.1%
2084	9.0%	50.0%	19.0%	3.5%	15.0%	78.2%	86.7%	78.2%	78.2%	67.8%	67.8%	71.7%	82.2%	71.7%	71.7%	58.2%	58.2%
2085	9.0%	50.0%	19.0%	3.5%	15.0%	78.3%	86.7%	78.3%	78.3%	67.9%	67.9%	71.7%	82.3%	71.7%	71.7%	58.3%	58.3%
2086	9.0%	50.0%	19.0%	3.5%	15.0%	78.3%	86.8%	78.3%	78.3%	67.9%	67.9%	71.8%	82.3%	71.8%	71.8%	58.4%	58.4%
2087	9.0%	50.0%	19.0%	3.5%	15.0%	78.4%	86.8%	78.4%	78.4%	68.0%	68.0%	71.8%	82.3%	71.8%	71.8%	58.5%	58.5%
2088	9.0%	50.0%	19.0%	3.5%	15.0%	78.4%	86.8%	78.4%	78.4%	68.1%	68.1%	71.9%	82.4%	71.9%	71.9%	58.5%	58.5%
2089	9.0%	50.0%	19.0%	3.5%	15.0%	78.4%	86.8%	78.4%	78.4%	68.1%	68.1%	72.0%	82.4%	72.0%	72.0%	58.6%	58.6%
2090	9.0%	50.0%	19.0%	3.5%	15.0%	78.5%	86.9%	78.5%	78.5%	68.2%	68.2%	72.0%	82.4%	72.0%	72.0%	58.7%	58.7%
2091	9.0%	50.0%	19.0%	3.5%	15.0%	78.5%	86.9%	78.5%	78.5%	68.2%	68.2%	72.1%	82.5%	72.1%	72.1%	58.8%	58.8%
2092	9.0%	50.0%	19.0%	3.5%	15.0%	78.6%	86.9%	78.6%	78.6%	68.3%	68.3%	72.1%	82.5%	72.1%	72.1%	58.9%	58.9%
2093	9.0%	50.0%	19.0%	3.5%	15.0%	78.6%	86.9%	78.6%	78.6%	68.4%	68.4%	72.2%	82.5%	72.2%	72.2%	59.0%	59.0%
2094	9.0%	50.0%	19.0%	3.5%	15.0%	78.7%	87.0%	78.7%	78.7%	68.4%	68.4%	72.2%	82.6%	72.2%	72.2%	59.0%	59.0%
2095	9.0%	50.0%	19.0%	3.5%	15.0%	78.7%	87.0%	78.7%	78.7%	68.5%	68.5%	72.3%	82.6%	72.3%	72.3%	59.1%	59.1%
2096	9.0%	50.0%	19.0%	3.5%	15.0%	78.8%	87.0%	78.8%	78.8%	68.6%	68.6%	72.4%	82.6%	72.4%	72.4%	59.2%	59.2%
2097	9.0%	50.0%	19.0%	3.5%	15.0%	78.8%	87.1%	78.8%	78.8%	68.6%	68.6%	72.4%	82.7%	72.4%	72.4%	59.3%	59.3%
2098	9.0%	50.0%	19.0%	3.5%	15.0%	78.8%	87.1%	78.8%	78.8%	68.7%	68.7%	72.5%	82.7%	72.5%	72.5%	59.4%	59.4%
2099	9.0%	50.0%	19.0%	3.5%	15.0%	78.9%	87.1%	78.9%	78.9%	68.7%	68.7%	72.5%	82.8%	72.5%	72.5%	59.5%	59.5%
2100	9.0%	50.0%	19.0%	3.5%	15.0%	78.9%	87.1%	78.9%	78.9%	68.8%	68.8%	72.6%	82.8%	72.6%	72.6%	59.5%	59.5%

附表 5-1　中山市经济规模、增速与三产结构

年份	名义值					实际值（2010 年=100）					占比				实际增速				
	地区生产总值	一产	二产	工业	三产	地区生产总值	一产	二产	工业	三产	一产	二产	工业	三产	地区生产总值	一产	二产	工业	三产
1983	11.48	3.95	4.29	3.81	3.24	54.58	18.76	20.40	18.12	15.42	34.4%	37.4%	33.2%	28.3%	0.4%	-10.1%	-1.4%	1.3%	20.2%
1984	14.69	4.76	5.76	5.12	4.17	66.99	21.70	26.26	23.35	19.02	32.4%	39.2%	34.9%	28.4%	22.7%	15.7%	28.8%	28.9%	23.3%
1985	19.16	6.19	7.47	6.46	5.50	75.09	24.27	29.27	25.31	21.56	32.3%	39.0%	33.7%	28.7%	12.1%	11.8%	11.4%	8.4%	13.3%
1986	23.23	6.80	9.61	8.49	6.83	87.54	25.60	36.19	32.00	25.74	29.2%	41.3%	36.6%	29.4%	16.6%	5.5%	23.7%	26.4%	19.4%
1987	27.58	8.10	10.67	8.98	8.80	94.34	27.72	36.51	30.72	30.10	29.4%	38.7%	32.6%	31.9%	7.8%	8.3%	0.9%	-4.0%	17.0%
1988	37.71	9.75	15.06	11.93	12.91	100.64	26.01	40.19	31.85	34.45	25.8%	39.9%	31.6%	34.2%	6.7%	-6.2%	10.1%	3.7%	14.4%
1989	45.21	11.96	17.45	14.55	15.80	98.37	26.02	37.97	31.66	34.38	26.4%	38.6%	32.2%	35.0%	-2.3%	0.0%	-5.5%	-0.6%	-0.2%
1990	51.06	13.64	18.82	16.38	18.61	114.16	30.48	42.07	36.62	41.60	26.7%	36.9%	32.1%	36.4%	16.0%	17.2%	10.8%	15.7%	21.0%
1991	63.70	14.56	25.40	22.95	23.74	139.22	31.83	55.52	50.15	51.88	22.9%	39.9%	36.0%	37.3%	22.0%	4.4%	32.0%	37.0%	24.7%
1992	81.58	16.47	32.68	28.85	32.42	167.09	33.73	66.94	59.09	66.41	20.2%	40.1%	35.4%	39.7%	20.0%	6.0%	20.6%	17.8%	28.0%
1993	112.70	17.02	50.03	45.37	45.65	191.28	28.89	84.91	77.01	77.48	15.1%	44.4%	40.3%	40.5%	14.5%	-14.4%	26.8%	30.3%	16.7%
1994	147.31	18.16	68.79	62.86	60.36	210.27	25.92	98.19	89.72	86.15	12.3%	46.7%	42.7%	41.0%	9.9%	-10.3%	15.6%	16.5%	11.2%
1995	175.82	19.91	80.90	75.26	75.02	221.88	25.12	102.09	94.97	94.67	11.3%	46.0%	42.8%	42.7%	5.5%	-3.1%	4.0%	5.9%	9.9%
1996	200.96	21.60	96.72	91.13	82.65	242.01	26.01	116.48	109.75	99.53	10.7%	48.1%	45.3%	41.1%	9.1%	3.5%	14.1%	15.6%	5.1%
1997	234.72	22.59	117.07	110.24	95.06	277.91	26.74	138.61	130.52	112.56	9.6%	49.9%	47.0%	40.5%	14.8%	2.8%	19.0%	18.9%	13.1%
1998	268.12	23.02	136.17	127.99	108.93	319.04	27.40	162.03	152.30	129.61	8.6%	50.8%	47.7%	40.6%	14.8%	2.4%	16.9%	16.7%	15.2%
1999	297.15	23.58	151.09	141.88	122.48	359.03	28.49	182.55	171.43	147.99	7.9%	50.8%	47.7%	41.2%	12.5%	4.0%	12.7%	12.6%	14.2%
2000	345.44	23.51	180.83	168.09	141.09	407.20	27.72	213.17	198.15	166.32	6.8%	52.3%	48.7%	40.8%	13.4%	-2.7%	16.8%	15.6%	12.4%
2001	404.38	24.12	221.07	203.56	159.19	477.62	28.49	261.11	240.43	188.02	6.0%	54.7%	50.3%	39.4%	17.3%	2.8%	22.5%	21.3%	13.0%
2002	469.73	25.15	265.11	245.15	179.47	558.67	29.91	315.31	291.57	213.45	5.4%	56.4%	52.2%	38.2%	17.0%	5.0%	20.8%	21.3%	13.5%
2003	572.05	25.90	342.79	320.30	203.36	672.35	30.44	402.90	376.46	239.02	4.5%	59.9%	56.0%	35.5%	20.3%	1.8%	27.8%	29.1%	12.0%
2004	704.30	29.06	433.64	408.50	241.60	803.54	33.16	494.74	466.07	275.64	4.1%	61.6%	58.0%	34.3%	19.5%	8.9%	22.8%	23.8%	15.3%

续表

年份	名义值					实际值（2010 年 = 100）					占比				实际增速				
	地区生产总值	一产	二产	工业	三产	地区生产总值	一产	二产	工业	三产	一产	二产	工业	三产	地区生产总值	一产	二产	工业	三产
2005	885.72	30.71	539.42	510.86	315.59	987.04	34.22	601.13	569.30	351.69	3.5%	60.9%	57.7%	35.6%	22.8%	3.2%	21.5%	22.1%	27.6%
2006	1064.31	34.44	648.98	616.89	380.90	1170.82	37.88	713.92	678.62	419.01	3.2%	61.0%	58.0%	35.8%	18.6%	10.7%	18.8%	19.2%	19.1%
2007	1283.88	38.40	768.47	733.34	477.00	1353.04	40.47	809.87	772.85	502.70	3.0%	59.9%	57.1%	37.2%	15.6%	6.8%	13.4%	13.9%	20.0%
2008	1473.84	43.44	867.86	829.12	562.55	1472.92	43.41	867.31	828.60	562.20	2.9%	58.9%	56.3%	38.2%	8.9%	7.3%	7.1%	7.2%	11.8%
2009	1587.55	44.13	925.84	881.04	617.57	1634.61	45.44	953.29	907.16	635.88	2.8%	58.3%	55.5%	38.9%	11.0%	4.7%	9.9%	9.5%	13.1%
2010	1877.87	48.80	1101.28	1049.19	727.80	1877.87	48.80	1101.28	1049.19	727.80	2.6%	58.6%	55.9%	38.8%	14.9%	7.4%	15.5%	15.7%	14.5%
2011	2226.56	55.07	1259.92	1201.29	911.57	2112.83	52.26	1195.56	1139.93	865.01	2.5%	56.6%	54.0%	40.9%	12.5%	7.1%	8.6%	8.6%	18.9%
2012	2482.58	58.62	1395.79	1333.57	1028.16	2303.33	54.39	1295.01	1237.28	953.92	2.4%	56.2%	53.7%	41.4%	9.0%	4.1%	8.3%	8.5%	10.3%
2013	2692.96	59.98	1514.54	1452.58	1118.44	2459.49	54.78	1383.23	1326.65	1021.48	2.2%	56.2%	53.9%	41.5%	6.8%	0.7%	6.8%	7.2%	7.1%
2014	2865.19	61.54	1607.54	1542.91	1196.11	2561.14	55.01	1436.95	1379.18	1069.18	2.1%	56.1%	53.9%	41.7%	4.1%	0.4%	3.9%	4.0%	4.7%
2015	3052.79	59.56	1680.96	1615.14	1312.27	2707.12	52.82	1490.63	1432.26	1163.68	2.0%	55.1%	52.9%	43.0%	5.7%	-4.0%	3.7%	3.8%	8.8%
2016	3248.68	60.93	1729.85	1660.84	1457.91	2826.45	53.01	1505.02	1444.98	1268.42	1.9%	53.2%	51.1%	44.9%	4.4%	0.4%	1.0%	0.9%	9.0%
2017	3430.31	55.64	1724.97	1648.43	1649.71	2937.55	47.65	1477.18	1411.63	1412.73	1.6%	50.3%	48.1%	48.1%	3.9%	-10.1%	-1.8%	-2.3%	11.4%
2018	3632.70	61.59	1780.23	1695.33	1790.88	3067.92	52.01	1503.45	1431.75	1512.45	1.7%	49.0%	46.7%	49.3%	4.4%	9.2%	1.8%	1.4%	7.1%

数据说明：实际值以 2010 年为基准年，各项指标统一用居民消费价格定基指数调整。

257

附表 5-2 中山市经济增长与能源消费控制目标相容增速空间组合推演结果

年份	综合能源消费基准情景(万吨标准煤)	v_t 五年累计值	v_t 分年值	目标能耗强度降幅 z_t 基准情景	z_t 分年值	期望经济增速 g_t	期望 g_t 五年累计	倒逼 g_t 上限	倒逼能耗强度降幅 z_t 倒逼情景	倒逼 z_t 五年累积	倒逼 v_t 下限 分年值	倒逼 V_t 下限 五年累积	倒逼综合能源消费下限 万吨标准煤
2015	1511	—	—										—
2016			4.69%		3.66%	8.50%		8.66%	3.51%		4.53%		
2017			4.69%		3.66%	8.50%		8.66%	3.51%		4.53%		
2018			4.69%		3.66%	8.50%		8.66%	3.51%		4.53%		
2019			4.69%		3.66%	8.50%		8.66%	3.51%		4.53%		
2020	1900	25.74%	4.69%	17.00%	3.66%	8.50%	50.37%	8.66%	3.51%	16.37%	4.53%	24.80%	1886
2021			2.98%		3.43%	7.50%		6.63%	4.21%		3.82%		
2022			2.98%		3.43%	7.50%		6.63%	4.21%		3.82%		
2023			2.98%		3.43%	7.50%		6.63%	4.21%		3.82%		
2024			2.98%		3.43%	7.50%		6.63%	4.21%		3.82%		
2025	2200	15.79%	2.98%	16.00%	3.43%	7.50%	43.56%	6.63%	4.21%	19.35%	3.82%	20.59%	2274
2026			1.76%		3.20%	6.50%		5.12%	4.45%		3.09%		
2027			1.76%		3.20%	6.50%		5.12%	4.45%		3.09%		
2028			1.76%		3.20%	6.50%		5.12%	4.45%		3.09%		
2029			1.76%		3.20%	6.50%		5.12%	4.45%		3.09%		

续表

年份	综合能源消费基准情景（万吨标准煤）	v_i 五年累计值	v_i 分年值	目标能耗强度降幅 z_i 基准情景	z_i 分年值	期望经济增速 g_i	期望 g_i 五年累计	倒逼 g_i 上限	倒逼能耗强度降幅 z_i 倒逼情景	倒逼 z_i 五年累积	倒逼 v_i 下限 分年值	倒逼 v_t 下限 五年累积	倒逼综合能源消费下限 万吨标准煤
2030	2400	9.09%	1.76%	15.00%	3.20%	6.50%	37.01%	5.12%	4.45%	20.38%	3.09%	16.46%	2648
2031			1.76%		2.97%	5.50%		4.87%	3.55%		2.37%		
2032			1.76%		2.97%	5.50%		4.87%	3.55%		2.37%		
2033			1.76%		2.97%	5.50%		4.87%	3.55%		2.37%		
2034			1.76%		2.97%	5.50%		4.87%	3.55%		2.37%		
2035	2500	4.17%	1.76%	14.00%	2.97%	5.50%	30.70%	4.87%	3.55%	20.30%	2.37%	12.40%	2977

附表 5-3　中山市经济增长与碳排放强度控制目标相容增长路径空间推演

年份	经济期望增速情景（基准情景）									经济低速增长情景（低速情景）							
	期望增速	五年累计	期望GDP	倒逼碳排放强度降幅要求		碳排放强度降幅目标		碳排放强度	碳排放总量	经济增速	预期GDP	倒逼碳排放强度降幅要求		碳强度降幅目标		碳排放强度	碳排放总量
				分年	五年累计	分年	五年累计					分年	累积	累积	分年		
2015	8.50%		2707.1			6.42%		1.114	3015.3	5.70%	2707.12	6.42%			-6.42%	1.114	3015.3
2016	8.50%		2937.2	5.09%		5.09%		1.057	3105.4	4.40%	2826.45	2.25%			2.25%	1.089	3077.4
2017	8.50%		3186.9	5.09%		5.09%		1.003	3197.8	3.90%	2937.55	4.02%			4.02%	1.045	3069.8
2018	8.50%		3457.8	5.09%		5.09%		0.952	3292.9	4.40%	3067.92	6.37%			6.37%	0.978	3001.6
2019	8.50%		3751.7	5.09%		5.09%		0.904	3390.8	6.50%	3267.335	6.37%			6.37%	0.916	2993.0
2020	8.50%	50.37%	4070.6	5.09%	23.00%	5.09%	23%	0.858	3491.7	6.50%	3479.712	6.37%	23.00%	23%	6.37%	0.858	2984.4
2021	7.50%		4375.9	5.08%		5.08%		0.814	3562.8	6%	3688.494	5.09%			5.34%	0.812	2994.5
2022	7.50%		4704.1	5.08%		5.08%		0.773	3635.4	6%	3909.804	5.09%			5.34%	0.768	3004.6
2023	7.50%		5056.9	5.08%		5.08%		0.734	3709.4	6%	4144.392	5.09%			5.34%	0.727	3014.8
2024	7.50%		5436.1	6.98%		6.98%		0.682	3709.4	6%	4393.056	5.66%			5.34%	0.689	3025.0
2025	7.50%	43.56%	5843.8	6.98%	26.00%	6.98%	26%	0.635	3709.4	6%	4656.639	5.66%	23.92%	24%	5.34%	0.652	3035.3
2026	6.50%		6223.7	6.10%		6.23%		0.595	3704.4	5.50%	4912.754	5.21%			5.22%	0.618	3035.2
2027	6.50%		6628.2	6.10%		6.23%		0.558	3699.5	5.50%	5182.956	5.21%			5.22%	0.586	3035.0
2028	6.50%		7059.1	6.10%		6.23%		0.523	3694.5	5.50%	5468.018	5.21%			5.22%	0.555	3034.9

续表

年份	经济期望增速情景（基准情景）									经济低速增长情景（低速情景）							
	期望增速	五年累计	期望GDP	倒逼碳排放强度降幅要求		碳排放强度降幅目标		碳排放强度	碳排放总量	经济增速	预期GDP	倒逼碳排放强度降幅要求		碳排强度降幅目标		碳排放强度	碳排放总量
				分年	五年累计	分年	五年累计					分年	累积	累积	分年		
2029	6.50%		7517.9	6.10%		6.23%		0.491	3689.6	5.50%	5768.759	5.21%			5.22%	0.526	3034.8
2030	6.50%	37.01%	8006.6	6.10%	27.01%	6.23%	27.50%	0.460	3684.6	5.50%	6086.041	5.21%	23.49%	23.5%	5.22%	0.499	3034.7
2031	5.50%		8446.9	5.21%		5.34%		0.436	3679.7	5%	6390.343	4.76%			4.85%	0.474	3032.0
2032	5.50%		8911.5	5.21%		5.34%		0.412	3674.7	5%	6709.86	4.76%			4.85%	0.451	3029.3
2033	5.50%		9401.6	5.21%		5.34%		0.390	3669.8	5%	7045.353	4.76%			4.85%	0.430	3026.5
2034	5.50%		9918.7	5.21%		5.34%		0.369	3664.8	5%	7397.621	4.76%			4.85%	0.409	3023.8
2035	5.50%	30.70%	10464.3	5.21%	23.49%	5.34%	24%	0.350	3659.9	5%	7767.502	4.76%	21.65%	22%	4.85%	0.389	3021.1

附表5-4 中山市碳排放强度降幅、能耗强度降幅、非化石能源占比、加权碳排放因子等因素之间调谐关系推演结果

年份	碳排放强度累积降幅m 基准情景	碳排放强度累积降幅m 低速情景	目标能耗强度累积降幅z 基准情景	倒逼能耗强度累积降幅z	加权碳排放因子-a kgCO$_2$/kgce	碳强度降幅—基准情景下非化石能源比重γ				碳强度降幅—低速情景下非化石能源比重γ			
						目标z+a不变γ1	目标z+a变γ2	倒逼z+a不变γ3	倒逼z+a变γ4	目标z+a不变γ5	目标z+a变γ6	倒逼z+a不变γ7	倒逼z+a变γ8
2015	—	—	—	—	1.9956	9.66%	9.66%	9.66%	9.66%	9.66%	9.66%	9.66%	9.66%
2016	5.1%	2.3%	3.7%	3.5%	1.9890	11.01%	10.71%	11.14%	10.84%	8.34%	8.04%	8.48%	8.17%
2017	9.9%	6.2%	7.2%	6.9%	1.9824	12.33%	11.75%	12.59%	12.01%	8.68%	8.08%	8.96%	8.35%
2018	14.5%	12.2%	10.6%	10.2%	1.9758	13.64%	12.77%	14.03%	13.16%	11.26%	10.37%	11.66%	10.77%
2019	18.9%	17.8%	13.8%	13.3%	1.9692	14.92%	13.78%	15.43%	14.30%	13.76%	12.60%	14.28%	13.13%
2020	23.0%	23.0%	17.0%	16.4%	1.9626	16.19%	14.78%	16.82%	15.42%	16.19%	14.78%	16.82%	15.42%
2021	26.9%	27.1%	19.8%	19.9%	1.9559	17.63%	15.96%	17.58%	15.90%	17.85%	16.19%	17.80%	16.13%
2022	30.6%	31.0%	22.6%	23.3%	1.9493	19.04%	17.12%	18.33%	16.39%	19.48%	17.57%	18.77%	16.84%
2023	34.2%	34.7%	25.2%	26.5%	1.9427	20.43%	18.26%	19.07%	16.87%	21.08%	18.93%	19.73%	17.55%
2024	38.7%	38.2%	27.8%	29.6%	1.9361	23.35%	21.00%	21.41%	18.99%	22.64%	20.26%	20.68%	18.24%
2025	43.0%	41.5%	30.3%	32.6%	1.9295	26.17%	23.64%	23.68%	21.07%	24.17%	21.57%	21.62%	18.93%
2026	46.6%	44.5%	32.5%	35.6%	1.9229	28.48%	25.78%	25.10%	22.27%	25.75%	22.95%	22.24%	19.30%
2027	49.9%	47.4%	34.7%	38.4%	1.9163	30.72%	27.85%	26.49%	23.45%	27.30%	24.29%	22.86%	19.67%
2028	53.0%	50.2%	36.8%	41.2%	1.9097	32.89%	29.87%	27.85%	24.61%	28.82%	25.61%	23.48%	20.03%
2029	55.9%	52.8%	38.8%	43.8%	1.9031	34.99%	31.83%	29.19%	25.75%	30.30%	26.91%	24.09%	20.40%

续表

年份	碳排放强度累积降幅 m 基准情景	碳排放强度累积降幅 m 低速情景	目标能耗强度累积降幅 z 基准情景	倒逼能耗强度累积降幅 z	加权碳排放因子 - a kgCO$_2$/kgce	碳强度降幅—基准情景下非化石能源比重 γ				碳强度降幅—低速情景下非化石能源比重 γ			
						目标 z + a 不变 γ1	目标 z + a 变 γ2	倒逼 z + a 不变 γ3	倒逼 z + a 变 γ4	目标 z + a 不变 γ5	目标 z + a 变 γ6	倒逼 z + a 不变 γ7	倒逼 z + a 变 γ8
2030	58.7%	55.2%	40.7%	46.3%	1.8965	37.03%	33.73%	30.51%	26.88%	31.76%	28.19%	24.69%	20.76%
2031	60.9%	57.4%	42.5%	48.2%	1.8898	38.56%	35.13%	31.80%	27.98%	33.07%	29.33%	25.71%	21.55%
2032	63.0%	59.5%	44.2%	50.0%	1.8832	40.06%	36.49%	33.07%	29.07%	34.37%	30.45%	26.71%	22.33%
2033	65.0%	61.4%	45.9%	51.8%	1.8766	41.53%	37.82%	34.31%	30.14%	35.64%	31.56%	27.69%	23.11%
2034	66.8%	63.3%	47.5%	53.5%	1.8700	42.96%	39.12%	35.53%	31.20%	36.88%	32.64%	28.67%	23.88%
2035	68.6%	65.1%	49.0%	55.2%	1.8634	44.35%	40.40%	36.73%	32.24%	38.10%	33.71%	29.63%	24.63%

附表 5-5　三大产业结构调整与三大产业能耗强度降幅之间的调谐机制推演分析结果

年份	目标能耗强度降幅情景（目标 z_t情景）							倒逼能耗强度降幅情景（倒逼 z_t情景）						
	目标 z_t	目标 $z_{t3}-1$	目标 $z_{t3}-2$	目标 $z_{t3}-3$	目标 $z_{t3}-4$	目标 $z_{t3}-5$	目标 $z_{t3}-6$	倒逼 z_t	倒逼 $z_{t3}-1$	倒逼 $z_{t3}-2$	倒逼 $z_{t3}-3$	倒逼 $z_{t3}-4$	倒逼 $z_{t3}-5$	倒逼 $z_{t3}-6$
2016	3.7%	5.1%	4.6%	4.2%	3.7%	3.2%	2.7%	3.5%	4.9%	4.4%	4.0%	3.5%	3.1%	2.6%
2017	7.2%	10.2%	9.2%	8.1%	7.1%	6.1%	5.0%	6.9%	9.7%	8.7%	7.7%	6.7%	5.7%	4.7%
2018	10.6%	15.9%	14.2%	12.6%	11.0%	9.4%	7.8%	10.2%	15.1%	13.6%	12.0%	10.5%	8.9%	7.4%
2019	13.8%	21.7%	19.5%	17.3%	15.1%	12.9%	10.7%	13.3%	20.8%	18.6%	16.5%	14.4%	12.3%	10.1%
2020	17.0%	27.6%	24.8%	21.9%	19.1%	16.3%	13.5%	16.4%	26.4%	23.7%	21.0%	18.3%	15.5%	12.8%
2021	19.8%	33.1%	29.7%	26.2%	22.8%	19.4%	16.0%	19.9%	33.2%	29.8%	26.3%	22.9%	19.4%	16.0%
2022	22.6%	38.7%	34.6%	30.6%	26.5%	22.4%	18.3%	23.3%	40.0%	35.8%	31.6%	27.4%	23.3%	19.1%
2023	25.2%	44.4%	39.6%	34.9%	30.1%	25.4%	20.7%	26.5%	46.9%	41.9%	36.9%	31.9%	27.0%	22.0%
2024	27.8%	50.1%	44.7%	39.2%	33.8%	28.3%	22.9%	29.6%	53.7%	48.0%	42.2%	36.4%	30.6%	24.8%
2025	30.3%	55.9%	49.7%	43.6%	37.4%	31.2%	25.0%	32.6%	60.7%	54.0%	47.4%	40.8%	34.1%	27.5%
2026	32.5%	61.5%	54.6%	47.7%	40.7%	33.8%	26.9%	35.6%	68.0%	60.5%	52.9%	45.3%	37.8%	30.2%
2027	34.7%	67.2%	59.5%	51.8%	44.1%	36.4%	28.7%	38.4%	75.5%	66.9%	58.4%	49.9%	41.4%	32.8%
2028	36.8%	73.0%	64.5%	56.0%	47.5%	39.0%	30.5%	41.2%	83.0%	73.5%	63.9%	54.4%	44.9%	35.3%
2029	38.8%	79.0%	69.7%	60.3%	50.9%	41.6%	32.2%	43.8%	90.6%	80.1%	69.5%	58.9%	48.3%	37.7%
2030	40.7%	85.2%	74.9%	64.6%	54.4%	44.1%	33.8%	46.3%	98.4%	86.7%	75.1%	63.4%	51.7%	40.0%
2031	42.5%	91.2%	80.0%	68.8%	57.6%	46.4%	35.2%	48.2%	100.0%	92.4%	79.7%	67.0%	54.3%	41.6%
2032	44.2%	97.3%	85.2%	73.0%	60.8%	48.7%	36.5%	50.0%	100.0%	98.2%	84.4%	70.7%	56.9%	43.1%

年份	目标能耗耗强度降幅情景（目标 z_i 情景）							倒通能耗强度降幅情景（倒通 z_i 情景）						
	目标 z_i	目标 $z_{i3}-1$	目标 $z_{i3}-2$	目标 $z_{i3}-3$	目标 $z_{i3}-4$	目标 $z_{i3}-5$	目标 $z_{i3}-6$	倒通 z_i	倒通 $z_{i3}-1$	倒通 $z_{i3}-2$	倒通 $z_{i3}-3$	倒通 $z_{i3}-4$	倒通 $z_{i3}-5$	倒通 $z_{i3}-6$
2033	45.9%	100.0%	90.5%	77.3%	64.1%	50.9%	37.7%	51.8%	100.0%	100.0%	89.3%	74.4%	59.5%	44.6%
2034	47.5%	100.0%	96.1%	81.8%	67.5%	53.2%	38.9%	53.5%	100.0%	100.0%	94.3%	78.2%	62.1%	46.0%
2035	49.0%	100.0%	100.0%	86.4%	71.0%	55.5%	40.1%	55.2%	100.0%	100.0%	99.4%	82.1%	64.7%	47.3%
五年累积降幅														
2020	17.0%	27.6%	24.8%	21.9%	19.1%	16.3%	13.5%	16.4%	26.4%	23.7%	21.0%	18.3%	15.5%	12.8%
2025	16.0%	39.1%	33.2%	27.7%	22.6%	17.8%	13.4%	19.3%	46.6%	39.8%	33.4%	27.5%	22.0%	16.8%
2030	15.0%	66.4%	50.1%	37.4%	27.1%	18.7%	11.7%	20.4%	96.0%	71.1%	52.6%	38.2%	26.7%	17.3%
2035	14.0%	100.0%	100.0%	61.6%	36.4%	20.5%	9.5%	16.5%	100.0%	100.0%	97.8%	51.0%	26.9%	12.2%

附表 6 - 1　2002—2017 年兰州市工业碳排放影响因素数值

年份	碳排放量	总人口	劳动生产率	工业化率	工业能源强度	工业能源结构	工业轻重结构	企业规模	技术水平
2002	3054.348	300.95	45695.44	33.14	10.82	30.54	80	90.03	104
2003	3342.628	304.36	51085.09	33.02	10.56	28.7	80	90.47	99
2004	4058.355	308.11	59468.09	33.52	10.86	28.41	80	90.47	50
2005	4595.395	311.74	75892.82	34.87	10.36	32.04	81.79	91.75	75
2006	4648.606	313.64	87190.33	36.16	9.03	28.9	78.66	91.99	183
2007	5196.163	319.28	98232.27	36.56	8.7	27.7	81.88	92.55	125
2008	5133.383	322.28	130816.4	37.63	7.17	30.27	81.77	93	156
2009	5397.035	323.59	130043.2	35.77	7.26	30.87	79.9	93.04	115
2010	5528.491	323.54	154019.6	36.27	6.15	32.53	78.9	93.39	252
2011	5761.691	323.3	203740.4	36.52	5.15	33.19	78.5	93.61	330
2012	5809.871	321.52	221687	35.95	4.57	35.41	78.5	95.69	550
2013	6230.612	321.43	240771.9	33.6	4.43	35.98	71.82	93.6	739
2014	5818.521	321.64	232682.1	29.7	4.26	38.6	72.34	95.07	679
2015	5399.408	321.9	205863.8	25.53	4.45	34.92	72.53	96.25	764
2016	4379.773	324.23	182673.4	23.27	3.71	33.12	69.23	95.29	826
2017	4670.774	325.55	99236.68	24.06	3.44	30.75	71.17	96.14	1065

数据来源：2002—2016 年各因素相关数据来源于《兰州统计年鉴》(2003 年—2017 年)。

附表 6 - 2　2002—2017 年兰州市工业碳排放影响因素对数化数值

年份	lnI	$\ln X_1$	lnX_2	lnX_3	lnX_4	lnX_5	lnX_6	lnX_7	lnX_8
2002	8.02	5.71	10.73	3.50	2.38	3.42	4.38	4.50	4.64
2003	8.11	5.72	10.84	3.50	2.36	3.36	4.38	4.51	4.60
2004	8.31	5.73	10.99	3.51	2.39	3.35	4.38	4.51	3.91
2005	8.43	5.74	11.24	3.55	2.34	3.47	4.40	4.52	4.32
2006	8.44	5.75	11.38	3.59	2.20	3.36	4.37	4.52	5.21
2007	8.56	5.77	11.50	3.60	2.16	3.32	4.41	4.53	4.83
2008	8.54	5.78	11.78	3.63	1.97	3.41	4.40	4.53	5.05
2009	8.59	5.78	11.78	3.58	1.98	3.43	4.38	4.53	4.74
2010	8.62	5.78	11.94	3.59	1.82	3.48	4.37	4.54	5.53
2011	8.66	5.78	12.22	3.60	1.64	3.50	4.36	4.54	5.80
2012	8.67	5.77	12.31	3.58	1.52	3.57	4.36	4.56	6.31
2013	8.74	5.77	12.39	3.51	1.49	3.58	4.27	4.54	6.61
2014	8.67	5.77	12.36	3.39	1.45	3.65	4.28	4.55	6.52
2015	8.59	5.77	12.23	3.24	1.49	3.55	4.28	4.57	6.64
2016	8.38	5.78	12.12	3.15	1.31	3.50	4.24	4.56	6.72
2017	8.45	5.79	11.51	3.18	1.24	3.43	4.24	4.57	6.97

附表 6-3 模拟推演兰州市工业碳排放达峰路径分析结果（单位：万吨 CO2）

年份	碳排放	碳排放	碳排放	碳排放	碳排放	碳排放	碳排放	碳排放	碳排放	碳排放	碳排放	碳排放	碳排放	碳排放
2015	5399.4	5399.4	5399.4	5399.4	5399.4	5399.4	5399.4	5399.4	5399.4	5399.4	5399.4	5399.4	5399.4	5399.4
2016	5198.4	5173.6	5161.0	5148.4	5178.8	5174.8	5172.8	5170.8	5168.8	5169.4	5163.1	5153.8	5150.7	5155.0
2017	5245.5	5195.5	5170.3	5145.0	5205.4	5197.2	5193.0	5188.8	5184.6	5187.1	5174.5	5155.9	5149.7	5158.0
2018	5293.0	5217.6	5179.7	5141.6	5231.6	5218.7	5212.1	5205.6	5198.9	5204.9	5186.0	5157.9	5148.7	5160.7
2019	5341.0	5239.8	5189.0	5138.3	5257.2	5239.3	5230.2	5221.0	5211.7	5222.8	5197.4	5160.0	5147.7	5163.0
2020	5389.3	5262.0	5198.4	5134.9	5282.2	5258.9	5247.0	5234.9	5222.6	5240.7	5208.9	5162.1	5146.7	5164.9
2021	5438.2	5284.3	5207.8	5131.6	5306.5	5277.4	5262.4	5247.1	5231.5	5258.7	5220.5	5164.1	5145.6	5166.5
2022	5487.4	5306.8	5217.2	5128.2	5330.1	5294.6	5276.2	5257.4	5238.1	5276.8	5232.0	5166.2	5144.6	5167.6
2023	5537.2	5329.3	5226.6	5124.9	5353.0	5310.5	5288.4	5265.6	5242.2	5294.9	5243.6	5168.3	5143.6	5168.3
2024	5587.3	5351.9	5236.1	5121.5	5375.0	5324.9	5298.7	5271.5	5243.4	5313.0	5255.2	5170.4	5142.6	5168.6
2025	5637.9	5374.6	5245.6	5118.2	5396.0	5337.6	5306.8	5274.6	5241.2	5331.3	5266.8	5172.4	5141.6	5168.4
2026	5689.0	5397.4	5255.0	5114.8	5416.0	5348.5	5312.4	5274.7	5235.1	5349.6	5278.4	5174.5	5140.6	5167.7
2027	5740.6	5420.4	5264.5	5111.5	5434.8	5357.2	5315.4	5271.3	5224.5	5367.9	5290.1	5176.6	5139.6	5166.4
2028	5792.6	5443.4	5274.0	5108.2	5452.3	5363.5	5315.2	5263.7	5208.6	5386.3	5301.8	5178.7	5138.6	5164.6
2029	5845.0	5466.5	5283.6	5104.8	5468.4	5367.2	5311.4	5251.4	5186.3	5404.8	5313.5	5180.7	5137.5	5162.2
2030	5898.0	5489.7	5293.1	5101.5	5482.9	5367.8	5303.3	5233.3	5156.3	5423.4	5325.3	5182.8	5136.5	5159.1

对应的自变量 X1、X2、X4、X5、X7、X8 取值

X1	0.6%	0.6%	0.6%	0.6%	0.6%	0.6%	0.6%	0.6%	0.6%	0.6%	0.6%	0.6%	0.6%	0.6%
X2	11.0%	11.0%	11.0%	11.0%	11.0%	11.0%	11.0%	11.0%	11.0%	11.0%	11.0%	11.0%	11.0%	11.0%
X4	7.0%	9.0%	10.0%	11.0%	7.0%	7.0%	7.0%	7.0%	7.0%	7.0%	7.0%	7.0%	7.0%	7.5%
X5	0	0	0	0	-1	-1.2	-1.3	-1.4	-1.5	0	0	0	0	-0.75
X7	0	0	0	0	0	0	0	0	0	0	0	0	0	0
X8	26.5%	26.5%	26.5%	26.5%	26.5%	26.5%	26.5%	26.5%	26.5%	31.0%	32.0%	33.5%	34.0%	30.0%

附表 7-1 石化工业的环境气候负荷

行业	2015年污染物排放(生成)量 废水-万吨;废气-亿立方米;固废-万吨;能源消费-万吨标准煤				2015年排放占比(%)				2015年污染物排放(产生)强度 废水-吨/万元;废气-立方米/元;固废-吨/万元;能耗强度-吨标准煤/万元				2015较2010年强度下降			
	废水	废气	固废	能源消费	废水	废气	固废	能源消费	废水	废气	固废	能耗强度	废水	废气	固废	能耗强度
石油加工	84822	22074	3804.3	23182.81	4.67%	3.22%	1.22%	7.93%	20.736	5.396	0.930	5.667	-11.0%	-13.3%	-20.4%	6.2%
化学原料	256428	36752	32808	49009.38	14.12%	5.36%	10.55%	16.77%	14.415	2.066	1.844	2.755	-52.2%	-17.7%	31.7%	-9.9%
石油开采	5781	1573	94.3	4266.09	0.32%	0.23%	0.03%	1.46%	0.822	0.224	0.013	0.607	-59.1%	25.5%	-62.6%	-13.9%
石化工业	347031	60399	36706.6	76458.28	19.11%	8.81%	11.80%	26.16%	12.006	2.090	1.270	2.645	-39.8%	-10.6%	35.1%	-2.3%
工业总计	1815527	685190	310999.2	292276	100%	100%	100%	100.00%	7.193	2.715	1.232	1.158	-45.7%	-16.4%	-12.5%	-20.2%